8º R
15485

HISTOIRE
DE LA PHILOSOPHIE

HISTOIRE
DE LA
PHILOSOPHIE

PAR

L'Abbé H. DAGNEAUX

PROFESSEUR DE PHILOSOPHIE

A L'INSTITUTION SAINTE-MARIE
DE BESANÇON

PARIS
VICTOR RETAUX, LIBRAIRE-ÉDITEUR
82, rue Bonaparte, 82

1898

Tous droits de traduction et de reproduction réservés

AUTORISATION DES SUPÉRIEURS

Vu et permis d'imprimer :

Besançon, le 24 juin 1898.

FAIVRE,
Provincial de la Société de Marie.

APPROBATIONS

RAPPORT

PRÉSENTÉ

A S. G. MONSEIGNEUR FULBERT PETIT
Archevêque de Besançon

PAR

M. L'ABBÉ ELIE PERRIN
Docteur en théologie
Directeur au Grand Séminaire de Besançon

MONSEIGNEUR,

Votre Grandeur a daigné me confier l'examen d'un livre que M. l'abbé Dagneaux se propose de publier sous le titre de : Histoire de la Philosophie.

J'ai donc lu avec la plus grande attention les bonnes feuilles de cet ouvrage, au fur et à mesure qu'elles étaient composées ; je me fais un devoir de déclarer que j'y ai trouvé plaisir et profit.

Ce livre me paraît excellent. Le fond en est sérieux, la forme distinguée. Pour assurer l'ordre et la clarté parmi une si grande abondance de faits, l'auteur a multiplié avec intelligence les points de repère, les divisions et les subdivisions. Grâce à cette méthode, le lecteur sait toujours où il en est, d'où il vient et où il va, avantage non médiocre dans une étude des conceptions philosophiques qui se sont succédé depuis trois mille ans et ont accumulé tant d'erreurs et de paradoxes, à côté d'un si petit nombre de vérités !

Deux écueils étaient particulièrement à craindre dans la composition d'un livre tel que celui-ci : l'aridité dans l'exposé des théories et, d'autre part, une sorte de scepticisme ou de froide indifférence envers les hommes et les idées. Ces deux écueils, M. Dagneaux a su les éviter.

D'abord, il n'a pas hésité à dépasser les proportions ordinaires d'un manuel, afin de pouvoir entrer dans certains détails biographiques, dans maintes anecdotes historiques qui reposent l'esprit de la sécheresse inhérente à l'analyse et à la critique des multiples opinions professées par les diverses écoles.

Puis, loin de se montrer indifférent à l'endroit des systèmes, après les avoir exposés en toute sincérité, il les apprécie en vrai philosophe et en chrétien éclairé. Ce qu'il leur connaît de bon, il le signale impartialement. Mais leurs erreurs, leurs contradictions, leurs témérités, leurs oppositions injustifiées à la philosophie traditionnelle de nos docteurs chrétiens, non seulement il les indique, mais il les relève avec netteté et précision, et, brièvement mais énergiquement, les discute et les condamne.

M. l'abbé Dagneaux est de ceux qui pensent que la philosophie scolastique, dont saint Thomas est le plus illustre représentant, demeure, dans ses grandes lignes, la vraie philosophie, la philosophie du bon sens, la philosophie de l'avenir comme du passé; qu'elle se prête sans effort à une alliance féconde avec la science positive et qu'elle seule restera debout sur les ruines des faux systèmes par lesquels, depuis trois cents ans, on essaie de la renverser.

Ce n'est pas là une thèse que l'auteur soutient ex-professo dans un livre qui n'est point fait pour établir une thèse, mais c'est une pensée qui se dégage de l'ensemble de son œuvre, et qui ne manquera pas de frapper l'attention des jeunes élèves et davantage encore celle des lecteurs d'un âge plus avancé.

En résumé, Monseigneur, je n'ai que des éloges à donner à l'ouvrage pour lequel est sollicitée votre haute approbation. Il fait honneur à l'enseignement chrétien et mérite d'être encouragé et béni par un prélat qui montre un zèle si éclairé pour le développement des bonnes études.

Daigne Votre Grandeur agréer l'hommage du profond respect avec lequel j'ai l'honneur d'être son très humble et très obéissant serviteur.

ELIE PERRIN,
Docteur en théologie,
Directeur au Grand Séminaire de Besançon.

LETTRE

DE

MONSEIGNEUR L'ARCHEVÊQUE DE BESANÇON

Après avoir pris connaissance du rapport de M. l'abbé Perrin, docteur en théologie, directeur de notre Grand Séminaire, Nous autorisons volontiers la publication de l'Histoire de la Philosophie par M. l'abbé Dagneaux, professeur au collège Sainte-Marie, dans notre ville métropolitaine.

Nous inclinons à penser que la France traverse une de ces phases troublées prévues par Fénelon, où tous les principes étant attaqués, la saine raison est en péril autant que la foi.

Un trop grand nombre de nos contemporains affectent de croire ou d'affirmer que la science peut suffire à tout. En même temps, il y a toute une école qui s'efforce de persuader à notre époque, trop agitée pour beaucoup réfléchir, que la métaphysique ne saurait être une science. Il en résulte que la philosophie est dédaignée. De là vient, sans doute, qu'elle est mal ou incomplètement enseignée et insuffisamment connue. Les convictions morales sont flottantes, les consciences sont incertaines, les croyances surnaturelles sont bien affaiblies. Mais on peut se demander si les saines idées philosophiques ne font pas encore plus défaut que la religion...? Et si ces bases manquent, quoi et comment édifier ?

Dans un siècle où les sciences positives ont pris un si grand développement, c'est rendre au monde qui pense un signalé service, que d'attirer son attention sur le mouvement de la philosophie à travers les siècles.

Tôt ou tard, ce sont les idées qui gouvernent le monde. Si l'on veut préparer non seulement des savants mais des hommes, il faut leur apprendre à étudier et à connaître les lois qui président au développement de la pensée et à la culture de la raison.

Nous sommes heureux d'encourager, dans nos maisons d'éducation, tout travail qui tend à ce but, et Nous applaudissons à la tentative de M. l'abbé Dagneaux, qui semble *bien préparé pour y réussir, puisque, depuis douze ans, il enseigne la philosophie avec succès dans le collège Sainte-Marie de Besançon.*

Habent sua fata libelli !...

En bénissant son auteur, nous souhaitons à ce nouveau venu, un accueil favorable et une destinée féconde.

Donné à Besançon, le 20 juin 1898.

† FULBERT, arch. de Besançon.

LETTRE

DE

MONSEIGNEUR L'ÉVÊQUE DE SAINT-DIÉ

Saint-Dié, le 28 juin 1898.

Monsieur l'Abbé,

En vous réclamant de votre origine et en vous adressant à l'évêque de votre diocèse natal, vous m'avez enlevé tout moyen de me dérober.

Je veux donc, à la suite de notre vénéré métropolitain, donner mon approbation à votre consciencieuse et savante Histoire de la Philosophie, et souhaiter qu'elle rencontre le meilleur accueil auprès des maîtres et des élèves.

Puisse votre ouvrage faciliter la tâche des uns et des autres, en permettant aux jeunes intelligences de se mouvoir plus aisément dans le dédale des systèmes anciens et modernes ! Puisse-t-il encore, en mettant à nu les lacunes, les contradictions et les erreurs de la philosophie, quand elle n'est pas éclairée par la foi, montrer à tous qu'elle n'a suivi sa véritable voie et trouvé son apogée que dans les enseignements de nos grands docteurs catholiques !

Veuillez agréer, Monsieur l'Abbé, l'assurance de mes sentiments dévoués en Notre-Seigneur.

† ALPHONSE-GABRIEL,
Év. de Saint-Dié.

AVERTISSEMENT

Ce livre est avant tout un ouvrage d'enseignement et d'éducation chrétienne. Écrit pour les élèves de philosophie, il est le résumé d'un enseignement de dix-huit années.

Ce n'est pourtant pas un simple manuel de baccalauréat ; c'est un livre où se trouvent exposées et mises à la portée de tout esprit cultivé les doctrines philosophiques les plus dignes d'attention : celles des Pères, de saint Thomas, de Malebranche, de même que celles de Descartes, de Spinoza, de Kant et d'Auguste Comte.

Il existe un grand nombre d'histoires de la philosophie ; mais les unes sont incomplètes ; d'autres sont trop étendues pour de jeunes étudiants ; d'autres enfin sont écrites dans un esprit opposé aux doctrines que professe l'auteur. Pour ces raisons, il s'est décidé à livrer au public le cours d'histoire de la philosophie rédigé pour ses élèves ; de plus, il en a agrandi considérablement le cadre, dans l'espoir d'être utile à des lecteurs d'un âge plus avancé.

Les étudiants qui désireront s'en tenir aux chapitres dont les titres correspondent aux indications du programme officiel du baccalauréat, le pourront d'autant plus facilement, que les questions particulièrement importantes, traitées dans ces chapitres, sont soulignées dans la table des matières.

Puissent les jeunes gens qui liront ces pages, acquérir la conviction que la philosophie n'est pas, comme beaucoup le croient, un tissu de rêveries ! S'ils l'estiment à sa vraie valeur, elle affermira leurs principes religieux, fera d'eux de bons chrétiens et de bons citoyens. Elle leur inspirera aussi le ferme dessein d'être quelqu'un et de faire quelque chose pour le bien de leurs semblables.

Si ce livre est bien accueilli du public auquel il est destiné, l'auteur s'efforcera de l'améliorer, et il acceptera avec reconnaissance les observations qu'on voudra bien lui adresser.

Besançon, le 17 juin 1898, fête du Sacré-Cœur de Jésus.

HISTOIRE DE LA PHILOSOPHIE.

CHAPITRE PREMIER.

DE L'HISTOIRE DE LA PHILOSOPHIE EN GÉNÉRAL.

L'histoire de la philosophie ; ce que c'est. — L'histoire de la philosophie est l'exposé des principales solutions du problème philosophique aux divers âges de l'humanité. Le problème philosophique est celui-ci : Quelle est la cause des choses ? s'il y a plusieurs causes des choses, quelles sont ces causes ? Les choses dont les philosophes cherchent les causes sont les faits que nous connaissons par expérience. Ils se ramènent à deux : le mouvement et la pensée. Le mouvement nous est connu par les sens, et la pensée par la conscience.

§ I. — UTILITÉ DE L'HISTOIRE DE LA PHILOSOPHIE.

Deux opinions contraires au sujet de son utilité. — Descartes et Malebranche estimaient l'histoire de la philosophie chose fort inutile, et, on le sait, Descartes s'est oublié jusqu'à dire : « Je ne veux pas même savoir s'il y a eu des hommes avant moi. » De notre temps, plusieurs philosophes ont donné dans l'excès contraire. A leurs yeux, « la philosophie n'est que le tableau des solutions proposées pour résoudre le problème philosophique, » et « le trait caractéristique du XIXᵉ siècle est d'avoir substitué la méthode historique à la méthode dogmatique dans toutes les études relatives à l'esprit humain. » (Renan, Averroès et l'Averroïsme. Préface.)

Examen de ces deux opinions. — Ces deux opinions extrêmes sont manifestement exagérées. Tout d'abord, identifier l'histoire de la philosophie avec la philosophie elle-même, c'est perdre de vue le véritable objet de la philosophie. La recherche des causes suprasensibles, c'est-à-dire des réalités qui dépassent l'expérience et dont la connaissance explique les faits, est l'œuvre propre du philosophe. Découvrir ces réalités est son suprême bonheur : c'était l'avis d'Aristote, et Virgile s'est fait en un beau vers l'écho d'Aristote :

Felix qui potuit rerum cognoscere causas! (1)

L'histoire de la philosophie n'est pas la philosophie. — Mais connaître les causes des choses, ce n'est pas simplement savoir ce que, dans la suite des âges, les meilleurs esprits ont affirmé à ce sujet, c'est savoir ce qu'on en doit penser soi-même. Malebranche a grandement raison de tourner en ridicule ces commentateurs innombrables d'Aristote, qui ont rempli des volumes pour établir qu'Aristote admet ou n'admet pas l'immortalité, et n'ont eu aucun souci de prouver qu'il faut croire ou ne pas croire que l'âme est immortelle. Comme le dit fort bien Descartes : « Il n'est rien dont on ne dispute en philosophie, » et pourtant, il ne peut jamais y avoir plus d'une opinion qui soit la vraie. On connaît le mot fameux de Cicéron : « *Nihil est tam absurdum quod non fuerit dictum ab aliquo philosophorum.* » (2) — Rien n'est plus vrai, et sur ce point, l'accord est fait. Il en faut

---

(1) Heureux qui peut connaître les causes des choses.
(2) Rien de si absurde qui n'ait été dit par quelqu'un des philosophes.

conclure qu'on ne peut substituer l'histoire de la philosophie à la philosophie elle-même, sous peine de se condamner à n'avoir aucune philosophie, à ne rien savoir de ce qu'il importe le plus à l'homme de savoir. Or, le doute au sujet des problèmes philosophiques, quoi qu'en ait dit Montaigne, est un oreiller sur lequel une tête bien faite ne peut reposer. Si Montaigne a pu s'en accommoder, c'est qu'il affirmait hardiment comme chrétien ce que sa philosophie paresseuse renonçait à démontrer.

Il est bon d'étudier ce qu'ont dit les philosophes antérieurs. — L'histoire de la philosophie ne peut remplacer la philosophie, telle est la conclusion légitime qui se dégage de ce fait bien connu : la diversité des systèmes et l'extravagance des opinions. Mais, de ce qu'il n'y a rien dont on ne dispute en philosophie, conclure, comme Descartes, que tout est douteux, c'est évidemment affirmer sans raison suffisante. La vérité peut fort bien être contestée, elle n'est pas douteuse pour cela. Non seulement Descartes affirme sans preuve que toute assertion émise par les philosophes est douteuse, mais il a tort de renoncer à savoir ce qui avait été dit avant lui par les philosophes. Aristote était d'un tout autre avis; car il a coutume, en abordant une discussion, d'exposer ce qui a été dit avant lui sur le sujet qu'il entreprend de traiter. Saint Thomas pensait comme Aristote : « Il faut, dit-il, recueillir les opinions de nos prédécesseurs, quelles qu'elles soient. Cela sert à deux fins. Ce que nos devanciers ont affirmé avec raison, nous en faisons notre profit. Quant à leurs erreurs, nous tâchons de les éviter. »

Saint Thomas, certainement, est dans le vrai ; car il nous est plus aisé de remarquer la justesse ou la fausseté d'un raisonnement que de faire nous-mêmes ce raisonnement. On peut appliquer aux doctrines philosophiques le mot de La Bruyère : « La critique est aisée, l'art est difficile. » Nous savons fort bien apprécier un discours ; cela ne suppose cependant pas en nous la prétention de bien parler. Au reste, pour commettre certaines erreurs, il faut une intelligence sublime. Il est sublime, Aristote, quand il définit Dieu : « la Pensée de la Pensée, » et il se trompe d'une façon sublime, quand il conclut de là « qu'il serait indigne de Dieu de penser à d'autres êtres qu'à Lui-même, » et que, par conséquent, il n'y a pas de Providence.

§ II. — De la méthode a employer pour l'examen des doctrines.

Objection : il est bien difficile de démêler la vérité de l'erreur en philosophie. — Rien de mieux, dira-t-on, mais comment démêler la vérité de l'erreur, dans les écrits des philosophes? L'éclectisme (1) suppose une philosophie toute faite, et par suite rend inutile toute recherche historique en philosophie. **Réponse.** — Descartes a eu raison dans une certaine mesure, quand il a dit : « Le bon sens (c'est-à-dire la raison) est la chose du monde la mieux partagée. » Si tous les hommes ont la raison au même titre, il est clair qu'ils ne sont pas dans l'incapacité absolue de discerner entre diverses opinions quelle est la vraie, à supposer que l'une d'elles, du moins, soit la vraie. L'erreur assurément ne tient pas à la raison elle-même ; elle tient à diverses causes, à l'influence desquelles on peut se soustraire : la passion, l'amour-propre, l'irréflexion. On peut donc démêler le vrai du faux, par le fait même qu'on est doué de raison.

Instance : le sens commun n'a pas de valeur en philosophie. — On insiste : vous admettez donc avec Reid, Cousin et Jouffroy, le critérium du sens commun (2) Selon vous, toute philosophie contraire au bon sens est nécessairement erronée. Mais le sens commun n'a-t-il pas ses erreurs ? Autrefois, d'après la croyance générale, le soleil tournait autour de la terre ; Galilée a dé-

---

(1) L'éclectisme consiste à choisir parmi les doctrines philosophiques ce qui paraît conforme à la vérité. (ἐκ λέγειν, choisir parmi.)
(2) Critérium signifie marque distinctive de la vérité.

montré la fausseté de cette opinion. La nature, disait-on, a horreur du vide ; il a été prouvé depuis, que la nature n'a point horreur du vide. On ne connaissait, il y a quelques années, que des cygnes blancs ; depuis, on a découvert des cygnes noirs en Australie. D'où il suit que Spinoza, Kant et Stuart Mill n'avaient pas tout à fait tort en affirmant que les données du sens commun n'ont rien de philosophique, et ne peuvent que nous égarer dans la recherche de la vérité.

Réponse. — A Spinoza, à Kant, à Stuart Mill, nous pouvons opposer d'autres noms célèbres : Aristote, Cicéron, Saint Thomas, sans rappeler les modernes partisans du sens commun. « Ce que tous croient, dit Aristote, bien téméraire est celui qui oserait le nier. » — « La croyance commune, dit Cicéron, est une preuve manifeste de vérité. » Pour Saint Thomas et ses contemporains, il est des vérités naturellement connues, admises par tous, incontestables, au point que toute discussion est impossible avec ceux qui les méconnaîtraient. D'où vient que de grands esprits sont ainsi divisés au sujet du sens commun ?

Le sens commun et l'opinion commune. — Cette apparente contradiction vient, ce semble, de ce que l'on ne distingue pas assez nettement l'opinion commune et le sens commun. L'opinion commune a pour objet des questions qui, certainement, ne sont point à la portée du vulgaire, et qu'on ne peut résoudre qu'après de très sérieuses réflexions, ou à l'aide de documents nombreux et difficiles à trouver. De plus, ces questions n'intéressent en rien la conduite de l'homme : que le soleil tourne ou non autour de la terre, que la nature ait horreur du vide ou non, qu'il y ait ou non des cygnes noirs, cela importe peu au bonheur de l'humanité. Enfin, et pour ces raisons précisément, ces questions n'occupent pas tous les esprits. Le nombre de ceux qui songent à les étudier est bien restreint. C'est donc par une sorte d'abus de mots que l'on donne le nom d'opinions communes à des assertions telles que celles-ci : *le soleil* tourne autour de la terre; la nature a horreur du vide; tous les cygnes sont blancs. A supposer que de telles assertions aient été vraiment des opinions communes, l'erreur qu'elles contiennent s'explique aisément par l'irréflexion, le manque de documents, le peu d'importance des questions au point de vue de la destinée humaine.

Les mêmes causes d'erreur ne peuvent être invoquées quand il s'agit de croyances communes, telles que celles-ci : *Il y a un Dieu; il y a une âme distincte du corps; il y a une vie future; le bien est autre chose que le mal.* D'abord, ces croyances sont vraiment communes, en ce sens, du moins, que ceux qui ne les admettent pas sont très rares. Ensuite, ces croyances intéressent au plus haut point la conduite de l'homme et son bonheur. Il n'est nullement indifférent, pour se diriger dans la vie, de savoir s'il n'y a ni bien ni mal, si, au delà de la tombe, on ne doit attendre ni récompense ni châtiment. Enfin, ces croyances n'exigent point une grande puissance de réflexion et sont à la portée de tous. Surtout, elles répondent bien au désir le plus profond du cœur humain, le désir du bonheur. L'expérience suffit à montrer clairement à l'homme qu'il n'y a pour lui aucun bonheur parfait ici-bas, et que nul être fini ne peut satisfaire les désirs de son cœur. De là cette facilité avec laquelle l'esprit humain accepte le dogme d'une vie future et de l'existence d'un Dieu rémunérateur. « L'âme, disait Tertullien, est naturellement chrétienne. » En effet, quand les passions ne l'aveuglent point, quand elle n'a pas été pervertie par le vice, elle accepte sans peine les enseignements qui sont en harmonie avec ses désirs intimes, tels que le désir d'une vie sans fin et d'un bonheur sans mélange. Or, ces enseignements sont fondamentaux dans la religion chrétienne. Ils ont été chers aussi à tous les hommes vraiment illustres que l'humanité a honorés du titre de philosophes.

Le sens commun ainsi distingué de l'opinion commune est un guide précieux, mais il n'a rien de scientifique. — Le sens commun n'est donc pas une même chose avec l'opinion commune. D'où il suit que les critiques ayant pour objet des opinions anciennes reconnues parfaitement erronées, ne concernent point les croyances communes de l'humanité au sujet de Dieu, de l'âme et de la vie future. Est-ce à dire qu'il suffise, pour juger une doctrine philosophique, d'examiner si elle est conforme à ces croyances, ou si elle ne peut se concilier avec elles ? Nous ne le pensons point. La philosophie est une science ; à ce titre, elle s'impose la loi de raisonner ses assertions. Or, les croyances de sens commun sont des croyances spontanées, plutôt que raisonnées. Elles n'ont rien de scientifique. Donc, il ne faut pas les opposer à des hommes qui raisonnent. Pour combattre un adversaire avec chance de le vaincre, il faut nécessairement pouvoir l'atteindre. Or, le philosophe qui se sert du raisonnement n'entend pas être combattu autrement que par le raisonnement. Il est donc juste de ne point lui opposer le sens commun, qui ne raisonne point, ou qui devient philosophie dès qu'il s'allie au raisonnement. Qu'on se défie d'une doctrine contraire au sens commun, qu'on la rejette en son for intérieur, rien de mieux. Le sens commun est un précieux guide pour la direction personnelle de l'esprit, mais il ne faut point lui attribuer une valeur scientifique. Avec ceux qui raisonnent, il faut raisonner, et non imposer des croyances.

De l'usage des premiers principes. — Mais on ne peut pas tout démontrer, dit Aristote. Il faut s'arrêter à certains principes indémontrables et admis de tous, même de ceux qui affectent de les contester. « *Quis errat in limine ?* » disait-on au moyen âge, c'est-à-dire, qui met en doute les premiers principes de l'esprit humain : *le tout est plus grand que la partie ; tout ce qui commence a une cause ; une chose est ou n'est pas ?* On peut croire que l'on doute de ces principes, mais on ne peut penser sans les admettre implicitement. Ils sont donc, de fait, admis par tous. Par conséquent, ils offrent un terrain commun à ceux qui veulent discuter en philosophie. Si par hasard certains hommes refusent de prendre pied sur ce terrain commun, toute discussion est impossible avec eux : « *Si quis principia non admittit, cum eo non disputatur.* » Mais ils sont bien rares, ceux qui n'admettent pas les principes.

La critique philosophique. Ses règles. — Quant à ceux qui les admettent, pour peu qu'ils réfléchissent et soient exempts de passion, ils ne peuvent se refuser à admettre les règles suivantes de critique philosophique :

1° *Toute doctrine contradictoire est fausse.* Il est impossible, en effet, qu'une chose soit et ne soit pas en même temps et sous le même rapport.

2° *Toute explication insuffisante des faits doit être rejetée.* Il faut à tout, en effet, une raison suffisante. Or, une raison n'est pas suffisante quand elle n'a aucune relation intime avec le fait à expliquer. Expliquer le plus par le moins, l'être par le néant, l'inétendu par l'étendu, c'est se payer de mots et ne rien expliquer du tout.

3° *Toute doctrine contraire aux faits est fausse.* Notre esprit est fait pour connaître la vérité, autrement il serait inutile d'en faire usage. Or, la vérité, c'est la connaissance de ce qui est. Notre esprit doit donc se conformer à ce qui est, et non le supposer. Si, par conséquent, ses assertions sont contraires à ce qui est, elles doivent être rejetées comme étant sans valeur.

Le sens commun, considéré comme application des premiers principes, a une valeur absolue. — Ces quelques règles de critique sont des conséquences immédiates des premiers principes admis de tous. On ne peut donc les rejeter, puisqu'on admet les premiers principes. Cela posé, il semble maintenant facile de concilier les assertions en apparence si contraires que nous avons rapportées plus haut, au sujet du sens commun. Si, par sens commun, on entend les premiers principes admis de tous, l'autorité du sens commun doit être tenue pour décisive en philosophie. Si on définit le sens commun : un ensemble de croyances spontanées, très répandues parmi les hommes, sinon universelles, et se rapportant principalement à Dieu, à l'âme, à la vie future, il faut dire que ces croyances, dont la valeur pratique est très grande pour chaque personne prise à part, n'ont rien de scientifique, parce qu'elles n'ont rien de raisonné. Cependant elles s'imposent à la science comme un fait à expliquer; par conséquent, une doctrine qui ne peut en rendre compte, risque fort d'être insuffisante. Si enfin on identifie le sens commun et l'opinion commune, il est clair que le sens commun ainsi compris n'a aucune valeur en philosophie.

Conclusion. La vérité existe. — De tout ce qui précède, il faut conclure, contre Descartes que la philosophie n'est pas nécessairement condamnée à d'éternelles disputes. Et à supposer qu'il n'y ait rien dont on ne dispute, nul n'en pourrait conclure que tout est contestable. La vérité, dit Aristote, brille d'un éclat très pur, mais quelquefois notre esprit est trop faible pour la pouvoir contempler. Si la délicatesse de nos yeux ne nous permet pas de regarder le soleil en face, nous ne pouvons conclure de là que le soleil n'est pas resplendissant de lumière. « *Verum index sui*, » dit Spinoza. Le vrai porte en lui-même la lumière qui le manifeste; mais cette lumière n'est pas toujours aussi évidente pour nous qu'elle l'est par elle-même. Donc, de nos incertitudes, nous ne pouvons rien conclure contre la vérité.

Elle n'est pas inaccessible. — Si de nos incertitudes et de nos erreurs on ne peut rien conclure contre la vérité, on n'en peut conclure davantage que la vérité est inaccessible à l'esprit humain. C'est une détestable parole que ce mot de Démocrite : Nous ne savons rien avec certitude, la vérité est au fonds d'un puits. — « Ἐτεῇ δὲ οὐδὲν ἴδμεν, ἐν βυθῷ γὰρ ἡ ἀλήθεια. » Nous ne pouvons pas davantage souscrire à cette définition donnée par un moderne : « L'histoire de la philosophie est l'histoire des erreurs de l'esprit humain. »

Il faut admettre que l'esprit humain est un instrument de vérité. — Ceux qui pensent ainsi ne voient pas qu'ils mettent en doute la véracité de l'esprit humain, chose qu'il est impossible de faire sans se contredire manifestement. C'est par l'esprit humain seulement qu'on peut faire le procès de l'esprit humain ; et ne pas s'en rapporter à la véracité naturelle de notre intelligence, c'est se condamner à ne pas penser du tout, c'est renoncer au métier d'homme.

Il vaut mieux, à notre avis, prendre une position plus tenable, et dire avec Aristote : « Penser, c'est penser quelque chose » ; avec saint Thomas : « L'esprit humain connaît naturellement l'essence des choses » ; avec Descartes et Spinoza : « Toute idée claire et distincte est vraie » ; avec Malebranche : « Le néant n'est point intelligible. »

§ III. — PRINCIPAL ENSEIGNEMENT QUI SE DÉGAGE DE L'HISTOIRE DE LA PHILOSOPHIE : IL Y A UNE PHILOSOPHIE ÉTERNELLE ET PROGRESSIVE.

Ce postulat fondamental étant admis, si l'on s'avise d'étudier l'histoire de la philosophie, on remarque promptement qu'elle est l'histoire des progrès de l'esprit humain en même temps que l'histoire de ses erreurs, et qu'il y a, selon le mot de Leibnitz, une certaine philosophie éternelle, « *perennis quædam philosophia*, » c'est-à-dire une philosophie qui s'enrichit, à travers les siècles, d'un nombre toujours plus considérable d'idées claires et distinctes, et, par conséquent, d'idées vraies, sur les grands objets de la pensée humaine : Dieu, l'âme, le monde. Ces problèmes ont toujours agité l'esprit de l'homme et l'agiteront toujours ; ils provoquent l'éternel mouvement de la pensée : « *circulus æterni motus.* »

Le progrès de la pensée humaine. Anaxagore. — L'histoire de la philosophie est l'histoire des progrès de l'esprit humain. Il suffit de la parcourir pour s'en convaincre. A l'origine, on cherche dans quelque élément matériel le premier principe du monde, et des écoles diverses prennent parti pour un élément ou pour un autre. Survient Anaxagore, qui distingue nettement l'esprit et la matière. Ce fut un grand progrès, et on le sentit si bien, qu'au dire d'Aristote, seul, Anaxagore semblait à ses contemporains jouir de son bon sens, tandis que les autres philosophes n'étaient que des rêveurs. Avec la distinction de l'esprit et de la matière, naquit une grande doctrine, le spiritualisme, qui affirme une âme, principe de pensée, et totalement distincte du corps. Le spiritualisme est un progrès, pour la simple raison qu'il présente à l'esprit une idée claire et distincte, l'idée d'une pensée inétendue, nettement opposée à l'idée d'un corps étendu.

Socrate, Platon, Aristote. — Socrate, Platon, Aristote, accentuèrent la distinction faite par Anaxagore et complétèrent sa doctrine. Socrate découvrit que l'intelligence agit toujours en vue du bien ; Platon identifia l'intelligence suprême avec l'Idée même du Bien, et Aristote vit en elle la Pensée de la Pensée, absolument distincte de ce monde.

Ces philosophes, en même temps qu'ils s'élevaient si haut dans la région des pures idées, savaient déterminer la fin de l'homme, qui est le bonheur, et indiquer le chemin du bonheur, qui est la vertu et surtout la sagesse, harmonie de toutes les vertus.

Epicuriens et Stoïciens. — Sans doute, après eux, il y eut un recul de la pensée. Le matérialisme de leurs prédécesseurs reparut avec Epicure, sous le nom d'atomisme, et les Stoïciens identifièrent Dieu et le monde, la pensée et la matière, en un seul tout, qu'ils appelèrent la nature. Quant au bonheur, ils en trouvèrent le secret dans l'absence de toute souffrance, dans l'ἀπαθεία. Seulement, pour les Epicuriens, l'ἀπαθεία consistait surtout dans la non-douleur, tandis que, pour les Stoïciens, elle dépendait principalement de la lutte contre la douleur, par la patience (*sustine*) et par l'abolition du désir (*abstine*).

Le stoïcisme, toutefois, mit en lumière une vérité nouvelle : la distinction des choses qui dépendent de nous, comme la science, la vertu, le désir, et des choses qui ne dépendent pas de nous, comme la beauté, la santé, la fortune, les dignités. De plus, il prescrivit aux hommes un magnifique idéal de conduite : « ζῆν ὁμολογουμένως τῷ λόγῳ », vivre conformément à la raison.

Le christianisme. — L'avènement du christianisme marque un progrès manifeste : les vérités déjà découvertes sont consacrées par l'enseignement d'un Homme-Dieu, et une lumière éclatante est jetée sur la nature de l'homme, son origine et ses destinées. Guidée par la foi, la raison humaine arrive à démontrer que le monde a été créé par Dieu, que l'âme doit survivre au corps et que le vrai bonheur ne saurait être atteint en cette vie. Il est vrai, Socrate, Platon et même Aristote, (bien qu'on ait dit le contraire) ont enseigné qu'il y a une vie future, mais Socrate et Platon hésitent : « La croyance à l'immortalité, dit Platon, est un beau risque à courir. » Quant à Aristote, ses principes ne lui permettent pas d'assurer qu'après la mort nous conserverons le souvenir de notre vie présente.

Les grands philosophes chrétiens. — Avec Saint Augustin, Saint Anselme, Albert-le-Grand, Saint Thomas, la philosophie atteint son apogée. La raison est unie à la foi; la pensée personnelle adhère librement à la doctrine révélée, et des solutions précises sont données à tous les grands problèmes : l'homme sait et comprend ce qu'il est, d'où il vient et quelles destinées l'attendent au delà du tombeau. Il sait aussi atteindre le bonheur futur par l'austère chemin du devoir. C'est la grande époque, l'époque de la foi cherchant l'intelligence, suivant le beau mot de Saint Anselme : « *Fides quærens intellectum.* »

La Renaissance. — Malheureusement, une marche en arrière ne tarde pas à s'accomplir. Avec la renaissance des lettres, un étrange engouement pour les auteurs anciens aveugle les esprits. Il n'est plus question de savoir ce qu'il faut penser, mais seulement ce qu'ont pensé Aristote, Platon, ou d'autres moins illustres.

L'autorité domine et la pensée personnelle disparaît. Le plus clair résultat de cette déplorable méthode est le scepticisme. « Que sais-je ? dit Montaigne. Le doute est un mol oreiller pour une tête bien faite. »

Descartes et Leibnitz. — Mais Descartes refuse de reposer sa tête sur cet oreiller. Le doute est pour lui une méthode, non une solution. La vérité, il la demande aux idées claires et distinctes, à l'évidence. De même que nul ne peut voir par les yeux d'autrui, ainsi tout homme doit penser par soi-même.

Il est vrai, Descartes ne veut pas même savoir s'il y a eu des hommes avant lui, mais Leibnitz corrigera Descartes en proclamant la nécessité d'un sage éclectisme, qui prend aux anciens ce qu'ils ont dit de bon et laisse le reste. — Il faut le dire aussi, Descartes n'emploie qu'une seule méthode, la méthode des mathématiques ; mais Leibnitz demandera aux philosophes de « médiciner », afin d'unir la méthode d'observation au raisonnement pur, dont Spinoza va si étrangement abuser.

Ce n'est pas tout : Descartes identifie la substance et l'attribut essentiel de la substance. « Mais, encore que tout attribut soit suffisant pour faire connaître la substance, il y en a toutefois un en chacune qui constitue sa nature et son essence, et de qui tous les autres dépendent. » (Principes I, 53). C'est là une erreur regrettable, sans laquelle peut-être le panthéisme de Spinoza n'eût pu trouver aucun crédit dans les esprits, car il repose tout entier sur cette définition de l'attribut : « J'appelle attribut ce que la raison conçoit dans la substance, comme constituant son essence. » (Éthique liv. I, déf. 4)

Il est vrai encore, Descartes invoque la véracité divine comme garantie du témoignage de nos sens. En cela, il prépare l'idéalisme de Berkeley, le phénoménisme de Hume, la substitution par Kant de la croyance à la science en métaphysique, et, de nos jours, le positivisme de Comte.

Il est vrai enfin, Descartes sépare l'âme du corps, et laisse l'étude du corps aux matérialistes. Ceux-ci, étrangers à la connaissance de l'âme, vont s'efforcer d'expliquer la vie, la sensation et la pensée, par les seules forces du corps. Le matérialisme refleurit. Mais bientôt se manifeste, à côté du matérialisme, à côté du spiritualisme exagéré des philosophes restés fidèles à Descartes, à côté de la philosophie positive, un retour à l'ancienne philosophie de l'école. Aristote reparaît, traduit par Barthélemy Saint-Hilaire, commenté par M. Ravaisson, et Saint Thomas revit, plus célèbre que jamais. Les nouveaux scolastiques, à l'exemple de leurs maîtres, unissent la philosophie aux sciences naturelles et réalisent à la lettre le vœu de Leibnitz. Par cette union féconde, la vérité ancienne, enrichie des nouvelles découvertes, gagne chaque jour des partisans, et, sans rien perdre de son caractère éminemment scientifique, réalise l'idéal rêvé par Reid, Cousin, Jouffroy, d'une philosophie conforme au sens commun, c'est-à-dire, aux idées claires et distinctes, consacrées par le langage, telles que celles-ci : la substance n'est point l'attribut, et l'attribut n'est point la substance ; — nous percevons les corps, car percevoir, c'est percevoir quelque chose ; — l'âme n'est pas simplement un principe pensant, elle est surtout un principe de vie pour le corps auquel elle est unie.

Peut-être cette philosophie, à la fois savante et sensée, à la fois chrétienne et raisonnable, finira-t-elle par triompher et concilier les esprits si divisés à l'heure présente. Le XIXe siècle est un siècle de lutte et par là même une époque de transition. Peut-être le XXe siècle verra-t-il ce triomphe si désirable de la foi, de la science et du bon sens, unis en une seule philosophie qui, en définitive et pour notre honneur, est la philosophie traditionnelle de notre pays. Nous, du moins, laissons les Anglais et les Allemands philosopher à leur gré, le plus souvent au rebours du bon sens, et revenons aux saines traditions de nos pères, non par la méthode d'autorité, mais par un libre effort de pensée personnelle.

CHAPITRE II.

LES DOCTRINES PHILOSOPHIQUES.

La philosophie traditionnelle suit une loi de progrès : à mesure qu'elle avance, elle s'enrichit des découvertes nouvelles. Il ne faudrait pas croire pourtant que cette marche en avant de la vérité s'accomplisse d'elle-même. Non, elle est l'œuvre des hommes. « Chacun se fait à soi-même sa vérité, » dit l'Ecriture ; et chacun, en faisant sa vérité, contribue pour sa part à agrandir le domaine de la vérité. Mais cette prise de possession de la vérité ne va pas sans combat : c'est une conquête à faire. Le chemin qui mène à la vérité est lui-même bordé de précipices. A tout instant l'erreur entrave la marche du vrai philosophe.

Difficulté tirée de la diversité des opinions. — Cette situation difficile de quiconque aspire à trouver la vérité en philosophie a été, on le sait, singulièrement exploitée contre la philosophie elle-même. Le dédale des opinions est si impénétrable, semble-t-il, qu'on ne voit pas le moyen d'avancer avec sécurité à travers tant d'assertions opposées.

Comment résoudre cette difficulté ? — Déjà nous avons indiqué la marche à suivre pour ne point s'égarer : qu'on observe bien les règles de la critique philosophique exposées au chapitre précédent (page 8), et on évitera les erreurs commises par les philosophes. Il est possible, au reste, de limiter le travail, en déterminant avec précision la tâche de quiconque se livre à l'examen des doctrines philosophiques. Ces doctrines ne sont si variées qu'en apparence, et il y a lieu de ramener les enseignements des philosophes à un très petit nombre de doctrines principales.

§ 1. — Classification des systèmes d'après Cousin.

Cousin déjà avait tenté une réduction de ce genre. (1) Peut-être l'examen de ses vues à cet égard nous aidera-t-il à trouver les éléments d'une classification plus exacte, sinon irréprochable.

Selon Cousin, la réflexion, qui est le procédé le plus familier aux philosophes, s'applique d'abord à l'étude des sensations.

Les quatre systèmes d'après Cousin : 1º Le sensualisme. — Peu à peu, toute pénétrée de l'importance de son objet, elle s'y arrête au point de ne plus voir que lui. De là, cette philosophie exclusive que l'on appelle

---

(1) De Gérando a précédé Cousin dans cette voie. (Histoire comparée des systèmes, Paris 1822). MM. Renouvier et Paul Janet ont essayé à leur tour une classification des systèmes.

Classification de M. Renouvier. — M. Renouvier (Esquisse d'une classification systématique des systèmes philosophiques, 1885, 2 vol.) estime que la pensée humaine obéit à une loi de rythme plutôt qu'à une loi de progrès. Elle oscille entre des affirmations opposées et toujours les mêmes, telles que celles-ci : matérialisme et spiritualisme, évolution et création, liberté et déterminisme, bonheur et devoir, évidence et croyance, infini et fini.

Critique. M. Renouvier eût pu trouver plus de six oppositions semblables. Les doctrines qu'il oppose ne sont pas toutes inconciliables, il s'en faut bien. Devoir et bonheur, évidence et croyance, évolution et création, liberté et déterminisme ne sont pas nécessairement choses incompatibles. M. Renouvier a groupé des doctrines plutôt que des systèmes. Un système est un ensemble de doctrines. Il n'est ni une méthode comme l'éclectisme, ni la solution d'une question particulière comme l'innéisme des idées. Tout système doit fournir aux principaux problèmes philosophiques des réponses coordonnées et dérivant d'un même principe. Le panthéisme est un système, car il donne à sa manière une définition de Dieu, de l'âme et du monde.

Classification de Paul Janet. — Dans un article de la *Revue philosophique* de Février 1893, M. Paul Janet établit une sorte de gamme des

sensualisme ou philosophie de la sensation. Le sensualisme prétend tout ramener aux données des sens et tout expliquer par elles. On l'appelle aussi, quelquefois, empirisme. (1)

2º **L'idéalisme.** — Il est pourtant des faits dont la sensation ne suffit pas à rendre compte. Il y a, par exemple, dans la pensée humaine, des vérités éternelles et nécessaires comme les suivantes : *Le tout est plus grand que sa partie; les trois angles d'un triangle valent deux droits; tout ce qui commence a une cause.* Comment expliquer ces vérités par la sensation, puisqu'elles ont des caractères tout opposés à ceux de la sensation? Celle-ci est toute personnelle, contingente, variable, tandis que la vérité ne dépend ni des personnes, ni du temps, ni des circonstances. Une différence aussi frappante ne saurait échapper longtemps à la réflexion.

Bientôt même l'esprit du philosophe attribue une importance prépondérante à la contemplation des vérités que les sens ne peuvent atteindre, et ainsi commence et se développe une philosophie nouvelle, l'idéalisme. D'une distinction très légitime qu'il y a lieu de faire entre la vérité et la sensation, l'idéalisme conclut à la

---

systèmes d'après leur éloignement de l'idéal qu'il s'est fait de la philosophie elle-même, qu'il définit : « la pensée de la pensée ». D'après ce principe, il range les systèmes dans l'ordre suivant : le positivisme, le criticisme, l'idéalisme, le panthéisme et le spiritualisme.

EXAMEN. — Cette classification ne manque ni de vérité ni d'intérêt, mais elle part d'un principe faux. La philosophie n'est pas la pensée de la pensée. Elle a son objet propre, autre que la pensée proprement dite. Elle étudie Dieu, l'âme et le monde.

De plus, la classification de Paul Janet n'est pas assez distincte : certains positivistes inclinent vers le matérialisme ; d'autres sont idéalistes. Le criticisme peut se ramener à l'idéalisme, du moins ses conclusions y conduisent. Quant au panthéisme, il peut être matérialiste ou idéaliste. Le panthéisme des stoïciens est matérialiste, celui de Spinoza est idéaliste.

(1) L'empirisme proprement dit admet deux ordres de faits : les données des sens et celles de la conscience. Le sensualisme ramène tout aux données des sens.

séparation de ces deux ordres de choses. Cela fait, il estime que, d'une part, la pensée est antérieure à la sensation, et que, d'autre part, la sensation n'a pas d'objet. L'innéisme des idées, la négation du monde extérieur, la séparation absolue de l'ordre intellectuel et de l'ordre sensible, tels sont les caractères propres de la doctrine idéaliste.

3º **Le scepticisme.** — « Toute erreur, dit Bossuet, repose sur une vérité dont on abuse. » Si ce mot n'est pas rigoureusement applicable à toute erreur, du moins il caractérise à merveille le sensualisme et l'idéalisme. Tous deux renferment une part de vérité; ils ne sont erronés que parce qu'ils sont exclusifs. La réflexion fait voir à quel point ils sont faux, et on les oppose l'un à l'autre. Bientôt, par un excès non moins fâcheux, au lieu de marquer avec précision ce qui est vrai et faux dans ces deux systèmes opposés, on croit devoir conclure que, tous deux étant faux, il n'y a pas de vérité. Ainsi naît le scepticisme, qui est la négation même de toute philosophie.

4º **Le mysticisme.** — S'il n'y a pas de vérité, la raison n'a qu'un parti à prendre, c'est de renoncer à elle-même pour s'en rapporter à ces croyance spontanées, qui ont de si profondes racines dans la nature humaine, et qui ont le sentiment pour principe. Quiconque éprouve une aversion marquée pour le dogmatisme empirique ou idéaliste, (1) et ne veut pas s'en tenir au scepticisme, n'a plus qu'une voie ouverte devant lui, c'est la philosophie du sentiment ou le mysticisme.

Tels sont, suivant Cousin, les quatre systèmes engendrés par la réflexion, à toutes les époques de l'histoire. Cousin n'est pas éloigné de penser que ces quatre systèmes se développent toujours dans le même ordre. L'idéalisme et l'empirisme peuvent bien être contem-

---

(2) On appelle dogmatisme une doctrine nettement affirmative. Ce mot se prend souvent en mauvaise part. Il signifie alors affirmation exclusive. Exemple : tout est matière (dogmatisme matérialiste) ; la matière n'existe pas (dogmatisme idéaliste).

porains, dit-il, mais le scepticisme ne vient qu'après eux, et le mysticisme suppose le scepticisme.

De l'éclectisme. — Cousin propose l'éclectisme comme remède à l'insuffisance des quatre systèmes dont il croit avoir découvert la loi de succession. L'éclectisme consistant à choisir parmi les doctrines connues ce que chacune d'elles a de vrai, on composerait ainsi un système de philosophie tout-à-fait irréprochable.

Examen de la classification des systèmes par Cousin. — Si ingénieuse que soit cette manière de concevoir la genèse des systèmes, elle ne semble pas conforme à la vérité. Tout d'abord, le mysticisme n'est pas une philosophie. Le sentiment a son influence en philosophie, mais il n'y a pas de philosophie du sentiment. « La philosophie est une affaire d'âme, » comme l'a dit Jouffroy, mais elle est avant tout une affaire d'intelligence et de réflexion personnelle.

Quant au scepticisme, il n'est plus qu'un nom de guerre. Il n'y a plus de sceptiques au sens propre du mot. L'existence du scepticisme est incompatible avec celle de la science. A l'heure présente, qui peut mettre en doute la certitude scientifique? (1)

Les sceptiques, d'ailleurs, n'ont jamais nié les phénomènes ou apparences. A ce point de vue, leur doctrine ressemble fort à l'empirisme. (voyez V. BROCHARD, *Les Sceptiques Grecs*).

Quant à l'éclectisme, c'est une méthode plutôt qu'une doctrine. Il suppose, a-t-on dit, une philosophie toute faite. Dans la pensée de Cousin, ce n'était pas cela, puisque, d'après lui, il faut choisir les doctrines conformes au sens commun, et écarter celles que le sens commun rejette. Cousin entendait par sens commun les croyances communes à tous les hommes. Ces croyances,

---

(1) Voyez à ce sujet l'ouvrage intitulé : *Les Sceptiques Grecs*, parV. BROCHARD, Paris, 1887.

On parle bien quelquefois d'une forme nouvelle du scepticisme, mais il s'agit alors de l'indifférence en matière de religion, ou encore du positivisme, qui nie les causes suprasensibles.

nous le savons, quoique très dignes de respect, ne peuvent fonder une philosophie. Elles sont trop vagues et trop peu raisonnées. Seulement, quiconque s'inscrit en faux contre elles est tenu d'en rendre compte. Par là, sans doute, elles peuvent très utilement servir comme de barrière à l'erreur.

Deux philosophies seules en présence : l'empirisme et l'intellectualisme. — Ces réserves faites, la classification de Cousin met bien en lumière les deux tendances opposées que manifeste l'esprit humain à toutes les périodes de son histoire. L'empirisme et l'intellectualisme, telles sont les deux philosophies toujours en présence. L'une s'en tient aux faits, et soutient que l'homme ne peut connaître que des phénomènes ; l'autre dépasse les faits, et prétend qu'il est possible à l'homme de connaître des réalités suprasensibles, et d'expliquer par elles les phénomènes que l'observation permet de constater. La première est une philosophie toute négative, puisqu'elle s'attache à nier l'objet même de la philosophie. Peut-on « espérer que, pour de bonnes raisons, l'une l'emportera définitivement sur l'autre ? (1) » C'est difficile à dire, car l'empirisme paraît avoir des racines profondes dans la nature humaine. Toute connaissance débute par les sens ; l'homme, par nature, est enclin à regarder au dehors ; très peu d'hommes rentrent en eux-mêmes parce qu'il en coûte de réfléchir ; souvent aussi, même à son insu, l'homme est porté par ses passions à s'en tenir aux données des sens. Supposer que l'empirisme disparaîtra quelque jour pour faire place à l'affirmation raisonnée des causes suprasensibles, c'est admettre qu'en philosophie la vérité triomphera définitivement de l'erreur. Cela n'est guère croyable, et on peut se demander si ce nouvel état de choses serait meilleur. D'une part, l'erreur sert indirectement la cause de la vérité, et, d'autre part, il est bon que les partisans de la vérité la choisissent librement et combattent pour elle.

(1) Penjon, *Histoire de la philosophie*. Préliminaires.

§ II. — Les principales doctrines.

Quoi qu'il en soit, c'est une acquisition précieuse pour nous que celle-ci : il n'y a que deux philosophies principales : celle des *empiristes* et celle des *intellectualistes*.

Empiristes et intellectualistes. — « Les empiristes prétendent ne pas dépasser l'expérience ; ils se persuadent que les faits d'observation, tels que les révèlent les sens et la conscience, suffisent par eux-mêmes pour expliquer et le monde et la connaissance que nous en avons ; notre tâche serait seulement d'enregistrer ces faits. Les autres, les rationalistes, (1) pensent que les faits tout seuls ne permettent pas de comprendre l'ordre qu'ils présentent, et qu'il faut admettre, pour rendre compte de leur liaison même, certaines lois de la pensée, nécessairement antérieures à l'expérience. » (2)

L'intellectualisme. Ses diverses formes. — Toutefois, ces deux grandes doctrines ont pris des formes très diverses. Le principe de l'intellectualisme, en particulier, est accepté par des philosophes dont les doctrines sont très peu semblables.

Il en est une, par exemple, qui distingue dans la pensée humaine deux sortes de lois : les unes président à tout exercice de la raison et en sont comme la forme ; les autres varient selon les applications diverses de la raison et en déterminent la matière. *Toute pensée doit être en harmonie avec elle-même ; tout doit avoir sa raison suffisante* ; voilà des lois formelles de la raison. D'autre part ; *percevoir, c'est percevoir quelque chose ; je pense, donc je suis ; le contingent suppose le nécessaire*, (3) voilà des lois objectives de la raison.

---

(1) A proprement parler, le rationalisme est la négation du surnaturel. Nous préférons donc le mot intellectualisme au mot rationalisme pour désigner la philosophie qui dépasse les faits.

(2) Penjon, *Histoire de la philosophie*. Préliminaires.

(3) On appelle contingent ce qui peut ne pas être, exemple : l'homme, le monde. On appelle nécessaire, ce qui ne peut pas ne pas être, exemple : la cause première du monde, Dieu.

La philosophie traditionnelle ou spiritualisme. — La doctrine qui admet ces deux sortes de lois est la philosophie traditionnelle. Elle n'a pas de nom spécial. On pourrait l'appeler le spiritualisme tout court, car il faut la distinguer avec soin du spiritualisme cartésien. Cependant, comme le spiritualisme cartésien et comme celui de Leibnitz, elle affirme trois réalités suprasensibles ou causes premières : la substance cachée sous les phénomènes visibles, l'âme et Dieu.

L'idéalisme. — De ces trois grandes réalités, il en est une, le monde, qui a été hardiment niée par un philosophe anglais du XVIIe siècle, Berkeley. Pour Berkeley, l'être des choses consiste dans la perception que nous en avons : « *Esse est percipi.* » — La négation du monde extérieur s'appelle *l'idéalisme*. C'est là le sens le plus net et le plus constant de ce mot, qui en a beaucoup. (1)

Quelques philosophes, comme Descartes, Cousin et plusieurs de nos contemporains : Taine, Rabier, Dunan, Fonsegrive, sans nier le monde extérieur, prétendent que nous n'en avons pas la perception directe, puisque nous ne percevons directement que nos sensations. Ces philosophes sont parfois aussi appelés idéalistes, car ils affirment les principes essentiels de l'idéalisme : *nous ne percevons que nos sensations ; nos sensations sont purement subjectives*. (2)

L'idéalisme ne s'arrête pas en chemin ; si toute la réalité du monde consiste dans la perception que nous

---

(1) Peu de termes dans la langue philosophique présentent une aussi grande variété d'acceptions. Cousin, nous l'avons vu, (§ I, page 17), appelle idéalisme la philosophie qui dépasse les faits et les explique par des réalités suprasensibles. C'est en ce sens encore que M. Brunetière oppose l'idéalisme au positivisme, qui n'est qu'un empirisme rajeuni. D'autres appellent idéalisme le fait de se proposer un idéal de conduite, d'assigner un but à la vie humaine. C'est *l'idéalisme moral*. Enfin, on dit *l'idéalisme dans l'art*, pour désigner la théorie opposée au *réalisme*. Ce dernier ramène l'art à une copie aussi fidèle que possible de la nature.

(2) Une sensation purement subjective est celle qui ne correspond à aucun objet ; exemple : les bourdonnements d'oreilles, la sensation de lumière provoquée par une brusque commotion du nerf optique.

en avons, pourquoi l'âme elle-même serait-elle autre chose qu'une simple idée? Kant n'a-t-il pas reproché à Descartes d'avoir passé indûment de l'idée à l'être, d'un sujet logique à un sujet métaphysique, quand il a dit : « Je pense, donc, je suis »? N'a-t-on pas affirmé plus récemment que Dieu n'est qu'une Idée, un simple Idéal? (1)

Le panthéisme. — Sans aboutir à cette négation suprême, le panthéisme est tout aussi dangereux. Il reconnaît que Dieu existe, mais il identifie tout en Dieu. *Dieu est Tout et Tout est Dieu*, voilà sa formule. Les autres êtres sont des modes de Dieu. En aucune façon ils ne sont des substances distinctes, des choses en soi.

Spiritualisme, idéalisme, panthéisme, telles sont les trois doctrines qui reconnaissent également bien les lois formelles de l'esprit. Par contre, elles diffèrent dès qu'il s'agit de déterminer les objets que l'esprit s'applique à connaître. Le spiritualisme reconnaît trois objets principaux de la pensée humaine : Dieu, l'âme, le monde. L'idéalisme nie tout au moins l'une de ces trois grandes réalités, le monde. Poussé à l'extrême, il les nie toutes. Quant au panthéisme, il les identifie en un seul tout.

Différentes formes de l'empirisme. L'empirisme matérialiste. — Le principe de l'empirisme comme celui de l'intellectualisme a donné lieu à des interprétations différentes. Il y a des empiristes dogmatiques ; ils affirment quelque chose au delà des faits. Ce quelque chose, c'est la matière, c'est, par exemple, l'atome éternel, imperceptible aux sens, mais principe de toutes choses. Démocrite, Leucippe, Épicure, Lucrèce, expliquent le monde par une combinaison stable d'atomes en nombre infini. L'atomisme est un empirisme matérialiste.

Le phénoménisme. — Avec le temps, les empiristes, frappés de la variété et de la divergence des doctrines matérialistes, et en général des affirmations relatives à ce qui dépasse les faits, voulurent s'en tenir aux faits seulement. C'est le phénoménisme.

(1) Vacherot, *Nouveau spiritualisme*.

Les sceptiques anciens : Pyrrhon, Agrippa, Œnésidème, Sextus Empiricus, étaient des phénoménistes. (Voyez § I, page 19) Hume, au xviiie siècle, est un pur phénoméniste. A ses yeux, par exemple, l'âme n'est pas une chose en soi, mais « un faisceau de perceptions. » Il n'y a ni causes, ni substances. Ce que nous appelons cause n'est qu'une étroite connexion d'idées, produite en nous par une longue suite d'expériences toujours les mêmes. La substance est un simple groupement de phénomènes.

Le positivisme. — Le positivisme contemporain, à son tour, n'admet que des faits. Tel est bien l'esprit de la doctrine d'Auguste Comte. Cependant, le positivisme a un caractère qui le distingue nettement du pur phénoménisme. Il est scientifique, il reconnaît la science, et même il attribue à la science une prépondérance non justifiée. Par le fait même, il reconnaît des lois universelles, dépassant de beaucoup l'ordre des phénomènes. Les lois mathématiques, par exemple, sont vraies partout et toujours, et indéfiniment applicables. Les lois que la science proclame se ramènent toutes à une seule, que H. Taine appelle « un axiome éternel, » et qu'il regarde comme la clef de voûte de l'édifice des connaissances humaines.

Le positivisme et la métaphysique. — Où réside cet axiome éternel ? M. Taine ne le dit pas, mais qui peut concevoir une Pensée éternelle en dehors d'une Intelligence éternelle ? Le positivisme aboutit ainsi, en dépit de lui-même, à la cause première. Il y arrive d'ailleurs par un autre chemin encore, c'est-à-dire en recherchant l'origine du monde. « La genèse d'un atome, dit Spencer, n'est pas plus facile à concevoir que la genèse d'une planète. » — D'où la nécessité de revenir à « l'ancienne explication de l'univers. » Cette ancienne explication est toujours nouvelle : elle regarde l'univers comme l'œuvre de Dieu. Sans doute, elle a un « côté mystérieux », mais Spencer, Stuart Mill, Hamilton, ont tort de la regarder comme inconcevable. Une explication n'est pas inconcevable parce qu'elle n'explique pas pleinement toutes choses. Aussi bien « l'homme ne sait le tout de rien ». (Pascal).

§ III. — La Philosophie et les systèmes.

Parmi les doctrines énumérées plus haut, (1) il en est une qui doit particulièrement attirer notre attention ; c'est le spiritualisme traditionnel.

Le spiritualisme traditionnel. — Nous l'avons dit, (§ II, page 22) il faut soigneusement distinguer le spiritualisme traditionnel de tout autre spiritualisme, notamment du spiritualisme cartésien et de celui de Leibnitz. Descartes, on le sait, sépare l'âme du corps ; il oublie que l'âme et le corps, bien que très distincts, forment une seule substance, « un tout naturel, » selon le mot de Bossuet. Une foule d'erreurs commises par Descartes, ont pour point de départ cette séparation absolue de l'âme et du corps qui caractérise sa doctrine. (Voyez ch. 1, § 3, page 13). Pour Leibnitz, la matière, en tant que chose étendue, n'existe pas ; il n'y a que des forces simples ou *monades*. Dès lors, tout corps est un système de forces. Le corps vivant est une série de monades unies à une monade principale, consciente d'elle-même, appelée *âme*. Cette union est tout idéale, c'est une simple juxtaposition réalisée en vertu d'une *harmonie préétablie*. Leibnitz est immatérialiste. Le spiritualisme traditionnel affirme la matière comme chose étendue, sans d'ailleurs méconnaître la force, qui, en toute matière, ne fait qu'un avec l'étendue. Il affirme aussi l'union intime de l'âme et du corps et voit en elle

---

(1) Il est utile, pour aider la mémoire, de dresser ici le tableau de ces doctrines.

L'esprit humain suit deux voies principales et totalement différentes : l'empirisme et l'intellectualisme.

L'empirisme se présente dans l'histoire sous trois formes : le matérialisme, le phénoménisme, le positivisme.

L'intellectualisme revêt lui aussi trois formes : le spiritualisme, l'idéalisme, le panthéisme.

une union substantielle, comparable, toutes réserves faites, à l'union des atomes dans une molécule. (1)

Ses caractères principaux. — Le spiritualisme traditionnel a d'autres caractères :

1º **la permanence.** Tout d'abord, on le retrouve à toutes les époques de l'histoire, depuis Aristote. Ce philosophe en a posé les principes et saint Thomas leur a donné un ample développement. Bossuet a suivi saint Thomas, sans éviter toutefois quelques erreurs dues à l'influence de la philosophie cartésienne. De notre temps, le spiritualisme traditionnel est en pleine effervescence : il s'enrichit de toutes les découvertes récentes et tient seul debout en face du positivisme.

2º **l'ampleur.** Si le spiritualisme traditionnel est vraiment cette philosophie éternelle dont parle Leibnitz, c'est qu'il n'est pas exclusif. Ses bases sont très larges, il admet un nombre assez considérable de principes premiers qui lui servent de points de départ. Il reconnaît, par exemple, avec tous les grands philosophes, que l'esprit est fait pour la vérité, et que, par conséquent, la vérité lui est accessible. Comme Descartes, il affirme que l'évidence est le signe de la vérité. A l'exemple de Leibnitz, il proclame le principe d'identité : *toute chose est ce qu'elle est,* et le principe de raison suffisante : *tout doit avoir sa raison d'être.* Enfin, avec Platon, il déclare que connaître, c'est connaître quelque chose : « ὁ γιγνώσκων γιγνώσκει τι », et de là il tire trois corollaires déjà indiqués (§ II, page 21) : *Percevoir, c'est percevoir quelque chose; je pense, donc je suis; le contingent suppose le nécessaire.*

Le spiritualisme traditionnel n'est pas plus exclusif dans sa méthode que dans ses principes. Ils ne s'en tiennent pas, comme le voulait Descartes, à la méthode géométrique, au raisonnement pur; il exige qu'on ob-

---

(1) On appelle atome la plus petite quantité de matière qui puisse entrer dans une combinaison. La molécule, au contraire, est la plus petite quantité de matière qui puisse exister à l'état libre. Un atome d'oxygène et deux atomes d'hydrogène forment une molécule d'eau.

serve au dehors, et il ne dédaigne pas l'expérimentation. (1) Il a aussi recours à l'histoire des doctrines, en vue de recueillir avec soin toutes les parcelles de vérité déjà découvertes.

Il n'est pas étonnant qu'une telle méthode conduise à des résultats aussi incontestables que variés. Ne contredisant aucune assertion légitime, le spiritualisme traditionnel ne choque pas le sens commun. Ce qu'il affirme est à la fois conforme aux premiers principes de la raison et aux croyances communes de l'humanité. De là, sans doute, la perpétuelle jeunesse de cette doctrine. On revient toujours à elle, comme pour se reposer de l'erreur dans la vérité, ou, si l'on veut, de la vérité diminuée dans la vérité totale.

3° **l'harmonie**. Parce qu'il est la vérité totale, le spiritualisme traditionnel ne contredit aucune vérité. Il s'harmonise à merveille avec tout enseignement solide, quelle qu'en soit la provenance. En aucune façon, il n'est une « philosophie séparée, » selon le mot de Gratry. Il ne se sépare pas de la religion révélée ; au contraire, il en est le plus précieux auxiliaire. Cousin, ses disciples et d'autres à leur exemple, ont beaucoup raillé les gens du moyen-age, qui voyaient dans la philosophie une servante de la théologie : « *ancilla theologiæ* ». Ces gens-là voyaient juste. La vraie philosophie sert de fondement à la foi ; elle la consolide dans les âmes ; elle lui fournit des armes pour se défendre.

Le spiritualisme traditionnel ne se sépare pas plus de la science que de la foi. Il n'est pas une réaction contre la science, il est un ami fidèle de la science véritable. En vain on s'efforce d'opposer philosophie et science ; ce sont là « choses différentes, non incompatibles, » dont l'union est nécessaire au progrès de la pensée.

Les systèmes, leurs caractères. — Les systèmes de

---

(1) Observer, c'est constater ce qui est, c'est lire dans la nature. Expérimenter, c'est chercher à vérifier une hypothèse par l'observation. Une idée préconçue dirige toujours les recherches de l'expérimentateur.

philosophie se distinguent par des caractères tout opposés à ceux que nous venons de décrire.

1º **Ils ne persistent pas.** Tout d'abord ils passent vite. Bacon ne craignait pas de comparer les faiseurs de systèmes à des personnages de théâtre, qu'on oublie promptement quand ils ont quitté la scène. Socrate a détourné l'attention des théories physiques de ses devanciers. Aristote a bien montré les côtés faibles de la doctrine de Platon sur les idées. Le panthéisme stoïcien et les atomes d'Epicure ne sont plus que des souvenirs. Qui pourrait à l'heure présente, soutenir, comme Descartes, que les idées sont innées, que les animaux sont des machines, que la matière se ramène à l'étendue purement abstraite ? Les disciples immédiats de Kant ont rejeté sa métaphysique. Des doctrines plus récentes, celles de Lamennais, de Cousin, de Renouvier, ont elles-mêmes fait place à d'autres enseignements. Le matérialisme enfin, n'est plus soutenu par aucun philosophe digne de ce nom. Si quelques savants l'enseignent encore, c'est que, il faut bien le dire, ces savants sont des ignorants en philosophie. (1)

Objection : certaines erreurs persistent. — Il est vrai, le matérialisme a duré de longs siècles ; certaines erreurs, comme le panthéisme, ne semblent nullement près de disparaître ; l'empirisme, au reste, demeure l'éternel adversaire de la philosophie traditionnelle. Si les doctrines de Descartes, de Kant et de Cousin, ne sont plus admises, il en reste quelque chose.

Réponse. — Tout cela est incontestable, mais on peut en rendre compte. En toute erreur il y a une âme de vérité.

Tous les phénomènes de l'univers ne se réduisent sans doute pas au mouvement des atomes, mais ce mouvement pourrait bien être la condition de tout phénomène physique. En cela Descartes et, avant lui, Démocrite et Leucippe semblent avoir dit vrai. Il est dans

---

(1) Voyez à ce sujet Alfred Fouillée : *L'Enseignement au point de vue national*, pages 332 et 333.

l'ordre que la vérité persiste, qu'elle soit de plus en plus dégagée de l'erreur et de mieux en mieux connue. C'est en cela justement que consiste le progrès de la pensée.

Si tout système est vrai par quelque endroit, on peut dire aussi que, presque toujours, la méthode employée par les grands philosophes est excellente. Ils n'ont eu qu'un tort, c'est de n'user le plus souvent que d'un seul procédé pour arriver à la vérité. Descartes a eu raison de remettre en honneur la pensée personnelle ; il a eu tort de négliger l'observation minutieuse des faits de conscience et de ne vouloir tenir aucun compte des recherches de ses devanciers. Cousin a bien fait de dire que « la philosophie n'est pas d'un côté et le genre humain de l'autre », car il n'est pas sage de philosopher à l'encontre du sens commun. De même, il faut étudier l'histoire de la philosophie, et Cousin a rendu à cet égard de très grands services. Il a eu raison enfin de proclamer la nécessité de l'observation par la conscience. Mais sa philosophie n'est pas assez scientifique. Elle ne permet pas de résoudre les objections soulevées par les découvertes contemporaines.

Il faut dire enfin que, si l'erreur persiste, ce n'est qu'en apparence. Le matérialisme contemporain est tout autre chose que celui du XVIII° siècle ; et celui du XVIII° siècle ne ressemble en rien à celui d'Épicure et de Lucrèce. De même, le panthéisme d'Hégel diffère profondément de celui de Spinoza, tandis que ce dernier a des caractères tout opposés à ceux du panthéisme stoïcien.

Quand une erreur traverse les siècles, ce qui persiste d'elle, c'est surtout la tendance de l'esprit à s'égarer dans un certain sens.

Sous des formules équivalentes et des noms à peu près identiques, la même erreur, selon les temps, repose sur des principes bien différents, et fait valoir ses conclusions par des méthodes qui ne se ressemblent pas.

Il est bon, au reste, que l'erreur persiste. Cela est même nécessaire. Autrement, où serait la libre adhésion qui convient au philosophe? On ne donne pas librement son assentiment aux vérités mathématiques; quand on étudie les sciences physiques, les faits s'imposent; impossible de contester les résultats d'une expérience bien faite. Au contraire, la vérité philosophique s'adresse à la volonté libre aussi bien qu'à l'intelligence. Mais tout acte de volonté libre suppose une alternative. Il faut que le philosophe puisse choisir entre la vérité et l'erreur, ce qui implique la nécessité de l'erreur.

Heureux ceux qui choisissent la vérité! La vérité ne change pas, bien qu'elle progresse sans cesse. Elle n'est pas exclusive, parce qu'elle est la vérité totale, quoique toujours insuffisamment connue. Parce qu'elle n'est pas exclusive, elle se concilie merveilleusement avec toute assertion vraiment fondée; aucune opposition n'est possible entre la vérité et la vérité. Philosophie, science et religion n'ont point à se combattre, mais à s'entr'aider. Heureux donc ceux qui choisissent la vérité totale de préférence à la vérité diminuée, parce que la vérité diminuée est un mal, tandis que la vérité entière est un bien. Plus elle pénètre l'âme humaine, plus elle est un bien. Pleinement en possession de l'âme, elle serait pour elle le Bien absolu.

CHAPITRE III.

DIVISION DE L'HISTOIRE DE LA PHILOSOPHIE.

L'histoire de la philosophie n'est pas seulement l'his- des doctrines ; elle est aussi l'histoire des hommes. C'est une œuvre vivante, qui doit nous faire assister, dans la mesure du possible, à la naissance, au développement et à la décadence des systèmes. Toutefois, dans un livre d'enseignement élémentaire tel que celui-ci, il n'est pas à propos de faire une place spéciale aux philosophes de second et surtout de troisième ordre. Il faut s'en tenir à cet égard à de très brèves indications, et s'arrêter aux philosophes les plus célèbres. Il faut s'arrêter « aux cimes des choses », selon le mot de Virgile :
Summa sequa fastigia rerum.
Encore est-il juste de placer chacun des grands philosophes dans son cadre historique, car on ne peut bien juger d'une doctrine qu'en tenant compte des circonstances dans lesquelles elle a été enseignée. Pour mieux connaître ces circonstances, on doit d'abord se demander quelles sont les phases principales de l'histoire des doctrines philosophiques. Cette histoire se divise, on le sait, en philosophie ancienne, philosophie du moyen-âge et philosophie moderne. La philosophie ancienne va des origines à l'ère chrétienne; elle est surtout la philosophie grecque. (1) La philosophie chrétienne va de l'ère chrétienne au XVIIe siècle; elle est surtout la philosophie scolastique. La philosophie moderne va de Descartes à notre temps.

(1) Il n'y a pas lieu, dans un livre classique, de parler de la philosophie orientale.

Chacune de ces périodes a des caractères propres que nous allons décrire en peu de mots.

§ 1. — La philosophie ancienne. Ses caractères.

1er caractère : libre recherche. — Tout d'abord, la philosophie ancienne n'a point à tenir compte des dogmes révélés; elle est une libre recherche. Sans doute, les philosophes de cette période ne se donnent pas la mission d'exhorter le peuple à ne point croire aux étranges récits qui composent l'histoire de ses dieux, mais aucun symbole ne s'impose à eux. La religion païenne n'est pas une religion révélée : elle n'a aucun fondateur connu; elle n'a pas de livres sacrés renfermant des dogmes; par le fait, elle n'a aucune autorité doctrinale chargée de donner et d'interpréter un enseignement reçu de Dieu.

2e caractère : la tendance à l'unité. — Cette libre recherche, quel est son objet? l'unité dans la multiplicité : « τὸ ἓν περὶ πολλά », comme disait Platon. Eblouis par la variété du spectacle du monde, les philosophes se sont d'abord demandé quel peut être l'élément premier de toutes choses. Ils obéissaient en cela au besoin d'unité que l'esprit humain éprouve et qu'il cherche toujours à satisfaire. Leurs efforts ne furent pas très heureux, et ils aboutirent à des résultats bien divers. Pour Thalès, l'élément premier du monde était l'eau; pour Anaximandre, c'était l'indéterminé : « τὸ ἄπειρον »; pour Anaximène, c'était l'air. Aux yeux d'Héraclite, une seule chose existe : le mouvement. Tout change, dit-il, tout s'écoule : « πάντα ῥεῖ », il n'y a de constant que l'éternelle succession des choses. De ce changement continuel des choses, les Eléates concluent que rien de ce qui change n'existe. Ils proclament que le mouvement n'est qu'une apparence, et que seul, l'être immuable est le premier principe des choses. Quant aux pythagoriciens, c'est dans l'harmonie des nombres qu'ils voient l'unité du monde ; pour eux, toutes choses obéissent aux lois de l'arithmétique ; les nombres sont même les éléments premiers de tout ce qui est.

Démocrite et Leucippe entendent les choses autrement ; l'atome éternel, en nombre infini, toujours en mouvement, est à leurs yeux le premier principe du monde.

Tant de divergences firent accueillir avec enthousiasme l'idée d'Anaxagore, qui attribuait à l'Intelligence le bel ordre du monde. Seulement, Anaxagore n'a point songé à pousser jusqu'au bout l'explication des choses par l'Intelligence ; c'est le reproche que lui fait Socrate. Par contre, Socrate, Platon, Aristote, les stoïciens eux-mêmes, expliquent les choses par l'Intelligence. On s'en rendra compte sans peine, car nous aurons à insister sur leurs enseignements, sans négliger toutefois de dire un mot des épicuriens, qui reviennent à l'atomisme de Démocrite et de Leucippe, — des sceptiques, qui contestent tout principe d'unité des choses, — de la philosophie alexandrine, qui est une synthèse des doctrines de Platon, d'Aristote et des stoïciens. La philosophie romaine n'a rien d'original. Elle est un écho de la philosophie grecque. Nous ne la passerons pourtant pas entièrement sous silence. (1)

Troisième caractère : la confusion de la philosophie et des sciences. — A l'heure présente, on distingue avec soin philosophie et science. Il y a même, aux yeux de beaucoup de gens, une opposition marquée entre ces deux ordres d'études ; dans leur pensée, comme toute proposition vraiment scientifique est incontestable, la philosophie doit nécessairement disparaître, puisqu'elle est tout l'opposé de la science.

Les anciens n'ont pas soupçonné cette opposition. Ils

---

(1) Voici la suite des chapitres que comporte pour nous l'étude de la philosophie ancienne :

Chapitre IV, Socrate ; Chapitre V, Platon ; Chapitre VI, Aristote ; Chapitre VII, Epicuriens, Stoïciens et Sceptiques ; Chapitre VIII, la philosophie à Rome ; Chapitre IX, l'Ecole d'Alexandrie.

n'ont même fait aucune distinction réelle entre philosophie et science. Nous voyons que, du temps d'Aristote, toute science s'appelait philosophie. Les premiers philosophes s'occupaient d'astronomie et de mathématiques en même temps qu'ils recherchaient le premier principe des choses. Socrate possédait toutes les connaissances de son époque. Platon savait les mathématiques aussi bien qu'homme de son temps, et les œuvres d'Aristote sont une véritable encyclopédie. Quant aux stoïciens et aux épicuriens, leur philosophie comprend une physique, et ils croyaient, à coup sûr, faire œuvre de science en donnant leur explication générale du monde. Tous les philosophes anciens étaient en même temps des savants remarquables pour leur époque, et ceux de leurs enseignements qui touchent aux sciences positives passaient pour philosophie au même titre que le reste. Tant que dura la philosophie ancienne, la philosophie et la science ne furent jamais ni séparées ni même nettement distinguées.

§ II. — La philosophie du moyen age.

On peut affirmer qu'il en fut de même depuis le commencement de l'ère chrétienne jusqu'à Bacon.

1º **Premier caractère de la philosophie du moyen âge : elle était scientifique.** — Sans doute, saint Thomas distingue nettement trois états de l'esprit : l'intuition, ou vue immédiate de la vérité; la croyance, qui a pour objet ce qui n'apparaît pas : « *Fides est non apparentium;* » la science, qui est caractérisée par la démonstration : « *demonstratio facit scire.* » Mais il ne vient pas à la pensée de ce philosophe de créer une séparation quelconque entre la philosophie et la science. Rien ne serait plus contraire à l'esprit de sa méthode, qui est à la fois une méthode d'observation et une méthode de raisonnement. Sans cesse saint Thomas fait appel aux enseignements de la physique, et il n'est que juste d'admirer sa pénétration, car il a su très sagement interpréter les données souvent erronées de la physique de son temps. Il croyait, par exemple, à la génération spontanée des infusoires, et cette erreur a persisté jusqu'à notre temps ; mais ce que saint Thomas refusait absolument d'admettre, c'est que la matière minérale pût, d'elle-même, se transformer en matière vivante. C'est à l'école d'Albert le Grand que saint Thomas avait étudié les sciences physiques et naturelles, mais il n'ignorait pas les mathématiques ; ces sciences lui ont souvent fourni des exemples, parfois même des arguments.

Deuxième caractère de la philosophie du moyen âge : elle était respectueuse de l'autorité. — Pour bien caractériser la méthode de saint Thomas, il faut dire aussi que ce philosophe tenait compte des enseignements de Platon, d'Aristote, de saint Augustin et de bien d'autres, au moins autant que des données scientifiques de son époque. En cela, il ne faisait que suivre l'exemple de ses contemporains, car la méthode d'autorité était fort en honneur au moyen âge. Est-ce à dire que saint Thomas s'en rapportait aveuglément à la parole des philosophes anciens ? — Pour connaître sa pensée à ce sujet, il suffit de lire, dans la Somme théologique, l'article 8 de la première question. On y verra, entre autres choses, que l'argument d'autorité est le plus faible de tous : « *Locus ab auctoritate est infirmissimus.* »

Une lecture plus suivie de la Somme théologique ferait voir que, dans la pratique, saint Thomas interprète les paroles des maîtres avec une parfaite liberté d'esprit. Il est évident qu'à ses yeux, la vérité a toujours le pas sur la lettre des textes.

Troisième caractère de la philosophie du moyen âge : elle était soumise à l'autorité religieuse. — Toutefois, saint Thomas distingue avec grand soin l'autorité purement humaine et l'autorité de la parole divine. A ses yeux, la parole divine est l'expression de la vérité même, et il n'en saurait être autrement, puisque Dieu ne peut ni se tromper ni tromper qui que ce soit. « Bien que l'argument d'autorité qui s'appuie sur une parole purement humaine soit le plus faible de tous, l'argument d'autorité qui repose sur la révélation faite par Dieu est péremptoire entre tous. » (*Somme théologique*, première partie, quest. I, art. 8). Puisque la philosophie est la recherche de la vérité, elle ne doit pas se séparer de la révélation, qui est une source de vérité. Bien au contraire, il faut que la philosophie soit subordonnée à la foi, parce que la foi ne trompe jamais, tandis que la raison humaine est sans cesse exposée à l'erreur. Telles étaient les vues de saint Thomas et de ses contemporains à cet égard. Les philosophes modernes sont loin d'avoir les mêmes idées. (1)

§ III. — LA PHILOSOPHIE MODERNE.

Déjà, au xvi° siècle, on séparait la philosophie et la foi. Plus d'un affirmait comme chrétien ce qu'il niait comme philosophe. L'un des fondateurs de la philosophie moderne, Descartes, prit soin de mettre sa foi dans une « arche sainte », afin de se livrer en toute liberté à ce qu'il regardait comme la meilleure occupation de l'homme. « en tant qu'homme, » la recherche de la vérité.

Premier caractère de la philosophie moderne : la libre pensée. — Descartes, du moins, sut rester chrétien; mais bientôt, la séparation si nettement établie par lui entre le domaine de la théologie et celui de la foi, devint une opposition regrettable. La philosophie du xviii° siècle est en hostilité ouverte avec la religion. Au commencement du xix° siècle, Cousin félicite Descartes d'avoir préconisé en philosophie l'esprit de libre examen, et il définit la philosophie : « La raison enfin affranchie des liens de l'autorité, et ne relevant que d'elle-même dans la recherche de la vérité. » Paul Janet, disciple et

---

(1) Trois chapitres seront consacrés à la philosophie chrétienne : Chapitre x, la philosophie des Pères; Chapitre xi, la philosophie scolastique; Chapitre xii, la philosophie de la Renaissance.

admirateur de Cousin, dit dans le même sens : « La philosophie est la science libre de l'esprit libre. » Autrement dit, l'esprit humain doit rechercher la vérité indépendamment de tout dogme révélé; qu'importe que ses conclusions soient en harmonie ou en opposition avec les dogmes! Le plus souvent, d'ailleurs, cette libre recherche aboutit à une négation. En fait, dit M. Henri Marion, la libre pensée contempo... n'est autre chose qu'une négation systématique de c... s dogmes. Le même écrivain distingue fort à propos la libre pensée et la pensée libre. L'une est hostile à la foi, l'autre est simplement la pensée personnelle, qui n'a rien d'incompatible avec le christianisme le plus sincère. Tout philosophe doit penser par lui-même, ce qui ne l'empêche en rien de s'en rapporter à la parole divine, quand, par un effort de pensée personnelle, il s'est pleinement rendu compte des raisons de croire. D'ailleurs, la parole divine une fois admise comme objet de foi, quel vaste champ ouvert à la pensée personnelle! que de sens cachés à découvrir! que de douces joies réservées à quiconque se propose de sonder les profondeurs des divins enseignements!

Deuxième caractère de la philosophie moderne : le criticisme. — La réaction faite par Descartes en faveur du libre examen eut bientôt pour contre-coup l'examen de l'esprit par lui-même. L'évidence des idées claires et distinctes, que ce philosophe regardait comme le signe certain de la vérité, ne lui permettait pas d'aborder sans quelque embarras les questions où cette évidence parfaite, qui est celle des mathématiques, n'est pas de mise. Comment démontrer, à la manière des géomètres, l'immortalité de l'âme ou la liberté morale? De là, dans Descartes, une réserve extrême au sujet des problèmes de pure métaphysique, et un parti-pris absolu de supprimer en physique ce qu'il appelait les forces occultes du moyen âge. La force, la cause, sont, en effet, des choses conçues plutôt que démontrées. Elles sont des réalités impliquées par certains phénomènes, mais elles n'apparaissent jamais d'une façon manifeste.

On s'est même demandé si nous pouvions les connaître. Plus d'un philosophe, au xviiie siècle, a cherché à déterminer les limites de notre esprit, mais nul n'a posé plus nettement que Kant ce problème : « Que puis-je savoir? » Et nul n'a dépensé plus de génie à faire la critique de l'esprit humain. — D'après Kant, toute science humaine est limitée aux phénomènes. Telle est la conclusion du principal ouvrage de ce philosophe : *La critique de la raison pure*.

Kant a exercé une influence immense sur la philosophie du xixe siècle. Les résultats de sa critique sont considérés comme une acquisition définitive de l'esprit humain. M. Fouillée, dans son ouvrage sur l'*Enseignement au point de vue national*, estime qu'à l'heure présente, un cours de philosophie doit avoir deux parties : une « partie critique » et une « partie positive. » Dans la partie critique, on exposerait les conclusions de Kant, et dans la partie positive, on enseignerait n'importe quelle doctrine, à l'exclusion du matérialisme, dont l'insuffisance, comme explication de l'univers, est désormais démontrée.

Troisième caractère de la philosophie moderne : séparation de la philosophie et de la science. — Depuis le commencement de ce siècle, c'est un véritable axiome, que cette proposition de Kant : la science ne peut connaître que des phénomènes. Auguste Comte pose cela en principe, dès le début de son cours de philosophie positive. A l'entendre, après avoir passé par la croyance aux divinités, (état théologique), puis par l'affirmation des forces occultes, (état métaphysique), l'humanité est désormais entrée dans la période positive de son existence ; elle n'admet plus que des phénomènes, elle explique les faits par les faits.

Dès lors, que devient la philosophie, qui, par définition, est la recherche de ce qui dépasse les faits? — Pour Auguste Comte, la philosophie a cessé d'exister. Son influence a été bonne ; elle a marqué un progrès de l'esprit humain : le passage de l'état théologique à l'état métaphysique, mais, maintenant que l'état métaphysique lui-même n'est plus qu'un souvenir, la philosophie n'a plus aucune raison d'être. Si on veut conserver le nom de philosophie, il faut le réserver à la synthèse raisonnée des sciences. Ce sera la philosophie positive.

On le comprend, il n'est pas aisé de comprimer les élans naturels de l'âme humaine. Comment contraindre l'homme à ne jamais poser les questions de l'au-delà? Comment l'obliger à ne jamais se demander ce qu'il est, d'où il vient et où il va? — Cela est impossible. La philosophie ne saurait être ainsi réduite au silence. S'il est juste d'expliquer les faits par les faits, il est absolument nécessaire aussi de donner à l'homme une solution raisonnée des grands problèmes qu'il se pose et se posera toujours.

Aucun des adversaires de la philosophie ne pourra donc jamais la forcer à disparaître. Du moins peuvent-ils chercher à diminuer son crédit. Ils voient en elle une activité de jeu ; à les entendre, la création d'un système est une œuvre comparable aux fictions des poètes. En tout cas, disent-ils, la philosophie est affaire de croyance, non de science.

Plus d'un ami de la philosophie a consenti à laisser ainsi diminuer le prestige de cette noble étude. C'est Kant, d'ailleurs, qui, le premier, a « substitué la croyance à la science en métaphysique. » Lui-même résume ainsi son œuvre. Pourtant, Kant était un métaphysicien profond, et il voulait assurer l'avenir de la métaphysique. C'est qu'à ses yeux, la croyance était plus certaine que la science.

A l'heure présente, la science a pris un tel ascendant que son nom est devenu synonyme de certitude, tandis que, pour beaucoup, la croyance n'est autre chose qu'une opinion flottante, contestable, souvent erronée.

Quoi qu'il en soit, la séparation est faite désormais entre philosophie et science positive. L'une a pour objet ce qui dépasse les phénomènes, et l'autre s'applique à l'étude des phénomènes et de leurs lois. La philosophie peut appuyer certaines assertions par des raisons très solides, elle ne peut jamais, comme la science positive, démontrer si rigoureusement ce qu'elle avance, qu'aucune contestation ne soit possible. C'est d'ailleurs le sort de la vérité philosophique d'être une « vérité militante. » Le vrai philosophe, comme le chrétien, doit soutenir « le bon combat. »

Pour se former à cette lutte de la vérité contre l'erreur, quel exercice meilleur qu'une étude sérieuse de l'histoire des principales doctrines philosophiques, des doctrines modernes surtout?

C'est cette histoire que nous allons entreprendre. Nous ne pouvons oublier un instant que nous travaillons pour de jeunes intelligences, ce qui nous impose le devoir d'être clair, exact, sobre, sans être jamais superficiel.

Les jeunes esprits surtout ont besoin d'une nourriture saine et substantielle. (1).

(1) La philosophie moderne comprendra les chapitres suivants du présent livre :
Chapitre XIII, Bacon ; Chapitre XIV, Descartes ; Chapitre XV, Malebranche ; Chapitre XVI, Spinoza ; Chapitre XVII, Leibniz ; Chapitre XVIII, Locke ; Chapitre XIX, Berkeley, Hume et Reid ; Chapitre XX, Condillac ; Chapitre XXI, Kant ; Chapitre XXII, Victor Cousin et son école ; Chapitre XXIII, Auguste Comte et le positivisme ; Chapitre XXIV, la philosophie néo-scolastique.

CHAPITRE IV.

SOCRATE.

La première grande figure sur laquelle il convient d'arrêter l'attention est celle de Socrate, dont Cicéron a dit qu'il « fit descendre la philosophie du ciel sur la terre. » Cette métaphore hardie signifie que Socrate imprima une direction nouvelle aux recherches des philosophes : il les engagea à renoncer à l'étude des astres pour s'appliquer à bien connaître l'âme humaine.

Vie de Socrate. — Socrate naquit à Athènes, en 470 avant notre ère. Son père Sophronisque était sculpteur, et sa mère Phénarète était sage-femme. Socrate exerça d'abord la profession de son père, mais il y renonça bientôt pour se livrer entièrement à la philosophie.

On connaît sa patience admirable à l'égard de sa femme Xantippe ; on sait qu'il se montra très brave à Potidée, à Délos et à Amphipolis. A Potidée, il sauva la vie à Alcibiade ; à Délos, c'est Xénophon qu'il arracha à la mort. Sa courageuse résistance aux caprices du peuple et aux exigences des trente tyrans n'est pas moins célèbre que sa bravoure.

Socrate eut plusieurs maîtres : il suivit, dit-on, les leçons du sophiste Prodicus ; il entendit le géomètre Théodore de Cyrène et peut-être aussi le physicien Archélaüs. En philosophie, nous dit Xénophon, il fut son propre maître : « αὐτουργὸς τῆς φιλοσοφίας. » Il n'a laissé aucun écrit. C'est par ses disciples Platon et Xénophon que nous connaissons sa doctrine et sa méthode. Aristote nous a donné aussi quelques renseignements précieux à cet égard. Socrate méditait beaucoup. Il enseignait en conversant familièrement, plutôt que par des leçons suivies. Il sut toujours mettre sa vie en harmonie avec ses enseignements, et sa mort fut digne de sa vie.

Anitus, Mélitus et Lycon l'accusèrent de mépriser les dieux et de corrompre la jeunesse. Aristophane, l'auteur des *Nuées*, bien qu'il fût ami de Socrate, avait eu le tort, vingt ans auparavant, de confondre ce philosophe avec les sophistes, et de le ridiculiser aux yeux du peuple. — Socrate ne se défendit pas. S'il avait discuté sérieusement les griefs qui pesaient sur lui, à coup sûr, il eût évité la peine de mort. Déclaré coupable à une faible majorité, il fut invité, selon la loi d'Athènes, à dire quelle peine il croyait avoir méritée. Il répondit qu'il avait mérité d'être nourri au prytanée. Cette ironie lui valut d'être condamné à boire la ciguë. Après sa condamnation, il pouvait s'échapper de prison par les soins de Criton, son disciple. Il ne le voulut pas, pour ne point désobéir aux lois de son pays. Il mourut en vrai sage, après s'être longuement entretenu avec ses disciples sur l'immortalité de l'âme.

Caractères de sa philosophie. — L'âme, les idées générales qu'elle possède, les destinées qui l'attendent, telles étaient les préoccupations de Socrate.

1º Le « Γνῶθι σεαυτόν. » — Il avait pris pour devise la formule inscrite au frontispice du temple d'Apollon à Delphes : « Γνῶθι σεαυτόν, connais-toi toi-même. » A l'égard de la connaissance des choses du dehors, il disait volontiers : « Je ne sais qu'une chose, c'est que je ne sais rien. » Tel est le premier caractère de sa philosophie. Nous l'avons dit, c'est toute une révolution.

2º La lutte contre les sophistes. — Cette révolution a été préparée par les sophistes, avec lesquels Socrate a plus d'un trait commun. A leur exemple, il porte surtout son attention au dedans : la pensée est l'objet le plus familier de ses recherches, mais il ne s'en tient pas aux apparences, comme les sophistes; il cherche sincèrement la vérité. C'est un vrai philosophe, et à ce titre, il combat les sophistes.

3º La définition des concepts. — Pour les combattre, il a une méthode : l'*ironie*.

Il en a une aussi pour leur opposer un enseignement positif, c'est la définition des idées générales ou concepts; c'est par l'induction qu'il arrive à la définition des concepts, et il prépare l'induction par l'interrogation bienveillante ou *maïeutique*.

Rôle de Socrate en philosophie. — Socrate est le vrai fondateur de la philosophie traditionnelle. Il n'est pas métaphysicien ; il est surtout moraliste. Il cherche à donner une direction à la vie humaine. Sa philosophie, en tout cas, est un progrès considérable. — Avant de dire ce que Socrate enseignait, il nous faut le comparer à ses devanciers d'abord, puis aux sophistes dont il fut l'adversaire.

§ I. — LA PHILOSOPHIE GRECQUE AVANT SOCRATE. RÉFORME SOCRATIQUE.

Les devanciers de Socrate cherchaient l'élément premier des corps. Expliquer le monde par un principe matériel unique, telle était leur ambition. La philosophie était alors parfaitement identifiée avec la science. Elle était la science universelle. Ceux qui la cultivaient, étaient en même temps des physiciens, des astronomes et des mathématiciens.

Les écoles antésocratiques — On groupe d'ordinaire ces savants en quatre écoles principales :

1º l'*École ionienne*, qui adopte comme premier principe des choses un élément matériel : l'eau, l'air, la matière indéterminée. (Thalès, Anaximandre, Anaximène).

2º l'*École pythagoricienne*, qui voit dans les nombres les éléments de tout ce qui existe. (Pythagore, Philolaüs).

3º l'*École éléatique*, qui nie le mouvement et soutient que la seule réalité est l'être éternel et immuable. (Xénophane, Parménide, Zénon d'Elée).

4° **École atomistique**, qui compose l'univers d'un nombre infini d'atomes insécables, toujours en mouvement. (Leucippe et Démocrite).

La réforme socratique. — Socrate, frappé de la divergence de ces doctrines, pensa qu'on s'était trompé de route, que l'on comprenait mal l'objet de la science, et que l'on méconnaissait le but de la vie. La science la plus importante à ses yeux était la science de l'âme. Pour y arriver, il fallait employer une méthode spéciale, la réflexion personnelle, l'analyse des idées. Socrate analysait ses propres idées, et, en interrogeant sans cesse ceux qui causaient avec lui, il les obligeait à faire de même. Les idées morales, telles que celles de justice, de piété, de tempérance et de force, étaient surtout l'objet de ses conversations savantes.

Socrate et Anaxagore. — Il ne faut pas croire, toutefois, que Socrate n'eut aucun précurseur dans cette voie nouvelle. Anaxagore, tout au moins, lui avait suggéré l'idée de rechercher ce qu'est l'Intelligence et pourquoi elle agit. Au commencement, dit Anaxagore, tout était confondu. Mais l'Intelligence survint et mit tout en ordre. « Ὁμοῦ πάντα χρήματα ἦν. Ὁ Νοῦς ἐλθὼν πάντα διεκόσμησε ». L'intelligence est simple : « ἀμιγής » ; elle est puissante : « αὐτοκράτωρ » ; elle est la plus légère et la plus pure des choses : « λεπτότατόν τε πάντων χρημάτων καὶ καθαρώτατον ». Ces dernières paroles semblent indiquer qu'Anaxagore ne fait pas très nettement la distinction de l'esprit et de la matière. Quoi qu'il en soit, il a introduit dans la philosophie l'idée d'un principe intelligent, qui organise le monde, et par là, rappelons-le, « il a paru seul jouir de son bon sens au milieu d'hommes en délire ». (Aristote, déjà cité page 11).

La loi du progrès. — Ce délire des doctrines, dont parle Aristote, n'était pas tel, cependant, qu'on ne puisse y apercevoir un progrès. C'en est un, par exemple, que l'idée d'harmonie, mise en avant par les pythagoriciens. C'en est un autre que la substitution, par les éléates, d'un être immuable et éternel à l'harmonie des nombres. Cette nouvelle conception fut le point de départ des atomistes. Ils entendirent l'unité autrement que les éléates. Pour eux, l'être éternel, un, immuable, c'est l'atome. Parménide avait eu le tort de nier la multiplicité et le mouvement. Héraclite réagit en proclamant que le changement est la seule loi du monde : « πάντα ρεῖ », tout s'écoule. Les atomistes voulurent concilier l'unité, que la raison réclame, avec le changement, que les sens attestent. Empédocle, déjà, avait essayé de concilier Héraclite et Parménide. Sa doctrine a ceci de remarquable que, selon lui, deux forces président à l'union et à la dissolution des éléments : c'est l'amour et la discorde, autrement dit : l'attraction et la répulsion. (1).

Cette conception n'est pas encore celle d'une Intelligence disposant toutes choses avec ordre ; mais il n'y a pas très loin, semble-t-il, de l'idée de deux forces présidant à l'union et à la séparation des éléments, à celle de la plus subtile et la plus pure de toutes choses.

§ II. — Socrate et les Sophistes.

Les esprits superficiels ne voient pas, dans la marche de la pensée humaine, l'accomplissement d'une loi de progrès ; ce qui les frappe surtout, c'est la diversité des doctrines. Au temps de Socrate, les sophistes trouvèrent dans la divergence des opinions des savants, un point d'appui pour nier la possibilité de la science, et affirmer l'universelle relativité des connaissances humaines. A les entendre, il n'y a pas de vérité absolue ; toute proposition est vraie pour qui sait la soutenir.

Caractères des sophistes. — A l'origine, les sophistes étaient des professeurs de sagesse, et on les esti-

---

(1) Rien ne se crée, rien ne se perd, disait Empédocle ; il n'y a que des séparations et des combinaisons d'éléments. Les éléments sont incréés et impérissables. Ils sont au nombre de quatre : la terre, l'eau, l'air et le feu. L'élément unique de Parménide ne saurait suffire à l'explication des choses. Quant aux quatre éléments, ils s'unissent par l'amour et se séparent par la discorde.

mait. Peu à peu, le mot sophiste fut pris en mauvaise part. Les Athéniens, sans doute, ne tardèrent pas à regarder d'un œil jaloux, des hommes qui semblaient plus instruits que les autres et donnaient des leçons de sagesse.

1° Ils n'enseignaient pas gratuitement. — Une chose, au reste, déplaisait particulièrement dans les sophistes, c'est qu'ils faisaient payer leurs leçons. Il y avait à Athènes un parti conservateur très puissant, et toute innovation était mal accueillie.

2° Ils voulaient avant tout réussir. — Bientôt, il est vrai, les sophistes se préoccupèrent exclusivement de l'utile; ils ne songèrent plus qu'à gagner de l'argent, à réussir et à se faire une renommée. Quand on poursuit de telles fins, la vraisemblance sert plus que la vérité.

3° Ils étaient sceptiques. — Voilà pourquoi on a souvent dit que les sophistes étaient sceptiques. Ils l'étaient, à coup sûr, mais leur scepticisme ne ressemblait en rien à celui que Pyrrhon a préconisé plus tard. Pyrrhon voulait qu'on s'abstînt de discuter. Au contraire, les sophistes avaient la prétention de disserter sur toutes choses et de n'être jamais pris au dépourvu.

Bref, de professeurs de sagesse qu'ils étaient d'abord, ils devinrent des professeurs d'éloquence politique. A de tels hommes, le vrai et le bien importent peu. Ce qu'il faut, c'est le succès. Cette évolution des sophistes tient en partie aux circonstances. A leur époque, la démocratie se substituait à l'aristocratie dans la plupart des cités de la Grèce; or, personne ne l'ignore, sous le régime démocratique, la puissance est aux orateurs. Ce sont eux qui font et défont les lois; leur influence fait disparaître le respect de la tradition.

Socrate et les sophistes. — N'est-il pas surprenant, après cela, qu'on ait pu prendre Socrate pour un sophiste? — C'est que, comme les sophistes, Socrate disputait de tout; comme eux, il donnait son attention aux idées plutôt qu'aux choses; comme eux enfin, il était subtil et retors, mais il cherchait sincèrement la vérité.

Le succès ne le préoccupait pas, et il n'avait aucun souci de s'enrichir.

Le peuple, qui est simpliste, ne vit pas que, malgré certaines apparences, Socrate était tout l'opposé d'un sophiste. D'ailleurs, les ennemis de Socrate surent bien exploiter contre lui tout ce qui pouvait le faire passer pour le plus dangereux des sophistes.

Principaux sophistes. — Les vrais sophistes sont surtout Protagoras et Gorgias. On peut nommer aussi Prodicus de Céos, Polus et Thrasymaque, Critias, l'un des trente tyrans, Euthydème, Hippias d'Elis.

Protagoras. — Protagoras, né à Abdère, enseigna à Athènes, d'où il fut banni, sous l'accusation d'athéisme. Son principal enseignement est que nous devons aux sens toutes nos idées. Par là même, les choses sont nécessairement pour nous ce qu'elles nous apparaissent; nous ne connaissons aucune chose en soi. De là le mot fameux de Protagoras : « L'homme est la mesure de toutes choses ». Toute chose est vraie ou fausse selon les gens. Le miel est doux pour les uns et amer pour les autres. Les contraires sont identiques. C'est la négation du principe fondamental de la logique et de toute pensée humaine, le principe d'identité.

Dès lors, il n'est pas surprenant que Protagoras ait été accusé d'athéisme. Sa doctrine sur la connaissance explique aussi son scepticisme par rapport au bien absolu; à ses yeux, toute chose agréable est bonne, et toute chose qui déplaît est mauvaise. Platon a beaucoup combattu Protagoras, notamment dans le dialogue qui porte le nom de ce sophiste.

Gorgias. — Gorgias de Léontium, en Sicile, fut un rhéteur célèbre. Ce fut lui qui, probablement, fonda la première école de rhétorique à Athènes. Il mourut plus que centenaire. Par son éloquence, il avait acquis une grande fortune.

Comme philosophe, il s'attache à contredire l'enseignement des éléates. On lui attribue trois thèses bien connues : 1º *L'être n'est pas*; 2º *S'il existe, il est inconnais-*

sable; 3° *Si quelqu'un peut le connaître, nul ne peut le faire connaître à d'autres.*

Utilité des sophistes. — Gorgias, on le voit, aboutit à la même conclusion que Protagoras, l'universelle relativité de nos connaissances. Le point de départ n'est pas le même, mais c'est, de part et d'autre, le scepticisme le plus absolu. Ce n'est pas surprenant, puisque Gorgias et Protagoras, tous les sophistes, d'ailleurs, posent en principe que toute connaissance nous vient des sens.

Par cette erreur, ils ont amené Socrate à faire voir que, dans le sujet pensant, il y a autre chose que les sens. Il y a l'intelligence et ses concepts généraux. Ainsi l'erreur, par ses excès même, conduit à la vérité.

§ III. — LA PHILOSOPHIE DE SOCRATE.

Socrate, fondateur de la métaphysique. — C'est donc à l'analyse des concepts généraux de l'esprit que se livre Socrate. Par là, sans être métaphysicien, il mérite d'être regardé comme le fondateur de la métaphysique, car il proclame que la vraie cause des choses n'est pas physique, mais intellectuelle.

Sans doute, en cela il ne fait que redire ce qu'avait dit Anaxagore, mais il y a bien de la différence entre dire que l'intelligence est la vraie cause des choses, et faire de cette pensée le point de départ d'une philosophie nouvelle.

La finalité, doctrine particulière à Socrate. — D'ailleurs, Socrate a découvert que « l'intelligence agit toujours en vue du bien ». C'est le principe de finalité; c'est en même temps une orientation nouvelle donnée à la philosophie. Nous voilà loin de la physique des Ioniens, de la loi des nombres affirmée par Pythagore, de la logique des éléates et du scepticisme des sophistes.

La philosophie, pour Socrate, est la science du bien. — Socrate étudie les rapports de toutes choses avec le bien. Sa philosophie est toute morale. C'est la science du bien. Par le fait même, c'est la vertu, car, pour Socrate, la vertu est la science du bien. « Instruisez les hommes, et vous les rendrez meilleurs. »

Sans doute, il ne suffit pas d' « instruire les têtes pour n'avoir plus à les couper », (1) mais il faut remarquer d'abord que Socrate ne parle pas d'une science quelconque ; il recommande la science du bien. Il est clair que la géométrie, la physique, la chimie ou toute autre science positive, ne contribue pas, directement du moins, à rendre les hommes meilleurs. Cela posé, si la science du bien était sérieusement méditée ; si, au lieu d'être une connaissance purement spéculative, elle pénétrait profondément l'âme humaine, à coup sûr elle rendrait les hommes meilleurs.

La méthode de Socrate. Ses procédés principaux. — La science du bien ne saurait être un mélange confus d'opinions variant d'une personne à l'autre. Pour les sophistes, il n'y a pas de science, il n'y a que des opinions. Socrate pense tout le contraire : la science existe, et elle a pour objet l'universel. Socrate entend par universel les idées générales communes à tous les hommes ; par exemple, l'idée que tout homme se fait de la vertu, de la piété, de la justice, de la sagesse, de l'homme lui-même.

a) *Le dialogue.* Comment découvrir ces idées que tout homme possède, même à son insu ? — Il n'y a qu'un moyen : le dialogue. C'est en conversant familièrement avec les hommes, que l'on arrive à savoir ce qu'ils pensent de chaque chose. Par là, non seulement on se rend compte de leurs idées, mais on les instruit eux-mêmes, car, aux yeux de Socrate, apprendre, ce n'est pas prendre connaissance des choses du dehors, c'est se rendre compte de ses propres idées. « Apprendre, c'est se souvenir ».

b) *L'ironie et la maïeutique.* Le dialogue socratique variait selon les cas. Quand Socrate avait affaire à des sophistes, il s'efforçait de les amener à se contredire eux-mêmes. Il les obligeait, par exemple, à convenir que, si

(1) Victor Hugo.

toute sensation est une représentation exacte de ce qui est, le froid et le chaud, l'amer et le doux, le blanc et le noir, sont des choses identiques. Ce genre de dialogue, assaisonné de fine raillerie, s'appelait l'*ironie*. La *maieutique* était un procédé moins désobligeant, dont Socrate se servait avec ses disciples ou avec les amis de la vérité, quels qu'ils fussent.

Par la maieutique, Socrate amenait son interlocuteur à donner une définition d'abord inexacte, puis à la rectifier, selon les cas, jusqu'à ce qu'elle exprimât bien le concept à définir. Il demandait, par exemple : Qu'est-ce que la beauté ? On lui répondait : la beauté, c'est un visage agréable. — Il reprenait : n'existe-t-il donc pas de belles fleurs, de beaux vases, de beaux monuments ? Et ainsi il faisait sentir la nécessité de chercher une définition plus compréhensive.

c) *L'induction et la définition*. L'ironie et la maieutique ne résument pas toute la méthode de Socrate. Elles sont simplement des artifices de méthode. Socrate veut avant tout définir des concepts. Pour cela, il procède par induction. L'induction socratique n'est autre chose qu'une série d'assimilations propres à faire accepter une définition. Si, par exemple, le charpentier est l'homme qui sait établir solidement un système de poutres, s'il faut appeler musicien celui qui sait l'harmonie, on ne doit pas hésiter à dire que le juste est celui qui connaît la justice.

Voilà, sans doute, ce qu'Aristote appelait aller d'un genre à l'autre par le dialogue : « διαλέγειν κατὰ γένη » ; c'était pour arriver à définir l'universel : « ὁρίζεσθαι τὸ καθόλου ». La définition, pour Socrate, était toute la science.

Examen de la méthode socratique. — Sans doute, cette méthode n'eût pu être d'aucune utilité pour l'étude des sciences physiques, mais elle convenait à la science du bien, sur laquelle Socrate s'est efforcé d'attirer l'attention de ses contemporains.

Le principe de cette méthode est d'ailleurs incontestable. On ne peut dire avec Socrate : « Apprendre, c'est se souvenir », mais, à coup sûr, quand il s'agit de la science morale, telle que les hommes peuvent la faire en dehors de la révélation, apprendre, c'est réfléchir, c'est prendre conscience de ses idées. Est-il bien sûr, d'ailleurs, que Socrate ait dit : « Apprendre, c'est se souvenir » ? Ce mot résume la doctrine de Platon sur l'origine des idées, et il a fort bien pu être mis par Platon sur les lèvres de Socrate. On attribue à Socrate une parole assez piquante au sujet de Platon : « Que de choses ce jeune homme me fait dire, auxquelles je n'ai jamais pensé » !

Doctrine de Socrate. — La science morale, pour Socrate, ne va pas sans une certaine métaphysique, d'ailleurs très sommaire.

a) *Dieu.* — Dieu existe, car il faut au monde une cause efficiente, et le monde est un tout bien ordonné. Dieu est l'âme du monde. Il le gouverne comme l'âme gouverne le corps.

b) *L'âme.* — L'âme est distincte du corps, et elle survit au corps. C'est là, du moins, une espérance, qui, pour Socrate, repose plutôt sur les arguments résumés par Xénophon que sur ceux de Platon. (1) Selon Socrate, l'âme survit au corps parce qu'elle en est distincte et le gouverne ; parce que, dans les songes, elle semble vivre d'une vie propre et plus énergique ; parce que l'on voit le corps dépérir, tandis que l'âme garde toute sa force ; parce que, enfin, l'âme est un principe divin, qui doit retourner à Dieu.

c) *Le vrai.* — L'origine divine de l'âme nous permet d'entrevoir comment il se fait que, pour Socrate, apprendre, c'est se rendre compte de ses propres idées. Si notre âme vient de Dieu, notre esprit a été, dès l'origine, uni à l'Être par excellence. Or, la vérité n'est autre chose que cette union naturelle et primitive de

---

(1) Voyez le *Phédon*. C'est dans ce dialogue surtout que Platon expose sa doctrine sur l'immortalité.

l'intelligence et de l'être. Parménide avait dit : « On ne peut connaître et exprimer le non-être; il ne reste donc plus qu'une voie, poser l'être et dire : il est ». Socrate pense de même. Tous les grands métaphysiciens ont admis ce principe. Nous l'avons déjà énoncé sous diverses formes, (voyez page 10); nous aurons plus d'une fois l'occasion d'y revenir et de l'expliquer. Il faut, en tous cas, prendre garde d'en abuser. Si j'ai l'idée de cercle, cette idée est vraie, donc le cercle existe, mais il ne suit pas de là que le cercle existe en dehors de ma pensée. Par contre, le cercle carré n'existe, ni en dehors de ma pensée ni même dans ma pensée. C'est un pur néant d'être et de pensée. Au moins le cercle est intelligible, et, s'il n'est pas réalisé, il est réalisable.

d) *Le bien.* — En même temps que l'esprit connaît le vrai, il l'aime. Le vrai est le bien propre de l'intelligence. Il y a donc identité entre le vrai et le bien. Il s'en suit que l'intelligence ne peut agir que pour le bien. « Ayant entendu quelqu'un lire dans un livre qu'il disait être d'Anaxagore, que l'intelligence est la règle et le principe de toute chose, j'en fus ravi. S'il en est ainsi, disais-je en moi-même, l'intelligence ordonnatrice a tout disposé pour le plus grand bien » (Phédon, 96). Tout est donc pour le mieux dans le monde. Socrate, on le voit, est optimiste. Par là encore, il ressemble aux métaphysiciens les plus illustres. Ils n'ont pas nié le mal, mais ils ont bien vu que Dieu sait tirer le bien du mal.

e) *La vertu.* — Si l'intelligence agit toujours pour le bien, l'homme ne peut mal faire que par ignorance du bien véritable. La vertu est donc la science du bien. Il y a diverses vertus : la science des vrais plaisirs s'appelle la tempérance ; la science des choses vraiment à craindre est la force ; celle de ce qui est dû aux autres se nomme la justice ; enfin, la piété est la science des relations de l'homme avec Dieu. Les lois de la science du bien sont des lois non écrites : « νόμοι ἄγραφοι », mais, sans elles, les lois écrites n'auraient aucune valeur. Il ne faut pas, comme les sophistes, opposer la loi à la nature, car la loi doit être l'expression de la raison ; elle doit, par conséquent, être conforme à la nature.

f) *La liberté*. — Quand l'homme connaît bien ce qui est conforme à la raison, il ne peut manquer de le vouloir, puisque l'intelligence veut toujours le bien. Celui qui n'est pas vertueux est donc simplement un homme qui se trompe, et il ne veut pas le mal. Personne n'est méchant volontairement : « Οὐδεὶς κακὸς ἑκών ». Si l'homme pouvait faire le mal volontairement, il faudrait dire que les méchants sont supérieurs aux bons, de même qu'un homme qui boite volontairement, est mieux en état de marcher que celui qui boite, sans pouvoir faire autrement.

Conclusion. — Ce n'est pas douteux, toute faute est une erreur, mais il ne s'en suit pas que personne ne soit méchant volontairement. Il y a des erreurs volontaires comme il y en a d'involontaires. On peut admettre que la vertu est la science du bien, sans pour cela nier la liberté humaine.

Socrate, d'ailleurs, comprenait fort bien que la science du bien ne va pas sans l'amour du bien. Quand on connaît le bien, non pas simplement de mémoire ou par l'étude, mais par une méditation assidue, on aime le bien et on le met en pratique. Méditer assidûment ce qui est bien, c'est affaire à la volonté libre.

Quoi qu'il en soit, il faut savoir gré à Socrate d'avoir donné à la philosophie une direction, une méthode et une tradition.

Il a, sans doute, peu favorisé la science, et sacrifié la recherche désintéressée du vrai à la préoccupation de l'utile ; il a subordonné la métaphysique à la morale. Si cela est un tort, du moins Socrate a compris que la vie humaine ne vaut que par l'amour du bien et la vertu.

Sa méthode est trop exclusive, mais elle est bonne. Il ne fait aucune place à l'observation extérieure, et cela se comprend, puisqu'il veut qu'on renonce à l'étude des sciences physiques ; mais il enseigne à rentrer en soi-même, à réfléchir. Sans la réflexion, il n'y a pas de philosophie possible.

Quant aux principaux enseignements socratiques, ils commencent une tradition qui va devenir cette philosophie éternelle dont Leibnitz a parlé, et qui se reconnaît à trois affirmations principales : Dieu, l'âme, la vie future.

A quelques égards même, Socrate va plus loin que ses successeurs immédiats ; car il enseigne que tous les hommes sont frères, que l'esclavage est injuste, que la femme est l'égale de l'homme, qu'il ne faut nuire à personne, qu'il faut faire du bien à tous, et honorer le travail. Vraiment, comme l'a dit aussi Xénophon, Socrate aimait les hommes : « φιλάνθρωπος ἦν ».

Qu'on ne voie pas ici, pourtant, le christianisme avant la lettre. Ce serait se méprendre. Jésus-Christ redira ces choses, mais avec insistance et autorité. De plus, il en donnera la raison dernière, à laquelle Socrate ne songe pas : les hommes sont fils d'un même Père, qui est Dieu ; ils sont créés à l'image de Dieu ; ils ont la même destinée, qui est Dieu, et c'est pour tous sans distinction que Jésus-Christ est la voie, la vérité et la vie.

CHAPITRE V.

PLATON.

Socrate eut plusieurs disciples; aucun d'entre eux ne demeura entièrement fidèle à sa doctrine. Aristippe de Cyrène admet bien que le but de la vie est le bonheur, mais il fait consister le bonheur dans le plaisir du moment présent. Par contre, l'athénien Antisthène fonde la morale sur l'effort; à l'entendre, la peine est un bien par elle-même. Il prend pour modèle Hercule et enseigne au Cynosarge, lieu consacré à ce dieu. C'est de là, sans doute, que lui vint d'abord, ainsi qu'à ses disciples, le nom de cyniques. Sa maxime était : « suivre la nature ». Il avait cru devoir en conclure qu'il faut mépriser toutes les bienséances, parce que tout ce qui est naturel est bon. La divinité de la nature fut un préjugé familier à toute l'antiquité païenne. — Euclide de Mégare s'attache surtout à la méthode de Socrate, mais sa dialectique, subtile à l'excès, est un retour à l'art des sophistes.

Platon fut le plus illustre des disciples de Socrate, et en même temps le moins fidèle, non au souvenir du maître, mais à ses enseignements.

Vie de Platon. — Platon naquit en 430 avant Jésus-Christ, à Egine, île peu éloignée d'Athènes. Par son père, Ariston, il descendait de Codrus, le dernier roi d'Athènes, et par sa mère, il avait pour ancêtre Solon.

Son éducation fut très soignée. Il connaissait bien la grammaire, la musique, les mathématiques. Il excellait dans les exercices du corps, au point de remporter des prix aux jeux isthmiques. Il étudia Homère et se livra d'abord à la poésie, mais, ayant entendu Socrate, il résolut de se consacrer tout entier à la philosophie.

Déjà, cependant, il avait été initié aux doctrines d'Héraclite par son disciple Cratyle, et plus tard, il eut occasion d'étudier celles de Pythagore. Il écouta Socrate pendant dix ans. A la mort de son maître, il se mit à voyager. D'après des récits plus ou moins dignes de foi, il aurait visité l'Egypte, la Palestine, la Phénicie, la Chaldée, et serait allé jusqu'en Chine. Il alla sûrement à Cyrène, où il connut le géomètre Théodore, puis en Sicile et dans la grande Grèce. C'est là qu'il vit les pythagoriciens, et par eux, Dion, qui était gendre de Denys l'Ancien, tyran de Syracuse. Platon alla trois fois à Syracuse, dans l'espoir de convertir à ses idées politiques, soit Denys l'Ancien, soit Denys le Jeune, son fils. Il réussit fort mal. Denys l'Ancien le fit même vendre comme esclave. Ce premier essai eût paru suffisant à plus d'un; s'il découragea Platon, ce ne fut pas pour bien longtemps. Racheté par des amis, ce philosophe revint à Athènes, où il fonda l'Académie, en 388. Platon possédait un jardin, à 6 stades environ d'Athènes, soit 1100 mètres. De là il allait donner ses leçons dans un vaste gymnase planté d'oliviers et orné de statues. Ce gymnase, où Platon enseignait en se promenant avec ses disciples, avait appartenu à un héros des temps anciens, nommé Académus. D'où le nom d'Académie donné à l'Ecole de Platon.

Le fondateur de l'Académie mourut en 347, à un âge très avancé, et la plume à la main, selon le mot de Cicéron.

Les ouvrages de Platon. — On attribue à Platon des *dialogues*, des *lettres à Denys*, des *définitions*. L'authenticité de ses œuvres a été vivement discutée, surtout en Allemagne. La plupart des dialogues sont sûrement authentiques, et il y a de bonnes raisons pour admettre qu'ils le sont tous. On n'en peut dire autant des lettres et des définitions. L'ordre chronologique des dialogues n'a pu être établi avec certitude. Ce sont des œuvres pleines de vie, où Platon laisse voir beaucoup d'esprit, de finesse et d'élévation morale, avec une grande richesse d'imagination. On les divise, assez arbitrairement d'ailleurs, en dialogues *politiques*, comme la *République*, les *Lois*, le *Politique* ; en dialogues *biographiques*, comme le *Criton*, le *Phédon*, l'*Apologie de Socrate*, le *Gorgias*, le *Protagoras*, le *Phèdre*, le *Banquet* ; en dialogues *métaphysiques*, comme le *Cratyle*, le *Parménide*, le *Timée*.

La philosophie de Platon, ses caractères généraux. — Socrate est le principal personnage des dialogues de Platon, mais le Socrate des dialogues n'est pas le Socrate de l'histoire.

1º **Recherche de la science universelle.** Ainsi, au lieu de s'occuper exclusivement de questions morales, il reprend le problème de la science universelle. Platon se souvient des leçons de Cratyle et de ses relations avec les pythagoriciens ; il s'occupe de métaphysique, il est même surtout métaphysicien.

2º **Recherche de l'absolu.** Par là même, sa dialectique diffère beaucoup de celle de Socrate. Ce dernier s'appliquait à bien définir les concepts généraux, tandis que Platon s'élève, en chaque ordre de choses, jusqu'à l'*idée*, qui est pour lui, non une vue de notre esprit, mais une réalité suprême, une chose en soi, ayant son existence à part, antérieure et supérieure aux individus, dont elle est le principe.

3º **Poésie mêlée à la science.** Les idées que Platon regarde comme des choses en soi, principes de tout ce qui existe, il ne les a point vues, et sa dialectique ne l'a pas nécessairement conduit à les affirmer ; cependant il en parle, il les décrit comme s'il était question d'une région nouvellement découverte, et entièrement explorée par lui. Platon est poëte autant que philosophe. Bien souvent, il substitue l'inspiration à la dialectique, la croyance à la science, l'intuition de l'au-delà au raisonnement pur. Avec quelle richesse d'imagination il décrit les choses du monde supérieur, où était l'âme avant d'entrer dans la vie présente, les combats qu'elle doit soutenir pour remonter à ce bienheureux séjour, les peines qui lui sont réservées si elle se laisse entraîner loin du but!

§ I. — DIALECTIQUE OU THÉORIE DE LA CONNAISSANCE.

Ce but, c'est par la dialectique qu'on se met en état de l'atteindre, et la dialectique, pour Platon, nous l'avons déjà fait entendre, est une marche ascendante, dont le point de départ est la vue des choses qui frappent les sens, et le terme, l'intuition des idées. La dialectique platonicienne va de l'opinion à la science.

Science et opinion. — La science est tout l'opposé de l'opinion. Socrate, luttant contre les sophistes, cherchait à substituer la science des concepts à leurs opinions indécises et variables. Plus anciennement, Parménide faisait ressortir le contraste que présentent l'être immuable et les apparences toujours changeantes. On peut même dire que toute la philosophie antérieure à Socrate a été une recherche de l'être, objet de la science, à travers les apparences, objet de l'opinion. Seul, Héraclite, en proclamant que tout s'écoule, a désespéré de faire la science de l'être.

Trois caractères distinguent la science de l'opinion :

1º La science a pour objet l'universel ; Socrate redisait sans cesse : « Il n'y a de science que de l'universel ». L'opinion a souvent pour objet ce qui est particulier, ce qui est ceci, ici et maintenant. Je conjecture que demain le temps sera beau, que cet homme est honnête, et que cet autre n'est pas digne de confiance ; ce sont là de simples opinions. Au contraire, si je dis : Toute volition est nécessairement précédée d'une connaissance, j'énonce une proposition scientifique.

2° L'opinion est souvent incertaine; la science donne la certitude.

3° L'opinion s'arrête aux apparences, la science va au fond des choses.

Les degrés de la dialectique. — Du moins, l'opinion est le point de départ nécessaire de quiconque veut arriver à la science. L'opinion n'a pas de valeur en elle-même, mais elle fait réfléchir. Au regard de l'opinion, tel homme est plus grand, plus instruit, plus vertueux qu'un autre, et cette diversité des apparences porte l'esprit à rechercher ce que peuvent être en elles-mêmes la grandeur, la science, la vertu.

Cette recherche comporte quatre degrés :

1° *La conjecture*, (εἰκασία) qui est une simple représentation sensible, n'impliquant par elle-même aucune croyance. Il me semble, la nuit, entendre crier des enfants livrés à leurs jeux. C'est là une pure conjecture, d'ailleurs sans fondement.

2° *La croyance* (πίστις). Quand, au contraire, j'affirme qu'un homme vient à moi, la représentation sensible est accompagnée de croyance. D'ailleurs, la conjecture et la croyance peuvent coexister, par exemple : j'affirme que quelqu'un vient, et je conjecture que c'est tel homme.

3° *La pensée discursive* (διάνοια). En comparant les apparences que nous connaissons par l'opinion, nous arrivons à concevoir certaines idées, telles que celles de grandeur, de pluralité, d'unité, de vérité, de beauté, de justice. Comparer les apparences, c'est aller, pour ainsi dire, de l'une à l'autre; de là le nom de pensée discursive donné à ce procédé. Platon l'appelle διάνοια, qui veut dire : discours de l'âme avec elle-même, réflexion.

4° *L'intuition* (νόησις). Par les idées secondaires, nous sommes bientôt conduits à l'Idée du Bien. Elle a ceci de particulier, que nous ne la voyons pas à travers les apparences, comme on aperçoit l'idée de grandeur en comparant les grandeurs; nous la voyons directement, par intuition. On appelle intuition la vue directe d'une chose.

Telle est la dialectique *ascendante*, qui nous conduit par degrés de la sensation à l'Idée du Bien. Platon pouvait simplifier cette marche progressive. C'est pour la symétrie, sans doute, qu'il a distingué la conjecture et la croyance. On peut réduire la dialectique ascendante à trois moments : 1º la δόξα, ou intuition des apparences ; 2º la διάνοια, ou connaissance des idées par le moyen des apparences ; 3º la νόησις, ou intuition de l'Idée suprême.

Les Idées de Platon. — C'est ainsi que Platon réduit à l'unité l'immense variété des apparences, toujours en mouvement. Si tout s'écoule, comme le disait Héraclite, cette loi n'est applicable qu'au monde des phénomènes. Au delà, il y a les idées, dont chacune fait l'unité d'une série indéfinie d'apparences : « ἓν περὶ τὰ πολλά ». Et toutes les idées se relient à l'Idée du Bien, qui est l'unité suprême : « τὸ ἕν », l'être par excellence : « τὸ ὄν ». Cette unité suprême n'est pas l'unité abstraite de Parménide; c'est une réalité vivante, principe d'action, de laquelle dérivent les autres idées, qui, à leur tour, sont les principes des choses. L'Idée du Bien, c'est l'Etre en soi par excellence.

Ainsi Platon fait la synthèse des doctrines d'Héraclite, de Parménide et de Socrate, mais il dépasse toutes ces doctrines. Héraclite niait la science, Platon l'affirme. Parménide concevait un absolu, Platon en fait l'Etre le plus réel de tous. Socrate concevait les idées comme des concepts de notre esprit, Platon en fait des choses en soi.

La réminiscence. — Les idées, choses en soi, principes d'unité, principes des choses, sont en même temps les principes de nos connaissances. C'est par elles que la science nous est possible. Et la science, pour nous, n'est autre chose qu'une réminiscence : « ἀνάμνησις ». (1) Nous

---

(1) Savoir, c'est « se souvenir de ce que notre âme a vu dans son voyage à la suite des dieux, alors que, dédaignant ce que nous appelons improprement des êtres, elle élevait ses regards vers le seul être véritable ». (Platon, le *Phèdre*)

avons contemplé les idées avant de naître ; en punition de quelque faute, notre âme a été unie à un corps, et maintenant, à la vue des objets sensibles qui tiennent leur être des idées, par participation : « μέθεξις », nous nous élevons par la dialectique, jusqu'à la connaissance des idées et à l'intuition de l'Idée suprême. (1) C'est par cette dernière idée que nous voyons les autres ; c'est par elle que tous les hommes voient les idées de la même manière ; l'Idée du Bien est le soleil des intelligences. (2)

La Science. — Apprendre, c'est se souvenir ; cependant, la réminiscence n'est pas toute la science. Il ne suffit pas d'arriver à la connaissance des idées, il faut les unir par des jugements. L'homme n'est pas prisonnier de ses idées, et il ne faut pas dire avec Euclide de Mégare, que les idées n'ont aucun lien entre elles. De même, l'unité absolue de Parménide serait la mort. Il y a un mouvement de la pensée qui consiste à passer d'une idée à une autre, en tenant compte de la subordination des idées. Socrate l'avait bien vu : il faut distinguer les genres et les espèces, et subordonner les espèces aux genres. Sans cela, point de science.

Donc, quand on est arrivé à la claire vue de l'Idée, il reste à la diviser par l'analyse : « διαίρησις », et à en démêler les éléments. On verra ainsi ce qu'elle a de commun avec d'autres idées, et par où elle se relie à elles.

Si on analyse l'homme en soi, on y découvre le caractère animal ; du même coup, on voit le lien qui unit l'homme aux autres êtres animés.

Bref, il y a une *dialectique descendante*, comme il y a une *dialectique ascendante*. La première consiste à passer du sensible à l'intelligible ; la seconde, à analyser les idées pour en découvrir les rapports.

Appréciation. — Nous venons d'exposer la partie essentielle de la philosophie de Platon, dont le point culminant est la théorie des idées. Sans doute, Platon a

---

(1) Voyez l'allégorie de la caverne, *République*, Livre VIII.
(2) *République*, Livre VI, à la fin.

été trop hardi en affirmant la préexistence des âmes et la réminiscence ; sans doute, en disant que les idées sont des choses en soi, il a eu le tort de réaliser des abstractions, de confondre l'ordre intelligible et l'ordre réel; mais, il faut le reconnaître, il y a un monde intelligible au-dessus du monde sensible, et nos idées des choses, comme les choses elles-mêmes, ne peuvent s'expliquer que par le monde intelligible. Tous les hommes se ressemblent parce qu'ils ont la même nature. Ils participent certainement tous à la même essence. La même définition convient à tous les hommes ; de plus, toute intelligence humaine peut arriver à comprendre que l'homme est un animal doué de raison. Comment expliquer cet accord au moins possible des intelligences? Sans la moindre difficulté, tous les hommes s'entendent au sujet des notions géométriques les plus simples ; pourquoi cela? — C'est que, vraiment, une lumière éternelle éclaire tout homme venant en ce monde.

Conclusion. — Trois choses surtout sont à retenir de cette magnifique théorie de la connaissance, d'après Platon :

1° L'ordre sensible et l'ordre intelligible sont bien distincts ; et, en ce qui nous concerne, l'intelligence n'est pas réductible aux sens.

2° Dieu est le soleil des intelligences.

3° Il y a en Dieu des idées éternelles, qui sont les causes exemplaires, les modèles, les idéaux des choses, et en même temps les causes de notre connaissance des choses visibles, les principes de la science humaine.

§ II. — Dieu, l'Ame et la Matière, d'après Platon

La théorie de la connaissance, dans Platon, conduit naturellement à l'Idée du Bien, qui est Dieu. Connaître, en effet, c'est apercevoir l'unité dans la pluralité, c'est ramener les phénomènes à leurs lois, les lois à d'autres plus générales, jusqu'à ce qu'on aboutisse à une idée suprême, qui soit comme la synthèse de toutes les lois.

Au point de vue abstrait, cette Idée suprême est l'Unité : « τὸ ἕν ». Au point de vue de l'être, elle est la réalité par excellence « τὸ ὄν ». En elle, la pensée et l'être s'identifient. Elle est l'être absolu, l'être tout court, et en même temps, le parfait intelligible, l'Idée des idées.

Le Dieu de Platon. — Nous ne pouvons l'apercevoir qu'avec peine, parce que notre intelligence est habituée à considérer les objets sensibles, mais l'Idée du Bien est par elle-même la plus intelligible de toutes. On ne démontre pas son existence, on la contemple. C'est ainsi qu'on ne prouve pas que le soleil existe, on le regarde. C'est par la dialectique que l'âme se met en état de contempler Dieu, soleil des intelligences.

A la dialectique des pensées, on doit joindre celle des sentiments, car « c'est par l'âme tout entière qu'il faut aller à l'être par excellence ».

La dialectique des sentiments consiste, pour l'âme, à s'élever peu à peu de la contemplation et de l'amour d'une beauté visible, à la contemplation et à l'amour de la Beauté absolue, principe de toute beauté particulière. On aime d'abord la beauté du corps, puis la beauté de l'âme, puis la Beauté en soi.

Preuves de l'existence de Dieu, d'après Platon. — Si Dieu ne se démontre pas, comme Platon le dit au VIIe livre de la *République*, on pourrait s'étonner de voir ce philosophe exposer la preuve du premier moteur, dont l'idée première vient d'Anaxagore, et la preuve des causes finales, due à Socrate.

Aux yeux de Platon, la preuve du premier moteur n'est pas destinée à démontrer que Dieu existe, mais qu'il est l'âme du monde en même temps que l'Idée du Bien. L'âme, dit Platon, « est une substance qui a la faculté de se mouvoir elle-même ».

De même, dans la pensée de Platon, la preuve par les causes finales sert à montrer que le monde est gouverné par une Intelligence qui dispose tout en vue du bien.

La Providence et l'optimisme. La bonté, cause des choses. — Dieu n'est donc pas seulement le Bien, il est Providence : il prend soin des choses de ce monde et les gouverne pour le mieux.

Sans doute, le mal existe dans le monde, mais il n'en peut être autrement, car le mal est nécessaire au bien. Le mal est la limite du bien.

Poser le problème du mal, c'est donc demander pourquoi Dieu est bon, car c'est parce qu'Il est bon qu'Il a produit d'autres êtres que Lui-même.

« Il était bon, et celui qui est bon n'est avare d'aucun bien. Il a donc créé le monde aussi bon que possible, et pour cela, il l'a fait semblable à lui-même ». (*Timée*, 29; C.)

C'est la loi de tout être : arrivé à son plein développement, il tend à se communiquer à d'autres êtres. Par là, il se multiplie en quelque sorte à l'infini, en produisant comme des images de lui-même. C'est donc parce que Dieu est le Bien absolu, qu'il a créé d'autres êtres. Ainsi, Dieu est le Bien à double titre : il est parfait en lui-même, et il est bon pour d'autres êtres.

L'âme, d'après Platon. — Parmi les êtres ainsi produits par la Bonté de Dieu, l'âme humaine tient une place de choix.

Qu'est-elle au juste ? — Platon ne le dit nulle part avec précision. C'est une substance capable de se mouvoir elle-même. C'est aussi un principe de science et de vertu. Elle a vécu d'une vie antérieure à la vie présente. Avant d'être unie au corps, elle a contemplé les idées, et maintenant elle est capable de s'en souvenir. La dialectique lui facilite la réminiscence, et par là se fait la science.

Les facultés de l'âme, d'après Platon. — Il y a trois âmes, ou tout au moins trois fonctions de l'âme. Sur ce point encore, la doctrine de Platon est un peu flottante. La raison : « ὁ νοῦς », contemple les idées ; le courage : « ὁ θυμός », ensemble des passions généreuses, entraîne l'âme aux nobles actions, tandis que l'appétit : « ἐπιθυμία », est le principe des actions basses. L'âme est comme un char traîné par deux coursiers. L'un, noir, difficile à conduire, est toujours prêt à la révolte ; l'autre, blanc et généreux, contient son compagnon, mais il s'emporte avec lui si une main ferme ne les dirige pas l'un et l'autre. Le cheval blanc, c'est le θυμός; le cheval noir, c'est l'ἐπιθυμία; le cocher qui les conduit, c'est le νοῦς. *(Platon, Phèdre).*

L'âme et le corps, d'après Platon. — Le νοῦς réside dans la tête; le θυμός occupe le cœur; quant à l'ἐπιθυμία, son siège est le bas-ventre. D'ailleurs, c'est par suite d'une punition, que l'âme se trouve ainsi engagée dans les liens du corps. Le corps est pour elle un embarras, un obstacle à la claire vue des idées. Elle ne lui est unie que d'une façon tout accidentelle, comme le cavalier à son cheval, le pilote à son navire. Tous les efforts de l'âme doivent avoir pour objet de dissiper de plus en plus les nuages qui, par suite de ses rapports avec le corps, l'empêchent de contempler directement les choses en soi. La philosophie est une préparation à la mort. Si nous sommes bien préparés par la dialectique, la mort nous permettra de pénétrer dans la région des réalités éternelles.

L'immortalité de l'âme, d'après Platon. — C'est dans le *Timée* surtout, que Platon traite de la nature et des fonctions de l'âme; c'est dans le *Phèdre* qu'il la compare à un char attelé de deux coursiers; enfin, il expose dans le *Phédon* les raisons qu'il a de la croire immortelle.

Arguments sans valeur. — Ces raisons n'ont pas toutes la même valeur, il s'en faut bien. Il en est même de fort contestables. Telles sont les suivantes :

a) La mort succède à la vie ; il est donc juste que la vie succède aussi à la mort.

b) L'âme a préexisté au corps ; donc elle peut survivre au corps.

c) L'âme commande au corps; elle peut même le détruire. Donc la destruction du corps n'entraîne pas celle de l'âme. — Cela est vrai, mais la destruction du corps n'entraîne pas davantage la survivance de l'âme.

d) L'essence de l'âme, c'est la vie. Donc l'âme vit toujours. — Platon confond ici l'essence et l'existence, la définition et l'être.

c) Il commet la même erreur en disant : L'âme est ce qui se meut soi-même ; elle ne peut donc perdre le mouvement, qui est de sa nature.

Arguments probables — D'autres arguments, sans produire la conviction, peuvent avoir quelque valeur :

a) La vertu est une lutte contre les passions ; elle est une séparation anticipée de l'âme et du corps.

b) Le mal est ce qui détruit. Le vice est le mal de l'âme. Il ne peut cependant la détruire.

c) La vérité réside en notre âme. Or, la vérité est éternelle; donc notre âme doit l'être aussi.

Preuves par la spiritualité de l'âme et la sanction. — Restent deux preuves vraiment dignes de ce nom : l'une repose sur la spiritualité de l'âme, l'autre, sur la nécessité d'une sanction après la mort.

a) « La science est la pure essence de la pensée appliquée à la pure essence de chaque chose ; donc la nature de l'âme est vraiment spirituelle ».

Autrement dit : la pensée ne se fait point par les organes ; elle connait des choses incorporelles ; donc elle est elle-même incorporelle.

b) Les âmes purifiées par la vertu, sont appelées à jouir un jour de la vue des Idées ; cette vue les rendra heureuses, et leur vie n'aura point de terme. D'autre part, les âmes souillées par le vice doivent traverser une longue série d'existences, avant d'arriver à la Région des Idées. Unies à des corps d'hommes ou d'animaux, elles se purifient lentement de tout ce qui, en elles, est un obstacle à la contemplation des choses en soi. Cette doctrine de la métempsycose est empruntée aux Pythagoriciens.

Rien n'autorise à admettre la migration des âmes dans des corps divers, après la mort; mais, en tenant compte de la responsabilité humaine, on pourrait tirer de l'idée d'une sanction future, une preuve vraiment sérieuse de l'immortalité de l'âme.

Appréciation. — Platon a bien senti que ses arguments en faveur de l'immortalité, n'étaient pas tous d'égale valeur. On peut même dire qu'aucun d'eux ne lui paraissait péremptoire; car, il regardait l'immortalité comme un beau risque à courir : « καλόν κίνδυνον ».

D'ailleurs, c'est l'éternité de l'âme plutôt que l'immortalité qu'il cherchait à établir. Selon lui, l'âme a préexisté au corps; elle doit lui survivre. Elle n'a pas commencé; elle ne doit point finir. Il y a pourtant en elle quelque chose de périssable, c'est le désir. Quant au νοῦς, il est éternel comme la vérité.

La matière, d'après Platon. — On peut le voir par ce qui précède, Platon a beaucoup insisté sur tout ce qui regarde l'âme et ses destinées. Par contre, sa physique est des plus primitives; la poésie y est sans cesse mêlée, et les assertions nettes qu'on y découvre n'ont rien de scientifique.

La matière, pour Platon, est un non-être : « τὸ μὴ ὄν »; c'est la limite de l'être. Les idées, en se combinant, ont formé le monde, et cette sorte de mélange : « μίξις εἰδῶν », fait qu'elles se limitent mutuellement. Comme tout être est une participation du Bien, qui est Dieu, il faut dire que tout être est bon, et que, par conséquent, la matière, qui est la limite de l'être, n'est autre chose que le mal, qui est la limite du bien. En dehors de l'être, la matière est le pur espace, éternel et incréé.

Le monde est formé des quatre éléments découverts par les premiers philosophes : l'air, l'eau, la terre et le feu. Chaque élément a une forme géométrique déterminée, et tous sont combinés en vue de l'harmonie et de la beauté de l'ensemble.

Le monde a la forme d'un globe. Il a une âme; c'est un animal parfait : « ζῷον τέλειον ». Par l'âme du monde, s'expliquent tous les mouvements qui se produisent dans l'univers.

Chaque astre, au reste, est lui-même un animal. Anaxagore et Démocrite ont eu tort de regarder les astres comme des masses de matière inerte.

C'est par eux que le corps humain a été formé, ainsi

que les parties de l'âme qui sont destinées à périr. Les astres sont des dieux inférieurs. Ils obéissent au Démiurge, ordonnateur suprême, qui a façonné en nous ce qui est immortel.

La physiologie de Platon. — On peut voir dans le *Timée* combien la physiologie était peu avancée au temps de Platon. Le rôle des nerfs n'est pas même soupçonné. Le sang sert à transmettre les ordres et les menaces du θυμός. Le foie est une sorte d'intermédiaire entre la raison et les appétits. Il sert à relier les diverses parties de l'âme : « τὰ μέρη ». Il est aussi la cause des hallucinations et des songes.

§ III. — LA MORALE ET LA POLITIQUE DE PLATON.

Comme on le voit, Platon s'est tenu fort loin de la vérité en physique et en physiologie. Ce n'est pas surprenant : tout entier au monde des idées, ce philosophe n'observait pas la nature.

A-t-il mieux connu l'âme humaine ? — On n'en saurait douter. Cependant, sa morale et sa politique, à certains égards, laissent fort à désirer.

Cela tient à un préjugé fâcheux : Platon sacrifie entièrement le citoyen à l'Etat. Chez les Grecs, la vie sociale était tout. L'homme ne vivait que pour la *cité*, petite ville entourée du territoire nécessaire à la subsistance de ses habitants. On s'explique par là que, pour Platon comme pour Socrate, la morale ne se sépare point de la politique, mais il n'y a pas lieu pour cela de ne tenir aucun compte des droits du citoyen comme individu.

La cité, d'après Platon. — Dans un être vivant, l'harmonie des membres est la condition de la vie du corps. De même, la cité ne peut vivre sans un heureux accord des diverses classes de citoyens. Platon compare l'Etat à un organisme, et c'est de ce point de vue qu'il envisage les grandes lois de la vie sociale.

Trois classes de citoyens. — La première de ces lois est la subordination des parties à l'ensemble.

On distingue dans la cité : la classe des *artisans*, celle des *guerriers* et celle des *magistrats*. Ceux-ci gouvernent l'Etat ; les guerriers le défendent, et les artisans assurent la subsistance de tous les citoyens. Ces trois classes sont à la cité ce que les trois parties de l'âme sont à l'homme ; la classe des artisans correspond à l'ἐπιθυμία ; celle des guerriers remplit la fonction du θυμός, et celle des magistrats joue le rôle du νοῦς. De même que l'ἐπιθυμία doit obéir au θυμός, et le θυμός au νοῦς, de même la classe des artisans est subordonnée à celle des guerriers, et celle-ci à celle des magistrats. L'harmonie est à ce prix, et par l'harmonie, la justice règne dans la cité. Pour chaque classe de citoyens, la justice consiste à bien remplir son office : « τὰ αὐτοῦ πράττειν ».

La propriété et la famille. — Selon Platon, deux grands obstacles s'opposent à cet idéal de justice sociale : l'intérêt personnel et l'esprit de famille. Le premier obstacle disparaît par la communauté des biens, et le second par la suppression de la famille. Platon ne propose ces réformes que pour les deux premiers ordres de l'Etat. — C'est dans la *République* que sont exposées ces utopies. Trente ou quarante ans plus tard, dans les *Lois*, Platon n'en parle plus. Sans doute, plus d'une objection l'avait amené à modifier sa première conception de la cité. Quelle dangereuse méthode que celle qui consiste à enchaîner des abstractions quand il s'agit de déterminer les lois d'une société d'êtres vivants, de nature très complexe, comme sont les hommes !

L'éducation des enfants. — La famille n'existant pas dans la République de Platon, c'est à l'Etat que revient le soin d'élever les enfants.

Cette éducation doit être austère. Platon ne veut pas que l'on prenne des soins délicats pour les faibles. A son avis, il ne faut pas qu'ils traînent une existence inutile et pleine de douleurs.

La dialectique n'est pas un enseignement utile à tous ;

elle fait partie de l'éducation des magistrats. Les guerriers n'ont pas besoin de science; des opinions vraies leur suffisent. Une grave musique destinée à favoriser l'harmonie de l'âme, une gymnastique modérée, en vue de développer les forces du corps, voilà ce qui convient à l'ensemble des enfants de la cité.

Quant à ceux que l'on destine au commandement, c'est de vingt à trente-cinq ans seulement qu'il convient de les initier à la dialectique. Passé cet âge, on leur apprend à traiter les affaires, science dont ils ont autant besoin que de celle des idées. Qu'on ne leur explique pas Homère. C'est un grand poète, à coup sûr, mais il prête aux dieux tous les vices des hommes, et détruit ainsi la haute idée qu'on doit avoir de la divinité.

La vertu, d'après Platon. — Telle est la discipline qui peut servir à former des citoyens dignes de ce nom. Il est vrai, on ne leur enseigne pas à tous la science du bien; mais il n'est pas nécessaire de posséder cette science à fond pour accomplir les préceptes qui s'en dégagent. Ceux qui n'ont pas la science du bien ne peuvent enseigner la vertu aux autres, mais la vertu n'en est pas moins la science du bien. Sur ce point, Platon pense comme Socrate.

Comme Socrate aussi, il estime que nul n'est méchant volontairement. Tout homme méchant est un malheureux qui calcule mal.

Les quatre vertus morales. — Les vertus principales qui font l'homme de bien sont : la sagesse, la force, la tempérance et la justice. Platon accepte à cet égard les idées reçues de son temps. Il rattache simplement les quatre vertus morales à sa théorie des trois âmes ou des trois parties de l'âme. La sagesse est la vertu propre au νοῦς; la force règle le θυμός; la tempérance impose un frein à l'ἐπιθυμία; quant à la justice, elle n'est autre chose que l'harmonie des trois parties de l'âme. Dans l'âme, comme dans la cité, si chaque partie fait bien son office, tout va pour le mieux. L'âme alors imite Dieu.

principe de l'harmonie du monde. La vertu est une imitation de Dieu : « ὁμοίωσις τῷ θεῷ. »

Conclusion. — Nous avons exposé brièvement les principales doctrines de Platon dans l'ordre de la connaissance, dans l'ordre métaphysique et dans l'ordre moral. Il nous reste à formuler une appréciation d'ensemble.

La philosophie de Platon a cela de bien grand, qu'elle propose à l'homme un idéal. Distinguer avec soin le monde des choses en soi, immuables, éternelles, et le monde des apparences contingentes et variables ; montrer à l'homme, Dieu, le Bien par excellence, comme l'objet suprême de son intelligence et de son amour ; proclamer des principes de gouvernement, substituer un idéal de la cité à une politique d'expédients, n'est-ce pas beaucoup faire ? La science est vraiment tout autre chose que l'opinion ; Dieu est vraiment le souverain Bien, et Platon a raison de demander que les philosophes gouvernent, c'est-à-dire, que la politique des principes remplace la politique des partis.

Mais, préoccupé à l'excès de l'idéal, Platon tient trop peu compte de l'individu. La personne humaine n'est rien pour lui. Il méconnaît, ou tout au moins ne met pas en lumière l'un de ses principaux attributs, la liberté. Il absorbe le citoyen dans l'État. L'esclavage lui paraît juste ; il sacrifie impitoyablement les faibles ; il admet qu'on mette à mort les enfants nouveau-nés s'ils sont débiles ou si la cité n'en a que faire ; il ne voit pas que la famille est l'école des vertus sociales, et que la propriété individuelle est le stimulant du travail.

La fin du citoyen, ce n'est pas l'État. Tout au contraire, l'État a pour but de faciliter aux citoyens le libre exercice de leur activité, dans les limites du droit ; et par là de les aider à atteindre leur fin suprême, qui est Dieu. Platon, ce semble, a entrevu que Dieu est la fin suprême de l'homme. Dès lors, pourquoi sacrifie-t-il l'homme à la cité ?

N'est-ce pas le cas de rappeler, avec Fénelon, que la

raison humaine, même la plus puissante, n'a pas la force « d'aller au bout d'elle-même »; et avec Bossuet, que la sagesse humaine « est toujours courte par quelque endroit ».? Il est juste aussi de proclamer, car plusieurs l'oublient à l'heure présente, que toute vie humaine est précieuse au même titre, parce que toute vie humaine est donnée en vue de préparer la vie future. Il n'y a pas lieu de déporter les faibles dans une île perdue; il y a lieu de ménager à tous, autant qu'on le peut, les moyens d'arriver à l'immortalité véritable, que Platon envisageait comme un « beau risque à courir », et que la Religion chrétienne affirme comme un dogme essentiel de son symbole : « *Credo vitam æternam* ».

CHAPITRE VI.

ARISTOTE.

Il y a, dans la philosophie de Platon, diverses erreurs sur lesquelles nous n'avons pas cru devoir insister, par exemple : la préexistence des âmes, les idées considérées comme des choses en soi, et l'innéité de nos concepts. Il n'était pas nécessaire de réfuter des doctrines que personne n'accepte plus et contre lesquelles, d'ailleurs, la philosophie d'Aristote est une réaction suffisante.

Aristote est, en tout, l'opposé de Platon. Cependant, cette opposition si marquée ne va pas jusqu'à l'incompatibilité absolue des doctrines. Aristote a écouté Platon pendant près de vingt ans. Mieux que personne, il a pu connaître les défauts de la doctrine de Platon; mais, mieux que personne aussi, il a pu en admirer la grandeur et s'approprier ce qu'elle renfermait de vérité. Aristote, quoi qu'on en ait dit, avait un vrai culte pour Platon, comme en témoigne une élégie composée par lui à la mort de son maître. Seulement, il a cru, en bon philosophe, devoir préférer la vérité à l'amitié.

Vie d'Aristote. — Aristote naquit en 384, à Stagyre, colonie grecque de la Thrace. Son père, Nicomaque, était médecin d'Amyntas II, roi de Macédoine.

En 367, Aristote vint à Athènes pour compléter son éducation. Il suivit d'abord, selon toute probabilité, les leçons d'Isocrate ; mais Platon étant revenu de Sicile, il s'attacha à ce maître célèbre entre tous, et l'écouta jusqu'en l'année 347. On dit que Platon l'appelait l'Intelligence : « ὁ Νοῦς », et que les autres disciples de ce philosophe l'avaient surnommé « le liseur ».

En 347, Platon mourut, laissant la direction de l'Académie à son neveu Speusippe. Xénocrate était plus digne de succéder au maître ; quant à Aristote, on comprend que Platon ne l'ait pas choisi : la différence de ces deux génies était trop grande. Aristote et Xénocrate quittèrent Athènes et se rendirent à Atarnée, en Mysie. Le tuteur d'Aristote, Proxène, habitait cette ville. Herméias, tyran d'Atarnée, fit bon accueil aux deux philosophes ; il donna même à Aristote sa fille Pythias en mariage. Au bout de trois ans, Herméias fut assassiné par un Grec au service des Perses. Xénocrate alors revint à Athènes, et Aristote se retira à Mitylène, dans l'île de Lesbos.

C'est là qu'il reçut la lettre par laquelle Philippe le priait de se charger de l'éducation de son fils Alexandre, alors âgé de treize ans.

En 336, Philippe fut lui-même assassiné, et Alexandre lui succéda. Aristote resta encore un an hors d'Athènes, soit auprès d'Alexandre, à Pella, soit à Stagyre. Cette ville avait été ruinée pendant la guerre d'Olynthe, mais Aristote eut assez de crédit pour la faire reconstruire, et il lui donna une constitution. Alexandre, dit-on, favorisa beaucoup les études de son maître, soit en lui donnant de fortes sommes d'argent, soit en lui envoyant, du fond de l'Asie, des spécimens d'animaux rares, en vue de la composition de son *Histoire naturelle des animaux*. En 325, Alexandre fit mettre à mort le philosophe Callisthène, neveu d'Aristote ; ce meurtre interrompit les relations du maître et du disciple. Aristote était alors à Athènes depuis dix ans. Il avait fondé le Lycée, ainsi nommé parce que le terrain occupé par cette école était une ancienne dépendance du temple d'Apollon Lycéen. Les disciples d'Aristote étaient appelés *péripatéticiens*, parce que le maître avait coutume de leur exposer ses doctrines et de discuter avec eux en se promenant dans les allées du Lycée. Quand Aristote revint à Athènes, Speusippe était mort, et Xénocrate avait pris la direction de l'Académie. Aristote et Xénocrate demeurèrent amis, malgré la rivalité des deux écoles.

Aristote n'était pas citoyen d'Athènes. Ses relations avec Alexandre lui avaient d'abord valu de grands égards. Mais le conquérant ayant voulu intervenir dans les affaires de la Grèce, la situation de son ancien précepteur en fut ébranlée. En 323, lorsqu'on apprit brusquement la mort d'Alexandre, le parti hostile aux Macédoniens força Aristote à quitter Athènes. Une accusation d'impiété fut formulée contre lui par Eurymédon, et il était menacé d'un sort semblable à celui de Socrate. Il voulut épargner à Athènes un second crime contre la philosophie, et se retira à Chalcis en Eubée. Il y mourut en 322, à l'âge de 62 ans.

La calomnie n'a pas épargné sa mémoire (1); mais tous les témoignages authentiques concordent pour établir que jamais l'auteur du beau livre intitulé *Morale à Nicomaque* (2), n'a démenti ses théories par sa conduite. Si le testament que Diogène de Laërte nous a laissé sous le nom d'Aristote n'est pas authentique, du moins il témoigne de l'excellente opinion que l'antiquité avait de la générosité d'Aristote et de l'élévation de son caractère.

Les ouvrages d'Aristote. — L'activité d'Aristote était prodigieuse. Diogène de Laërte a dressé une liste de près de 400 écrits attribués à ce philosophe. Il nous reste de lui 47 ouvrages à peu près complets, et des fragments d'une centaine d'autres.

a) *Classification des ouvrages d'Aristote.* — Aristote

(1) A la cathédrale de Rouen, à l'église de Montbenoît (Doubs), on peut voir une sculpture représentant Aristote chevauché par une indienne. C'est un fabliau, composé par Henri d'Andeli, clerc de Rouen, que la sculpture a ainsi fixé pour les yeux. Henri d'Andeli a brodé sur une légende arabe, relative à Alexandre. (Voir Héron, la *Légende d'Alexandre et d'Aristote*, Rouen, 1892.)

(2) Nicomaque était le fils d'Aristote et de sa seconde femme Herpyllis de Stagyre.

donnait deux leçons par jour. Celle du matin était réservée à ses disciples; elle supposait une certaine initiation; c'était l'enseignement *acroamatique* ou *ésotérique*. La leçon du soir était destinée à un public plus considérable et plus mêlé, et elle était donnée dans une langue plus familière. C'était l'enseignement *exotérique*. Certains ouvrages d'Aristote correspondaient à l'enseignement ésotérique, et d'autres, à l'enseignement exotérique. Ces derniers étaient des *dialogues* et des *ouvrages d'érudition* ou *recueils de matériaux*. Aucun d'eux ne nous est parvenu dans son intégrité.

b) *Leur histoire*. Voici l'histoire des manuscrits d'Aristote, telle que la raconte Strabon. Le philosophe les transmit à Théophraste, son disciple, et celui-ci à Nélée de Skepsis. Ils furent ensuite placés dans une cave par les héritiers de Nélée. Là, le temps les maltraita fort. A la fin du 2e siècle, Apellicon de Téos les acheta et les copia, non sans y faire des additions regrettables. Quand Scylla vint à Athènes, ces copies y étaient déposées; il les fit prendre et transporter à Rome. Elles furent transcrites à nouveau par les soins du grammairien Tyranion, et, à partir de ce moment, les éditions se multiplièrent. L'une des premières fut celle d'Andronicus de Rhodes, qui devint aussitôt classique.

c) *Leur authenticité*. — Il n'y a pas lieu de mettre en doute l'authenticité des œuvres d'Aristote, du moins si on les considère dans leur ensemble. Pour quelques ouvrages pris à part, seulement, il peut y avoir discussion. Ceux que nous possédons sont généralement regardés comme authentiques. Ils forment une véritable encyclopédie. Si l'on excepte les mathématiques, Aristote a traité de tous les objets d'études connus à son époque.

d) *Principaux ouvrages d'Aristote*. — On peut énumérer ainsi les ouvrages les plus importants qui nous restent de lui :

1° *La Logique*, qui était pour Aristote l'instrument de la science : « ὄργανον ». Elle comprenait six traités : celui des *catégories* (1) ou des diverses choses dont nous pouvons parler : « κατηγορεῖν » affirmer ; celui de l'*interprétation*, ou de la proposition, qui est l'énoncé du jugement ; les *premiers analytiques*, où est décrit le raisonnement en général ; les *seconds analytiques*, qui ont pour objet le raisonnement démonstratif ; les *topiques*, sources d'arguments probables ; les *réfutations sophistiques*, exposé des principaux sophismes.

2° *Les ouvrages qui traitent de la nature*, tels que la *physique*, le traité des *plantes*, l'*histoire naturelle des animaux*, le περὶ ψυχῆς.

3° *La philosophie première*, dont l'étude doit faire suite à celle de la nature : « τὰ μετὰ τὰ φυσικά, » d'où le nom de *métaphysique*. La philosophie première étudie les premiers principes et les premières causes.

4° *Les traités de morale*, tels que la *Grande morale*, la *morale à Eudème*, la *morale à Nicomaque*. Cette dernière seule est authentique.

5° La *rhétorique* et la *poétique*. La rhétorique d'Aristote est une œuvre remarquable. Les divers genres d'éloquence y sont décrits, les passions y sont finement analysées, et on y trouve les préceptes essentiels que l'orateur doit observer. La poétique n'est pas moins célèbre que la rhétorique ; elle a peut-être exercé plus d'influence, mais elle est beaucoup moins bien conservée. Le second livre est perdu et le premier est en mauvais état.

Caractères de la philosophie d'Aristote. — 1° Il **voit concret**. Aristote a au plus haut point le génie de l'observation. Il voit concret. Il entre dans le détail des faits, il étudie minutieusement la réalité. Il dissèque des ani-

---

(1) Voici la liste des catégories d'Aristote : 1° la substance, ἡ οὐσία ; 2° la quantité, ποσόν ; 3° la qualité, ποιόν ; 4° la relation, πρός τι ; 5° le lieu, ποῦ ; 6° le temps, ποτέ ; 7° la situation, κεῖσθαι ; 8° la possession, ἕξις ; 9° l'action, ποιεῖν ; 10° la passion, παθεῖν.

Cette liste est empirique. Kant a cherché à lui substituer un tableau rationnel des modes de l'affirmation. Il en compte douze, qu'il réduit à quatre principaux : la quantité, la qualité, la modalité et la relation.

maux, il analyse les passions humaines, il fait un recueil de 158 constitutions politiques : « πολιτεῖαι ». A la lettre, la philosophie est pour lui la science universelle ; et, en vue de la science universelle, il emploie la méthode des monographies, recommandée et pratiquée de nos jours par Frédéric Le Play, en vue de la science sociale.

2° **L'universel est pour lui une essence réalisée.** Comme Socrate et Platon, Aristote distingue avec soin la science de l'opinion. Cette dernière a pour objet ce qui peut ne pas être, et qui, d'ailleurs, change souvent. La science, au contraire, étudie l'essence des choses, ce qui en elles est immuable. Seulement, tandis que, pour Platon, l'essence, en tout ordre de choses, est l'idée, la chose en soi, type éternel dont toutes les choses de même espèce participent, pour Aristote, l'essence des choses est le principe qui les détermine, qui fait qu'elles sont ce qu'elles sont, et non autre chose ; c'est l'acte des choses, leur forme substantielle. Par exemple, l'essence de l'homme est réalisée en tout homme ; c'est elle qui le constitue comme homme, et elle n'est pas un être en soi. Pour Aristote, comme pour Socrate et pour Platon, il n'y a de science que de l'universel, mais l'universel est une essence réalisée. Socrate y voyait, avant tout, un concept de notre esprit, et Platon une chose en soi.

3° **C'est un savant.** Aristote n'est pas un poète, bien qu'il ait fait des vers. C'est un savant. Il ne fait usage de l'imagination que pour rendre sa pensée plus saisissable. Il cherche avec ardeur la vérité, mais il l'exprime simplement. Cicéron vante « l'abondance merveilleuse et la grâce de son langage » (Top. 1). Ce jugement, s'il est fondé, ne peut s'appliquer qu'aux ouvrages exotériques du philosophe, à ses dialogues, par exemple. Aristote est un penseur profond ; mais les œuvres qui nous restent de lui ne révèlent pas un écrivain de premier ordre. Il écrit avec netteté, précision et simplicité, en homme de parfait bon sens, qui a, au plus haut point, le sens de la mesure.

§ I. — Théorie de la connaissance, d'après Aristote.

Par sa méthode, par l'idée qu'il se fait de la science, par son style, Aristote diffère profondément de Platon. Sa théorie de la connaissance est aussi toute autre que celle de son maître.

Pas de réminiscence. — D'abord, Aristote soutient, contre Platon, que nous ne nous souvenons, en aucune façon, d'aucune chose contemplée par nous dans une vie antérieure à la vie présente. « Οὐ μνημονεύομεν », dit-il, et il compare notre âme « à une tablette sur laquelle rien n'a encore été écrit » (*De l'âme*, liv. III, ch. IV). Donc, pas de réminiscence, et nous n'avons aucune idée innée. Ce principe, si nettement posé, a été appelé la doctrine de la *table rase (tabula rasa)*.

Les idées, choses en soi, n'existent pas. — Platon, d'ailleurs, s'est trompé sur la nature des idées. Non seulement nous n'avons pas contemplé les types éternels des choses dans un monde supérieur, mais ces types éternels ne sont que des abstractions réalisées. Voici, à ce sujet, l'argumentation d'Aristote, dans sa métaphysique (livre I, ch. VII).

1º Les idées considérées comme principes des choses font double emploi. — « Remarquons, d'abord, qu'en cherchant à saisir les causes des choses qui tombent sous nos sens, les platoniciens ont introduit d'autres êtres, en nombre égal, comme quelqu'un qui, voulant compter, et n'ayant qu'un petit nombre d'objets, croirait l'opération impossible, et en augmenterait le nombre pour pouvoir compter. »

2º Rien ne prouve l'existence des idées, telles que Platon les entend. — « De tous les arguments par lesquels on établit l'existence des idées, aucun n'établit cette existence. »

3º La théorie des idées est contradictoire. — « D'après

l'hypothèse de l'existence des idées, il y aura des idées, non seulement de l'essence, mais de beaucoup d'autres choses..; mais, d'un autre côté, il est nécessaire — et cela résulte même des opinions reçues sur les idées — il est nécessaire, s'il y a participation des êtres avec les idées, qu'il y ait des idées seulement des essences ».

4° Les idées de Platon n'expliquent rien. — « Dire que les idées sont des exemplaires et que les autres choses en participent, c'est se payer de mots vides de sens et faire des métaphores poétiques : κενολογεῖν ἐστί, καὶ μεταφορὰς λέγειν ποιητικάς... Et puis, il est impossible, ce semble, que l'essence soit séparée des choses dont elle est l'essence ; comment, dans ce cas, les idées, qui sont l'essence des choses, pourraient-elles en être séparées ? On nous dit, dans le *Phédon*, que les idées sont les causes de l'être et du devenir ; et cependant, même en admettant les idées, les êtres qui en participent ne se produisent pas, s'il n'y a pas de moteur. Nous voyons, au contraire, se produire beaucoup d'objets dont on ne dit pas qu'il y ait des idées : une maison, un anneau. Il est évident que les autres choses peuvent être ou devenir par des causes analogues à celles des objets en question. »

Conclusion. — « En un mot, quand le propre de la philosophie est de rechercher les causes des phénomènes, c'est cela même qu'on néglige. Car on ne dit rien de la cause, qui est le principe du changement, et pour expliquer l'essence des êtres sensibles, on pose d'autres essences ; mais comment les unes sont-elles les essences des autres ? On ne dit là-dessus que de vains mots, car, *participer*, comme nous l'avons dit plus haut, ne signifie rien. »

Telle est la partie négative de la théorie d'Aristote sur la connaissance : il n'y a aucune idée innée, et l'essence des choses n'existe point en dehors des choses.

Aristote admet bien, comme Platon, qu'il existe des essences, et que les essences sont l'objet de la science; mais les essences, pour lui, sont réalisées dans les individus, et ne sont en aucune façon des choses en soi.

Trois degrés de la connaissance : 1° *la sensation*. — Reste à dire comment nous les connaissons. C'est tout d'abord par la sensation, car nous n'avons aucune intuition directe de ce qui est suprasensible ; toute connaissance humaine débute par l'exercice des sens. Platon s'est trompé en pensant que nous pouvions contempler directement l'être intelligible de chaque chose.

2° *L'expérience.* — Quand la sensation disparaît, elle laisse une sorte de copie d'elle-même, qui est l'image. Par exemple, ayant vu un homme, je puis me représenter ses traits.

En outre, les images de plusieurs objets similaires se fondent en une seule, que l'on peut appeler *image composite*. Si l'on demande à un enfant de dessiner un cheval, il fera ce dessin d'après une sorte de modèle représentant pour lui tous les chevaux qu'il a déjà vus. Cette image composite, Aristote l'appelle *expérience*. Par la mémoire, nous retenons l'image, et des images souvent répétées forment en nous l'expérience. « A la guerre, au milieu d'une déroute, quand un fuyard vient à s'arrêter, un autre s'arrête, puis un autre encore, jusqu'à ce que se reforme l'état primitif de l'armée » (1) ; ainsi, dans l'âme, une image se superpose à une image similaire, jusqu'à ce que la connaissance expérimentale d'une catégorie d'objets soit enfin produite.

3° *l'induction*. De l'expérience, l'âme dégage l'universel par l'induction, qu'Aristote définit : « le passage du singulier à l'universel. » Le singulier est ceci, ici, maintenant. L'universel, τὸ καθόλου, est ce qui est de tout, partout et toujours, c'est-à-dire, ce qui peut se dire de tous les objets d'une même espèce, sans distinction des temps et des lieux. L'universel que nous saisissons d'abord, est restreint, il ne représente qu'une catégorie d'êtres, l'homme, par exemple, ou l'animal ; mais, peu à peu, nous nous élevons, toujours par induction, aux universaux absolus : substance, cause, être. De là, nous dégageons les principes qui doivent servir de points de départ à la

(1) Seconds Analyt. liv. III., chap. 15.

science, comme ce principe, que « *toute chose a de vérité ce qu'elle a d'être;* » ou cet autre, que « *nul être ne peut en même temps être et n'être pas, sous le même rapport.* »

De la connaissance scientifique. — Quand l'induction nous a permis de découvrir les principes, la science devient possible. Elle consiste à connaître les causes des choses. Tant qu'on ne connaît pas les causes, on n'a que des opinions, on n'a pas la science. C'est la démonstration qui fait la science. La démonstration se fait à l'aide des principes, car on ne peut tout démontrer; il faut partir de certaines vérités « indémontrables, antérieures, plus notoires et qui sont causes. » Démontrer en s'appuyant sur les principes, c'est donc faire connaître les causes.

Résumé. — L'exposé qui précède fait voir nettement qu'Aristote diffère de Platon à trois points de vue principalement, en ce qui concerne la connaissance :

1º Il n'y a aucune idée innée ;

2º L'essence, objet de la science, est un pur concept, un être logique, un universel, qui n'a aucune réalité en dehors des individus;

3º Nous ne pouvons connaître directement aucune essence, fût-ce avec beaucoup de peine. C'est par l'induction, qui a son point de départ dans l'expérience, que nous arrivons à l'universel.

Aristote n'admettait pas la dialectique comme procédé scientifique. Il estimait que, fondée sur l'assentiment de l'interlocuteur, la dialectique ne remonte pas aux principes. Elle accepte pour tels de simples opinions ; elle ne peut aboutir qu'à la vraisemblance. Aristote a employé la dialectique dans ses dialogues, mais, dès qu'il s'est agi de faire la science, il lui a substitué l'induction et le syllogisme. (1)

---

(1) Le lecteur peut maintenant apprécier jusqu'à quel point les paroles suivantes de Th. Reid sont conformes à l'histoire : « Le genre humain s'étant fatigué pendant deux mille ans à chercher la vérité à l'aide du syllogisme, Bacon proposa l'induction comme un instrument plus efficace. Son *Nouvel instrument* donna aux pensées et aux travaux des chercheurs

§ II. — La matière, l'âme et Dieu, d'après Aristote.

Si la science a pour objet la définition de l'essence, ὅρος, elle ne peut arriver à la définition que par l'analyse des principes, ou éléments des choses. Ces principes ou éléments ne sont pas les principes logiques, qui servent de points de départ à la démonstration; ce sont les composants dont la définition exprime la synthèse. Dire, par exemple, que « l'homme est un animal sociable », c'est grouper dans une définition les principes qui constituent l'homme. Ces principes sont causes aussi, mais non pas causes rationnelles, comme les axiomes ou principes de la démonstration. Les principes de la définition sont causes réelles. C'est d'eux que veut parler Aristote quand il définit la philosophie, « la science des premiers principes et des premières causes. » Et par philosophie, il entend ici la philosophie première, appelée plus tard métaphysique. La philosophie première, aux yeux d'Aristote, est tout d'abord la science qui étudie l'être en tant qu'être : « τὸ ὂν ᾗ ὄν ».

Analyse du mouvement. Les quatre causes. — Pour connaître l'être en tant qu'être, il faut déterminer les causes générales de l'être. Il y a quatre causes de l'être, comme on peut s'en convaincre en examinant la manifestation la plus claire de l'être, le mouvement. Héraclite avait dit : « πάντα ῥεῖ, » tout s'écoule. Cela est vrai, en ce sens, que le mouvement ou changement est le fait le plus universel de la nature. On n'a pas à prouver le mouvement, nous le constatons assez par nos sens. Mais, de ce que le changement est le fait dominant du monde visible, Héraclite a eu tort de conclure que rien n'existe. Tout au contraire, il faut dire que tout changement suppose la persistance de quelque chose.

---

un tour plus remarquable et plus utile, que ne l'avait fait ! aristotélicien, et l'on peut le considérer comme la seconde des progrès de la raison humaine. » (Reid's analysis of Arist

Aristote définit le mouvement : « l'acte imparfait d'un être par rapport à ce qu'il peut devenir. » L'enfant est en voie de devenir un homme ; il est un être imparfait par rapport à l'homme. Cette définition du mouvement se ramène à celle-ci : le mouvement est le passage de la puissance à l'acte. La puissance désigne un être en état de devenir quelque chose ; l'acte, au contraire, est l'être pleinement développé. Le gland est un chêne en puissance. Le chêne est un acte par rapport au germe qui l'a produit.

Cette distinction établie entre la puissance et l'acte, est fondamentale dans la philosophie d'Aristote.

La matière, sujet du changement, principe déterminable de l'être. Le passage de la puissance à l'acte est un devenir. Il suppose donc nécessairement un sujet qui devient.

Il faut un sujet du changement qui, sans être encore déterminé, puisse devenir ceci ou cela. Ce qui, dans le changement, subsiste et se métamorphose, c'est la matière : « τὸ ὑποκείμενον, ἡ ὕλη ». Tel est le bloc de marbre, qui peut prendre des formes diverses selon les besoins de l'homme. Il n'est encore ni statue, ni colonne ; il est seulement la matière de la statue ou de la colonne.

La forme, principe déterminant de la matière. Quand l'artiste a transformé ce bloc en une statue de Jupiter ou d'Apollon, ce qui était matière informe et confuse a revêtu une forme déterminée ; le marbre est devenu ceci ou cela. Le principe qui fait qu'une matière devient ceci ou cela, c'est la forme : « τὸ εἶδος ». La forme est le principe déterminant de la matière, son acte, ce qui la fait être ce qu'elle pouvait devenir. Le mouvement, dès lors, n'est autre chose qu'un acheminement vers l'être : « ὁδὸς εἰς οὐσίαν » ; de là son nom d'acte imparfait : « ἐνέργεια ἀτελής ».

La cause efficiente. Pour opérer le passage de la puissance à l'acte, il faut une cause motrice : « τὸ ὅθεν ἡ κίνησις ». Si le statuaire ne transformait pas le bloc de marbre, en le travaillant, jamais ce bloc ne deviendrait une statue. Le statuaire est la cause efficiente de la statue.

La cause finale. Mais la cause efficiente elle-même, n'agit pas au hasard ; elle marche vers un but, et ce but est la cause finale : « τὸ οὗ ἕνεκα ».

Quatre causes contribuent donc à opérer le passage de la puissance à l'acte. Ces quatre causes sont : la cause matérielle, la cause formelle, la cause efficiente et la cause finale.

La matière et la forme, éléments essentiels de l'être. — Bien que ces quatre causes soient nécessaires à la production d'un être, deux d'entre elles seulement, sont les éléments constitutifs des choses : la matière, principe déterminable ; la forme, principe déterminant. La statue, une fois faite, est totalement distincte de sa cause efficiente et de sa cause finale. L'esprit ne la connaît pas mieux quand il sait par qui et pour quoi elle a été faite. Il lui suffit d'en apprécier la forme et d'en savoir la matière.

La matière et la forme sont choses corrélatives ; nulle part on ne les rencontre isolées. Nulle part, par exemple, on ne rencontre la matière première : « ἡ πρώτη ὕλη », c'est-à-dire une réalité absolument indéterminée, quelque chose qui n'est ni ceci ni cela. Toute réalité est déterminée. Seulement, ce qui est déterminé en soi, peut fort bien être indéterminé par rapport à autre chose. Ainsi, le marbre, déterminé comme marbre, est indéterminé par rapport à la statue, à la colonne, au vase qu'il peut devenir. Dans la nature, les minéraux servent à l'entretien des végétaux ; déterminés en eux-mêmes, ils sont indéterminés par rapport à tel ou tel végétal, qui doit les transformer en sa propre substance. Ils peuvent devenir substance vivante, et s'élever ainsi d'un degré. De même, les végétaux deviennent substance animale, capable de sentir et de se mouvoir d'un lieu à un autre ; et les animaux eux-mêmes peuvent se transformer en la substance de l'homme, qui est doué de pensée.

L'idée d'évolution dans Aristote. — Autrement dit.

il y a gradation entre les êtres : la pensée est au sommet, et au dernier degré se trouve la matière inorganique. Ce qui est d'ordre inférieur s'explique par l'être plus élevé, et l'univers tout entier s'explique par la pensée. La pensée est le but suprême auquel tend la nature ; elle est le principe du mouvement en même temps que le dernier terme de l'évolution des choses, le bien suprême au delà duquel il n'y a plus rien à chercher.

Le mouvement suppose un moteur. — L'acte prime la puissance. — Mais quel est le principe de ce progrès incessant de la nature vers la pensée ? Le monde, sans doute, n'a pas eu de commencement et il n'aura pas de fin ; le mouvement est éternel comme le temps qui le mesure ; un mouvement en produit un autre, et ainsi à l'infini. Mais remonter à l'infini la série des mouvements, ce n'est pas expliquer le mouvement. Constater un fait, ce n'est pas en rendre compte. Le mouvement n'a point en lui sa raison d'être, et prolonger à l'infini la série des mouvements, ce n'est pas changer leur nature. Si le monde est éternel, éternellement il a besoin d'une raison suffisante qui le rend intelligible. C'est sous l'action d'un être déjà en acte que tout être en puissance passe à l'acte : l'acte prime la puissance.

L'existence de Dieu prouvée par le mouvement. — On ne peut donc remonter à l'infini la série des mouvements ; il est nécessaire de s'arrêter : « ἀνάγκη στῆναι ». On s'arrête à un premier moteur : « πρῶτον κινοῦν », à une réalité qui n'a pas besoin d'une réalité plus haute, pour que l'on puisse comprendre son existence et sa perfection. Le monde est éternel, parce que, éternellement, il y a un acte suprême auquel l'univers est comme suspendu, un premier moteur, qui l'ébranle et le dirige.

Ce premier moteur est lui-même immobile : « κινοῦν ἀκίνητον. » Si, en effet, il était en mouvement, ce serait pour passer à une réalité plus haute, sous l'action d'un être ayant déjà cette réalité plus haute. Le premier moteur ne serait donc pas le premier moteur.

Définition de Dieu. — Le premier moteur, étant immobile, n'a aucune puissance de devenir quoi que ce soit; il est acte pur, c'est-à-dire réalité parfaite. Par là même, il n'a pas besoin d'une matière comme sujet d'existence, car toute matière est un principe de limitation. Dieu est immatériel; il est simple aussi, car ce qui n'est pas matière est sans parties. Il est un, car s'il n'était pas un, il serait limité par quelque Dieu semblable à Lui. Il est intelligent, car la pensée est ce qu'il y a de plus élevé dans la série des êtres. Dieu est la pensée même : « ὁ Νοῦς ». Puisque la pensée est ce qu'il y a de plus excellent, la pensée de Dieu ne peut avoir pour objet que la pensée elle-même. Dieu est une intelligence qui se contemple elle-même éternellement. Il est la pensée de la pensée : « Νόησις Νοήσεως Νόησις ».

La contemplation de la pensée étant l'activité sous sa forme la plus haute, Dieu est heureux, car le plaisir est le complément de l'acte. La contemplation de la pensée est ce qu'il y a de plus doux et de meilleur.

L'action de l'intelligence est un acte vital : « ἡ γὰρ Νοῦ ἐνέργεια ζωή ». Dieu est donc un vivant éternel et parfait.

Action de Dieu sur le monde. — Renfermé dans sa pensée éternelle, il ne connaît pas le monde, car c'est une imperfection que de connaître ce qui est imparfait. De plus, pour connaître le monde, il lui faudrait subir l'action des êtres qui composent le monde, et par conséquent passer de la puissance à l'acte. Cela est impossible, puisqu'il est acte pur.

Si Dieu ne connaît pas le monde, comment peut-il en être le premier moteur? Dieu ne meut point le monde par impulsion, mais comme l'objet aimé attire celui qui aime : « κινεῖ ὡς ἐρώμενον ». Dieu est la cause finale de l'univers. Le grand bienfait de Dieu est son existence. Il est, et c'est assez pour que tout veuille être. Sous l'action de l'acte pur, le monde s'élève, par un lent progrès, de perfection en perfection, jusqu'à ce qu'il atteigne la pensée dans l'intelligence humaine.

L'âme, d'après Aristote. — L'intelligence humaine vient s'ajouter aux sens, comme du dehors, « ὡς θύραθεν ».

Unie aux sens, elle s'exerce cependant sans organe : « ἄνευ ὀργάνου ». Sans doute, la connaissance débute par les sens, mais l'intelligence forme l'idée par abstraction, en écartant ce qui est particulier à chaque perception sensible, pour conserver seulement l'universel, ce qui se retrouve toujours le même dans un nombre indéterminé d'individus semblables.

C'est le « νοῦς ποιητικός », qui forme l'idée par abstraction ; le « νοῦς παθητικός » fournit l'expérience, la matière première de l'idée, et aide à retenir l'idée par le moyen de l'image. A la mort, le νοῦς παθητικός disparaît ; seul, le « νοῦς ποιητικός » est immortel, « ἀθάνατος », et incorruptible, « ἄφθαρτος ».

Au pouvoir de connaître, est joint celui de désirer. A la connaissance par les sens, correspond le désir irrationnel ; à la connaissance intellectuelle, correspond la volonté ou désir rationnel. La volonté est parfois un désir réfléchi : « βουλὴ μετὰ διανοίας ». Le désir réfléchi est la liberté : « προαίρεσις ».

L'homme est libre, par conséquent, seul, il est le maître de ses œuvres : « γεννητής τῶν πράξεων ».

A ces facultés, s'ajoute la faculté motrice. Au reste, l'âme n'est pas seulement un principe de mouvement pour le corps, elle est, avant tout, le principe formateur du corps ; elle en est l'acte premier : « ἡ πρώτη ἐντελέχεια ». Cela veut dire que, par l'âme, le corps est vivant et capable de voir, d'entendre, de parler, etc. Quand l'œil voit, il est en acte second ; mais la vision, « ὄψις », constitue son acte premier. De même, l'âme est l'acte premier du corps, et la faculté motrice en exercice en est l'acte second. (1)

§ III. — Morale et politique d'Aristote.

Aristote, on vient de le voir, reconnaît franchement la liberté. Par là même, sa morale diffère profondément

---

(1) Aristote définit l'âme, l'acte premier d'un corps naturel, organisé, ayant la vie en puissance : « ἐντελέχεια ἡ πρώτη σώματος φυσικοῦ ὀργανικοῦ ».

de celle de Platon. Pour lui, la vertu n'est pas une science, et on peut être méchant volontairement.

Théorie de la vertu. — Qu'est-ce donc que la vertu ? — C'est l'habitude du juste milieu. Son rôle est de soumettre les passions au joug de la raison, de philosopher avec elles : « συμφιλοσοφεῖν τοῖς πάθεσι ». Supprimer les passions, ce serait se réduire à l'inertie ; or, le bonheur est dans l'action. D'autre part, laisser libre cours aux passions, ce serait livrer l'âme à l'anarchie. La vertu est opposée à ces deux extrêmes. « Μηδὲν ἄγαν, » rien de trop, disaient les poètes gnomiques. Aristote en dit autant quand il s'agit du gouvernement de l'âme, et il y a pour lui autant de vertus spéciales qu'il y a de désirs à soumettre à la loi du juste milieu.

Théorie du bonheur. — Les vertus qui règlent les désirs, comme la tempérance, le courage, la libéralité et la magnanimité, sont des vertus secondaires ; elles font régner l'ordre et l'harmonie dans l'âme, mais elles ne suffisent pas à rendre l'homme heureux. Elles disposent l'homme à l'exercice de la pensée pure. Seul, cet exercice fait le bonheur de l'homme.

Le bonheur n'est autre chose que le plaisir le plus parfait. Or le plaisir est le complément de l'activité ; il est à l'activité comme à la jeunesse sa fleur. Le bonheur doit donc être le complément de l'activité la plus parfaite. Mais il n'est pas d'activité plus haute que celle de la pensée ; donc le bonheur consiste dans la vie contemplative, dans l'exercice de la pensée pure.

Morale sociale. — Arrivé à cette hauteur, l'homme ne doit pourtant pas perdre de vue qu'il n'est point isolé sur la terre. Il vit au milieu de ses semblables, ce qui lui impose des devoirs de justice et de bienveillance.

a) *Définition de la justice.* La justice, pour Aristote, n'est pas l'harmonie de l'âme, comme pour Platon ; elle est le respect du droit. Il faut distinguer la justice commutative et la justice distributive ; l'une préside aux échanges, quels qu'ils soient ; sa règle est l'égalité ; l'autre préside à la distribution des charges et des honneurs ; sa règle n'est pas l'égalité, mais la proportion. Il faut, en distribuant les honneurs et les charges, tenir compte du mérite relatif des hommes.

b) *Justice et équité*. Les règles de la justice sont formulées par la loi, mais la loi ne peut prévoir tous les cas. Il faut que l'équité adoucisse les rigueurs de la justice légale, qu'elle en soit comme le redressement : « ἐπανόρθωμα νομίμου δικαίου ». L'équité est comme la règle de plomb des Lesbiens, qui, pour mesurer la pierre, en parcourt tous les contours.

c) *Justice et amitié*. Etre juste, ce n'est pas assez. Si la justice est observée parmi les hommes, ils peuvent vivre en société, mais ils ne sauraient être heureux. Il faut que la bienveillance mutuelle, « φιλία », soit unie à la justice. Au reste, la bienveillance est une sorte de justice. La justice, en effet, repose sur ce fondement que tous les hommes sont égaux par nature. Mais, pour la même raison, ils doivent s'aimer mutuellement. Il ne s'agit pas ici simplement d'une sympathie superficielle ; il ne s'agit pas, non plus, d'une amitié de plaisir, comme l'amitié des jeunes gens; ou d'une amitié d'intérêt, comme l'amitié des vieillards. Il s'agit d'une amitié fondée sur la vertu. Celle-là seule est réelle et durable.

Politique d'Aristote. — Justice et amitié, voilà l'idéal de la société humaine. Pour réaliser cet idéal, l'intervention de l'Etat est nécessaire. Aristote, comme Platon, établit un lien étroit entre la politique et la morale.

a) *Rôle de l'Etat*. Seulement, il prend plus de souci des intérêts de chaque citoyen. Platon disait : Qu'importe le bonheur de l'individu, si l'Etat est heureux ? Aristote répond : Le bonheur de l'Etat n'est qu'une vaine abstraction, s'il n'est pas le bonheur de l'individu ; l'Etat a pour but de rendre les citoyens heureux en les aidant à bien vivre. — Platon, dans sa *République*, supprime la famille et la propriété privée. Aristote fait remarquer que, dans la République de Platon, nul ne se souciera des enfants. Etant à tous, ils ne seront à personne. Nul, de même, ne se souciera des propriétés communes ; chacun trouvera qu'il travaille trop, et que les autres ne travaillent pas assez.

Très opposés sur la manière de comprendre le rôle de l'Etat, Platon et Aristote diffèrent également au sujet de la forme du gouvernement. Platon est partisan de l'aristocratie, c'est-à-dire du gouvernement des plus sages. Aristote estime que les intérêts communs sont mieux sauvegardés par une république tempérée, dans laquelle il n'y aurait ni de trop grandes fortunes, ni des misères excessives.

Résumé. — Quoi qu'il en soit de ces différences, il y a bien des analogies entre la politique d'Aristote et celle de Platon.

1° Pour tous deux, l'Etat est une cité, et le nombre de ses habitants doit être restreint. Aristote ne craint pas de dire qu'il faut abandonner les enfants, ou les empêcher de naître quand le nombre des citoyens risquerait de dépasser la limite déterminée; tout d'abord il demande qu'on n'élève aucun enfant difforme. (1)

2° Aristote et Platon admettent l'esclavage. « La nature a voulu que barbare et esclave ce fût tout un », dit Aristote; et il préconise la guerre comme « une chasse que l'on doit donner aux bêtes fauves et aux hommes qui, nés pour obéir, refusent de se soumettre. » (*Polit.* livre I, ch. 3.)

3° Tous deux enfin voient, dans l'individu, le citoyen et non pas l'homme. Sans doute, Aristote reconnaît que le bonheur des citoyens est la raison d'être de l'Etat, mais, à son avis, « il ne faut pas croire que chaque citoyen soit maître de lui-même; tous les citoyens appartiennent à l'Etat, puisque chacun d'eux est une partie de l'Etat, et le soin à donner à une partie doit naturellement tendre à ce qu'exige le tout. » (*Polit.* liv. VIII, ch. 1.) De là, pour l'Etat, le droit absolu de prendre à sa charge l'éducation des enfants.

---

(1) Il ne nous paraît pas nécessaire de faire remarquer longuement l'atrocité de ces théories, ni de réfuter l'étrange justification par Aristote, de l'esclavage et de la chasse à l'homme.

Conclusion. Aristote et Platon. — D'autres analogies, plus profondes encore, sont à signaler :

1º Aristote est tout l'opposé de Platon, nous l'avons dit et nous l'avons montré; mais tous deux sont de grands métaphysiciens. Pour tous deux, la théorie de la connaissance aboutit à Dieu. Selon Platon, Dieu est « au sommet du monde intelligible », et c'est par l'Idée du Bien que toutes les autres idées peuvent être aperçues. « Dieu est le soleil des intelligences ».

De son côté, Aristote estime que l'intelligence de l'universel est ce qu'il y a de plus divin en nous : « τῶν ἐν ἡμῖν τὸ θειότατον ». L'Intellect actif, qui dégage l'universel du particulier et nous le fait voir, est une sorte de rayonnement de la divinité dans nos âmes. — Le Dieu de Platon est le Bien en soi; celui d'Aristote est l'Intelligence, la Pensée de la Pensée.

2º Pour Aristote et pour Platon, la vertu est le principe du bonheur de l'homme. Il nous reste quelques belles paroles écrites par Aristote, à l'occasion de la mort de Platon; c'est un fragment d'élégie auquel nous avons déjà fait allusion (page 73). Aux yeux d'Aristote, Platon était « cet homme dont l'éloge même est interdit aux méchants ; qui, seul ou le premier des mortels, fit voir clairement, par sa propre vie comme par les démonstrations savantes de ses discours, que la vertu et le bonheur sont inséparables pour l'homme ». (Elégie à Eudème de Rhodes, disciple d'Aristote.)

3º Pour Aristote, comme pour Platon, l'âme est immortelle. Seulement, la théorie d'Aristote sur l'immortalité est plus scientifique que celle de Platon. Pour ce dernier, l'immortalité est « un beau risque à courir »; pour Aristote, elle est positivement établie. Il est vrai, après la mort, « nous ne nous souvenons plus »; mais il faut entendre cela de la mémoire organique, ou faculté de retenir les images. L'intelligence conserve fort bien les idées apprises pendant la vie présente, car elle est le trésor des idées : « τόπος εἰδῶν »; et, après la mort, elle demeure identique à elle-même. C'est même seulement après la séparation d'avec le corps que l'âme est pleinement ce qu'elle est : « χωρισθείς, δ'ἐστὶ μόνον τοῦθ' ὅπερ ἐστί. »

On sait l'influence immense des écrits d'Aristote ; il a été appelé le précepteur du genre humain, et son règne n'est pas près de finir. A cet égard, cependant, Platon ne lui cède en rien. Au moyen âge, les œuvres de Platon n'étaient pas directement connues; cela n'a pas empêché St-Thomas de s'inspirer largement des doctrines platoniciennes. On pourrait presque dire que ce philosophe s'est appliqué à concilier Aristote et Platon. Depuis la renaissance, Platon n'a cessé d'être en honneur. L'éclat de son nom a même fait oublier un peu la gloire d'Aristote.

Tous deux sont également dignes d'admiration, malgré leurs erreurs. Il y a un extrême profit à méditer leurs enseignements, surtout si on les étudie à la lumière de la révélation chrétienne. Platon, Aristote, St-Augustin, quels maîtres illustres pour une intelligence comme celle de Thomas d'Aquin !

N'anticipons pas. Il nous faut d'abord assister au déclin de la philosophie ancienne.

CHAPITRE VII.

EPICURIENS, STOÏCIENS ET SCEPTIQUES

Peu d'années après la mort d'Aristote, on vit fleurir à Athènes des philosophies bien différentes de celles que nous venons d'étudier. Autant la métaphysique avait préoccupé Platon et Aristote, autant elle fut oubliée par les épicuriens, les stoïciens et les sceptiques. Ces derniers ne la remplacèrent pas ; ils firent profession de ne rien affirmer au delà des phénomènes ; quant aux épicuriens et aux stoïciens, ils se contentèrent d'une physique, ou théorie du monde, et cela uniquement en vue de justifier, tant bien que mal, les préceptes de leur morale.

A leurs yeux, la morale était tout ; le reste lui était subordonné. Leur doctrine tendait uniquement à la sagesse pratique. C'était bien là aussi le but des sceptiques ; en renonçant à toute affirmation, ils poursuivaient le même idéal que leurs rivaux, à savoir, la tranquillité du sage.

Ni les uns ni les autres n'avaient souci de l'intérêt social ; le bonheur individuel seul était l'objet de leurs recherches. Désormais, la morale était séparée de la politique.

Tels sont les caractères très nets de cette philosophie de décadence :

1º Absence de métaphysique ;

2º Préoccupation exclusive de la valeur pratique des doctrines ;

3º Recherche du bonheur individuel ; oubli des intérêts de la cité.

La philosophie d'Aristote et celle de Platon, nous l'avons vu, présentent des caractères tout opposés; comment s'expliquer des différences si marquées, survenues en si peu de temps?

Première cause : la médiocrité des successeurs de Platon et d'Aristote. — Tout d'abord, il faut dire que les successeurs immédiats de Platon et d'Aristote ne furent pas des hommes de génie. L'esprit d'invention leur fit défaut, et ils ne surent pas conserver les doctrines dont ils avaient reçu le dépôt. Dans l'école platonicienne, avec Xénocrate, les idées sont remplacées par les nombres, et les enseignements de Pythagore se substituent de plus en plus à ceux de Platon. C'est au point qu'en lisant, dans la métaphysique d'Aristote, sa réfutation de la théorie des Idées, on se demande si c'est bien Platon qu'Aristote cherche à combattre. Il semble que Xénocrate soit en cause beaucoup plus que Platon lui-même. On a pu dire avec quelque vérité, « que le plus fidèle disciple de Platon, ce fut encore son adversaire, Aristote. » (1)

D'un autre côté, Théophraste, Eudème, Straton, disciples d'Aristote, exagérèrent la tendance empirique de leur maître, et finirent par laisser entièrement de côté ce qui était pour Aristote la philosophie première. De la nature, Aristote remontait à Dieu ; ils ne virent plus que la nature.

Enfin, deux disciples de Socrate, Aristippe et Antisthène, furent les précurseurs directs des épicuriens et des stoïciens. Tous deux envisageaient avant tout le côté pratique des doctrines de Socrate ; seulement, l'un plaçait le bonheur dans le plaisir, et l'autre dans l'effort. (Voir ce qui en est dit au début du Chapitre V, page 55).

Deuxième cause : la décadence de la vie sociale en

---

(1) Penjon, *histoire de la philosophie*. — Après Xénocrate, Polémon, Cratès et Crantor furent les chefs de l'école platonicienne. Crantor édita le premier les œuvres de Platon. — L'Académie de Platon est souvent appelée académie ancienne, par opposition à l'académie nouvelle, fondée plus tard par Carnéade de Cyrène.

Grèce. — Les événements du dehors contribuèrent aussi à détourner les esprits des hautes spéculations métaphysiques.

La Grèce n'avait plus cet élan patriotique qui, jadis, la rendait victorieuse des Mèdes et des Perses. Livrée à des divisions intestines, tombée au pouvoir des Macédoniens, elle avait perdu et la liberté et le désir de la reconquérir. Bientôt, elle allait devenir la proie facile des Romains. La vie sociale était donc en pleine décadence dans la cité grecque. De là, chez les philosophes, ce désintéressement absolu de tout ce qui regarde l'Etat. Leurs préceptes de morale n'ont pour objet que la conduite privée, et, avant tout, ils cherchent à se fortifier contre les coups du sort, si fréquents en ces temps de bouleversements politiques.

Troisième cause : la prédominance des passions. — Leur défiance vis-à-vis des passions est aussi un fait digne de remarque. Pour eux, les passions sont les ennemies du dedans, non moins redoutables que les événements les plus fâcheux. C'est là l'indice d'un état d'âme particulier aux hommes de cette époque. Les orateurs politiques, depuis le temps des sophistes, avaient exercé une influence considérable; et, pour réussir, ils n'avaient cessé de soulever les passions de la foule. « Toute la rhétorique, dit Aristote, en parlant des orateurs de son temps, consistait à émouvoir. » De là, on le comprend, une certaine irritabilité, due à la prédominance des passions dans la vie. Le calme, la modération, la constance, signes d'une vie raisonnable, avaient fait place à des émotions très variées et sans cesse renouvelées. Le théâtre d'Euripide répond bien à cette disposition morale : les tragédies de ce poète sont très émouvantes ; il met sans cesse en œuvre deux grandes passions, la terreur et la pitié. De son côté, le poète comique Ménandre substitue l'analyse des émotions du cœur aux gigantesques caricatures d'Aristophane.

Quatrième cause : la décadence des mœurs et la superstition. — Si la philosophie nouvelle fut une réaction contre cette prédominance de la passion dans les âmes, elle dut réagir aussi contre la faiblesse du vouloir et le découragement. L'une avait pour cause la dépravation des mœurs; l'autre était le résultat de détestables superstitions.

Des aventuriers grecs avaient suivi Alexandre en Asie; ils en avaient rapporté des richesses, mais aussi de grands vices.

La vie frugale et laborieuse du citoyen grec n'était plus guère qu'un souvenir. Le luxe et la mollesse d'une vie efféminée tendaient à anéantir toute énergie morale. D'autre part, la religion païenne était un tissu de croyances ridicules et terrifiantes. Des divinités sans nombre et d'une jalousie insupportable avaient envahi l'Olympe. On ne pouvait en honorer une sans courir le risque d'irriter son ennemie. Aucune action, aucune démarche, même la plus innocente, qui, par suite de l'oubli de quelque formule ou de quelque rite, n'exposât son auteur à un châtiment céleste. Toute âme religieuse était ainsi vouée aux angoisses les plus poignantes.

Ceci explique l'enthousiasme avec lequel on accueillit les doctrines d'Epicure, d'ailleurs si peu faites pour consoler les âmes. Epicure était l'ennemi de la superstition, et il s'était donné la mission de délivrer ses compatriotes de ce joug terrible. Fils d'une magicienne, il avait pu mesurer toute l'étendue du mal. En tout cas, il en avait conçu une horreur telle, que, pour affranchir ses disciples de la crainte de l'au-delà, il préféra renoncer à toute explication métaphysique du monde.

§ I. — Epicure.

Par là même, sa philosophie est des plus médiocres. Cependant, peu de philosophes ont eu un ascendant pareil au sien, et se sont fait aimer autant que lui.

Il naquit en 342, à Gargète, bourg situé tout près d'Athènes. Peu de temps après sa naissance, ses parents allèrent habiter Samos, où les Athéniens fondaient une nouvelle colonie. Ayant entendu un grammairien lire dans Hésiode « qu'au commencement naquit le chaos », Epicure se sentit du goût pour les recherches philosophiques. Il étudia sous divers maîtres, à Colophon, à Mytilène, à Lampsaque. Les œuvres de Démocrite le charmèrent particulièrement; il goûta beaucoup la théorie des atomes. Elle le dispensait, croyait-il, de poser la question : d'où est né le chaos ?

A trente-six ans, il revint à Athènes, acheta un jardin et y fonda son école. Il mourut en 270.

Ses ouvrages. — Epicure a composé un grand nombre de petits traités, des lettres, des maximes morales. Il nous reste trois lettres de lui, ainsi que ses maximes. Son style est fort négligé.

Caractères généraux de sa philosophie. — D'après tout ce qui précède, on connaît déjà, en partie du moins, les tendances les plus marquées de sa philosophie. Nous les résumons ainsi :

1° **Haine de la superstition.** — Cette haine aveugle Epicure au point qu'il confond superstition et religion, et s'efforce de détruire toute croyance.

2° **Renoncement à toute explication de l'origine des choses.** — Il y a de l'arbitraire dans la physique d'Epicure. Il préfère cela à une théorie rationnelle, qui supposerait une cause première du monde.

3° **Recherche du plaisir négatif.** — Il suffit au sage de ne point souffrir. La tranquillité de l'esprit, le calme des passions, la santé du corps, voilà les éléments du vrai bonheur (1).

Les doctrines d'Epicure. — Le plus grand obstacle au bonheur, d'après Epicure, est la crainte d'un monde invisible. Pour chasser cette crainte, il faut une théorie

(1) Il ne faut pas se méprendre sur la doctrine d'Epicure au sujet du plaisir. C'est une doctrine très austère. Epicure vivait d'une obole par jour. Seulement, le principe de cette doctrine est mauvais : la vie n'est pas faite pour jouir. L'enseignement d'Epicure, sur ce point, n'a pas tardé à être interprété dans un sens tout autre que le sens primitif. Horace est peu flatteur pour lui-même et pour les disciples d'Epicure, quand il se dit l'un des leurs par ces mots : « *Epicuri de grege porcus* »

de l'univers, une physique. Et pour faire cette physique, il faut une canonique, c'est-à-dire un ensemble de règles qui permettent de distinguer le vrai du faux. La canonique d'Epicure n'est autre chose que sa théorie de la connaissance.

Théorie de la connaissance. — Cette théorie est purement sensualiste. La distinction des sens et de l'intelligence est entièrement perdue de vue. Elle est le fondement de la métaphysique; or, les épicuriens, les stoïciens et les sceptiques n'ont aucun souci de la métaphysique.

Il y a pour Epicure trois signes ou critères de la vérité : les sensations : « αἰσθήσεις », les anticipations : « προλήψεις », et les affections : « τὰ πάθη ». La sensation ne se discute pas, elle est évidente par elle-même. Elle s'impose par sa seule présence. Conservée par la mémoire, elle engendre l'idée générale, qui n'est autre chose que le souvenir de plusieurs anticipations semblables : « καθολικὴ νόησις μνήμη τοῦ πολλάκις ἔξωθεν φανέντος ». — Projetée dans l'avenir, l'idée générale devient une anticipation. Cette dernière tient son évidence de son origine, qui est la sensation. Pour ne pas se perdre, à peine acquise, l'anticipation doit être exprimée par un mot qui la fixe; dès lors, on peut raisonner et faire la science. — Les affections ne servent pas à faire la science ; elles nous font connaître uniquement le plaisir ou la douleur que nous causent les choses. Elles président à la vie pratique, car elles servent à distinguer le bien du mal.

Physique d'Epicure. — Puisque toute connaissance se ramène à la sensation, tout ce qui existe est corporel. Rien ne se crée, rien ne se perd. Les corps que nous percevons, sont composés d'atomes corporels, mais invisibles. Nos sens sont trop grossiers pour les percevoir. Ce qui semble s'anéantir, se résout simplement en ses éléments, et la formation des êtres n'est qu'une combinaison d'atomes. Les atomes sont solides, indivisibles, immuables dans leur constitution et dans leur grandeur.

—Ils sont en mouvement; mais, sans le vide, le mouvement serait inexplicable. Donc, deux principes : les atomes en nombre infini ; le vide, qui explique le mouvement, et, par le mouvement, la combinaison des atomes.

Cependant, abandonnés à la seule pesanteur, les atomes ne se combineraient jamais. Ils tomberaient parallèlement, comme les gouttes d'une pluie éternelle. Il faut donc leur supposer le pouvoir de changer la direction de leur mouvement. Ce pouvoir, appelé *clinamen*, n'est pas une fatalité mécanique, car si tous les atomes déviaient en même temps, ils demeureraient parallèles. Le clinamen est en quelque sorte spontané ; il se produit sans aucune détermination de lieu ni de temps : « *nec regione loci certa, nec tempore certo* ». En tout, trois principes président à la formation du monde : les atomes, le vide et le clinamen. — Nous l'avons déjà fait remarquer, Epicure, en inventant son clinamen, préfère l'arbitraire à l'explication rationnelle, tant il redoute de rencontrer Dieu à l'origine du monde !

La physique d'Epicure lui paraît une délivrance. — Par cette physique des plus simples, l'homme est délivré d'une triple chaîne : la crainte de la mort, la crainte des enfers et la crainte des dieux. Pourquoi craindre la mort ? Elle n'est autre chose que la dissolution des atomes subtils qui composent l'âme. Après la mort, le néant. Tant que nous sommes, la mort n'est pas ; quand elle survient, nous ne sommes plus. Elle ne peut donc nous faire souffrir. — Puisque notre destinée est le néant, les peines éternelles ne sont que des fictions. Les supplices dont parlent les poètes, sont les troubles produits dans l'âme par les passions. — Quant aux dieux, ils sont inutiles, et leur Providence est superflue. Il n'y a pas de causes finales. L'ordre est un effet du hasard. Les combinaisons durables persistent jusqu'à ce qu'une cause extérieure vienne les détruire.

Les dieux, d'après Epicure. — L'athéisme se dégage logiquement de la physique épicurienne. Cependant, Epicure n'est pas athée. Les dieux sont inutiles pour nous, mais ils existent. La preuve, c'est que tous les hommes en ont des idées : « εἴδωλα », qui ne peuvent être que véritables. Les dieux sont tels qu'ils nous apparaissent dans nos songes : des êtres à forme humaine, dont le corps n'est qu'une apparence. Ils sont immortels et bienheureux, et ne s'inquiètent ni des hommes ni des choses. Ils ne dorment pas, car le rêve les troublerait. Ils sont à table éternellement et absorbent de l'ambroisie. Ils causent en langue grecque, car la langue grecque seule est digne des dieux. Il est inutile et déplacé de leur demander quelque chose, mais il convient de les prier pour obéir à ce besoin que nous avons tous d'élever nos cœurs en haut.

Enthousiasme causé par ces doctrines. — Ces doctrines sont détestables en elles-mêmes et par leurs conséquences. Cependant, nous l'avons dit, quand elles furent enseignées pour la première fois, leur auteur apparut à tous comme un libérateur. De son vivant même, sa philosophie était une religion. Ses dogmes étaient résumés en formules qu'on apprenait par cœur, et il n'était pas permis d'en changer un seul mot. Lucrèce appelle Epicure un dieu. Ses disciples portent son image gravée sur des anneaux, sur des médailles. Chaque mois, ils ont leur festin où l'on parle du maître. Chaque année, un banquet, institué par lui, perpétue le souvenir de ses enseignements et de sa vie.

La superstition antique pesait tant sur les âmes ! Quelle ingénieuse idée, aux yeux des contemporains d'Epicure, que celle de remplacer par les atomes tout ce monde fantastique des divinités capricieuses et terribles de l'Olympe ! Les atomes sont sans amour, mais aussi sans colère et sans haine. — Mieux vaut cependant un Dieu qui soit la charité même, et qui ne punisse que ceux qui veulent absolument être punis. On se délivre plus aisément de la crainte des peines de l'autre vie en cherchant à les éviter, qu'en rééditant, pour les nier, l'antique théorie des atomes éternellement en mouvement dans le vide.

Morale d'Épicure. — Si la physique délivre des vaines superstitions, la morale donne le secret de la vie heureuse. Ce secret, c'est l'indépendance. L'homme ne dépend que de lui. Il est libre. La spontanéité de la nature devient dans l'homme la liberté. Comme l'atome a le pouvoir de changer la direction de sa chûte à travers le vide, ainsi, quand nous nous sentons entraînés par les passions, nous pouvons nous tourner vers la sagesse.

Théorie du plaisir. — Qu'est-ce que la sagesse ? C'est la recherche du souverain bien. Le souverain bien, c'est le plaisir. D'une part, en effet, nous ne jugeons du bien et du mal que par nos affections, qui nous font sentir le plaisir et la douleur; et d'autre part, tous les animaux, dès leur naissance, recherchent le plaisir, et fuient la douleur.

Épicure pense donc comme Aristippe : le plaisir, c'est le bien. Mais il distingue deux sortes de volupté, l'une calme, persistante et durable: c'est le plaisir en repos; l'autre vive, rapide et passagère ; c'est le plaisir en mouvement. Le premier est l'exemption de toute douleur, de toute inquiétude. Le second n'est que l'invitation de la nature à satisfaire les besoins du corps. Il est toujours mêlé de malaise, d'inquiétude et de fièvre, et il n'est qu'une condition de la vraie volupté, qui consiste à ne point souffrir dans son corps, et à être exempt de trouble dans son âme.

Théorie des désirs. — L'absence de la douleur : « *indolentia* », voilà donc le vrai plaisir. Pour en jouir, il faut savoir régler ses désirs. Il y a trois sortes de désirs :

1° Les désirs naturels et nécessaires. Il est bien facile de les satisfaire : « N'est-ce pas, en effet, un ragoût admirable que le pain et l'eau quand on a faim et soif ? » — « Qu'on rende grâce à la bienheureuse nature d'être si peu exigeante ! »

2° Les désirs naturels et non nécessaires : tel est le désir d'avoir une famille. Le sage doit et sait s'affranchir de tels désirs, il se garde bien de compliquer sa vie et de se donner des occasions de souffrir.

3° Les désirs superflus. Tels sont ceux qui ont pour objet la gloire, les richesses, le pouvoir. Le sage a bien assez de se gouverner lui-même.

Puisque le plaisir est le bien suprême, la vertu n'a par elle-même aucune valeur. « Toutes les vertus ensemble, si on les sépare du plaisir, ne valent pas un jeton de cuivre ». On n'étudie la médecine que pour la santé; ainsi il faut pratiquer la vertu à cause du bonheur qu'elle procure. La vertu a son principe dans l'intérêt; elle est un calcul. La tempérance apprend à renoncer aux plaisirs qui peuvent engendrer d'amères et longues douleurs; la force nous fait braver la souffrance en vue d'un plaisir durable; la justice est une convention en vertu de laquelle nous n'attaquons point nos semblables, afin de n'être pas attaqués par eux.

La conclusion logique d'une telle morale est l'égoïsme le plus étroit. Pourtant, Epicure s'effraie de sa solitude. « Les mêmes réflexions qui m'ont affermi l'esprit contre la crainte d'un mal éternel ou de longue durée, m'ont fait savoir que, dans ce court espace de la vie, le soutien le plus sûr et la plus douce consolation étaient dans l'amitié ». L'amitié, il est vrai, comme la vertu, a son principe dans l'intérêt, mais Epicure a su n'être pas conséquent dans la pratique. Sa dernière pensée, à son lit de mort, fut pour les enfants de Métrodore, qu'il avait adoptés. Il étendait à tous les hommes ce sentiment de bienveillance amicale; il disait qu'un esclave est un ami d'une condition inférieure, et lui-même faisait de Mus, un de ses esclaves, son ami et son compagnon d'études.

Appréciation. — La morale d'Epicure est une morale de gens découragés. Jamais morale ne fut moins voluptueuse et plus triste. Se faire aussi petit que possible, voilà la vraie sagesse. Le plaisir stable d'Epicure, disaient les Cyrénaïques, c'est l'état d'un homme qui dort. Ce n'est pas assez dire. Si le bonheur consiste dans l'absence de la douleur, c'est dans l'insensibilité que se cache le souverain bien. Mais, d'après la physique épicurienne, dans la mort, l'apathie est complète. Pourquoi, dès lors, prêcher, avec Epicure, la mort partielle, et non pas, avec Hégésias, la mort totale? « Le plus grand bonheur de l'homme est de ne pas naître, ou quand il est né, de mourir jeune ». Ces paroles mélancoliques, plus anciennes qu'Epicure, résument bien le pessimisme de sa philosophie. Dire que le but de la vie humaine est le plaisir, c'est poser le principe d'une existence pleine de déceptions amères. Rien de plus juste ; il convient que les conséquences d'une erreur puissent servir à la faire éviter.

Sans nous attarder à réfuter un à un les enseignements d'Epicure sur la nature de l'âme, sur le but de la vie, sur les peines éternelles, sur la prière, bornons nous à faire, ou plutôt à rappeler quelques remarques relatives à l'ensemble de sa doctrine :

1º Elle est contradictoire, car elle aboutit logiquement, non au bonheur, mais à l'anéantissement de toute activité morale. Or, le bonheur est inconcevable sans le désir. La pierre est incapable de bonheur, parce qu'elle n'a pas de désir.

2º Elle est contraire aux faits. On ne peut soutenir, avec Epicure, que l'homme juge du bien et du mal par le plaisir et la douleur. Il y a des plaisirs que nous regardons comme mauvais. Certaines actions nous coûtent beaucoup, et nous les estimons bonnes en elles-mêmes. De ce que tout animal fuit la douleur et recherche le plaisir, il ne s'ensuit pas que cette loi s'applique à l'homme, qui est un animal doué de raison.

3º Epicure isole l'homme au point de supprimer la vie de famille. Par là encore, il va contre les faits, car il est trop évident que l'homme est fait pour la société. C'est « un animal sociable », comme l'a dit Aristote.

La doctrine stoïcienne est en partie une réaction contre ces excès. Elle recommande l'effort ; elle oppose la vertu au plaisir ; elle n'interdit pas la vie de famille.

Par contre, elle donne elle-même dans d'autres excès non moins regrettables.

§ II. — Les Stoïciens.

Les Stoïciens. — Le stoïcisme est né dans le même temps que l'épicurisme. Il veut porter remède aux mêmes maux, affranchir l'homme, le délivrer de ses passions, lui assurer dans le malheur des temps l'asile inviolable de la liberté intérieure. Mais l'épicurien se dérobe, se dissimule, s'efface ; le stoïcien se redresse, résiste, lutte, et va jusqu'à nier le mal pour cesser de le sentir. Relâchement : « ἄνεσις », atonie, inertie, c'est tout l'épicurisme. Au contraire, le stoïcisme se résume tout entier dans l'idée de la tension : « ὁ τόνος ἐπιστάσις ». Son héros est Hercule.

Origine du stoïcisme. — Le fondateur de la philosophie stoïcienne naquit à Citium, petite ville de l'île de Chypre (336-264). Il s'appelait Zénon. Son père, qui était marchand, lui rapporta d'Athènes quelques traités socratiques. Cette lecture éveilla en lui la curiosité philosophique. Un naufrage lui ayant enlevé sa fortune, il vint à Athènes, et se fit le disciple du cynique Cratès. La grossièreté de son maître le révolta. Pendant vingt ans, il erra d'école en école, jusqu'au jour où lui-même en ouvrit une dans la galerie qui avait été autrefois le lieu de réunion des poètes. Ses disciples empruntèrent leur nom à cette galerie ou portique : « στοά ».

Cléanthe fut le successeur de Zénon dans la direction de l'école. Il avait été athlète, et, pour suivre les leçons de Zénon, il avait gagné sa vie en puisant de l'eau la nuit, au service d'un jardinier d'Athènes. Il ne semble pas avoir été un penseur original.

Chrysippe, au contraire (282-209), le successeur de Cléanthe, a mérité d'être appelé le second fondateur du stoïcisme. On disait de lui : Si Chrysippe n'existait pas, il n'y aurait pas de Portique : « Εἰ μὴ γὰρ ἦν Χρύσιππος, οὐκ ἂν εἴη Στοά. »

La connaissance, d'après les stoïciens. — Pour les stoïciens, comme pour les épicuriens, toute connaissance nous vient des sens ; mais dans la doctrine stoïcienne, c'est en réagissant sur la sensation que l'âme fait la science. La sensation est la matière de la connaissance : la réaction de l'âme en est la forme. L'objet extérieur fait impression sur l'âme et y laisse une image qui le représente : « φαντασία » ; c'est là un phénomène passif : « πάθος », mais la représentation devient une connaissance par l'assentiment volontaire de l'âme : « συγκατάθεσις ». Nous ne devons donner notre assentiment qu'aux perceptions faciles à saisir : « φαντασίαι καταληπτικαί », car, seules, ces perceptions nous font connaître à la fois et elles-mêmes et la cause qui les produit en nous. Elles se reconnaissent à la force du choc que l'âme reçoit de l'objet, et cette force elle-même se mesure à l'énergie avec laquelle la raison répond à l'impression venue du dehors. Diverses perceptions compréhensives, réunies ensemble, engendrent en nous une idée générale : « ἔννοια », au moyen de laquelle nous pouvons prévoir l'avenir. La prévision de l'avenir s'appelle anticipation : « πρόληψις ». Quant à la science, elle est un système d'idées générales. Zénon comparait la simple représentation à la main ouverte, l'assentiment à la main demi-fermée, la compréhension à la main fermée, la science à la main fermée et serrée fortement par l'autre main.

La physique des stoïciens — Sensualistes comme les épicuriens, les stoïciens ont, comme eux, une physique matérialiste. Pour eux aussi, tout est corps, et l'incorporel n'est qu'une abstraction de la pensée, comme l'espace, le temps et toute notion générale. Mais ils n'admettent pas que le monde soit l'œuvre du hasard. Tout corps est composé de deux éléments, l'un passif : « τὸ πάσχον, ἡ ὕλη », l'autre actif, la force, toujours en action, toujours tendue, qui pénètre la matière jusqu'en ses moindres parties, la meut et l'organise : « τὸ ποιοῦν, ὁ ἐν αὐτῇ λόγος ». Il n'y a pas de force sans matière ; il n'y a pas de matière sans force. Ces deux éléments ne peuvent être séparés que par abstraction; leur union est indissoluble. La force travaille au sein de la matière, la façonne, en fait sortir toutes les qualités, comme le soleil fait germer et croître la plante. C'est pourquoi la force est appelée raison séminale : « λόγος σπερματικός »; raison, parce qu'elle fait tout avec ordre; raison séminale, parce qu'elle est le principe du développement progressif des êtres.

Le Dieu des stoïciens. — La force qui pénètre l'univers, l'organise et le meut, c'est Dieu. L'univers est une sorte d'animal vivant, dont toutes les parties se répondent : « πᾶν συμπαθὲς ἑαυτῷ », et Dieu est l'âme de l'univers. Il n'y a pas d'être incorporel; Dieu est donc corporel, ce qui ne l'empêche pas d'être sage et bon. Il est sage, puisqu'il fait tout avec ordre, et que son plus haut développement est la raison humaine, qui est une pensée consciente d'elle-même. Il est bon, puisque tout dans la nature est fait pour l'homme.

a) *Dieu est un feu raisonnable et artiste.* Comment se représenter Dieu pénétrant toutes choses, et pouvant penser sans cesser d'être un corps? Le feu seul est assez subtil pour pénétrer partout sans obstacle. Dieu est le souffle pensant et enflammé : « πνεῦμα νοηρόν καὶ πυρῶδες ». C'est un feu très subtil, nullement comparable à notre flamme grossière, qui détruit et consume. C'est un feu artiste : « πῦρ τεχνικόν », qui féconde, organise et conserve.

b) *Dieu est le destin auquel tout est soumis.* Il n'est pas cause première, car il n'y a point de cause première. Une cause dépend d'une autre; tout mouvement est la continuation d'un autre mouvement, et ainsi à l'infini : « *Causa pendet ex causa, privata ac publica longus ordo rerum trahit* » (Sénèque). Dieu est Destin en même temps que Providence. Tout est fatal. Il n'y a pas de liberté, et notre croyance au libre arbitre vient seulement de notre ignorance des causes.

c) *Dieu est l'âme du monde.* Platon et Aristote avaient distingué Dieu du monde, mais sans résoudre nettement le problème de leurs rapports. Les stoïciens suppriment ce problème, en identifiant Dieu et le monde. Dieu, pour eux, c'est l'âme du monde. Est-ce à dire qu'ils reconnaissent vraiment deux éléments dans le monde : Dieu d'une part, et de l'autre la matière ? — Non, Dieu est la substance unique. Au commencement, tout est force, tout est feu, tout est Dieu. Mais, au travail de la tension primitive, succède le repos, le relâchement. Un nouvel élément se forme, c'est l'air. Nouveau relâchement, nouvel élément : l'eau naît de l'air comme l'air est né de l'éther. En ce moment, le monde est une masse d'eau entourée d'une sphère de feu. Sous l'action du feu, une partie de l'eau s'évapore et redevient air ; l'autre partie se condense et forme la terre, séjour de l'homme. Alors, grâce à l'heureuse influence de l'esprit divin, tous les êtres naissent. Mais, peu à peu, au relâchement succède une tension de plus en plus forte, et l'univers revient à son état primitif. De plus en plus, la terre se change en air, et l'air en feu. Un jour viendra où notre univers sera de nouveau absorbé dans le sein de Dieu. Tout retournera à l'unité première par la conflagration universelle : « ἐκπύρωσις ». Mais, à la conflagration succèdera la régénération : « παλιγγενεσία ». Le même univers se reformera, rien n'y sera changé. Les mêmes événements se succéderont dans le même ordre, et Socrate enseignera devant les mêmes disciples.

L'âme, d'après les stoïciens. — Tel est le panthéisme stoïcien. Tout est Dieu, et Dieu fait tout par sa substance divine. L'âme humaine n'est qu'une manifestation particulièrement remarquable de cette substance. A son plus haut degré de puissance, elle est raison : « τὸ ἡγεμονικόν »; par la raison, elle pense, veut et prend conscience d'elle-même : « συνείδησις ». Par là, elle connaît le moi : « τὸ ἐγώ ». Au-dessous de la raison est l'âme proprement dite : « ψυχή », qui préside à la vie animale; puis la nature : « φύσις », qui fait la vie du végétal ; et enfin une simple habitude : « ἕξις », qui tient unis les éléments divers du corps.

La morale des stoïciens. — Puisque l'âme est une manifestation de Dieu, elle doit imiter Dieu. Comme Dieu fait du monde un tout bien lié, il faut que, de tous ses actes, l'homme compose un tout parfaitement ordonné. Le souverain bien, c'est une vie d'accord avec elle-même : « *Summum bonum, vita sibi consors ;* — ζῆν ὁμολογουμένως », vivre d'accord avec soi, telle est la formule par laquelle Zénon résume toute la morale. Ce qui importe, c'est la force de volonté : *constantia*, qui, tendue à travers la vie tout entière, en fait l'unité et l'harmonie.

De ce principe fondamental résulte un premier paradoxe stoïcien : les actes ne sont rien ; rester d'accord avec soi-même, c'est tout. Dès lors, toute distinction du bien et du mal est anéantie.

Un autre paradoxe non moins énorme est l'égalité de toutes les fautes. Il n'y a pas de degrés dans la vertu. La vertu est une ligne droite. Or, une ligne est droite ou elle ne l'est pas ; point de milieu. Toutes les fautes sont égales, parce que toutes sont contraires à la vertu. On se noie sur le bord d'un fleuve, aussi bien qu'au milieu du courant.

En soutenant de telles énormités, Zénon était conséquent, mais jamais sa morale n'eût exercé une influence sérieuse, si Cléanthe n'en eût atténué les formules. Il faut, dit Cléanthe, vivre conformément à la nature : « ζῆν ὁμολογουμένως τῇ φύσει ». Sans doute, rigoureusement, il n'y a d'excellent que la constance avec soi-même. Tout le reste est indifférent, même le plaisir et la douleur. Mais, parmi les choses indifférentes, il en est qui sont plus conformes, et d'autres plus contraires aux fins de la nature. De la première classe sont : la vie, la santé, les richesses, la réputation. A la seconde classe se rattachent la mort, la maladie, la pauvreté, le déshonneur. Les choses de la première classe, sans être bonnes en soi, sont préférables : « προηγμένα ».

De plus, parmi les choses préférables, il en est qui, mieux que toutes les autres, conviennent à la nature de l'homme ; ce sont les : « καθήκοντα ». Ainsi, il convient à l'homme de se nourrir, d'acquérir la science, d'entretenir une famille, d'être tempérant et courageux, en un mot, de faire tout ce que comporte sa nature. La sagesse consiste donc à vouloir les : « καθήκοντα », à cause de leur beauté. Ainsi voulus, ils changent de nature, ils deviennent des actes de vertu : « κατορθώματα ». De cette façon, les choses convenables sont la matière du choix raisonnable, la matière du bien. Le bien n'est plus seulement dans la constance du sage ; on n'est pas sage, quoi qu'on fasse. Pour être sage, il faut accomplir avec choix ce qu'il est à propos de faire.

Cependant, il faut aussi savoir supporter la mort, la maladie, le déshonneur et la pauvreté. On n'y arrive pas de suite, mais peu à peu. C'est la théorie du progrès : « προκοπή ». Le progrès est une marche vers un idéal, qui est la parfaite indifférence pour tout ce qui n'est pas le bien propre de l'âme. Le bien propre de l'âme, c'est surtout ce qui dépend d'elle-même : ses pensées, ses désirs, ses passions, ses résolutions. Elle doit gouverner tout cela selon la raison, et détruire les passions. L'« ἀπάθεια » est le vrai but à atteindre. Tout en recherchant les choses convenables, il faut savoir les désirer modérément. « *Abstine et sustine*, ἀνέχου καὶ ἀπέχου », tel est le dernier mot de la doctrine ; il faut supporter la douleur et ne s'attacher à aucune des choses qui ne dépendent point de soi.

Ainsi le sage imite la raison universelle, ainsi il imite l'univers. Cet accord avec l'univers exige de lui l'amour de tous les hommes. L'esclavage est contre nature, le droit du maître sur son esclave est mauvais. Tous les hommes sont frères. La Grèce n'est plus le seul pays de l'intelligence, la seule terre où habitent des hommes vraiment hommes.

Appréciation. — Tel est le stoïcisme, effort désespéré pour sauver la dignité de l'homme du naufrage où avaient sombré celle du citoyen et celle de l'Etat. En ces temps mauvais, beaucoup d'âmes vraiment fortes ont trouvé un refuge dans cette philosophie qui, par plusieurs de ses préceptes, présente de frappantes analogies avec l'Évangile. Mépriser ce qui passe, s'attacher aux seuls biens de l'âme, voilà certes des conseils tout à fait évangéliques; mais, pour oser donner aux hommes de pareils enseignements, il faut leur offrir les moyens de les mettre en pratique.

La ressemblance du stoïcisme et de l'Évangile n'est qu'à la surface. Comme le stoïcisme, l'Évangile donne à l'homme des préceptes austères, mais il fortifie son cœur par l'espérance de l'immortalité dans la gloire; il l'invite à appeler sans cesse Dieu à son aide, et il lui enseigne à tout faire par amour pour Dieu, sans renoncer pour cela au désir de la récompense.

Dans ces conditions, l'homme est fort. Par contre, une doctrine qui ne promet pas l'immortalité, qui n'enseigne pas à prier, qui identifie Dieu et le monde, qui n'a d'autre consolation à offrir aux malheureux que la pensée de l'universelle nécessité, quelle prise peut-elle avoir sur la plupart des âmes, qui sont faibles, et ne peuvent se passer de foi, d'espérance et d'amour?

Le stoïcisme n'a pu être pris au sérieux que par quelques âmes d'élite privées de toute autre ressource. Encore a-t-il dû leur offrir dans la mort volontaire un refuge contre l'adversité. Conseiller aux hommes de sortir de la vie comme on sort d'une chaumine enfumée, c'est montrer qu'on ne comprend pas le prix de la vie. La vie est l'étoffe du devoir. C'est par là qu'elle mérite d'être vécue. Du même coup, en conseillant le suicide, on donne clairement à entendre qu'on n'a même pas la notion du devoir, car le suicide est la suppression volontaire et absolue de tous les devoirs. Conseiller le suicide enfin, c'est avouer son impuissance à donner une théorie de l'action morale.

Epicuriens et stoïciens. — Le stoïcisme est aussi impuissant que l'épicurisme. Il ne supprime pas l'action, mais il ne peut soutenir l'homme dans l'action.

Comme l'épicurisme d'ailleurs, il méconnaît ce puissant ressort de l'activité humaine qui est la passion. Les passions ne sont pas mauvaises par elles-mêmes. Elles sont les ressorts de la volonté.

Comme l'épicurisme, il écarte l'homme des fonctions sociales. Cela s'explique par les circonstances, mais cela n'est pas sage. Tout homme éclairé doit chercher à conquérir une influence sociale en vue du bien.

Comme l'épicurisme enfin, il est, au fond, une doctrine d'intérêt personnel. Il a pour but unique le bonheur individuel. Il ne le poursuit pas par les mêmes moyens, c'est vrai; il préfère l'effort à l'effacement, la lutte contre la douleur à la fuite de la douleur, le détachement au renoncement, mais l'idéal est le même : dans les deux cas, il faut assurer la tranquillité du sage, qui est impossible sans l'exemption de toute pensée troublante et l'abolition des passions.

Ce but encore est celui des sceptiques. Ils ont, eux aussi, leur manière propre de l'atteindre.

§ III. — Les Sceptiques.

Ce qui trouble les hommes, ce sont les opinions qu'ils se font sur les biens et sur les maux. Le moyen de vivre tranquille est donc de rejeter toute opinion, de ne rien affirmer, pas plus ceci que cela : « οὐδέν μᾶλλον. »

Tel est le parti que choisit Pyrrhon, dont le nom a servi longtemps et est encore employé quelquefois, pour désigner ceux qui ont coutume de tout mettre en doute.

Notice sur Pyrrhon. — Né à Elis, Pyrrhon avait suivi Alexandre dans son expédition des Indes; il avait eu ainsi l'occasion de connaître Aristarque, disciple de Démocrite. De retour dans son pays, il y fonda une école dans laquelle il enseignait, comme Démocrite, que la vérité est impossible à découvrir. Il mourut en 270, âgé d'environ 90 ans.

Pyrrhon n'avait rien écrit. Sa doctrine se répandit par son disciple Timon de Phlionte, qui vint s'établir à Athènes, et y mourut à un âge également très avancé.

Sextus Empiricus, qui nous a laissé un résumé des enseignements de Pyrrhon et de son école, appelle Timon le rapporteur des discours de Pyrrhon : « ὁ προφήτης τῶν Πυρρῶνος λόγων ».

Scepticisme de Pyrrhon ; ses caractères. — 1° **C'est une réaction contre le stoïcisme.** Pyrrhon ne pouvait supporter le dogmatisme des stoïciens. D'après ces derniers, nous n'avons pas d'autre marque distinctive d'une représentation vraie que cette représentation elle-même, pourvu qu'elle soit vive et claire : « ἐνάργεια ». Alors elle s'appelle compréhension : « κατάληψις » ; la compréhension est certaine : « ἀσφαλής », et à l'abri des objections : « ἀμετάπτωτος ὑπὸ λόγου ». — Aux yeux de Pyrrhon, il n'y a aucune représentation certaine, parce qu'il n'en est aucune qui ne puisse être trompeuse. La sensation la plus vive n'est parfois qu'une hallucination. Aucun signe incontestable ne permet de distinguer la représentation qui est sans objet de celle qui correspond vraiment à quelque chose.

2° **L'empirisme sensualiste.** En réagissant contre le dogmatisme stoïcien, Pyrrhon se place absolument sur le même terrain que Zénon et ses disciples. Les uns et les autres n'entendent parler que des représentations sensibles. Les représentations intellectuelles ne sont rien pour eux. Nous l'avons déjà dit, toute la philosophie de cette époque est sensualiste.

Platon contestait bien la certitude des données sensibles, mais c'était au profit de l'Idée. Pyrrhon et les stoïciens, comme tous leurs contemporains, perdent entièrement de vue le rôle de l'intelligence dans la connaissance.

3° **C'est une recherche de l'indifférence absolue, prise pour le bonheur.** Pyrrhon ne ressemble pas plus à Socrate qu'à Platon lui-même, et il y a lieu de s'étonner qu'on ait songé à faire du fondateur de l'Ecole sceptique le Socrate de son époque. Sans doute, Socrate a cherché à détourner les philosophes de l'étude des sciences physiques, mais, en même temps, il les engageait à analyser les idées morales ; de plus, il distinguait soigneusement l'opinion et la science, les sens et l'intelligence. Enfin, ses espérances dépassaient la vie présente. Pyrrhon, au contraire, ne songe point à la vie future. Il vise uniquement au bonheur présent, et ce bonheur, il le fait consister dans l'indifférence absolue, fruit du renoncement à toute opinion. Il a le même dédain pour les recherches de l'ordre moral que pour les questions scientifiques. Il n'y a pour lui ni bien ni mal, ni juste ni injuste. Ces distinctions sont affaires de lois et de coutumes.

Les dix tropes des sceptiques. — Sur quoi repose une telle indifférence au sujet du vrai et du faux, du bien et du mal ? — Sur dix arguments connus sous le nom de *tropes*. Ils ne sont peut-être pas de Pyrrhon, mais, selon toute probabilité, ils résument bien son enseignement.

Sextus les a groupés sous trois chefs, selon qu'ils se rapportent au sujet de la connaissance, ou à son objet, ou à la relation du sujet et de l'objet.

A) **Arguments sceptiques, relatifs au sujet de la connaissance.** — 1° *La variété des animaux.* L'organisation des animaux diffère de l'un à l'autre. De quel droit les sensations de l'homme seraient-elles plus conformes aux objets que celles des autres animaux ?

2° *La diversité des hommes.* D'ailleurs, entre les sensations des hommes eux-mêmes, la diversité est fort grande. Pour les uns, le miel est doux ; pour d'autres, il est amer.

3° *La diversité des sens.* S'il s'agit d'un homme pris à part, le même objet produit des impressions différentes sur ses divers sens. Le paon, quand il fait la roue, est agréable à voir, mais son cri déchire l'oreille.

4° *La diversité des circonstances.* L'âge, le sexe, l'état de santé, peuvent modifier les sensations. Les mets les plus exquis, les meilleurs vins, sont désagréables à certains malades. Ceux qui ont la jaunisse, dit-on, voient tout en jaune.

B) **Arguments sceptiques relatifs à l'objet de la connaissance.** — 5° *La quantité, la qualité, la proportion.* S'il s'agit des objets matériels, l'effet qu'ils produisent dépend de leur quantité. Le même aliment qui nous fortifie quand il est pris modérément, peut nous causer un malaise grave si nous dépassons la mesure. Il faut aussi tenir compte de la qualité des éléments matériels et des proportions suivant lesquelles ils sont combinés. Un remède ne guérit pas si les ingrédients qui entrent dans sa composition ne sont pas de bonne qualité, ou s'ils ne sont pas unis d'après les proportions déterminées par le médecin.

6° *La diversité des opinions.* Les lois, les coutumes, les institutions, varient d'un pays à un autre. Ici l'on approuve ce qui, en d'autres régions, est regardé comme blâmable, et réciproquement. Tel homme préfère le gouvernement d'une aristocratie ; tel autre est plutôt démocrate.

C) **Arguments sceptiques tirés de la relation du sujet et de l'objet de la connaissance.** — 7° *La situation.* Les objets vus de loin paraissent plus petits. Si on les regarde du sommet d'une tour, les hommes ressemblent à des points.

8° *Le mélange.* Les qualités de nos organes se mélangent à celles des choses : l'eau tiède semble chaude à celui dont la main est glacée ; une température basse paraît élevée à qui sort d'un lieu très froid.

9° *La relation.* D'ailleurs, tous nos jugements reposent sur des relations et des comparaisons. Tel homme est appelé grand par comparaison avec d'autres ; il n'est pas grand absolument, car, au regard d'une montagne, il est fort petit. Le petit enfant doit être un colosse aux yeux du ciron.

10° *La rareté.* Les objets sont aussi fort diversement appréciés, selon qu'ils sont rares ou communs. L'or est un métal précieux. Si on pouvait le trouver facilement, il perdrait presque toute sa valeur.

Appréciation. — Tel est le réquisitoire de l'école

sceptique de Pyrrhon contre la certitude. On peut remarquer que ces arguments sont surtout dirigés contre la certitude propre aux données des sens. Les jugements sur le bien et le mal, sur le prix des choses ou leur non-valeur, étaient regardés par l'école pyrrhonienne comme des opinions relevant des données des sens.

Que vaut cette critique de la certitude de nos sens ? — Il est bien certain que nos sensations sont parfois trompeuses, mais nous avons toute facilité de les contrôler. Nous pouvons vérifier les données d'un sens par celles d'un autre ; nous pouvons consulter les personnes qui nous entourent, et leur demander si elles voient ce que nous voyons, ou entendent ce que nous entendons. Il est certain encore, que les données de nos sens sont relatives, mais cela ne nous empêche pas de nous en servir avec succès pour conserver notre vie, pour faire la science, pour produire ou apprécier des œuvres d'art. C'est à l'esprit qu'il appartient de tenir compte de la relativité des sensations, et d'éviter les erreurs dont ce phénomène pourrait être la cause. Le bâton plongé dans l'eau paraît courbé, mais la raison le redresse.

Autres sceptiques grecs. — Pyrrhon n'a pas aperçu le rôle de la raison. Il n'a pas distingué l'intelligence et les sens. D'ailleurs, à l'époque où il vivait, cette distinction était méconnue par ceux-là même qui dirigeaient l'école de Platon.

Arcésilas et Carnéade. — Les principaux chefs de la nouvelle Académie luttèrent aussi vigoureusement que Pyrrhon contre le dogmatisme stoïcien. En agissant ainsi, Arcésilas et Carnéade croyaient continuer Platon. Seulement, ils attaquaient toute certitude, et en cela ils s'écartaient de Platon. Ce philosophe, on s'en souvient, n'attachait pas une grande valeur à la connaissance sensible. Elle n'était pour lui qu'une simple opinion.

Par contre, il s'en rapportait absolument aux intuitions de l'intelligence. Les nouveaux académiciens rejetaient la compréhension : « κατάληψις » ; à les entendre, tout était *acataleptique* : « ἀκατάληπτον ». Arcésilas combattait Zénon ; quant à Carnéade, il se montra l'adversaire de Chrysippe au point de pouvoir dire : « Si Chrysippe n'était pas, je ne serais pas non plus ». Il y a, selon Carnéade, des représentations dont la valeur objective est probable, mais on ne peut rien dire de certain. Encore n'admet-il la probabilité que pour expliquer l'action. On est bien forcé d'agir, et pour agir, il faut se guider d'après des représentations. La probabilité n'a pour Carnéade qu'une valeur pratique. C'est une simple affaire de conduite (1).

Ænésidème. — On le voit, il n'y a aucune différence bien appréciable entre le scepticisme de la nouvelle Académie et celui de Pyrrhon. Selon Sextus, les sceptiques pyrrhoniens, d'une part, n'affirment pas qu'on ne puisse jamais rien connaître ; d'autre part, ils n'admettent pas la probabilité. — Quoi qu'il en soit, on peut, à bon droit, mettre sur le même pied les pyrrhoniens et les nouveaux académiciens, au point de vue de la certitude des données sensibles. Les pyrrhoniens, d'ailleurs, admettaient forcément la valeur probable de certaines représentations, puisqu'ils agissaient et disaient qu'il faut, dans la vie pratique, se conformer aux opinions communément reçues.

Plus tard, un autre sceptique élargit singulièrement le terrain sur lequel Pyrrhon et les sceptiques antérieurs s'étaient placés (2). Pour Ænésidème, tout dog-

---

(1) Carnéade n'est pas le successeur immédiat d'Arcésilas : « La doctrine d'Arcésilas, dit Cicéron, s'est fidèlement maintenue et transmise dans l'Académie jusqu'à Carnéade, son quatrième successeur. »(I Acad. 6). — Les trois premiers successeurs d'Arcésilas furent : Lacyde, Evandre et Egésine. Aucun d'eux ne demeura célèbre. Quant à Arcésilas, il suivit les leçons de Crantor et de Polémon, mais il prétendit contre Zénon qu'on ne peut rien savoir. On ne peut pas même, comme Socrate, savoir qu'on ne sait rien. Cette doctrine est aussi peu conforme que possible à celle de Platon. Cependant Arcésilas admirait beaucoup Platon et lisait assidûment ses ouvrages.

(2) Par le mot *sceptiques*, on désigne ordinairement Pyrrhon et ses successeurs, mais il ne faut pas oublier qu'il y a eu des sceptiques avant

matisme est à rejeter absolument. Il n'y a pas de vérité.

Ce sceptique était né à Gnosse, en Crète. Il enseigna à Alexandrie. On ne sait pas au juste à quelle époque il vécut ; on s'accorde à penser qu'il fut contemporain de Cicéron. Il est le véritable organisateur du scepticisme. Il combat les stoïciens sur tous les points : en logique, en physique, en morale. Par ses arguments contre la causalité, il est le précurseur de Hume, mais il est loin de raisonner avec autant de force que Hume (1).

Agrippa. — Ænésidème eut plusieurs disciples. Les plus connus sont Agrippa et Sextus. Agrippa réduisit tous les arguments sceptiques à cinq principaux, appelés les : « πέντε τρόποι τῆς ἐποχῆς » ;

1° La contradiction : « ἀπὸ τῆς διαφωνίας » ;

2° Le progrès à l'infini : « εἰς ἄπειρον » ;

3° La relativité : « ἀπὸ τοῦ πρός τι » ;

4° L'hypothèse : « ἐξ ὑποθέσεως » ;

5° Le diallèle, ou cercle vicieux : « τρόπος διάλληλος ».

Sextus explique et commente ces τρόποι. Voici l'abrégé de ce commentaire :

1° Il n'y a pas un seul principe qui n'ait été nié. A toute affirmation on peut opposer une affirmation contraire.

2° Que l'on remonte tant qu'on voudra de principe en principe, l'objection de la contradiction demeure insoluble ; c'est le progrès à l'infini.

3° Veut-on s'arrêter à un principe premier posé comme évident ? — Il reste à savoir si ce principe premier est vrai absolument, et non pas d'une vérité toute relative.

Pyrrhon. Les sophistes étaient des sceptiques à la manière de Pyrrhon. Protagoras et Gorgias niaient la valeur des données de nos sens. Pour eux, toute connaissance était relative. (Voyez ce qui en est dit, pages 46 et 47.)

(1) Nous aurons occasion de revenir sur Ænésidème en parlant de Hume. Nous ne pouvons d'ailleurs donner ici tout au long les divers raisonnements des sceptiques anciens. Cela nous entraînerait trop loin. L'exposé complet et la réfutation du scepticisme relèvent de la métaphysique. Nous nous bornons ici à un résumé très succinct.

4° Si on renonce à établir ce point, le principe posé n'est qu'une hypothèse.

5° Si au contraire on veut démontrer la vérité absolue de ce principe, la démonstration donnée reposera nécessairement sur ce principe lui-même, puisqu'il a été affirmé comme vérité première. Ce sera le diallèle.

Ces cinq tropes se réduisent à deux : l'hypothèse et le diallèle. Selon toute apparence, c'est Agrippa lui-même qui a fait cette réduction. Tout ce qui est intelligible, l'est par soi ou par autre chose. Rien n'est compris par soi, puisque tout est discuté ; tout est donc compris par autre chose. Mais alors rien n'est compris, puisque ce par quoi on cherche à établir une chose est lui-même discuté.

Sextus. — On ignore le lieu de la naissance de Sextus. Il paraît avoir vécu au commencement du III° siècle après Jésus-Christ. C'était un médecin empirique. De là son surnom d'Empiricus.

Il est empirique aussi en philosophie. Pour lui comme pour les autres sceptiques, l'ordre intelligible se ramène à l'ordre sensible. De plus, Sextus est un simple rapporteur ; il n'a pas une seule vue originale.

Nous avons deux ouvrages de lui : les *Hypothyposes pyrrhoniennes* et un livre *Contre les mathématiciens*. Le premier est un exposé méthodique du scepticisme ; le second est dirigé contre la science en général plutôt que contre les sciences mathématiques. On y retrouve les mêmes idées que dans les *Hypothyposes*.

Sextus insiste particulièrement sur ce point, que les sceptiques ne nient pas les apparences. Ils admettent les phénomènes, mais ils n'admettent que cela. Quant aux choses en soi, ils ne les affirment pas ; ils suspendent leur jugement. A ce sujet pourtant, ils diffèrent des académiciens : ceux-ci déclarent nettement qu'il n'y a rien au delà des apparences, tandis que les sceptiques cherchent : « ζητοῦσι ». — Ils cherchent, mais avec la persuasion de ne jamais trouver ; la différence n'est pas appréciable.

Il n'y a pas de critérium de la vérité, mais il y a un critérium de l'action, c'est l'apparence. Les sceptiques agissent comme les autres hommes, seulement, ils agissent d'après les apparences. Ainsi, ils obéissent aux lois de la nature; ils ne s'exposent pas, par exemple, aux intempéries des saisons. Ils satisfont aux besoins du corps, comme la faim et la soif; ils respectent les institutions et les coutumes de leur pays, notamment en ce qui concerne la religion ; enfin, ils exercent des arts, de peur de vivre inoccupés et inutiles.

Appréciation : le scepticisme abdique la raison. — C'est à bon droit, on peut le voir, que Sextus est regardé comme un précurseur du positivisme. Comme les positivistes, il rejette tout ce qui dépasse les phénomènes. Puisque, d'après lui, tous les sceptiques admettent les phénomènes, il ne semble pas difficile de découvrir la contradiction que renferme leur enseignement. On ne peut concevoir un phénomène sans substance. Le phénomène n'est-il pas, par définition, *ce qui apparaît?* Or, une apparence n'est pas possible sans quelque chose qui apparaisse.

Peut-on dire qu'un principe si évident n'est lui-même qu'une apparence? — Ce serait renoncer à la raison. C'est bien ce que font les sceptiques, sans doute, mais ils prennent ainsi une position intenable. On ne peut pas longtemps aller contre la nature humaine. Pyrrhon lui-même avouait qu'il est bien difficile de dépouiller l'homme : « ὡς χαλεπὸν εἴη ὁλοσχερῶς ἐκδῦναι ἄνθρωπον ».

Conclusion du chapitre — Au reste, c'est le défaut commun des trois doctrines qui viennent d'être exposées : elles ne tiennent pas suffisamment compte des lois de l'âme humaine. Toutes trois, par exemple, tendent à supprimer les passions. Cela ne se peut. Les passions sont les ressorts de la volonté, et non pas des maladies de l'âme. Aristote a fort bien vu que la volonté humaine est impuissante sans le désir irrationnel, de même que l'intelligence humaine ne peut penser sans l'image. A coup sûr, les passions peuvent troubler l'âme, mais cela arrive rarement quand elles sont bien dirigées. Il faut les maîtriser, non les supprimer.

Pourquoi ce renoncement? pour trouver le bonheur? — Le bonheur n'est pas là. Il ne consiste pas à renoncer à tout, mais à jouir du bien par excellence. Que l'on prescrive à l'homme le renoncement à ce qui passe, rien de mieux, mais il faut lui donner une compensation. Il faut lui montrer le véritable Bien, et lui faire comprendre qu'il ne peut l'atteindre qu'en se détachant des biens sensibles, qui le séduisent. Alors on est fort, mais il est contre nature de dire à l'homme : Abstiens-toi, supporte, pratique la vertu pour elle-même, impose silence à toutes les aspirations de ton cœur. C'est là encore un défaut commun au stoïcisme, à l'épicurisme et au scepticisme.

Ces trois doctrines tendent à mutiler la nature humaine à un autre point de vue : elles suppriment la croyance. L'épicurisme et le stoïcisme sont des philosophies dogmatiques, mais leur dogmatisme ne dépasse pas l'expérience. S'il s'agit de la prière adressée à un Dieu juste et bon, du mérite des actes libres, de l'espérance d'une vie meilleure après la mort, ces philosophies sont aussi négatives que le scepticisme. Or, l'homme ne peut se passer de croyances. C'est un animal « moral et religieux » aussi bien qu'un « animal politique », c'est-à-dire né pour vivre en société (1). Le caractère social de l'homme a été négligé aussi par le stoïcisme, l'épicurisme et le scepticisme. Bref, à tous égards, ces trois doctrines violent les lois de l'âme humaine. L'homme a des passions ; il est infini dans ses vœux ; il croit à des réalités suprasensibles ; il a des devoirs sociaux ; toute philosophie qui ne tient pas compte de ces faits est une philosophie erronée.

(1) L'homme est un animal politique. (Aristote). L'homme est un animal moral et religieux. (de Quatrefages).

CHAPITRE VIII.

LA PHILOSOPHIE A ROME.

Parmi les doctrines grecques dont nous avons esquissé l'histoire dans les chapitres qui précèdent, les principales eurent à Rome des représentants plus ou moins distingués ; cependant, on ne peut relever dans les annales du peuple romain le nom d'aucun philosophe de premier mérite.

D'ailleurs, tant que ce peuple fut occupé à la conquête du monde et à son propre gouvernement, il ne songea guère à philosopher. Plus tard, son attention se détourna des affaires publiques, et il sentit le besoin de connaître la nature des choses.

§ I. — Origines et caractères généraux de la philosophie romaine.

L'épicurisme avait la prétention de satisfaire cette curiosité. Introduit à Rome, dit Cicéron, par un écrivain obscur, appelé Amafinius, les circonstances favorisèrent son développement.

L'épicurisme à Rome. — Le paganisme n'offrait aucun idéal moral ; ses pontifes eux-mêmes ne le prenaient pas au sérieux. Les guerres civiles avaient abattu les courages, et on se sentait attiré vers une philosophie qui livrait à la fortune le gouvernement du monde, promettait l'apaisement des passions et assurait une tranquillité absolue. La corruption s'en mêlait aussi : ceux qu'elle avait atteints étaient heureux, selon l'expression de Sénèque, « de cacher leurs désordres dans le sein de la philosophie ». Parmi les contemporains de Cicéron, les plus audacieux et les moins scrupuleux étaient épicuriens. Jules César, dans son plaidoyer pour les complices de Catilina, adopte la solution épicurienne du problème de la vie future. Il en est de même de Cassius, l'un des futurs meurtriers de César.

Pourtant, ce n'est pas la doctrine épicurienne qui a corrompu Rome, comme Montesquieu l'affirme. C'est plutôt la conquête. Grâce à elle, les vices de l'univers se donnaient rendez-vous à Rome. « A y regarder de près, dit Sénèque, la morale d'Epicure est austère ».

Seulement, cette morale posait en principe qu'il faut rechercher le plaisir. Par là, elle déplaisait à juste titre aux âmes généreuses, et cela d'autant plus qu'elle était mal interprétée. Par contre, l'idéal stoïcien de la vertu aimée pour elle-même, séduisait facilement des citoyens austères, comme Brutus et Caton, ou des hommes d'une grande élévation morale, tels que Lélius et Scipion.

Athènes, en l'année 155 avant Jésus-Christ, avait député au sénat romain deux philosophes, Carnéade et Diogène. Le premier nous est déjà connu comme fondateur de la nouvelle académie. Quant à Diogène, né à Babylone, il était stoïcien. Il fit connaître à Lélius l'un des maîtres de l'école stoïcienne, le célèbre Panaetius, de Rhodes. Lélius, à son tour, introduisit Panaetius auprès de Scipion, et l'amitié de ce grand homme ne contribua pas peu à accréditer les enseignements du stoïcisme auprès des Romains.

L'éclectisme à Rome. — Panaetius, au reste, professait une vive admiration pour Platon et pour Aristote. Sous leur influence, il modifia assez profondément la doctrine stoïcienne. Carnéade, d'ailleurs, avait pu contribuer à faire connaître Platon à Rome, et, d'autre part, les ouvrages d'Aristote avaient été apportés d'Athènes à Rome par Sylla.

De ces doctrines diverses se forma bientôt une sorte d'éclectisme, sous l'influence d'Antiochus d'Ascalon, l'un des maîtres de Cicéron. Antiochus pensait que la vérité se reconnaît à l'accord de tous les philosophes sur certains points, et il essaya de montrer que les académiciens, les stoïciens et les péripatéticiens s'entendaient, au fond, sur les questions essentielles. Par Cicéron, l'éclectisme tient une place assez considérable dans la philosophie romaine.

Caractères de la philosophie romaine : 1° elle manque d'originalité. — Cette philosophie, en tous cas, n'a rien d'original. C'est la philosophie grecque traduite en latin, sans aucune modification de quelque importance. Lucrèce expose en vers magnifiques la physique enfantine d'Épicure ; Cicéron s'inspire largement des stoïciens, d'Aristote, de Platon surtout. Sénèque applique les principes du stoïcisme à une sorte de direction morale ; c'est un but tout pratique qu'il poursuit.

2° **Elle est toute pratique.** D'ailleurs, à Rome, on goûtait peu la théorie. Les spéculations, si chères aux Grecs, n'y étaient pas de mise. Le génie romain ne veut supporter des philosophes que les préceptes vraiment applicables à la vie de chaque jour.

3° **Elle exclut le scepticisme.** Par là même, le scepticisme pouvait difficilement prendre racine à Rome. On le rencontre, il est vrai, mais sous une forme très adoucie, dans les écrits philosophiques de Cicéron, qui est probabiliste à la façon de Carnéade. Cicéron ne croit pas qu'on puisse atteindre la certitude absolue. Il s'en tient à ce qui lui paraît vraisemblable.

Ce qui empêchait le scepticisme proprement dit d'être accepté à Rome, c'est qu'il n'est pas une doctrine de l'action. Il est d'ailleurs le résultat naturel des discussions subtiles, que les Romains n'aimaient pas. Carnéade, lors de son ambassade à Rome, s'étant avisé de faire deux conférences successives, l'une pour la justice et l'autre en faveur de l'injustice, le vieux Caton fit expédier au plus vite le conférencier et son collègue d'ambassade, Diogène. Cinq ans après, un sénatus-consulte expulsait de Rome tous les philosophes et rhéteurs étrangers. Il est vrai, la Grèce une fois conquise, ils reparurent. Les vainqueurs eurent même le tort d'en faire les précepteurs de leurs fils, ce qui contribua sans doute largement à hâter la décadence de Rome par la corruption précoce des citoyens les plus en vue.

§ II. — Principaux philosophes romains : Lucrèce, Cicéron, Sénèque.

Quelle que fût leur admiration pour leur maître, jamais, sans doute, les disciples d'Epicure n'auraient pensé que la doctrine des atomes pût quelque jour inspirer un poète. C'est ce qui est arrivé cependant. Lucrèce est le poète de l'épicurisme, et c'est un poète de génie.

Notice sur Lucrèce. — Il naquit à Rome, vers l'an 98 avant Jésus-Christ. Sa vie est peu connue. D'après une tradition ancienne qui paraît autorisée, il se serait lui-même donné la mort, dans un accès de folie. Il avait environ 43 ans, et laissait inachevé son *de Rerum natura*, poème en six livres, composé pour C. Memmius, dans le but de convertir cet ami à la doctrine d'Epicure.

Caractères de son œuvre. — Des fragments d'Epicure, découverts en 1809 à Herculanum, sont presque entièrement reproduits dans l'œuvre de Lucrèce, et souvent dans le même ordre. Quelquefois le poète latin paraphrase la pensée du philosophe grec ; bien souvent il traduit littéralement.

1° **L'athéisme. Quel but se propose-t-il en cela ?** — De détruire toute religion. Avant tout, Lucrèce est un athée, ce qui est fort rare parmi les poètes de génie. Il ne faut pas s'en étonner outre mesure : grâce aux superstitions de l'Etrurie, le paganisme romain était devenu de plus en plus une religion terrifiante. Les peintres aimaient à retracer les tourments endurés par les morts dans le Tartare ; sur la scène, on voyait apparaître des revenants qui, « par leurs vers pompeux, dit Cicéron, faisaient frissonner le public ». Les esprits cultivés cherchaient un refuge dans la philosophie, et la doctrine d'Épicure parut à Lucrèce un précieux instrument de délivrance.

2º **Le pessimisme.** S'il semble avoir réussi à s'affranchir de la crainte du Tartare, il n'a pu se défendre d'un profond sentiment de tristesse. Il est pessimiste. Seulement, la lassitude, le dégoût des choses de la vie présente, s'unissent en lui à une grande tendresse pour l'humanité. La pitié est sa muse poétique.

C'est que les quarante années de sa vie représentent l'une des plus affreuses périodes de l'histoire romaine. Les contemporains de Sylla, de Marius, de Catilina, n'eurent sous les yeux que des scènes épouvantables.

3º **L'enthousiasme.** Pour consoler les hommes de leurs souffrances et les délivrer de leurs terreurs, Lucrèce possède des dons merveilleux. Son ardente conviction, les accents passionnés qui « sortent du fond de sa poitrine », les vivants tableaux dont il embellit l'exposé d'une philosophie aride, tous ces trésors, mis au service d'une meilleure cause, étaient de nature à produire une œuvre de tous points admirable. Telle qu'elle est, cette œuvre a été appréciée de façons très diverses. Il semble qu'au XIXº siècle seulement, on l'ait jugée d'une manière impartiale. On admire le poète; on ne prend pas la peine de réfuter sa philosophie.

Doctrine de Lucrèce. — Cette philosophie, au reste, se résume en bien peu de mots. Pour en donner une idée suffisante, il suffit d'indiquer ce que contient chacun des livres du *de Rerum natura*. Le premier livre est consacré aux atomes, corpuscules invisibles, principes de tout. Selon Lucrèce, rien ne se crée, rien ne se perd; tout se transforme. — Dans le second livre, il est question des qualités des atomes et de leur mouvement. — Le troisième livre a pour objet l'âme humaine, qui est formée d'atomes très subtils, et périt avec le corps. — L'origine des idées qui, toutes, viennent des sens, est exposée dans le quatrième livre. On y trouve aussi la théorie des sensations, celle du sommeil et celle des passions. — Le cinquième livre raconte la formation du monde par le concours fortuit des atomes. A ce propos, Lucrèce déclare que la religion est le principe de toutes les calamités humaines. Il identifie absolument religion et superstition. Les météores sont causes des superstitions. Aussi Lucrèce s'attache-t-il à les expliquer. Ils font l'objet du sixième livre, qui se termine brusquement.

CICÉRON. — Le pessimisme de Lucrèce semble une réfutation suffisante de ses doctrines, surtout à notre époque, où personne ne les prend au sérieux. Toutefois, l'histoire de l'épicurisme ferait assez voir que Cicéron s'est flatté à tort « d'avoir banni Epicure du chœur des philosophes. » Si les doctrines épicuriennes n'ont pas été tout à fait oubliées après Cicéron, du moins il les a vaillamment combattues.

Notice sur Cicéron. — La vie de Cicéron appartient à l'histoire littéraire. Nous en dirons seulement ce qui peut intéresser l'histoire de la philosophie. Né à Arpinum, ville du Latium, l'an 107 avant Jésus-Christ, il fut un orateur, un homme d'Etat et un philosophe. Son aïeul, au dire de Caton, prétendait que « plus les hommes savent bien dire, moins ils savent bien faire. » Cicéron sut à la fois bien dire et agir en bon citoyen.

Il attribuait surtout son éloquence à l'éducation philosophique qu'il avait reçue. A Rome, il entendit l'académicien Philon et le stoïcien Déodote. A Athènes, il vécut dans l'intimité d'Antiochus, de Phèdre et de Zénon. Le premier avait abandonné l'Académie pour le Portique; les deux autres étaient disciples d'Epicure. A Rhodes, Cicéron figura quelque temps parmi les auditeurs du célèbre stoïcien Posidonius. Il admirait Platon entre tous, et les œuvres philosophiques du grand orateur témoignent assez que Platon fut son principal maître.

Œuvres philosophiques de Cicéron. — Lui-même nous fait connaître une bonne partie des traités qu'il avait composés, en vue d'initier ses concitoyens à la philosophie grecque. « Dans le traité que j'ai intitulé *Hortensius*, je les ai exhortés de tout mon pouvoir à se livrer à l'étude de la philosophie. Dans mes quatre livres *académiques*, je leur ai montré quelle sorte de philosophie me semblait la moins arrogante, la plus positive et la plus propre à former le goût. Puis, comme la connaissance des vrais biens et des vrais maux est le fondement de toute la philosophie, j'ai épuisé ce sujet important dans cinq livres destinés à faciliter l'intelligence de tout ce qu'on a dit pour et contre chaque système. Dans cinq autres livres de dissertations, *les Tusculanes*, j'ai recherché quelles étaient pour l'homme les principales conditions du bonheur ; le premier traite du mépris de la mort ; le second, du courage à supporter la douleur; le troisième, des moyens d'adoucir les peines ; le quatrième, des passions de l'âme, et le cinquième enfin développe cette maxime, qui jette un si vif éclat sur l'ensemble de la philosophie, que la vertu suffit au bonheur. Ces travaux terminés, j'ai écrit *sur la nature des dieux* trois livres comprenant tout ce qui se rattache à cette question; et, pour remplir ma tâche dans toute son étendue, j'ai commencé à traiter *de la divination;* quand j'aurai joint à ces deux livres, comme j'en ai le projet, un *traité du destin*, n'aurai-je pas épuisé la matière ? A ces ouvrages, il faut ajouter six livres *de la République*, écrits à l'époque à laquelle je tenais les rênes du gouvernement de l'Etat; question immense du domaine de la philosophie, et largement traitée par Platon, Aristote, Théophraste et toute la famille des péripatéticiens. Que dirai-je de *ma Consolation*, qui, après avoir remédié à mes propres maux, soulagera davantage encore, j'espère, ceux des autres ? Parmi ces divers écrits, j'ai publié dernièrement celui *de la Vieillesse*, dédié à Atticus, mon ami ; et comme c'est principalement à la philosophie que l'homme doit sa vertu et son courage, mon éloge de Caton doit aussi prendre place dans cette collection. » (*De divinatione*, lib. II, cap. 1).

Nous avons préféré cette longue citation à une énumération sèche, quitte à nous restreindre quand il s'agira d'exposer la philosophie de Cicéron, qui n'est autre chose qu'un résumé très oratoire, mais plein de bon sens pratique, des doctrines les plus modérées des philosophes grecs, en particulier de Platon.

Pour compléter la liste rapportée plus haut, il faut ajouter les *Paradoxes stoïciens*, le *Dialogue sur l'amitié*, le *Traité des Lois* et le *Traité des devoirs*. Ce dernier ouvrage, dont le plan et les principales idées viennent de Panaetius, est un traité complet de morale. Cicéron y développe en particulier cette grande idée, qu'au fond, il y a toujours accord entre l'honnête et l'utile. Dans le premier livre *des Lois,* il fait voir que la loi naturelle est la véritable origine du droit. Le *Traité de l'amitié* a surtout pour objet l'amitié politique. D'après Cicéron, la vertu est une condition essentielle de l'amitié véritable.

Il est inutile de parler des traités philosophiques de Cicéron qui sont perdus, comme *le Timée* et *le Protagoras*, traduits de Platon, *les Économiques,* ouvrage imité de Xénophon. De *l'Hortensius*, nous ne possédons que quelques fragments, conservés par saint Augustin, et il ne nous reste que le second livre des *Premières académiques,* ainsi qu'un fragment du premier livre des secondes. Le texte *de la République,* perdu depuis le moyen âge, a été en partie retrouvé et édité, au commencement de ce siècle, par le cardinal Angelo Maï. — Cicéron mourut en l'année 44 avant Jésus-Christ. Il avait 63 ans. Proscrit par les triumvirs Octave, Antoine et Lépide, il fut tué par des soldats qu'Antoine avait envoyés à sa poursuite.

Caractères de la philosophie de Cicéron. — Par l'ensemble de ses travaux, Cicéron s'est proposé, comme il le dit lui-même, « d'éclaircir en latin et de rendre ainsi accessibles toutes les questions de philosophie ». (*de Divinatione*, II, 2).

1º L'éclectisme. Il n'a cependant pas oublié qu'il écrivait pour les Romains. Il a donc fait son choix parmi les questions philosophiques. Ainsi, il a écarté toutes les discussions purement théoriques, dont il ne voyait pas l'intérêt; il a su épargner à ses contemporains ce qu'il appelait « les broussailles et les épines du stoïcisme », et il s'est attaché de préférence aux enseignements que pouvaient goûter des hommes habitués aux affaires et voués à l'action.

2° **Le probabilisme.** Au dire de Plutarque, Cicéron « priait ses amis de ne point lui donner le titre d'orateur, mais celui de philosophe ». Cependant, il a été orateur plutôt que philosophe. Il a même été orateur en philosophie. A cause de cela, il s'en est tenu à la vraisemblance. Philon, d'ailleurs, l'avait habitué à se contenter en toutes choses d'une probabilité suffisante pour justifier l'action. Le signe de cette probabilité pratique, c'est le consentement universel. Il y a des principes naturellement connus de tous : « *notiones naturaliter nobis insitæ,* » et il faut regarder l'accord de tous les peuples comme une loi de la nature : « *consensus omnium gentium lex naturæ putanda est.* »

3° **L'amour-propre national.** En formant à Rome une littérature philosophique, Cicéron a dû s'accommoder au génie pratique des Romains, mais il a aussi cherché à flatter leur amour-propre national. « Pouvoir se passer des Grecs dans l'étude de la philosophie, dit-il, sera sans doute glorieux pour les Romains. Eh bien, le but sera atteint, si mes projets s'exécutent ». (*De Divinatione*, II, 2),

Principales doctrines de Cicéron. — Atticus, son ami, le trouvait hardi, de traiter en latin des sujets si élevés. « Songez, lui répond-il, que le fond est d'emprunt, ce qui diminue beaucoup le travail. Je n'ai que les mots à trouver, et les mots ne me manquent point ». (*Lettres à Atticus*, XII, 52). Cicéron ne se pique donc pas d'originalité en philosophie, bien qu'il se plaise à dire que les Romains perfectionnent tout ce qu'ils touchent.

a) La connaissance. D'après lui, les sens nous font connaître le monde extérieur, mais nous avons des idées innées, et la raison dégage de ces idées les opinions probables qui dirigent notre conduite. La certitude absolue est inaccessible à l'homme. Il suffit de s'en tenir aux principales croyances reçues de tous.

b) Le monde, Dieu et l'âme. Parmi ces croyances, figurent en première ligne celles qui ont pour objet la formation du monde, Dieu, l'âme et sa destinée. Tout d'abord, il faut rejeter la physique des atomes. Le monde, si bien ordonné, n'est pas l'œuvre du hasard, mais d'un Dieu sage et bon. Les divinités mythologiques sont des chimères, et les pratiques de la divination, de ridicules superstitions. Deux augures ne peuvent se regarder sans rire. L'âme humaine est d'origine divine. Elle est spirituelle, libre et immortelle. — On ne peut mieux dire; toutefois, à propos de l'âme, Cicéron se trompe en deux points : il croit que l'âme vient de Dieu, non par création, mais par émanation ; de plus, il regarde les passions comme des maladies de l'âme : « *perturbationes animi.* »

Ce n'est pas étonnant qu'on regarde les passions comme des maladies de l'âme, du moment qu'on admet la définition de Zénon : « La passion est un mouvement de l'âme, opposé à la droite raison, et contraire à la nature ». Quant à l'origine de l'âme par émanation, elle s'explique par ce fait que les anciens ont totalement ignoré l'idée de création. Sans doute, la raison humaine peut démontrer que Dieu a créé le monde, mais en fait, jamais, en dehors de la révélation, aucun philosophe n'a songé à dire que Dieu a produit le monde sans aucune matière première. Dire que l'âme humaine émane de Dieu, c'est montrer qu'on n'a pas une idée juste de la simplicité divine. Rien ne peut se détacher de ce qui est absolument indivisible. Dieu n'est pas un foyer d'où jaillissent sans cesse des étincelles.

Cette façon de comprendre Dieu est toute stoïcienne. Cicéron, au fond, peut-être à son insu, est panthéiste à la manière des stoïciens.

c) *La morale.* C'est du stoïcisme encore qu'il s'inspire quand il essaie de dire comment il faut vivre. Comme les stoïciens, il estime que la morale du plaisir est odieuse et indigne de l'homme ; comme eux aussi, il déclare qu'il faut vivre selon la raison et rechercher en tout ce qui est honnête. Il adoucit toutefois, et fort à propos, les rigueurs du stoïcisme, en disant que toujours ou presque toujours l'honnête se concilie avec l'utile. Le désintéressement absolu, qui consiste à pratiquer la vertu pour elle-même : « *virtus propter se colenda* », est un idéal inaccessible à l'homme.

Vivre selon la nature, c'est obéir à la loi naturelle, qui est gravée dans tous les cœurs, éternelle, immuable. Cette loi est le fondement de tout droit et de toute législation. « Ni le sénat ni le peuple ne peuvent en délier. Elle n'est pas autre à Athènes, autre à Rome, autre aujourd'hui, autre demain ». Elle n'a besoin ni d'interprète ni de commentateur. Surtout, elle enseigne à tous les hommes à vivre dans une société de justice et d'amour. Avec Cicéron, le dogme de la fraternité sort des écoles et devient populaire.

Conclusion. Au résumé, orateur plutôt que philosophe, grand citoyen plutôt qu'homme d'Etat, souvent indécis dans l'action, et un peu flottant à tout vent de doctrine, Cicéron a été un vulgarisateur heureux des meilleures idées morales de la philosophie grecque.

SÉNÈQUE. — Sénèque est moins éclectique. C'est un stoïcien ardent. De son temps, grâce à la tyrannie des empereurs, on cherchait volontiers un refuge dans cette pensée toute stoïcienne que rien au monde ne peut forcer la volonté à fléchir. Les philosophes avaient moins à raisonner qu'à conseiller. Ils n'étaient plus de subtils logiciens, mais des médecins de l'âme.

Traiter les maladies de l'âme par correspondance, tel fut le rôle de Sénèque. « Ce n'est pas le temps, dit-il, de s'amuser à des jeux de dialectique. Philosophe, ce sont des infirmes et des misérables qui te font appeler auprès d'eux. Tu dois porter secours aux naufragés, aux malades, aux captifs, aux indigents, à ceux qui ont déjà la tête sous la hache. Tu l'as promis ».

Vie de Sénèque. — Sénèque naquit à Cordoue, quatre ans avant Jésus-Christ. Elevé à Rome par Sénèque le rhéteur, son père, il montra bientôt un goût très vif pour la philosophie. Il suivit les conférences ouvertes à tous par Fabianus, en vue de faire pénétrer aussi avant que possible dans le public, une philosophie qui n'était autre chose que le stoïcisme modifié par quelques influences pythagoriciennes. Sénèque écouta aussi les leçons de Sotion, disciple de Pythagore, et de l'austère stoïcien Attale.

Les philosophes étaient alors fort suspects au pouvoir. Caligula, jaloux d'ailleurs du talent de Sénèque comme orateur, voulut le faire mourir. Il jugea ensuite ce meurtre inutile, vu la faible constitution du philosophe. En 41, Claude exila Sénèque en Corse, à l'instigation de Messaline. Huit ans après, Agrippine, devenue la femme de Claude, obtint le rappel de Sénèque, et lui confia en même temps qu'à Burrhus, l'éducation de son fils Domitius, alors âgé de 11 ans. Domitius devait s'appeler Néron, et Sénèque devait avoir la faiblesse de ne pas suivre l'exemple de Burrhus, qui se retira après l'empoisonnement de Britannicus. Il devait même aller jusqu'à faire, devant le sénat, l'éloge du meurtre d'Agrippine. Une si lâche complaisance n'empêcha aucun mal. Sénèque le comprit trop tard. Après la mort de Burrhus, il voulut se retirer de la cour et rendre à Néron les immenses richesses qu'il en avait reçues. Le tyran le retint, mais, ayant fait mourir Octavie, il prit en horreur tout ce qui lui rappelait le passé, et envoya à son ancien précepteur l'ordre de mourir à son tour. Le prétexte de cet ordre fut la conjuration de Pison. Sénèque s'ouvrit les veines. Il avait 69 ans.

Caractère irrésolu, il ne sut pas diriger sa vie. Par là même, son âme fut le théâtre d'une lutte continuelle entre des sentiments généreux et une ambition sans mesure. Voilà pourquoi il y a en lui deux hommes bien différents : il aime le bien, il prêche la vertu, et il se montre servile, avide d'honneurs et de richesses. (1)

Les ouvrages de Sénèque. — En dépit de son attrait pour les choses du dehors, si peu d'accord avec les préceptes stoïciens, Sénèque a beaucoup écrit. Nous n'avons pas à parler de ses œuvres littéraires, ni à rechercher s'il est le même personnage que Sénèque le tragique. Quelques-uns de ses traités philosophiques sont perdus. D'autres sont incomplets, comme le *Traité de la Colère*, celui *de la Providence* et celui *de la Clémence*, dont Corneille s'est inspiré pour écrire *Cinna*. Nous possédons en entier la *Consolation à Helvie*, mère de Sénèque, la *Consolation à Polybe*, la *Consolation à Marcia*, des opuscules sur la *Tranquillité de l'âme*, la *Constance du Sage*, la *Brièveté de la vie* et la *Vie heureuse*. Le *Traité des bienfaits* comprend sept livres. C'est l'un des derniers écrits importants de Sénèque. Le chef-d'œuvre de ce philosophe, ce sont les *Lettres à Lucilius*, au nombre de 124. L'ouvrage intitulé *Questions naturelles* est un répertoire des connaissances de l'antiquité sur les sciences physiques.

Dans cet ouvrage, Sénèque traite les questions naturelles en amateur assez bien informé, mais qui n'a pas réfléchi personnellement.

Caractères de la philosophie de Sénèque : 1° Sa métaphysique est incertaine. — Les questions métaphysiques elles-mêmes n'ont pas été sérieusement l'objet des réflexions personnelles de Sénèque. Autrement, on ne s'expliquerait pas les incertitudes et les contradictions de sa doctrine sur Dieu et sur l'âme. Tantôt il affirme un Dieu personnel et bon, tantôt il identifie Dieu et l'âme du monde, la Providence et la fatalité. Parfois il déclare que l'âme est immortelle ; d'autre part, à l'exemple des stoïciens, il n'admet la vie future que pour

---

(1) Sénèque possédait 300 millions de sesterces, ce qui fait 60 millions de francs. Les biens de Britannicus représentaient une partie de cette fortune immense. Il paraît que Sénèque, malgré sa richesse, prêtait à usure.

les sages; encore cette vie future doit-elle avoir un terme. La métaphysique de Sénèque est aussi flottante que son caractère était indécis.

2° C'est un moraliste. Par contre, c'est un moraliste, au sens littéraire du mot. Il n'a pas des principes de morale parfaitement sûrs, mais il connaît bien le cœur humain et il analyse avec finesse les mobiles qui font agir les hommes. Pour donner une théorie du devoir, il faut être métaphysicien, car la morale sans métaphysique est un arbre sans racines. Il suffit au contraire d'avoir pu observer les hommes pour connaître les ressorts principaux de leurs actions. Or, Sénèque possède une expérience très étendue et très sûre. Il a vécu à la cour. Il a même eu la faiblesse d'y vivre au milieu de toutes sortes de scélératesses; du moins, cette situation l'a mis en mesure de saisir les causes les plus cachées des événements.

3° Il a des convictions ardentes. Les vices de la cour, vus de près, ne lui ont rien ôté de ses sentiments d'honnête homme. C'est en toute sincérité qu'il écrit les plus belles pages sur la vertu. Son langage, parfois, est tout à l'honneur de la philosophie, beaucoup plus que sa vie. Malebranche ne nous donne-t-il pas le secret de cette contradiction quand il juge Sénèque « un homme fort imaginatif et peu judicieux »? (*Recherche de la vérité*, liv. II, 3° partie, ch. 4.) L'imagination de Sénèque l'empêchait de réfléchir assez pour mettre ses doctrines d'accord entre elles et pour mettre sa conduite en harmonie avec ses doctrines. Par contre, il suffit d'être un imaginatif pour parler avec chaleur et conviction, sauf à se contredire plus tard. Les hommes d'imagination ont des convictions successives, qu'ils ne songent pas toujours à accorder entre elles. La physionomie morale de Sénèque se reconnaît au style de cet écrivain. Avant Buffon et après Platon, Sénèque avait remarqué que le style c'est l'homme même. Il l'a fait voir par son propre exemple. Que d'images il emploie pour exprimer une même idée! Cela peint aux yeux, cela fait entrer la pensée très avant dans l'esprit, mais c'est au risque de le fatiguer. On s'aperçoit bien vite que l'imagination de l'auteur lui fait souvent perdre le sentiment de la mesure.

Pensées remarquables de Sénèque. — Parfois aussi elle l'empêche de voir juste. Il exprime pourtant de remarquables pensées. Nous en reproduisons quelques-unes ici, plutôt que de résumer une doctrine philosophique peu cohérente et sans aucune originalité.

1. Personne ne songe à nous remercier du temps que nous lui donnons. C'est pourtant le seul bien que le plus reconnaissant des hommes ne puisse nous rendre.

2. La multitude des livres distrait l'esprit. Lisez beaucoup, mais non pas beaucoup de livres. Tenez-vous en à quelques auteurs excellents, si vous voulez tirer profit de vos lectures.

3. Souvent on juge après avoir aimé. C'est renverser l'ordre. Il ne faut aimer qu'après avoir jugé. Quand un ami a été choisi avec discernement, il faut lui ouvrir pleinement son cœur.

4. Vous rendrez un ami fidèle en le croyant fidèle. Nous apprenons aux autres à nous tromper en craignant qu'ils ne nous trompent. Nos soupçons font naître en eux la pensée de nous tromper.

5. C'est une grande richesse que d'avoir le nécessaire. Celui-là est pauvre, qui convoite ce qu'il n'a pas, quelles que soient d'ailleurs ses richesses. La nature demande simplement que l'on soit à l'abri de la faim, de la soif et du froid.

6. Il faut se plier aux usages reçus. Il faut être humain et sociable. Menons une vie meilleure que celle du vulgaire, mais non pas une vie extérieurement tout autre que la sienne. Autrement nous rebuterons ceux que nous voudrons réformer.

7. L'homme est ingénieux à se tourmenter. La prévision des maux est une douleur anticipée. Il n'en est pas un, parmi nous, qui n'ait à souffrir que des maux présents.

8. C'est un grand progrès que d'apercevoir ses propres

défauts. Il y a certains malades que l'on félicite d'avoir le sentiment de leur maladie.

9. Le chemin est long par les préceptes; par les exemples, on arrive sûrement au but et en peu de temps.

10. Quand je vais parmi les hommes, j'en reviens plus avare, plus ambitieux, plus prodigue, plus cruel et plus inhumain.

11. En méditant et en consignant par écrit des pensées salutaires, le sage est plus utile à l'humanité que s'il s'occupait d'affaires. Les choses humaines passent. La sagesse se transmet de génération en génération, comme un recueil de recettes propres à guérir les maux de la vie.

12. La vraie amitié est désintéressée. Les amitiés d'intérêt ne résistent pas à l'épreuve du malheur.

13. La condition essentielle du bonheur est le contentement intérieur. Ne pas se croire heureux, c'est vraiment ne pas l'être. Celui qui ne s'estime pas heureux est fort à plaindre, alors même qu'il commanderait au monde entier.

14. Demandez à Dieu la santé de l'âme et la santé du corps. Vivez avec les hommes en pensant que Dieu vous voit.

15. Choisissez un homme de bien qui soit votre modèle; étudiez sa vie et réglez vos paroles et vos actions sur ce qu'il a dit et sur ce qu'il a fait.

16. Il faut ordonner chacune de nos journées comme si elle devait fermer la marche, comme si elle devait consommer et achever notre existence.

17. La plupart des mortels s'effraient et se mettent en alarmes sans avoir aucun mal. Il n'est personne qui mesure sa crainte à la vérité. Nul ne se dit : « L'auteur de ce bruit est un menteur; ou il l'a feint, ou on l'a trop légèrement cru ». Nous tremblons pour ce qui est douteux comme pour ce qui est certain. Nous ne gardons aucune mesure; d'un petit doute, nous faisons une grande peur.

18. On est esclave de trop de choses quand on est esclave de son corps, quand on craint trop pour lui, quand c'est à lui qu'on rapporte tout. Nous devons nous comporter, non comme des êtres qui ne vivent que pour le corps, mais comme des êtres qui ne peuvent vivre sans lui.

19. Ce serait folie à un homme lettré, et chose malséante à lui, d'employer le temps à exercer ses bras, à grossir son encolure et à renforcer ses reins. Il y a des exercices courts et faciles, qui récréent le corps en peu d'heures et qui épargnent le temps, auquel il faut avant tout penser.

20. Les désirs naturels ont une limite déterminée, mais ceux qui naissent d'une fausse opinion n'ont aucun terme où s'arrêter. La fausseté n'a point de bornes. Celui qui va droit sur une route peut s'arrêter enfin quelque part. Mais, pour qui erre en tous sens, où est la limite ?

Conclusion. — Les pensées qui précèdent sont extraites des seize premières lettres à Lucilius. L'auteur de ces lettres donne parfois des enseignements qui ressemblent fort à ceux de l'Evangile. Il a une répugnance profonde pour les combats de gladiateurs, il prêche la charité, il enseigne que tous les hommes sont frères, il veut qu'on respecte la personne humaine jusque dans les esclaves, qu'il appelle « d'humbles amis ». — « Nous sommes les membres d'un même corps, dit-il. La nature a voulu que nous fussions tous parents en nous faisant naître des mêmes principes pour la même fin. De là, nous vient l'affection mutuelle, c'est ce qui nous rend sociables, c'est le fondement de la justice et du droit ». (*Lettre* 115).

Ces idées ont-elles été puisées aux sources chrétiennes ? Sénèque a-t-il été, comme on l'a dit, en relations avec saint Paul ? — Cela est possible, puisque saint Paul, arrivé à Rome en 61, fut remis comme prisonnier au préfet du prétoire, qui était alors Burrhus, collègue et ami de Sénèque. Il s'en faut, en tout cas, que la morale chrétienne et la morale de Sénèque prescrivent toujours les mêmes choses. (1)

Quant à ses doctrines métaphysiques, soit en elles-mêmes, soit par leur incohérence, elles sont très peu en harmonie avec le ferme enseignement du christianisme sur la personnalité divine, sur la Providence et sur les immortelles destinées de l'homme.

§ III. — Les derniers stoïciens : Epictète et Marc-Aurèle

Sans leur inébranlable croyance au bonheur d'une vie future, jamais les chrétiens n'eussent montré tant de courage en face des tourments. Epictète parle avec étonnement de ce mépris de la mort, dont il ne soupçonne pas les causes, et il se désole de voir le stoïcisme si impuissant. « Où donc est le stoïcien, s'écrie-t-il ? Montrez-moi un homme qui soit à la fois malade et heureux, en péril et heureux, mourant et heureux, exilé et heureux, flétri et heureux. Montrez-le-moi. Au nom des dieux, je voudrais voir un stoïcien ! Si vous ne pouvez m'en montrer un tout fait, montrez-m'en un qui soit en voie de se faire, un qui penche vers cette manière d'être. Ne refusez pas à ma vieillesse la vue d'un spectacle que je n'ai pas encore eu sous les yeux ». (*Epictète*, dissert. II, 19.)

Ce qui étonne en ceci, ce n'est pas que le vrai stoïcien soit introuvable, c'est que l'on puisse rencontrer, parmi les adeptes du stoïcisme, des personnages vraiment remarquables par la dignité de leur vie, comme le furent Epictète, jadis esclave, et Marc-Aurèle, empereur philosophe.

Vie d'Epictète. — Né à Hiéropolis, en Phrygie, Epictète fut envoyé à Rome, où il devint l'esclave d'Epaphrodite, affranchi et confident de Néron. Un jour,

(1) Comme tous les stoïciens, Sénèque encourage le suicide. La mort de Caton lui paraît le triomphe du stoïcisme.

Epaphrodite s'amusait à tordre la jambe de son esclave. « Vous allez la casser, dit Epictète ». Le maître continua, et la jambe fut en effet cassée. « Je vous avais bien dit que vous la casseriez, » reprit tranquillement le pauvre esclave, qui, par la patience, s'exerçait sans cesse à la maîtrise de soi, en vue de conquérir au moins sa liberté morale.

Il y réussit; il eut, de plus, le bonheur de sortir de la condition d'esclave. Une fois affranchi, il habita à Rome, dans une maison délabrée et sans porte, où il n'avait d'autres meubles qu'une table, une paillasse et une lampe de fer. Un voleur lui enleva sa lampe de fer. Il la remplaça par une lampe de terre, en disant que le voleur serait bien attrapé quand il reviendrait.

Epictète ne se maria point, mais, ayant recueilli un enfant abandonné, il prit à son service une pauvre femme pour soigner l'enfant.

Cultiver la philosophie, la faire connaître aux autres, montrer à tous où sont les vrais biens et les vrais maux, telle fut la principale occupation de sa vie. Ses enseignements furent mal reçus par les Romains. On ne lui épargna ni les injures ni les coups, et Domitien le chassa de Rome avec tous les philosophes.

L'exil dut paraître aisément supportable à un homme qui trouvait partout « le même monde à admirer, le même Dieu à louer ». Il se retira à Nicopolis, en Epire, et y ouvrit une école où la jeunesse romaine se rendit en foule. Ce fut là, probablement, qu'il mourut, vers l'an 117 de notre ère.

Epictète n'a rien écrit. C'est à Arrien, l'un de ses disciples, que nous devons les *Entretiens*, dont il ne nous reste que quatre livres sur huit. La *Vie d'Epictète*, du même auteur, est aussi perdue. Arrien a encore écrit le *Manuel*, qui est un résumé très court des pensées les plus pratiques d'Epictète.

Caractères de sa philosophie. — Ce philosophe, d'ailleurs, dédaigne toute spéculation. Il adopte, sans la discuter, la métaphysique stoïcienne. Comme les autres stoïciens, il identifie Dieu avec la nature, et la fatalité avec la Providence. Comme eux aussi, il supprime toute espérance d'une vie meilleure. Enfin, à l'exemple de tous les anciens, il voit dans la morale, non point la science du devoir, mais un art d'être heureux sur la terre, en réalisant l'idéal de la vie humaine, qui est la tranquillité du sage.

1° Inspiration chrétienne probable. — Ces idées sont pourtant mêlées de vues sublimes, qui paraissent puisées à une autre source. Epictète a sûrement connu les chrétiens, puisqu'il en parle. Il les appelle des Juifs baptisés, parfois aussi des Galiléens. En les opposant aux stoïciens, il traite ces derniers de faux baptisés : « παραβαπτισταί », à cause du peu de soin qu'ils prenaient de mettre leurs actions en harmonie avec leurs discours. N'est-ce pas, par exemple, à une inspiration chrétienne qu'il faut attribuer les belles paroles d'Epictète sur le rôle de l'homme en ce monde ? — Jamais, en tout cas, aucun païen n'avait parlé de la sorte, et on ne trouve dans les écrits antérieurs des païens aucune idée qui puisse être considérée comme un premier aperçu, même très vague encore, des magnifiques pensées qu'Epictète exprimait en ces termes : « Dieu est grand, lui qui nous a donné ces instruments avec lesquels nous cultivons la terre. Dieu est grand, lui qui nous a donné des mains, un gosier, un estomac ; qui donne à notre insu et pendant notre sommeil l'accroissement à notre corps, la respiration à nos poumons ». Voilà ce que nous devrions chanter à propos de chaque chose ; mais, ce pourquoi nous devrions chanter l'hymne le plus solennel et le plus divin, c'est la faculté qui nous a été donnée de connaître ces dons et d'en user avec ordre. Eh bien, puisque le plus grand nombre des hommes est aveugle, ne fallait-il pas qu'il y eût quelqu'un qui remplît ce rôle, et qui chantât pour tous l'hymne à Dieu. Que puis-je faire, moi, vieux et boiteux, sinon chanter Dieu ? Si j'étais rossignol, je ferais l'office du rossignol ; cygne, l'office du cygne ; être raisonnable, je dois chanter Dieu : « Νῦν δὲ λογικός εἰμι· ὑμνεῖν με δεῖ τὸν θεόν ». C'est mon office et je le remplis; tant que je pourrai le remplir, je n'abandonnerai pas ce devoir; et vous aussi, je vous engage à faire entendre les mêmes chants que moi ». (*Dissert.*, I, 16.)

2° **Revendication de la liberté morale.** — Quelle que soit l'origine de ces idées, par cette manière de comprendre le rôle de l'homme sur la terre, Epictète est vraiment admirable. Il a aussi donné une interprétation toute nouvelle de la maxime familière aux stoïciens : « ζῆν ὁμολογουμένως τῇ φύσει ». Il faut vivre conformément à la nature. Pour Epictète, suivre la nature, ce n'est plus simplement imiter la stabilité des lois physiques par la constance du sage, c'est, avant tout, sauvegarder sa liberté intérieure. Il faut étudier la nature morale de l'homme, et en suivre les lois. Que l'homme s'observe lui-même, et il s'apercevra, d'une part, que la première loi de son âme est de rechercher le bien suprême; d'autre part, que le grand obstacle au bien suprême, c'est l'esclavage moral. L'homme est esclave, « alors même que douze faisceaux marcheraient devant lui ». Il est esclave de son corps, des biens extérieurs qu'il convoite, des dignités qu'il ambitionne et des hommes qu'il flatte. L'esclavage moral est un vice et un malheur; c'est le seul mal de l'homme. Epictète conclut de là que la liberté est le souverain bien, et l'idée dominante de sa philosophie est celle d'une liberté se gouvernant elle-même : « ἐλευθερία, αὐτεξούσιόν τι καὶ αὐτόνομον ».

3° **Austérité exagérée.** — Il est bien vrai, l'esclavage moral est pour l'homme le principe des maux les plus graves, mais il ne suit pas de là que l'affranchissement moral soit le souverain bien. La liberté morale une fois conquise, il faut en faire quelque chose. L'homme, affranchi de la tyrannie des passions, ne peut se replier sur lui-même. Qu'y trouverait-il ? Des puissances très limitées et des vœux infinis. Le bonheur n'est pas dans le désir, il est dans la rencontre d'un objet capable de combler le vide du cœur; il est dans la possession du bien par excellence. La liberté n'est pas ce bien, elle n'est qu'un moyen de l'atteindre.

Épictète s'est mépris à cet égard, et, à cause de cela, il demande aux hommes un renoncement absolu, sans rien leur offrir en compensation de leurs sacrifices. Il exige d'eux, d'abord, qu'ils ne prennent aucun souci de tout ce qui ne dépend pas de leur volonté, comme la santé, la fortune, les honneurs, la richesse et les dignités (1). Il faut se détacher de tout ce qui est extérieur. Il faut, de plus, lutter sans cesse contre soi-même. Les passions sont les ennemies de la raison ; elles sont des maladies de l'âme ; on ne doit rien épargner pour les détruire. — C'est trop demander. Les passions sont des mouvements irrationnels de l'âme ; cela ne prouve pas qu'elles soient toujours opposées à la raison. Elles ne sont pas des maladies de l'âme, et il n'y a pas lieu de les supprimer. Pour ce qui est des biens extérieurs, ils ne peuvent faire le bonheur de l'homme, c'est vrai ; souvent même ils asservissent ceux qui les possèdent. Cependant, ils sont pour nous des moyens précieux d'atteindre notre destinée. Nous devons nous en détacher, mais nous ne pouvons renoncer à nous en servir. Pourquoi, d'ailleurs, un tel renoncement ? Épictète promet-il une vie future à ses disciples ? Leur fait-il espérer qu'un jour ils posséderont le bien infini, seul capable de les rendre heureux ? — Non. Selon lui, nous le savons, la destinée de l'homme s'accomplit sur cette terre, et le seul bonheur auquel nous puissions espérer est la tranquillité du sage, qui s'achète par le renoncement absolu.

Ces principes une fois connus, il n'y a pas lieu d'être surpris de la dureté de certains conseils d'Épictète. Par exemple, il recommande à l'homme d'éviter toute affection un tant soit peu profonde. Il ne veut pas qu'on s'afflige plus de la mort d'un fils que du brisement d'une coupe. Il met les personnes et les choses sur le même

---

(1) Ces sortes de biens dépendent en partie de la volonté humaine. L'homme peut, par exemple, en évitant une foule d'imprudences, contribuer beaucoup à la conservation de sa santé.

pied. Aussi bien, pourquoi s'attacher de cœur à ce qui est périssable ? Il faut s'épargner les cruelles déceptions réservées à ceux qui se lient d'affection sans tenir compte du redoutable pouvoir de la mort.

Principales maximes d'Epictète. — Il est naturel qu'un homme parle ainsi quand il ne sait pas que l'amour véritable est plus fort que la mort, parce qu'il a pour objet le bien de l'âme, et peut atteindre l'âme au delà du tombeau. — D'ailleurs, les maximes d'Epictète sont en général fort bien déduites des principes de sa philosophie. La plupart d'entre elles peuvent même être très utiles à ceux qui ne pensent pas comme Epictète sur la destinée de l'homme et le but de la vie présente (1). « Epictète, dit Pascal, est un des philosophes du monde qui ont le mieux connu les devoirs de l'homme. » On en jugera par le court résumé que nous allons donner des pensées de ce philosophe, en les groupant d'après l'ordre ordinaire des devoirs.

Devoirs envers soi-même. — 1. *Importance du libre arbitre.* « Examine qui tu es. Avant tout un homme, c'est-à-dire un être chez qui rien ne prime le libre arbitre ; au libre arbitre, tout le reste est soumis, mais lui, il n'est esclave de personne ni soumis à personne. » — « Qui pourrait triompher d'une de nos volontés, sinon notre volonté même »! — « En dehors de notre libre arbitre, rien ne nous intéresse ».

2. *L'imagination, cause d'esclavage.* « Ce qui trouble les hommes, ce ne sont point les choses, mais leur jugement sur les choses. Prends garde que ton imagination ne te séduise. A chaque représentation qui survient, dis : Tu es apparence, nullement l'objet que tu parais être ».

3. *Le désir, autre cause d'esclavage.* L'imagination n'entraînerait pas les hommes si elle n'excitait pas leurs désirs et leurs craintes; supprimer tout désir et toute

---

(1) Des saints éminents, tels que St-Augustin et St-Charles Borromée faisaient leur lecture assidue du manuel d'Epictète, et en recommandaient l'étude.

aversion pour les choses extérieures, « c'est donc le point principal, le point qui presse le plus. »

4. *La volonté libre, principe du bien et du mal.* Le désir une fois supprimé, la volonté reste libre ; et c'est d'elle seule que les choses tirent leur valeur. Sans l'effigie du souverain, la monnaie ne pourrait avoir cours ; la flamme éclaire ce qui l'environne ; ainsi la volonté rend bonnes les actions indifférentes. C'est l'intention qui fait tout. « Quelqu'un se baigne de bonne heure ; ne dis pas qu'il fait mal, mais qu'il se baigne de bonne heure ; car, avant de connaître le jugement d'après lequel il agit, que sais-tu s'il fait mal ? » (*Manuel*, XLV). « Serait-ce que tout est bien ? Non, mais ce qui est bien, c'est ce que l'on fait en pensant bien ; ce qui est mal, c'est ce que l'on fait en pensant mal. » (*Entretiens*, IV, 8).

5. *Théorie de l'exception : pour conserver sa volonté libre, il faut prévoir les obstacles.* « Quand tu es sur le point d'entreprendre quelque chose, rappelle en ta mémoire de quelle nature est cette action. Vas-tu te baigner, représente-toi ce qui se passe aux bains, les gens qui jettent de l'eau aux autres, qui les poussent, qui les injurient, qui les volent, et tu entreprendras plus sûrement ton action si tu te dis tout d'abord : je veux me baigner, mais je veux aussi conserver mon libre arbitre conforme à la nature. » (*Manuel*, IV)

6. *Pour éviter toute faute, il faut éviter toute erreur.* « Se tromper est une faute ». « Il faut s'appliquer à ne jamais se tromper, à ne jamais juger au hasard ; en un mot, à bien donner son assentiment. Le sage ne doit rien penser ni rien faire au hasard, pas même lever le doigt. »

B) **Devoirs envers autrui.** — 7. *Il faut conserver sa dignité.* Vespasien disait à Helvidius Priscus de ne pas aller au Sénat. « Tant que j'en serai, répondit-il, il faut que j'y aille. — Vas-y donc, mais tais-toi. — Ne m'interroge pas, et je me tairai. — Mais il faut que je t'interroge. — Et moi, il faut que je te dise ce qui me semble juste. — Si tu le dis, je te ferai mourir. — T'ai-je dit que je fusse immortel ? »

8. *Aimer n'appartient qu'au sage.* Un petit chien en caresse un autre, jusqu'à ce qu'un os vienne se mettre entre eux. Combien d'amitiés humaines ressemblent à l'amitié des petits chiens ! Que de gens ne se prennent que pour se quitter ! L'amour des biens périssables les divise promptement. Le sage ne désire rien de ce qui passe ; son amitié est inaltérable parce qu'il aime sans intérêt. Ce qu'il aime, dans les autres, c'est la raison. Aimer quelqu'un, à son avis, c'est penser comme lui : « ὁμονοεῖν ».

9. *Il faut aimer sans faiblesse.* « Comment aimer mes amis ? » demandait-on à Epictète. — « Comme aime une âme élevée, répondit-il, comme aime un homme heureux. Jamais la raison ne nous commande de nous abaisser, de pleurer, de nous mettre sous la dépendance des autres. Aime tes amis en te gardant de tout cela... Et qui t'empêche de les aimer comme on aime des gens qui doivent mourir, qui doivent s'éloigner ? Est-ce que Socrate n'aimait pas ses enfants ? Il les aimait en homme libre... A nous, tous les prétextes sont bons pour être lâches : à l'un, c'est son enfant ; à l'autre, c'est sa mère ; à l'autre, ce sont ses frères. » (*Entretiens*, III, 24).

10. *Aimer, c'est enseigner.* Puisque l'amour s'adresse surtout à la raison, aimer, c'est communiquer le vrai et le bien, c'est convertir les intelligences. L'amitié, dit Epictète, se trouve là où sont la foi, la pudeur, le don du beau et du bien : « δόσις τοῦ καλοῦ ». Quelqu'un dit à Epictète, dans les *Entretiens* : « Ma mère pleure quand je la quitte. » Epictète lui répond : « Pourquoi n'est-elle pas instruite dans nos principes ? »

C) **Devoirs envers Dieu.** — 11. *Le détachement est le principe de la vraie piété comme de l'amitié durable.* « Si tu prends pour bonne ou pour mauvaise quelqu'une des choses étrangères, il est de toute nécessité que, lorsque tu te verras privé de celles que tu désires, ou tombé dans celles que tu crains, tu accuses et haïsses les auteurs de ces choses. De là vient qu'un fils accable son père de reproches lorsque ce dernier ne partage pas avec lui ce qu'il prend pour des biens. De même, ce qui rendit ennemis Polynice et Etéocle, ce fut de croire que la tyrannie est un bien. C'est encore pour cette raison que le laboureur accable les dieux de reproches, et de même le matelot, et de même le marchand, et de même ceux qui ont perdu leurs femmes et leurs enfants. Car, là où est l'utilité(1), là aussi est la piété. Aussi, quiconque observe de ne désirer et de n'éviter que ce qui convient, observe par là même la piété ».*(Manuel.* xxxi, 4*)*

13. *La piété consiste à être content de Dieu.* « Dans la piété à l'égard des dieux, sache que le principal est d'avoir sur eux des opinions droites, de croire qu'ils sont, et qu'ils administrent toutes choses avec convenance et justice; que toi-même, tu as été créé pour leur obéir, pour accepter tout ce qui arrive, pour t'y conformer volontairement, comme à l'œuvre d'une intelligence très bonne. De cette manière, tu ne te plaindras jamais des dieux, et tu ne les accuseras jamais de te négliger ». (*Man.* xxxi, 1)— « Je suis Epictète, l'esclave, le boiteux, un autre Irus en pauvreté, et cependant aimé des dieux ».

Résumé et conclusion. — « Etat et caractère de l'homme ordinaire : jamais il n'attend de lui-même l'utile ou le nuisible, mais des choses du dehors. Etat et caractère du philosophe : tout ce qui est utile ou nuisible, il l'attend de lui-même ». — Voilà bien l'idée dominante d'Epictète : le bien et le mal sont au dedans de l'homme, et tout dépend de l'usage qu'il fait de son libre arbitre. Epictète revient sans cesse sur cette pensée. Il n'y a pas plus de mal hors de nous, répète-t-il, qu'il n'y a de mal dans cette proposition : *trois font quatre;* ce qui est mal, c'est d'approuver cette proposition. — Mais comment peut-il être mal d'approuver une proposition, si cette proposition est indifférente en elle-même. Certainement, la volonté droite est beaucoup, mais comment la volonté peut-elle être droite, si elle n'est

---

(1) L'intérêt bien compris est parfaitement en harmonie avec ce que la piété exige de l'homme. Cela ne veut pas dire que l'intérêt est le principe de la piété.

conforme à ce qui est bien ? Une intention perverse peut gâter les meilleures œuvres, mais ce qui fait qu'une intention est mauvaise, c'est qu'elle ne tend pas à la réalisation de l'ordre établi par Dieu et voulu par Lui.

Bref, ce qui manque à la morale d'Epictète, c'est l'idée de la valeur des choses prises en elles-mêmes ; c'est aussi l'idée du Dieu vivant et véritable, seule capable d'imposer un frein aux passions ; c'est enfin la connaissance exacte de la nature humaine. Epictète n'a pas vu qu'on ne peut supprimer à volonté les passions ; il a trop oublié qu'on ne peut prescrire des devoirs à l'homme sans lui donner en échange tout au moins la ferme espérance de posséder un jour le bonheur.

MARC-AURÈLE. — De là une déception inévitable pour tout homme qui veut être fidèle aux préceptes d'une morale aussi peu à la portée du genre humain.

Les *Pensées* de Marc-Aurèle (1) sont un très beau commentaire des enseignements d'Epictète, mais elles ont un caractère de profonde tristesse qui ne se remarque point dans les œuvres du philosophe esclave.

Sa tendresse d'âme. — Sans aucun doute, Marc-Aurèle a bien compris que la doctrine stoïcienne ne peut suffire à faire le bonheur de l'homme, ou simplement à le rendre fort dans ses luttes de chaque jour. La dureté des maximes d'Epictète a dû le froisser plus d'une fois, car il avait une grande tendresse de cœur.

Une éducation très soignée et une pureté de vie remarquable, eu égard à la corruption de la cour où sa vie s'écoula, avaient d'ailleurs contribué à rendre son âme aimante et bonne. (2)

(1) Né à Rome, le 26 avril 121, Marc-Aurèle était âgé de 40 ans quand il succéda à l'empereur Antonin, qui l'avait adopté. Il mourut le 17 mars 180. Il avait traversé « la cour dissolue d'Hadrien et vingt ans de demi-royauté sous Antonin sans y perdre ses mœurs ». (de Champagny.)

(2) « Je dois aux dieux, dit Marc-Aurèle, d'avoir eu de bons aïeux, un bon père, une bonne mère, une bonne sœur, de bons précepteurs, de bons familiers, presque tous bons parents et amis. Je leur dois d'avoir conservé mon innocence dans la fleur de mon âge,... de m'avoir fait concevoir très

Le sentiment de son impuissance. — Nourri des doctrines d'Héraclite, il avait retiré de cette étude un sentiment profond de son impuissance personnelle à la vue de ce qu'il appelle le « torrent », le « tourbillon des choses ». « Du corps, dit-il, tout est fleuve qui coule ; de l'âme, tout est songe et fumée ». (*Pensées* II, 17.)

« Si l'on réfléchit à ces flots de changements, de vicissitudes, et à leur rapidité, on méprisera tout ce qui est mortel ». (*Pensées*, IX, 28.)

Ses doutes. — Oui, mais en réfléchissant plus avant encore on se demandera pourquoi tous ces changements sans fin ? Si les choses tournent éternellement dans un cercle, sans aucun but, y a-t-il une Providence ? Cela ne se peut, puisque l'idée de Providence implique celle de finalité.

Pourtant, l'ordre règne dans le monde, et l'ordre suppose un ordonnateur intelligent. Dès lors, « comment se fait-il que les dieux, qui ont ordonné si bien toutes choses, et avec tant de bonté pour les hommes, aient négligé un seul point, à savoir que les gens de bien, d'une vertu véritable, qui ont eu pendant leur vie une sorte de commerce avec la divinité, qui se sont fait aimer d'elle par leur piété, ne revivent pas après leur mort et soient éteints pour jamais ? »

C'est ainsi que Marc-Aurèle découvre la contradiction renfermée dans l'hypothèse stoïcienne du destin. Si le destin est aveugle, il n'y a pas de Providence, et s'il y a une Providence, elle n'est pas juste envers les bons. De là un doute poignant pour une âme déjà portée aux pensées tristes.

Son désespoir. — « S'il n'y a pas de dieux, ou s'ils ne prennent aucun souci des choses humaines, que m'importe de vivre dans un monde vide de Dieu ou vide de Providence ? τί μοι ζῆν ἐν κόσμῳ κενῷ θεῶν, ἢ προνοίας κενῷ ; » (*Pensées*, IX, 3)

---

clairement et plusieurs fois quelle est la vie conforme à la nature. » (*Pensées*, I, 17.)

Ce doute cruel, « c'est le supplice de toute la vie. Jusques à quand donc? Viens au plus vite, ô mort, de peur qu'à la fin je ne m'oublie moi-même ». (*Pensées*, II, 11)

Conclusion du chapitre. — Un appel à la mort, tel est donc le dernier mot du stoïcisme. Il finit comme l'épicurisme. Ce n'est pas étonnant : l'erreur de ces deux doctrines est la même au fond, car toutes deux enseignent que l'homme doit trouver son bonheur en lui-même. Une telle conception du bonheur ne peut aboutir qu'à une amère déception. Que l'homme rentre en lui-même, il y trouvera des désirs sans fin, un vide immense. Les stoïciens et les épicuriens ont eu raison de le dire, ce n'est pas en poursuivant les biens extérieurs que l'homme peut combler le vide de son cœur. Mais ce n'est pas assez qu'une école de philosophie montre la fausseté d'une solution du grand problème : *Où est le bonheur?* Il faut qu'elle indique la solution véritable.

Pour cela, elle doit d'abord déterminer la vraie fin de l'homme. C'est ce que la sagesse antique n'a jamais su faire. Elle a donné aux hommes d'excellents préceptes ; Marc-Aurèle, par exemple, est admirable quand il parle de la fraternité humaine, de l'amour des pauvres, du pardon des injures. « C'est grâce aux dieux, dit-il, que toutes les fois que j'ai voulu assister une personne pauvre ou qui avait besoin de quelque secours, on ne m'a jamais répondu que je n'avais pas de fonds pour le faire. »

Qu'a-t-il donc manqué à cet homme d'un esprit si élevé et d'un cœur si aimant? — S'il eût été moins prévenu contre les chrétiens (1), il eût eu peut-être le bonheur de goûter l'idée maîtresse du christianisme, admirablement résumée dans cette parole du saint Évangile : « La vie éternelle, ô mon Père, consiste à vous bien connaître, vous le Dieu vivant et véritable, et Celui que vous avez envoyé, Jésus-Christ ». (St Jean, XVII, 13).

---

(1) Sous Marc-Aurèle, une persécution violente sévit contre les chrétiens, et St Justin, philosophe platonicien converti, paya de son sang la courageuse apologie qu'il avait adressée à Antonin et à ses deux fils adoptifs, Lucius Verus et Marc-Aurèle.

CHAPITRE IX.

L'ECOLE D'ALEXANDRIE.

La religion du Christ, en dépit des persécutions, allait se développant toujours. Dès les premiers temps de la prédication évangélique, une école chrétienne avait été fondée à Alexandrie. Cette ville était devenue le principal centre intellectuel du monde romain. Comme une autre Athènes, elle voyait accourir de toutes parts une jeunesse avide de se perfectionner dans l'étude des lettres et dans celle des sciences.

§ I. — L'Ecole chrétienne d'Alexandrie.

L'Ecole chrétienne d'Alexandrie n'avait eu d'abord d'autre but que celui d'enseigner le catéchisme aux enfants et aux catéchumènes, mais, à la fin du second siècle, elle prit un développement considérable. La grammaire, la rhétorique, la géométrie, la philosophie, y furent enseignées en même temps que l'Ecriture sainte, et les païens avides de s'instruire venaient en grand nombre s'y mêler aux jeunes gens chrétiens.

Pantène fut le premier chef illustre de cette école. Il eut pour successeur Clément d'Alexandrie, son disciple le plus remarquable. Celui-ci, en 202, fut contraint de quitter la ville pour échapper aux ennemis du nom chrétien. Il laissa la direction de l'Ecole à Origène, âgé seulement de 18 ans. Quelques auditeurs du jeune professeur lui reprochèrent de s'adonner trop aux sciences profanes. Voici comment il s'explique à cet égard :
« M'étant livré tout entier à l'étude de la parole de Dieu,

et voyant qu'attirés par la réputation de jour en jour croissante de mon érudition, les hérétiques, les hommes versés dans les sciences grecques, et principalement les philosophes, accouraient en foule pour m'entendre, je me déterminai à étudier les doctrines hérétiques et les systèmes par lesquels les philosophes se glorifient d'atteindre la vérité. En cela, je n'ai fait que suivre l'exemple de Pantène, qui, par la connaissance approfondie qu'il avait de ces matières, se rendit utile à un grand nombre d'auditeurs. » (Eusèbe, Hist. ecclés. VI, 3.)

Forcément, sous l'influence de cette école puissante, une réaction s'était produite en faveur des recherches de l'ordre suprasensible. Le christianisme, d'ailleurs, en même temps qu'il enseigne une morale très pure, est une école de haute métaphysique.

§ II. — La Réaction en faveur du Paganisme.

Ce n'est pas à Alexandrie seulement que la solution des grands problèmes préoccupait les esprits, c'est dans l'empire romain tout entier. Les apôtres et leurs premiers successeurs avaient fait pénétrer partout l'idée d'un Dieu unique, cause des choses et gouvernant tout en vue du bien. Le vieux paganisme, miné de jour en jour par cette prédication, ressemblait à un édifice près de s'écrouler, et ses fidèles aux abois faisaient des efforts désespérés pour le restaurer. Pour cela, ils s'inspiraient de Pythagore, de Platon, et même de l'Evangile. Ils allèrent jusqu'à essayer d'opposer Apollonius de Tyane à Jésus-Christ.

Apollonius de Tyane. — Apollonius était né sous Auguste. Ses contemporains ne nous ont laissé aucun document sur sa personne et ses œuvres. Sa vie, écrite au troisième siècle, par Philostrate (1), est un pur ro-

(1) Philostrate était un professeur de rhétorique grecque à Rome. Il occupait une chaire fondée par les empereurs, et dont le titulaire était payé par eux. Il était admis dans l'intimité de Julie, femme de

man. Pour l'écrire, Philostrate s'inspira des mémoires récemment retrouvés et plus ou moins authentiques de Damis, disciple chéri d'Apollónius, mais jusque-là inconnu. Il emprunta aussi tout ce qu'il put trouver d'anecdotes en d'autres livres, de traditions dans les temples, et même de contes de fées dans sa mémoire. (De Champagny). Enfin, il n'hésita pas à attribuer parfois à son héros des faits que les actes des apôtres racontent au sujet de St Paul, ou des miracles que l'Evangile attribue à Jésus-Christ.

Apollónius tient donc plus de la fable que de l'histoire. Il s'est donné pour disciple de Pythagore, mais il ne s'est jamais préoccupé des doctrines philosophiques de Pythagore. Il a surtout envisagé ce philosophe au point de vue pratique et religieux. De plus, c'est un magicien que l'on a voulu faire passer pour thaumaturge.

C'était mal défendre le paganisme mourant. Plutarque s'y prit d'une autre manière ; il est d'ailleurs beaucoup plus sérieux, bien qu'il manque de critique et soit un esprit curieux de philosophie plutôt qu'un philosophe.

Plutarque. — Prêtre d'Apollon, dévoué aux superstitions païennes, Plutarque, pour les défendre et les maintenir, cherche à les mettre d'accord avec la raison. C'est à ce titre seulement qu'il appartient à l'histoire de la philosophie (1). « N'abolissons pas, dit-il, avec les oracles, toute idée de divinité et de Providence. Cherchons à résoudre les contradictions apparentes, mais ne trahissons pas la foi que nos ancêtres nous ont laissée. » (de Pythiæ oraculis, 18.)

Septime Sévère (193-212). A l'en croire, c'est à la demande de cette impératrice qu'il a remanié les mémoires de Damis.

(1) Né à Chéronée, en Béotie, vers le milieu du premier siècle, Plutarque fut un écrivain brillant et fécond. Il a traité les sujets les plus divers. Ses *Vies des Hommes illustres* sont connues de tous. Ses *Traités de morale* se distinguent par leur nombre plutôt que par leur profondeur. Pourtant, son livre sur les *Délais de la justice divine* renferme des vues très solides et très élevées.

Pour accomplir cette œuvre de conciliation, Plutarque emprunta diverses idées à Platon, dont il se déclara le disciple; mais il est platonicien par ses goûts et ses tendances plutôt que par des doctrines bien arrêtées.

Voici, en tout cas, comment il conçoit qu'on puisse rester philosophe et consulter les oracles. Avec Platon, il reconnaît un Dieu suprême, un et immuable. Avec Platon encore, il admet des dieux inférieurs, bons, immortels, chargés de veiller à la conservation et au bon ordre de toutes les choses périssables. Enfin, selon lui, il existe des démons, qui sont des hommes déifiés. Ils sont à la fois spirituels et corporels. Ils sont sujets aux passions humaines. Ils peuvent avoir des vices et des vertus, être bons ou mauvais. Ils vivent longtemps, mais ils sont mortels. C'est à eux qu'il faut attribuer les réponses données par les oracles ; quand ces réponses sont soutenables, elles viennent des bons démons; quand elles sont par trop bizarres, ce sont les mauvais démons qui les donnent.

Il n'y a donc pas lieu de renoncer aux oracles. Il faut maintenir aussi les auspices et tous les genres de divination. Le paganisme tout entier doit être conservé avec tous ses rites, mais, tandis qu'il demeure pour le vulgaire ce qu'il a toujours été, il est purifié aux yeux du sage par son harmonie avec les principes de la philosophie.

Telle est la voie nouvelle dans laquelle s'engage Plutarque. Les derniers défenseurs du paganisme avant Plotin vont imiter cet exemple. Ils chercheront à mener de front les spéculations philosophiques et les pratiques de la théurgie. Tous n'y réussiront pas.

Les derniers défenseurs du paganisme avant Plotin. — Maxime de Tyr, l'un des précepteurs de Marc-Aurèle, ne diffère en rien de Plutarque à cet égard, mais il est moins sérieux que Plutarque. C'est un rhéteur, plus préoccupé de l'harmonie des périodes que de la valeur des idées. — Apulée (1) a beau se réclamer de Platon et

(1) Apulée est un écrivain latin. Il est né en Afrique, à Madaure, petite ville de Numidie.

d'Aristote, il ne comprend ni l'un ni l'autre ; c'est un illuminé, très au courant des plus secrètes pratiques de la magie, mais nullement philosophe. — Numénius est un esprit d'une tout autre portée. Né à Apamée, en Syrie, il a été le précurseur direct de Plotin, principal représentant de l'Ecole d'Alexandrie. Numénius était très au courant des doctrines de Pythagore. Il avait étudié Platon ; il connaissait Moïse, les prophètes et l'Evangile ; il était initié aux traditions religieuses de l'Egypte, de la Perse et de l'Inde, aussi bien qu'aux systèmes de la philosophie grecque. Seulement, il a poussé trop loin l'esprit de conciliation. A ses yeux, Platon n'est que Moïse parlant grec : « Τί γὰρ ἐστι Πλάτων, ἢ Μωϋσῆς ἀττικίζων ; » — C'est en lisant assidûment les écrits de Philon, que Numénius avait cru remarquer une si parfaite harmonie entre Moïse et Platon. A la vérité, Philon dénature souvent Moïse pour le mettre d'accord avec Platon. Numénius disait de lui, avec plus ou moins d'esprit : « Ou Philon platonise, ou Platon philonise ». Sans aucun doute, le juif helléniste platonise plus qu'il ne faut, en ce sens qu'il sacrifie Moïse à Platon.

§ III. — Plotin.

« Il faut que celui qui traite du Bien, dit Numénius, et qui a scellé sa doctrine des témoignages de Platon, remonte plus haut et se rattache aux doctrines de Pythagore. Il faut qu'il en appelle aux nations célèbres, et qu'il produise les cérémonies, les dogmes et les institutions qui, ayant été établies par les Brahmanes, les Juifs, les Mages et les Egyptiens, se trouvent d'accord avec les doctrines de Platon. » (Eusèbe, *Préparat. évangélique*, IX, 7). Il n'est pourtant pas permis d'aimer Platon au point de vouloir concilier toutes les doctrines avec celles de ce philosophe ; tout au moins cela n'est pas possible. Quoi qu'il en soit, Plutarque, Numénius et Philon, ont puissamment contribué à la création d'un système nouveau, que l'on est convenu d'appeler le *néoplatonisme alexandrin*.

Ammonius Saccas. — C'est Ammonius Saccas qui le conçut. Il n'a rien écrit, mais il a enseigné la philosophie avec un grand éclat à Alexandrie, où il était né et où il avait été élevé dans le christianisme. Il renonça à la religion de son enfance, dit Porphyre, « pour adopter un genre de vie conforme aux lois ». L'œuvre principale de sa vie fut un essai de conciliation entre Platon et Aristote. « La lutte des disciples de Platon et des disciples d'Aristote, qui mettaient leurs maîtres aux prises, dura jusqu'à Ammonius d'Alexandrie, l'inspiré de Dieu. Celui-ci, le premier, s'attachant avec enthousiasme à ce qu'il y a de vrai en philosophie, et s'élevant au-dessus des opinions vulgaires qui rendaient la philosophie un objet de mépris, comprit bien les doctrines de l'un et de l'autre, les réunit en un seul et même esprit, et livra ainsi la philosophie en paix à tous ses disciples, principalement aux plus illustres, Plotin et Origène, et à leurs successeurs » (1).

Plotin. — Ammonius eut d'autres disciples encore, notamment Hérennius et Longin, mais Plotin est le plus connu de tous, et nous avons sa vie écrite par Porphyre, son auditeur assidu et son ami.

Vie de Plotin. — Il naquit en 202, à Lycopolis, ville d'Egypte « A l'âge de 28 ans, dit Porphyre, Plotin se donna tout entier à la philosophie. On le présenta aux maîtres qui avaient alors le plus de réputation dans Alexandrie. Il revenait toujours de leurs leçons triste et découragé. Il fit connaître la cause de son chagrin à un de ses amis. Celui-ci, comprenant ce qu'il souhaitait, le conduisit auprès d'Ammonius, que Plotin ne connaissait pas. Dès qu'il eut entendu ce philosophe, il dit à son ami : « Voilà celui que je cherchais », et depuis ce jour, il resta assidûment auprès d'Ammonius »(Vie de Plotin,3).

---

(1) Fragment d'Hiéroclès, philosophe néo-platonicien du vᵉ siècle. Cet Origène, dont parle Hiéroclès, n'est pas le célèbre docteur chrétien qui succéda, en 202, à Clément, dans l'Ecole chrétienne d'Alexandrie.

Plotin ne se borna pas à étudier la philosophie grecque, comme le prouve cet autre passage de Porphyre: « Il prit un si grand goût pour la philosophie, qu'il se proposa d'étudier celle qui était enseignée chez les Perses et celle qui prévalait chez les Indiens. Lorsque l'empereur Gordien se prépara à faire son expédition contre les Perses, Plotin, alors âgé de 39 ans, se mit à la suite de l'armée. Il avait passé dix à onze années entières auprès d'Ammonius. Gordien ayant été tué en Mésopotamie, Plotin eut assez de peine à se sauver à Antioche. Il vint à Rome à 40 ans, lorsque Philippe était empereur (1). Il passa 26 années dans cette ville, qui fut, à vrai dire, le seul théâtre de son enseignement.

Ceci fait bien voir que si Alexandrie donna son nom à l'école néo-platonicienne, c'est simplement parce que c'est à Alexandrie que cette école prit naissance. « Le néo-platonisme, dit M. Vacherot, eut Alexandrie pour berceau, mais se répandit bientôt dans toutes les provinces de l'empire. Ses deux chefs les plus illustres enseignèrent, l'un à Rome, où il attira de nombreux disciples, l'autre à Athènes, où il fonda une école qui a lutté jusqu'au dernier moment contre le christianisme. D'autres écoles néo-platoniciennes fleurirent à Éphèse et à Pergame (2) ».

Lorsque Plotin quitta Rome, il se retira en Campanie, où il mourut en 270. Il n'avait commencé à écrire qu'à l'âge de 50 ans. Il composa néanmoins cinquante-quatre traités qui, à sa demande, furent révisés et mis en ordre par Porphyre. Ce dernier les classa en six groupes de neuf, ou *ennéades*, en l'honneur, dit-il, des nombres six et neuf, qui sont des nombres parfaits. « J'ai réuni, ajoute-t-il, dans chaque ennéade, les livres qui traitent

---

(1) Porphyre, vie de Plotin, 3. Il s'agit ici de Philippe, dit l'Arabe, empereur romain de 244 à 249. Il était chrétien, mais fort scélérat. Comme il voulait participer aux fêtes de Pâques, à Antioche, le patriarche Babylas lui interdit l'entrée de l'église, jusqu'à ce qu'il eût expié ses crimes.

(2) Vacherot, Histoire critique de l'École d'Alexandrie. — C'est Proclus qui fonda l'école néo-platonicienne d'Athènes.

de la même matière, mettant toujours en tête ceux qui sont les moins importants ». (Vie de Plotin, 23).

Caractères de sa philosophie. — Bien que Plotin soit un maître éminent, nous devons nous borner à caractériser sa doctrine en peu de mots.

1° C'est un éclectisme. — Tout d'abord, Plotin ne s'inspire pas uniquement de Platon. Il cherche à concilier les trois grandes philosophies de la Grèce : celle de Platon, celle d'Aristote et celle de Zénon, dans un système tout pénétré du mysticisme de l'Orient, et où l'idée chrétienne de la Trinité apparaît manifestement, quoique défigurée.

2° C'est une philosophie mystique. (1) — Pour Plotin comme pour Platon, c'est la dialectique ou théorie de la connaissance qui tient la première place en philosophie. D'ailleurs, la doctrine de ces deux philosophes sur la connaissance est la même, sauf en un seul point : Plotin admet l'extase. Selon lui, par la dialectique, l'âme arrive au sommet du monde intelligible. Là, « elle voit apparaître Dieu en elle ; plus d'intervalle, plus de dualité, tous deux ne font qu'un : « ἓν ἄμφω ». Dans cet état, l'âme ne sent plus son corps ; elle ne sent plus si elle vit, si elle est homme, si elle est essence, être universel ou quoi que ce soit au monde ». (Ennéade VI, liv. VIII, 34).

(1) D'une manière générale, on donne le nom de mystique à toute doctrine d'après laquelle l'homme peut communiquer directement avec le monde surnaturel. — Que de telles communications soient possibles, ce n'est pas douteux ; l'histoire en fournit des preuves irrécusables. St Paul, Ste Thérèse, Jeanne d'Arc, Bernadette, sont célèbres à cet égard. C'est une injure gratuite que l'on fait au christianisme quand on assimile les extases de ses mystiques à des crises d'hystérie. Un bon sens parfait, une vie irréprochable, des œuvres extérieures tout à fait visibles et utiles à l'humanité, tels sont les caractères très nets qui permettent d'apprécier le manque de justesse de cette odieuse assimilation.

En dehors de l'extase surnaturelle, l'homme peut communiquer directement avec Dieu par la prière. Il peut aussi avoir un vif sentiment de la présence de Dieu en son âme. Ce sont là encore, si on le veut, des formes de mysticisme. Quant à contempler Dieu directement par la raison seule, c'est une chose impossible. (Cf. saint Thomas, *Somme th.*, 1re part. Qu. 88, art. 1).

D'après les termes mêmes de Plotin, par l'extase, l'âme est absorbée en Dieu, et la personne humaine disparaît. Dieu et l'âme ne font plus qu'un. Sans doute, Plotin a voulu donner à entendre que l'extase n'est pas réservée aux seuls chrétiens.

A cette époque, aux prodiges accomplis par les disciples de Jésus-Christ, on cherchait à opposer des choses non moins extraordinaires, mais d'une tout autre nature. En tout cas, c'est un tort de regarder l'extase comme le couronnement naturel de la philosophie. La vision directe de Dieu est chose rare et au-dessus de la nature. Ceux qui en sont honorés, sont, le plus souvent, tout à fait étrangers aux recherches philosophiques, et jamais ils ne perdent le sentiment de leur personnalité. Absorber l'homme en Dieu, c'est se tromper gravement ; c'est aller directement contre les faits.

3º C'est un panthéisme. — Une telle erreur est propre aux panthéistes; la philosophie de Plotin n'est d'ailleurs qu'une variété du panthéisme. On peut l'appeler le panthéisme émanatiste.

Au sommet des choses est l'Unité, principe suprême de l'Etre. L'Un est éminemment toutes choses, mais il n'est, d'une façon formelle, aucune des choses qui existent. Il engendre tout ce qui est, non par désir, ni par nécessité, mais par bonté.

Il engendre d'abord l'*Intelligence*, qui est le Λόγος, le verbe. L'Intelligence est le lieu des idées. Elles sont unies en elle comme les rayons qui partent d'un même centre sont unis avant de se disperser dans l'étendue.

A son tour, l'intelligence engendre l'*Ame*, qui développe en une infinité de puissances distinctes toutes les idées que l'intelligence enveloppait.

Dans cette trinité, l'Un répond à l'Acte pur d'Aristote, l'Intelligence aux Idées de Platon, et l'Ame au Πνεῦμα des stoïciens.

Au reste, nul être engendré ne se sépare de son principe. Il aspire, au contraire, à s'identifier de nouveau avec lui. A la *procession* de Dieu répond la *conversion* vers Dieu.

Aussi l'âme humaine tend à s'unir à Dieu par l'extase. Telle est sa destinée. Pour l'atteindre, il suffit qu'elle s'affranchisse des appétits qui l'attachent au corps et l'empêchent de connaître sa vraie nature.

CONCLUSION. — Voir Dieu un jour, telle est bien, en effet, la destinée de l'âme humaine. Se préparer à la vision de Dieu par la lutte contre les appétits, c'est vraiment l'un des principaux devoirs de l'homme. Mais l'homme qui aura réalisé sa destinée se distinguera toujours nettement de son Créateur, et il manifestera ce sentiment très net de son individualité par d'éternelles actions de grâces. « *Misericordias Domini in æternum cantabo* ». (Ps. 88, v. 2).

CHAPITRE X.

LA PHILOSOPHIE DES PÈRES.

L'école d'Alexandrie était hostile au christianisme. C'est dans un esprit de lutte contre la religion nouvelle que Plotin a enseigné. Ses successeurs en firent autant.

Porphyre est simplement le continuateur de Plotin. Jamblique oublie la philosophie pour la théurgie. Il remplace l'extase par une évocation de la divinité à l'aide de procédés qui relèvent de la magie. Proclus, au contraire, est un philosophe de valeur. Il régénère le néoplatonisme à Athènes, au ve siècle, mais Justinien fait fermer son école en 529.

C'en est donc fait de la philosophie païenne, et le christianisme reste debout. Rien n'a pu ébranler l'œuvre fondée par Jésus-Christ et ses apôtres, ni la philosophie, ni les persécutions sanglantes, ni l'interdiction faite aux chrétiens par l'empereur Julien d'aller puiser la science aux sources païennes. Revenons un instant sur nos pas pour dire, en peu de mots, ce qu'ont été, pour la philosophie, les premiers siècles de l'ère chrétienne.

§ I. — Les Origines de la Philosophie Chrétienne.

L'Evangile renferme les principes d'une philosophie admirable, qui ne tarda pas à se développer, grâce aux méditations des premiers successeurs des Apôtres, et à la nécessité où ils étaient de défendre contre les philosophes la foi qu'ils enseignaient aux nations.

De nos jours, l'école rationaliste de Baur (1) a voulu voir dans la philosophie chrétienne une simple continuation et un épanouissement de la philosophie païenne. Renan a fait de Jésus un philosophe sublime, un éclectique de premier ordre. C'est là une erreur des plus graves, et il importe de la rendre manifeste. Pour cela, il suffit de mettre en évidence les caractères généraux de la philosophie chrétienne.

Caractères généraux de la philosophie chrétienne. — Il y a, tout d'abord, entre cette philosophie et la philosophie païenne, une opposition absolue de doctrines

(1) Baur est le chef de l'école rationaliste de Tubingue. Les enseignements principaux de cette école sont les suivants : 1° le christianisme est simplement une synthèse très remarquable des philosophies antérieures ; 2° la lutte du christianisme judaïque (celui de St Pierre) et du christianisme païen (celui de St Paul), a été la cause principale du développement de la doctrine chrétienne jusqu'au milieu du second siècle ; 3° la plupart des écrits qui forment la littérature chrétienne des premiers siècles ont une date tardive, bien ultérieure à celle que la tradition leur assigne.

Ces propositions résument le *Paulus*, publié en 1845 par Baur. En 1897, le docteur Harnack, savant professeur de l'Université de Berlin, a fait paraître une *Chronologie* qui détruit entièrement les thèses de Baur. Dans la préface, Harnack déclare que « le cadre chronologique dans lequel la tradition a coordonné les sources, est exact dans tous les points principaux, depuis les épîtres de saint Paul jusqu'à saint Irénée, et l'historien est obligé de ne tenir aucun compte de toutes les hypothèses qui nient ce cadre..... » La même préface contient plusieurs affirmations tout aussi nettes, dans le même sens. Confirmer la tradition, montrer que « la plus ancienne littérature de l'Eglise » est « véridique et digne de confiance sous le rapport de l'histoire littéraire, dans les points principaux et dans la plupart des détails, » tel est donc le résultat de cinquante années de luttes ! Ce résultat est tout à l'honneur de l'Eglise catholique.

Même chose à dire des recherches de Renan. Il finit par reconnaître que presque toutes les prophéties sont authentiques, surtout les principales, et parmi celles-ci, la plus importante de toutes, celle d'Isaïe. Renan ne fait des réserves que pour celle de Daniel. Il reconnaît de même l'authenticité des Synoptiques, c'est-à-dire des Evangiles de saint Mathieu, de saint Luc et de saint Marc. Quant au quatrième Evangile, celui de saint Jean, tantôt Renan avoue qu'il est authentique, tantôt il n'ose l'assurer. On conçoit cette hésitation. Un si magnifique témoignage en faveur de la divinité de Jésus-Christ doit embarrasser singulièrement ceux qui la nient. C'est de l'Evangile de saint Jean surtout, qu'il est juste de dire : l'inventeur serait plus étonnant que le héros.

sur quelques points essentiels, notamment sur l'origine du monde. C'est un fait acquis, que jamais l'idée de création n'a été exprimée par aucun philosophe païen, tandis que l'une des premières vérités d'ordre purement rationnel enseignées par le christianisme est la création *ex nihilo*.

1º La création ex nihilo. — Dieu a fait le monde sans matière première ; il est la cause totale du monde ; tel est le dogme chrétien. Telle est en même temps la doctrine essentielle qui distingue la philosophie chrétienne de la philosophie païenne. « Tous les Grecs ont dit, les uns après les autres : « Οὐδὲν γίνεται ἐκ τοῦ μὴ ὄντος ». Lucrèce a dit à son tour :

Nullam rem e nihilo gigni divinitus unquam (1).

.....Or, le dogme de la création est, dès les premiers temps du christianisme, soutenu avec tant d'unanimité et de persistance, que là, on le sent bien, est le nœud du différend, et que le dissentiment porte tout entier sur ces premiers mots des Livres saints : « Dieu créa le ciel et la terre ». (Conti, Hist. de la Philosophie, 20ᵉ leçon.)

2º La révélation. — En enseignant que Dieu a tout fait de rien, et d'autres doctrines aussi peu connues des gentils, les premiers philosophes chrétiens parlaient au nom d'une révélation faite au monde par Dieu lui-même. « Il faut considérer que ce que les philosophes et les poètes sont parvenus à savoir de Dieu, ils le doivent à leurs propres conjectures et aux inspirations de leur

---

A l'heure présente, on est unanime à reconnaître que la *Vie de Jésus* par Renan n'a aucune valeur scientifique ; c'est une œuvre de haute fantaisie, un pur roman.

Baur et Renan font songer à ces mots de Pascal : « En vérité, il est glorieux à la Religion d'avoir pour ennemis des hommes si déraisonnables, et leur opposition lui est si peu dangereuse, qu'elle sert au contraire à l'établissement des principales vérités qu'elle nous enseigne ». (Pascal, *Pensées*, 2ᵉ partie, art. 6.)

(1) Rien n'est produit par rien. Ce principe est évident ; c'est le principe de causalité : tout fait a une cause. Le dogme de la création n'y contredit pas, puisqu'il affirme que Dieu est la *cause totale* des choses produites par Lui.

raison ; mais nous, nous tenons nos doctrines de Dieu même et des Prophètes inspirés par Lui. » (Athénagore, Apologie à Marc-Aurèle et à Commode). A coup sûr, c'est là encore une nouveauté. Les rationalistes peuvent bien nier la Révélation, mais ils ne peuvent nier qu'en affirmant ce fait, les premiers apologistes se distinguaient absolument de leurs adversaires.

3° **L'unité.** — Cette différence très nette en entraîne une autre tout aussi remarquable : « C'est pourquoi, tandis que les poètes et les philosophes, en suivant la raison, sont tombés dans des divergences d'opinions sur la divinité, nous, guidés par la foi, nous sommes tous d'accord dans l'unité des doctrines ; et cette unité prouve à l'évidence que la source d'où nos doctrines dérivent l'emporte de beaucoup sur toute raison humaine ». (Athénagore, Apologie à Marc-Aurèle et à Commode.) « Vous prenez plaisir, disait Tatien, à l'érudition de vos philosophes, mais qu'en retirez-vous ? diversité dans les systèmes, dans les mœurs, dans les lois. Mais à nous, que nous donnent les institutions chrétiennes ? l'unité des doctrines, l'unité des mœurs, l'unité des lois ». (Tatien, discours contre les Hellènes).

Évidemment l'apparition d'une philosophie qui présente de tels caractères, fut une nouveauté. Les premiers philosophes chrétiens eussent été bien surpris si on leur eût dit qu'ils continuaient simplement la philosophie païenne, eux qui accusaient les philosophes païens d'avoir emprunté aux Livres saints ce qu'ils ont pu dire de vrai. Cette accusation ne paraît pas fondée, mais elle montre bien ce que les Pères de la première époque ont pensé au sujet des origines de leur philosophie. D'un autre côté, les philosophes de l'école d'Alexandrie repoussaient comme une injure toute assimilation entre la philosophie chrétienne et leur propre doctrine.

Ceux qui se plaisent à comparer le renouvellement de la philosophie par le christianisme à la réforme socratique, ne font pas une assimilation moins inexacte. A l'époque de Socrate, le monde païen n'était pas corrompu comme aux premiers siècles de l'ère chrétienne ; Socrate n'osa pas s'attaquer aux croyances populaires, et sa réforme n'eut d'influence que sur quelques esprits. Le christianisme, au contraire, fut une rénovation entière, et des idées et des mœurs, à une époque de scepticisme absolu, de superstitions étranges et de dépravation profonde, et cette rénovation s'accomplit sans aucune concession aux erreurs du temps. Les Pères, en effet, ne cessèrent pas de lutter contre les erreurs de la philosophie païenne. Leur philosophie fut toujours une philosophie militante, surtout à ses débuts.

§ II. — Les Pères de l'Eglise.

L'histoire de cette philosophie se confond avec celle du dogme chrétien lui-même. Nous ne pouvons entreprendre de l'exposer ; nous ne pouvons pas davantage la passer entièrement sous silence. Ce serait faire violence à l'histoire, en brisant la chaîne des doctrines. Si, en effet, les Pères ont sans cesse combattu la philosophie païenne, il est certain pourtant qu'ils ont fait de larges emprunts aux philosophes grecs et latins. St Augustin, par exemple, doit beaucoup à Platon, bien qu'il n'ait connu les doctrines de ce philosophe que par celles de l'école néo-platonicienne d'Alexandrie. De même, l'étude de Cicéron le familiarisa avec le scepticisme de la nouvelle Académie, ce qui ne fut pas sans influence sur sa théorie de la certitude et sur sa manière de concevoir la science.

D'un autre côté, la doctrine des Pères fut l'une des principales sources de la philosophie scolastique, et cela à double titre. Non seulement la scolastique s'inspire sans cesse de l'enseignement des Pères, mais, sans cesse aussi, elle invoque Platon ou combat sa manière de voir. Or, c'est par les Pères, par saint Augustin surtout, en même temps que par Aristote, que les philosophes scolastiques ont connu Platon.

L'importance de la philosophie des Pères est donc

évidente. Il faut, malgré cela, nous borner à quelques notions sommaires. Après avoir expliqué le sens précis de cette expression : *les Pères de l'Eglise*, nous indiquerons les principaux ouvrages des Pères, et nous déterminerons les caractères particuliers de leur philosophie.

Ce qu'on appelle Pères de l'Eglise. — Dans tout l'Orient, le maître et le prêtre sont appelés *pères*. Pendant longtemps, le nom de *pape* ou père servit à désigner tous les évêques, et ce nom était pris dans le sens de maître, d'homme qui enseigne. A cause de cela, les écrivains des premiers siècles de l'Eglise, qui se sont distingués par leur sainteté et par leur doctrine, sans d'ailleurs s'écarter de la tradition chrétienne, ont été appelés les Pères de l'Eglise, c'est-à-dire, à proprement parler, les *instituteurs* de la chrétienté (1).

Tel est le sens historique du mot Père. D'après cela, des écrivains tels que saint Léon-le-Grand saint Bernard, saint Thomas, saint Bonaventure, méritent, à juste titre, le nom de Pères de l'Eglise, et on les appelle souvent ainsi. Mais, d'ordinaire, on réserve plutôt le titre de Docteur aux écrivains catholiques du moyen âge, tandis que celui de Père désigne plus particulièrement ceux qui ont vécu avant la chute de l'empire d'Occident. L'époque des Pères va donc de l'origine du christianisme à l'invasion des Barbares, et on peut utilement la diviser en trois périodes.

Les Pères apostoliques. — La première comprend les deux premiers siècles : c'est le temps des *Pères apostoliques* et de leurs successeurs immédiats. La philosophie chrétienne commence à peine. Il s'agit surtout de comprendre et d'expliquer les enseignements de la Foi. Dans les écrits de cette époque, on ne trouve aucune explication rationnelle du dogme. Les Pères apostoliques exposent la foi chrétienne dans un langage simple et concis. Si le christianisme était né des spéculations

---

(1) Les écrivains qui n'ont pas su demeurer fidèles à la foi catholique, comme Tatien, Origène, Tertullien, sont simplement appelés des auteurs ecclésiastiques.

philosophiques, on en trouverait bien la trace dans les écrits des premiers siècles. Or, il n'y a rien de tel dans les lettres de saint Clément, de saint Barnabé, de saint Ignace, de saint Polycarpe, et, quel que soit l'auteur du livre du *Pasteur*, attribué à Hermas, cet auteur ne fait aucun usage des procédés de discussion familiers aux philosophes.

La réflexion philosophique est plus manifeste dans les écrits du second siècle, grâce aux luttes qu'il fallait alors soutenir contre les Juifs, contre les païens et, à l'intérieur, contre l'hérésie des gnostiques (1). De cette époque il faut citer le Traité de saint Théophile sur la *Vérité du christianisme*, l'ouvrage intitulé *Dérision des Païens*, le *Traité de saint Irénée contre les Gnostiques*, le *Dialogue de saint Justin avec le juif Tryphon*, les *deux Apologies* de saint Justin, celle de Tatien et celle d'Athénagore.

Les Pères Alexandrins. — Le troisième siècle est l'époque des *Pères Alexandrins*. La science chrétienne se développe ; les preuves rationnelles abondent, et on a recours à des distinctions savantes. Il faut lutter à la fois contre les hérésies gnostiques, contre les persécutions du pouvoir et contre les doctrines enseignées dans les écoles. Cela demande d'incomparables ressources de savoir et de génie.

Les œuvres les plus remarquables de ce temps sont : les *Actes de la Conférence entre saint Archélaüs et Manès*, le fondateur du manichéisme (2), le dialogue de Minu-

---

(1) Ce mot signifie *illuminé*. A l'origine, les gnostiques furent des philosophes mal convertis, qui entreprirent « d'accommoder la théologie chrétienne au système de philosophie dont ils étaient prévenus. » (Bergier). Ils se divisèrent en une infinité de sectes, dont chacune portait le nom de son fondateur. Leur croyance à tous était la même sur certains points. Notamment, pour expliquer l'origine du mal, ils prétendaient que le monde n'avait pas été créé par Dieu, mais par des esprits inférieurs, sortis de Dieu par émanation. Il paraît que cette hérésie remonte au temps des apôtres; en tout cas, plusieurs savants ont cru reconnaître les gnostiques au tableau tracé par saint Paul dans sa première épître à Timothée. (Ch. vii, v. 20).

(2) Manès admettait deux principes créateurs ou formateurs du monde : l'un bon et auteur du bien, l'autre mauvais et cause du mal. Ce système a

tius Félix, intitulé *Octavius*, ceux des ouvrages de Tertullien qui appartiennent à la période de son orthodoxie, le *de idolorum vanitate* de saint Cyprien, les écrits de Clément d'Alexandrie et ceux d'Origène.

De Clément d'Alexandrie, nous avons l'*Exhortation aux Gentils*, le *Pédagogue* et les *Stromates*. Il y a un lien étroit entre ces ouvrages : le premier est une réfutation des erreurs du paganisme ; le second est une instruction adressée à ceux qui ont abandonné les fausses doctrines, et le troisième est une initiation à la sagesse, à l'usage de ceux qui sont déjà affermis dans la foi et ont renoncé à leurs vices.

La *Défense du christianisme contre Celse* est l'un des ouvrages les plus remarquables d'Origène. Le savant professeur a eu d'illustres disciples, entre autres saint Denis d'Alexandrie et saint Grégoire le Thaumaturge, qui, dans son *Discours pour Origène*, nous a laissé de précieux détails sur l'enseignement de son maître à Césarée.

Les Pères du quatrième et du cinquième siècle. — Les divers travaux que nous venons d'indiquer ont préparé la dernière période de l'époque des Pères. Distinguer à propos, définir les termes, préciser les propositions, exposer avec ordre, déterminer la vraie méthode, tous ces procédés, familiers aux Pères Alexandrins, devenaient indispensables à leurs successeurs. On était à l'époque d'Arius, de Porphyre, de Julien l'Apostat. Plus que jamais, les défenseurs de la foi chrétienne se trouvaient aux prises avec les philosophes, les hérétiques et les puissants du jour. Il est vrai, des hommes tels que saint Athanase, saint Basile, saint Grégoire de Nazianze pouvaient soutenir la lutte.

---

duré fort longtemps. Il a pris des formes très diverses et a eu des défenseurs illustres. On sait que saint Augustin, avant sa conversion, donna dans l'erreur des Manichéens. Un jour, saint Thomas, à la table de saint Louis, s'écria, non sans frapper avec quelque vigueur sur la table : « Je puis enfin conclure contre les Manichéens » Saint Louis fit aussitôt appeler un secrétaire, afin que, l'argument décisif une fois mis par écrit, son auteur pût faire trêve aux méditations qui l'absorbaient.

Pour tenir tête à leurs adversaires, ils sentirent le besoin de coordonner les dogmes, d'en montrer l'harmonie, d'en faire la synthèse. Tel fut le but de leurs efforts. Eusèbe et Lactance sont remarquables par les travaux qu'ils entreprirent en vue d'atteindre ce but (1). Ils n'y réussirent pas pleinement. Cet honneur était réservé aux Pères du ve siècle, à saint Augustin surtout.

Quelle glorieuse époque que celle qui, dans ses fastes, a pu inscrire, à côté du nom de l'évêque d'Hippone, ceux de saint Jean Chrysostome, de saint Jérôme, de saint Cyrille d'Alexandrie, de saint Vincent de Lérins, de saint Paulin de Nole! De tous ces noms glorieux, celui de saint Augustin évoque une figure particulièrement intéressante au point de vue spécial qui nous occupe.

Saint Augustin. — Né en 354, à Tagaste, ville de Numidie, saint Augustin eut pour père Patrice, et pour mère sainte Monique. Il étudia successivement à Madaure et à Carthage ; mais, en même temps, il se livra à tous les plaisirs. Il enseigna l'éloquence à Carthage, à Rome et à Milan. C'est dans cette dernière ville que la parole de saint Ambroise le ramena au catholicisme. Il avait langui neuf ans dans l'hérésie des Manichéens. Il fut baptisé à l'âge de 32 ans. De retour en Afrique, on l'ordonna prêtre, et, plus tard, il devint évêque d'Hippone, où il mourut en 430, pendant le siège de cette ville par les Vandales.

Esprit de conciliation qui le caractérise. — Plus que personne, saint Augustin a réalisé l'harmonie des doc-

---

(1) La *Préparation évangélique* d'Eusèbe met en relief les différences qui séparent la philosophie païenne et le christianisme. En même temps, elle fait ressortir le caractère rationnel de la foi chrétienne. Ce livre sert d'introduction à un autre du même auteur : *la Démonstration évangélique*, où la loi est établie sur son fondement immédiat, qui est l'autorité de la parole divine.

Lactance manifeste avec plus de netteté encore qu'Eusèbe, le dessein de relier tous les enseignements du christianisme. « Si l'on a écrit, dit-il, les institutions du droit civil pour mettre fin aux contestations, combien plus avons-nous raison d'écrire les *Institutions divines*. » (*Institutions divines*, I, 1.)

trines chrétiennes. Plus que personne aussi, il a lutté pour la foi et fait face à toutes les attaques. Aux philosophes, il oppose ses premiers écrits; d'ailleurs, il ne cesse jamais de réfuter leurs erreurs. Aux politiques, il oppose sa *Cité de Dieu* et ses œuvres historiques. Quant aux hérétiques, il les combat surtout par ses traités de la *Trinité* et du *Libre arbitre*, dans lesquels il prend soin de joindre toujours le raisonnement à l'autorité.

S'il combat, c'est pour la paix. Il est, par excellence, l'homme de la conciliation. Il cherche l'accord avec les philosophes en leur montrant qu'il suffit d'écarter de leur doctrine telle ou telle erreur pour qu'ils puissent parvenir à la vérité totale. Seule, la philosophie des Epicuriens lui paraît absolument inconciliable avec la Foi (1). S'il parle aux hérétiques, il cherche à leur faire voir que chaque erreur est une vérité partielle, une vérité diminuée, et que toutes les vérités incomplètes se concilient dans les doctrines catholiques. Il ne lui paraît pas non plus impossible de s'entendre avec les pouvoirs publics. Pour cela, tout d'abord, il ne conteste ni l'autorité civile, ni la gloire légitimement acquise par ceux qui ont exercé le pouvoir; il cherche ensuite à faire entendre que la prospérité des Etats est due à la vertu des citoyens, tandis que la ruine des cités a pour cause principale la corruption. La religion est donc une grande force sociale, car elle favorise la vertu et lutte sans cesse contre le vice.

En tout ordre de choses, saint Augustin cherche à établir des relations. Par exemple, il compare sans cesse l'histoire de l'homme intérieur avec l'histoire de la civilisation, et il aime à expliquer la suite des faits historiques. A ce titre, on doit lui réserver une place d'hon-

---

(1) Ce n'est pas étonnant. La philosophie d'Epicure a été, chez les anciens, la plus nette expression de l'empirisme. A aucun point de vue elle n'est conciliable avec la foi chrétienne. Pour les Epicuriens, ce monde s'est formé par le concours des atomes ; l'âme est elle-même un composé d'atomes, et le principe de la morale est le plaisir. Ces enseignements sont la négation même de toute philosophie. A plus forte raison sont-ils opposés à ceux de la vraie religion.

neur parmi ceux qui ont écrit la philosophie de l'histoire. Il est d'ailleurs impossible de l'écrire avec plus de sympathie pour l'humanité. Dans l'erreur, saint Augustin cherche des traces de la vérité; dans le mal, il découvre quelque bien; dans l'idolâtrie, il aperçoit des vestiges de la tradition; partout enfin il trouve un élément d'amélioration.

Analyser ses ouvrages, dire quelle a été sa méthode, exposer sa doctrine, nous ne le pouvons pas. Qu'il nous suffise donc d'avoir indiqué ce qui le caractérise comme philosophe. Au reste, un court exposé des idées les plus familières aux Pères, en philosophie, nous donnera occasion de faire connaître quelques-unes des vues sublimes de ce très grand génie.

§ III. — Caractères particuliers de la philosophie des Pères.

Tout d'abord, les Pères en général, et saint Augustin en particulier, ont cette ferme croyance que la vérité est au dedans de l'âme, et que la parole extérieure ne fait que la lui manifester, comme le portrait d'un ami absent fait reconnaître ses traits oubliés.

1º La croyance au Verbe intérieur. — Saint Augustin a écrit un livre intitulé *de Magistro*, où il montre que l'homme n'a qu'un seul maître, qui est tout intérieur. Tel est l'enseignement qu'il substitue à la doctrine platonicienne de la réminiscence. Selon lui, l'âme a des rapports intimes avec les vérités immuables; elle voit ces vérités à la clarté d'une lumière incorporelle, comme l'œil voit les objets à l'aide des rayons lumineux qu'ils réfléchissent.

Cette doctrine, saint Augustin la reproduit un très grand nombre de fois dans ses œuvres; sans aucun doute, elle représente l'une des idées maîtresses de sa philosophie. Bornons-nous à citer ce remarquable passage des confessions : « Si nous voyons l'un et l'autre que ce que vous affirmez est vrai, si nous voyons également l'un et l'autre que ce que j'affirme est vrai, où donc, je vous prie, le voyons-nous ? Certes, je ne le vois pas en vous ; vous ne le voyez pas en moi, mais nous le voyons tous deux dans la même vérité immuable, laquelle est placée au-dessus de nos âmes ». (*Confessions*, XII, 21) (1).

2° **La tendance au renouvellement moral.** — « Toute âme raisonnable, dit encore saint Augustin, n'est pas appelée à voir ainsi les choses à la lumière divine, mais seulement l'âme pure et sainte ». Ces paroles résument une autre doctrine chère à saint Augustin, à savoir : la nécessité de purifier sa conscience pour se préserver de l'erreur en matière de philosophie ou de foi religieuse. Assurément, tout homme participe de la lumière éternelle, par le fait même qu'il possède les premiers principes de la raison, mais, pour bien user de ces principes, pour aller « jusqu'au bout de sa raison », il faut « être plus qu'homme », il faut avoir une assistance spéciale de Dieu, et cette assistance n'est assurée qu'aux âmes pures. Le livre des *Confessions* est comme la preuve vivante de cette doctrine, qui d'ailleurs est bien celle de tous les Pères ; de nombreux témoignages en font foi.

« Clément d'Alexandrie écrit les trois livres *du Pédagogue* pour montrer que la Religion et la sagesse doivent commencer par l'éducation de l'âme, en l'exhortant aux bonnes mœurs, en lui traçant la règle de ses actions et en purifiant ses affections. Lorsque le païen Autolycus dit à saint Théophile, qui avait entrepris de le convertir : « Montre-moi ton Dieu », Théophile lui répond : « Montre-moi ce que tu es, parce que Dieu ne peut être

---

(1) Il ne serait pas légitime de conclure de ces paroles de saint Augustin, que nous voyons toutes choses en Dieu dès la vie présente. Malebranche, on le sait, s'est trompé à cet égard. Saint Augustin, comme tous les Pères, est d'avis que, sur cette terre, nous n'avons pas, par les seules forces de notre nature, l'intuition directe de Dieu ; par conséquent nous ne voyons rien en Lui. Voir toutes choses en Dieu, dit saint Thomas, est le propre des bienheureux dans le ciel. La lumière divine qui nous éclaire, ajoute-t-il, est la cause de nos idées ; nous les formons par elle ; nous ne les voyons pas en elle. (Voyez *Somme théologique*, 1re partie, qu. 84, art. 5.)

connu tant que l'œil de l'âme n'est pas purifié, et que l'oreille du cœur n'est pas ouverte. » Les Pères tiennent pour un axiome cette parole du livre de la Sagesse : « *Clara est et quæ nunquam marcescit sapientia, et facile videtur ab his qui diligunt eam.* » (1) (Augusto Conti, *Histoire de la philosophie*, leçon 22). Saint Grégoire le Thaumaturge nous apprend qu'Origène commençait son enseignement par la réforme des mœurs ; il ajoute que, de son temps, les philosophes étaient fort méprisés, parce qu'ils ne savaient pas mettre leur vie en harmonie avec leurs paroles. A ceux qui établissaient un parallèle entre les miracles de Jésus-Christ et les prodiges d'Apollonius de Tyane ou les phénomènes étranges produits par les magiciens, les Pères répondaient simplement : « Tout cela ne renouvelle pas l'homme ». La rénovation morale de l'homme par la pureté du cœur était donc, à leurs yeux, une condition essentielle de la lumière de l'esprit. L'expérience prouve qu'ils avaient raison. Selon le mot de l'Evangile, il faut réaliser la vérité morale dans sa conduite, pour découvrir la vérité parfaite, qui est Dieu : « *Qui facit veritatem venit in lucem* » (Saint Jean, ch. III, v. 21).

3° **Dieu, regardé comme l'universelle harmonie.** — Dans cette parfaite vérité, les Pères voyaient la pleine réalisation de leur idéal, qui, nous le savons, était la conciliation de toutes les vérités partielles, l'harmonie universelle des doctrines. La théologie et la philosophie, la foi et la raison, l'autorité et la discussion, le mystère et l'évidence, tout se concilie en Dieu, et cette union n'a rien de forcé ; elle n'est pas une superposition arbitraire, elle est une merveilleuse harmonie. Point de séparation, point de confusion entre les vérités de l'ordre naturel et celles de l'ordre surnaturel ; ces deux ordres sont comme deux tiges issues d'une même racine. La Révélation et la Raison sont deux rayons partant d'un même foyer. Sans doute, la Raison ne doit rien accepter

---

(1) « La sagesse est pleine de lumière, et sa beauté ne se flétrit point. Ceux qui l'aiment la découvrent aisément. » (Sagesse, Ch. VI, v. 13.)

qui lui soit étranger, mais ce qui, considéré en soi, est étranger à la raison, la raison peut le faire sien, et ainsi le faire rentrer dans son domaine. L'affirmation du témoin est étrangère au juge, mais, quand le juge a reconnu cette affirmation comme digne de foi, elle entre dans sa conscience et devient la règle de son jugement. Ainsi l'intelligence admet la révélation aussitôt qu'elle en découvre le caractère rationnel. Alors, disent les Pères, la parole intérieure se reflète dans la parole extérieure.

Non seulement Dieu est la vérité totale, harmonie suprême de toutes les vérités, mais il est la cause universelle, le principe, le soutien et la fin de toutes choses. Créateur du monde, il a tout produit; sa vertu divine conserve tout et dirige tout vers une fin suprême, qui n'est autre que lui-même. Il est donc, à la fois, la synthèse des idées et l'auteur des choses; il est la vérité et l'être, le Dieu des sciences et le Dieu du monde.

Conclusion. — Surtout il est le Dieu de l'âme humaine, et sa lumière éclaire tout homme venant en ce monde. Cette lumière, nul ne peut la contempler; c'est par elle, pourtant, que l'intelligence humaine connaît la vérité. « Personne ne peut voir Dieu tel qu'il est; cependant, personne n'a le droit d'ignorer Dieu. » (*Saint Augustin*).

CHAPITRE XI.

LA PHILOSOPHIE SCOLASTIQUE. — SAINT THOMAS.

La disparition de l'école d'Alexandrie sous l'influence du dogme chrétien exposé, défendu et expliqué par les Pères, marque la fin de la philosophie païenne. Presque en même temps, (1) l'empire d'Occident s'écroule ; de toutes parts les barbares l'envahissent ; c'est un monde qui finit.

Trois siècles plus tard, en 800, Charlemagne est couronné à Rome, et une ère nouvelle commence. Dans l'intervalle, la vie intellectuelle de l'Europe semble anéantie ; à cet égard, le pays d'Occident est comme une grande plaine couverte d'une neige épaisse : tout paraît mort. Mais, de même que, durant les frimas de l'hiver, la vie sommeille au sein de la terre, ainsi, pendant l'invasion des barbares, les connaissances humaines, menacées d'une ruine irréparable, trouvent un asile assuré dans les monastères fondés par l'Eglise. Des hommes tels que Boèce, Cassiodore, Isidore de Séville, Bède le Vénérable, conservent avec soin le précieux dépôt de la science, et préparent cet essor magnifique de la raison humaine, qui nous a valu une philosophie à la fois chrétienne, savante et respectueuse de l'autorité, la philosophie scolastique.

§ I. — La Philosophie Scolastique.

Tels sont en effet les caractères de cette philosophie : fidèle au dogme chrétien, elle en cherche l'intelligence ;

(1) Le chef hérule Odoacre s'empara de Rome en 476, environ cinquante ans avant la dispersion des philosophes néo-platoniciens d'Athènes.

en possession d'une physique très imparfaite, elle a du moins le génie de l'observation; se réclamant sans cesse d'Aristote, de Platon, de saint Augustin, des Pères et des auteurs les plus variés, elle n'abdique jamais sa liberté d'interprétation.

Accusations injustes contre cette philosophie : 1° Le manque d'originalité. — Ce que nous avons dit précédemment (1) pour expliquer ces traits distinctifs de la philosophie scolastique, nous dispense d'insister sur un grief très souvent relevé contre cette philosophie : le manque d'originalité. Saint Thomas se laisse moins surprendre par l'autorité d'Aristote que Malebranche par celle de Descartes, Cousin par celle de Kant, et les positivistes par celle de Comte.

2° La stérilité. — L'essentiel d'ailleurs, ce n'est pas d'être original, c'est d'être dans le vrai, c'est de donner une forte nourriture à l'esprit. La scolastique, a-t-on dit, est une philosophie aride, rebutante, stérile. — Comment admettre une pareille assertion, quand on se rappelle que les plus illustres docteurs scolastiques ont pu compter jusqu'à cinq mille auditeurs? Pourtant, à cette époque, la population des villes, surtout la population lettrée, était bien moins considérable qu'aujourd'hui !

3° L'abus du syllogisme. — Pense-t-on que, pour réussir à captiver de tels auditoires, ces grands hommes aient tant abusé du syllogisme qu'on veut bien le dire? L'abus du syllogisme, l'étude exclusive de la logique, autre grief très souvent formulé contre la scolastique. — Il faudrait pourtant distinguer la scolastique de décadence, et la scolastique du xiii° siècle. Alexandre de Halès, Albert-le-Grand, saint Thomas, saint Bonaventure, Duns Scot, n'abusent pas du syllogisme. L'argumentation de saint Thomas est très serrée; jamais elle ne revêt la forme syllogistique. Il n'est pas juste, non plus, de confondre les débuts de la scolastique avec la période de son plein développement. Les questions de

(1) Voyez chapitre III, § II, pages 34, 35, 36.

logique, la question des universaux en particulier (1), ont pu préoccuper assez vivement les philosophes scolastiques du xiie siècle ; il est certain que ceux du xiiie traitent surtout de métaphysique. Les opuscules de logique tiennent une très petite place parmi les œuvres de saint Thomas, et on s'étonne grandement, en lisant cet auteur, d'entendre sans cesse redire autour de soi que le problème des universaux a divisé toutes les écoles du moyen-âge. Saint Thomas ne semble pas s'en douter ; il faut croire que, de son temps, on n'y pensait plus guère ; à la vérité, ce problème était posé d'une autre manière.

D'ailleurs, que les scolastiques aient abusé ou non du syllogisme, qu'ils aient ou non consacré trop de temps à la logique, incontestablement, ils ont contribué à la clarté et à la précision de notre langue. Par là même, ils ont puissamment aidé à la formation du génie français. Si nous avons tant besoin de nous bien entendre quand nous pensons, de mettre de l'ordre dans nos idées, de parler une langue nette et précise, de l'aveu même des adversaires de la scolastique, c'est aux philosophes de cette école que nous le devons.

Trois périodes de la scolastique. — Il nous sied donc mal de l'attaquer sans cesse. Tout au moins, pour l'attaquer, faudrait-il la bien connaître. Ses adversaires

(1) Le problème des universaux est celui-ci : Quelle est la valeur de nos idées générales ? Porphyre, dans son *Isagoge* ou Introduction, alors commentée par tous les maîtres, pose ce problème en ces termes : « Quant à dire si les genres et les espèces existent réellement, ou seulement dans notre entendement, et si, dans le cas où ils subsistent, ils sont des choses corporelles ou incorporelles, et s'ils existent séparés des choses sensibles ou bien dans les choses sensibles elles-mêmes, je refuse de me prononcer, parce que c'est là une entreprise très haute et qui exige de plus profondes recherches. » (Porphyre, *Introduction aux œuvres d'Aristote*). Les scolastiques du xiie siècle s'efforcèrent de résoudre ce problème, et en cela ils firent une œuvre utile : ils préparèrent la solution d'une question fort grave en elle-même, puisqu'il s'agit en définitive de savoir si quelque réalité correspond à nos idées. La science ayant pour objet l'universel, c'est elle-même qui est en cause. Pouvons-nous savoir quelque chose ? Telle est au fond la question posée.

Roscelin enseigna que les universaux ne sont que des mots. (Nomina-

comme ses amis doivent surtout se souvenir qu'elle comprend trois périodes bien distinctes.

Fondée par Alcuin (1), dans le palais de Charlemagne, elle se développe lentement jusqu'à la fin du xiie siècle. Dans ces débuts laborieux, la dialectique absorbe l'attention des penseurs, et les grands problèmes logiques passionnent les esprits. La métaphysique, pourtant, n'est pas oubliée; elle ne saurait l'être, car les problèmes qu'elle pose sont étroitement liés à ceux de la logique. Un panthéisme hardi s'affirme et se propage, soutenu par Scot Erigène, Amaury de Chartres, David de Dinan.

Par contre, Lanfranc, saint Anselme, saint Bernard, défendent énergiquement la saine philosophie et le dogme catholique, ce qui n'empêche pas Hugues et Richard de Saint-Victor de se faire un nom, bien que, dans leur méthode, le sentiment tienne une plus grande place que la raison.

Avec Pierre Lombard, le *Maître des sentences*, et Alain de Lille, le *Docteur universel*, commence la seconde période de la philosophie scolastique. Cette période comprend tout le xiiie siècle et une partie du xive, jusqu'à Ockam. Grâce aux travaux d'illustres docteurs, la langue se précise, le raisonnement devient

---

lisme). Abélard, son disciple, y vit de simples concepts de notre esprit. (conceptualisme). Guillaume de Champeaux estimait, au contraire, que toute idée générale correspond à une chose en soi. (réalisme). Selon saint Anselme, les universaux ne sont pas de purs mots; ils sont bien des concepts généraux de l'esprit (universel réflexe), mais, en même temps, chacun d'eux exprime la nature de la chose qu'il représente. (universel direct).

(1) Alcuin naquit à Yorck, en 735. Élevé à l'école d'Egbert, évêque de cette ville, il fut instruit dans toutes les connaissances de son temps. Charlemagne l'ayant rencontré en Italie, en 780, il désira se l'attacher, pour relever les études dans son empire. Alcuin fit recueillir et réviser les auteurs latins qu'on possédait alors; il restaura les écoles déjà existantes et en fonda de nouvelles. Il fonda notamment l'école *palatine*, qui fut l'école par excellence; d'où, plus tard, le nom de philosophie de l'École, donné à la philosophie scolastique. En 800, Alcuin obtint de quitter la cour. Il se retira au monastère de Tours, où il mourut en 804.

de plus en plus serré, la défense religieuse est bien conduite, et une puissante synthèse philosophique s'accomplit. Alexandre de Halès, Albert-le-Grand, saint Thomas, saint Bonaventure, Duns Scot, comptent, à coup sûr, parmi les maîtres de la pensée humaine. Saint Thomas est le plus célèbre d'entre eux. Longtemps encore il présidera à l'éducation rationnelle de tout philosophe chrétien vraiment digne de ce nom. On peut même dire que quiconque dédaigne d'étudier sa doctrine, ne mérite pas d'être appelé philosophe, car le vrai philosophe ne se montre jamais exclusif et étroit.

A la fin du xive siècle commence la décadence de la scolastique. Une terminologie barbare et obscure, semblable à une végétation parasite, surcharge la langue; des subtilités inutiles ôtent à l'enseignement son intérêt; le sens critique disparaît; on accumule les textes et on ne sait plus les interpréter; enfin on oublie que toute théorie sérieuse doit reposer sur l'observation des faits. Dès lors, la théologie se sépare de la philosophie, et, de toutes parts, des adversaires se lèvent pour accabler une philosophie qui tombait assez d'elle-même, sous le poids de ses propres excès. Dès le xvie siècle, c'en est fait, du moins pour un temps, de la philosophie scolastique. Il importait d'indiquer les principales phases de son histoire et de marquer les caractères de chacune d'elles, car on est exposé à la juger mal, en imputant aux scolastiques de la grande époque ce qui ne peut être affirmé que de leurs devanciers ou de leurs successeurs.

Pour ce qui est de la scolastique du xiiie siècle, elle est comme personnifiée en saint Thomas d'Aquin. A cause de cela, nous consacrerons quelques pages à cet illustre théologien philosophe, surnommé l'*Ange de l'Ecole*.

§ II. — Saint Thomas d'Aquin.

Sa famille. — « Saint Thomas, dit le Père Lacordaire, était par ses ancêtres paternels, neveu de l'empereur

Frédéric Barberousse, cousin de l'empereur Henri VI et de l'empereur Frédéric II ; par ses ancêtres maternels, il appartenait à ces chefs normands qui avaient produit les Robert Guiscard, les Tancrède, les Bohémond, noms célèbres, dont les derniers se rattachent, dans la mémoire de la postérité, à l'épopée des croisades. C'était donc un descendant des deux maisons les plus guerrières du moyen-âge, la maison de Souabe et la maison normande de Sicile, et ainsi, dans toute la force du terme, un grand seigneur et même un prince... Mais de là, tout d'un coup, il s'élança jeune encore à l'autre extrémité des choses humaines,.... il revêtit l'habit de moine mendiant. » *(*LACORDAIRE, *Discours pour la translation du chef de saint Thomas d'Aquin.)*

Sa vocation. — « C'est à Naples, au moment où son merveilleux génie commençait à se révéler, qu'il entra dans l'Ordre des Frères Prêcheurs. Son père, le comte d'Aquin, sur le conseil des Bénédictins du Mont-Cassin, l'avait envoyé à l'Université de Naples pour achever ses études. Là, il avait appris la rhétorique et la philosophie à l'école de deux hommes célèbres, Pierre Martin et Pierre d'Hibernie ou d'Irlande. « Modeste et silencieux, il n'avait pu cacher entièrement la force de son intelligence, et quand on l'obligeait de parler, il expliquait la leçon avec une clarté, une précision, une supériorité qui remplissaient d'étonnement ses condisciples et ses professeurs. A quelles dignités n'eût pu prétendre ce jeune prince, si proche parent de l'empereur ! Mais lorsqu'il avait à peine seize ou dix-sept ans, il demanda l'habit de saint Dominique, afin de renoncer à tous les honneurs et de vivre d'aumônes. » (DARRAS, *Vie des Saints*, le 7 mars.)

Opposition de sa famille. — Théodora, sa mère, s'opposa vivement à son entrée dans un ordre alors peu connu. Saint Thomas fit preuve, en cette circonstance, d'une décision rare. Il triompha, après deux ans, de la tendresse, de la violence et même des embûches les plus périlleuses. Pendant ces deux années, il vécut prisonnier dans la tour du château de Rocca Secca, où habitait sa mère. Chaque jour ses deux sœurs venaient le visiter ; seules, elles avaient la permission de le voir. Elles pensaient ébranler sa résolution par leurs caresses et leurs conseils affectueux ; ce fut lui qui les gagna à Jésus-Christ.

Théodora comprit alors qu'il était inutile de prolonger une telle lutte. Elle avait eu tort même de l'entreprendre. Ne voulant pas désavouer sa conduite devant tous, elle fit avertir secrètement les Frères Prêcheurs de venir chercher son fils, et saint Thomas leur fut remis au pied de la tour, d'où ses deux sœurs l'avaient descendu dans une corbeille.

Ses études. — La solitude de Rocca Secca n'avait pas nui au développement de son génie. Il avait lu, prié, médité. La *Bible*, l'*Organon* d'Aristote, le *Livre des Sentences* de Pierre Lombard, l'avaient préparé à de nouvelles études.

Jean le Teutonique, général des Dominicains, l'envoya suivre des cours de théologie à Cologne, sous Albert-le-Grand. « On connaît le mot de ce savant religieux sur son silencieux élève : « Nous appelons Thomas un bœuf muet, dit-il, un jour qu'il l'avait entendu avec admiration expliquer les plus difficiles questions de la théologie, mais, par sa doctrine, il poussera un tel mugissement que sa voix retentira par tout le monde. »

Son enseignement. — « En effet, à Paris, où il acheva son cours de théologie avec un grand éclat, à Cologne, où il revint professer en 1248, à l'âge de vingt-deux ans, et où il publia ses *Commentaires sur Aristote*, il parut sans égal. En 1252, il expliqua le *Livre des Sentences* dans l'Université de Paris, au milieu d'une foule innombrable. Quel empressement de s'instruire, quelle connaissance générale de la philosophie et de la théologie il y avait en ce siècle où des milliers d'hommes comprenaient un tel homme, et se passionnaient pour la solution des plus hauts problèmes qui aient éprouvé les forces de l'esprit humain ! » (DARRAS, *Vie des Saints*.)

Son doctorat. — Le 23 octobre 1257, saint Thomas fut reçu docteur, en même temps que saint Bonaventure, son ami ; ce dernier appartenait à l'ordre des Franciscains. Tous deux plaidaient alors devant le pape la cause des ordres mendiants, que l'Université de Paris voulait priver du droit d'enseigner. Par leurs paroles éloquentes, par leurs savants écrits, ils épargnèrent à l'Université une criante injustice, et aux ordres mendiants une grave injure.

Ses prédications. — « En 1261, le pape Urbain IV appela saint Thomas à Rome. Il le voulait élever aux dignités ecclésiastiques, mais le saint s'y refusa constamment. Il prêcha et enseigna à Rome, à Viterbe, à Orvieto et à Pérouse, partout enfin où le pape résidait et séjournait. Il parlait avec tant de simplicité, d'éloquence et d'amour, que, dans le sermon qu'il fit à Saint-Pierre, le jour du Vendredi-Saint, les pleurs et les sanglots de son auditoire l'obligèrent de s'arrêter plus d'une fois. Le jour de Pâques, comme il sortait de la basilique, après le sermon, une femme qui toucha le bord de sa robe fut guérie d'une perte de sang. Il convertit aussi deux rabbins fameux, qu'il avait rencontrés chez un cardinal, et auxquels il avait entrepris de prouver que Notre-Seigneur est le Messie prédit par les prophètes. Il les avait ébranlés mais non persuadés, et, les attendant le lendemain pour reprendre la discussion, il avait passé la nuit en prières. Le matin, en arrivant, les rabbins lui dirent qu'ils voulaient se faire chrétiens : la prière avait été encore plus efficace que la parole. » (Darras, *Vie des Saints*).

Sa mort. — Sur la fin de l'année 1273, averti de sa mort prochaine, saint Thomas avait cessé d'écrire ou de dicter. Il se préparait dans le silence de la retraite à rejoindre Celui qui, plusieurs fois, à Orvieto, à Paris, à Naples, avait daigné lui parler, soit pour approuver ses écrits, soit pour lui demander quelle récompense il souhaitait. Il reçut alors de saint Grégoire X l'ordre de se rendre au concile de Lyon, pour y défendre la foi de l'Eglise en présence des Grecs. « L'ouverture du Concile devant se faire le 1ᵉʳ mai 1274, saint Thomas, quoique déjà malade, partit aussitôt. La fatigue l'obligea de s'arrêter quelques jours au château de Magenza, chez sa nièce Françoise d'Aquin, mariée au comte de Ceccano. Il s'en alla ensuite jusqu'à Fondi ; au-delà de Terracine, il fut contraint de demander l'hospitalité aux Bernardins de Fossa-Nuova. En entrant dans le cloître, il dit : « C'est ici le lieu de mon repos pour toujours », car il savait que son heure était proche. Les religieux de Cîteaux l'accueillirent avec un grand respect, et comme il resta près d'un mois avec eux, ils le prièrent de leur expliquer le *Cantique des cantiques*, à l'exemple de leur père, saint Bernard. Saint Thomas s'y refusa d'abord. « Donnez-moi, dit-il, l'esprit de saint Bernard, et je ferai ce que vous désirez ». Il céda pourtant à leurs instances, mais, sa faiblesse augmentant, il fit sa confession générale au Père Réginald, son compagnon, et se fit mettre sur la cendre pour recevoir le Saint Viatique. Quand il vit son Seigneur, que lui apportaient l'abbé et les religieux, il confessa sa foi au très saint Sacrement avec une ardeur et une tendresse qui les fit tous pleurer. Il reçut ensuite l'Extrême-Onction et répondit à toutes les prières de l'Eglise. Sentant la mort venir, il remercia les religieux de la charité qu'ils avaient eue pour lui, les pria de lui pardonner le dérangement qu'il leur avait causé, et leur recommanda de s'aimer comme les enfants d'un même Père ; puis il leva les yeux au ciel, joignit les mains et rendit son âme à Dieu avec un visage calme et riant, le 7 mars 1274, un peu après minuit. Il n'avait pas encore cinquante ans. Il était grand, assez fort, avait une belle figure, le front large, la tête grosse et peu garnie de cheveux. Les jeûnes, les austérités, le travail, avaient affaibli sa constitution ; il souffrait de grandes douleurs d'estomac. Malgré ces infirmités, et dans une vie si courte, il publia ces nombreux et immortels écrits, qu'une longue existence suffit à peine à étudier ! » (DARRAS, *Vie des Saints*.)

§ III. — L'Œuvre de Saint Thomas.

Nous avons cru devoir mettre un peu en relief cette physionomie d'un saint que, sans exagération, ce semble, Lacordaire a pu appeler « la plus sublime raison qui fut jamais ». La lutte héroïque que saint Thomas dut soutenir pour suivre sa vocation, son labeur infatigable, son renoncement absolu aux dignités, notamment le refus qu'il fit d'accepter l'archevêché de Naples, tout cela prouve assez que sa force de volonté était à la hauteur de sa puissante raison; celle-ci, d'ailleurs, était servie par une mémoire prodigieuse.

L'office du saint Sacrement, composé par saint Thomas à Orvieto, sur la demande du pape Urbain IV, en particulier l'hymne *Pange lingua* et la prose *Lauda Sion*, sont pour nous des témoins irrécusables de la tendresse de son âme. « Il n'y a pas de cœur chrétien que n'ait ému cette poésie si vraie, si simple, si sublime, et ces chants dignes des anges ». (DARRAS, *Vie des Saints*).

Ouvrages philosophiques de saint Thomas. — Parmi les œuvres nombreuses de saint Thomas (1), nous nous bornerons à citer celles qui intéressent plus particulièrement l'histoire de la philosophie. Telles sont : les *Commentaires sur Aristote*, les *Commentaires sur le Livre des Sentences*, des opuscules consacrés à des questions spéciales, par exemple, les dissertations *sur le temps, sur le lieu, sur la lumière;* des traités d'une certaine étendue sur *les facultés de l'âme*, sur les diverses parties de la logique, comme les *catégories*, la *proposition*, le *syllogisme*, le *syllogisme démonstratif*, les *raisonnements sophistiques*, la *Somme contre les gentils* et surtout la *Somme théologique*. Ce livre, le plus connu de tous ceux de saint Thomas, est l'œuvre de sa maturité. On y trouve, mieux que dans tous les autres, la pensée personnelle et définitive de ce grand génie.

---

(1) L'édition Vivès (Paris, 1880-1889) renferme 34 volumes grand in-8º à deux colonnes.

Prologue de la Somme théologique. — La première page du livre est un très court prologue : « Le docteur de la vérité catholique ne doit pas seulement éclairer ceux qui ont fait des progrès dans la science ; il doit instruire aussi ceux qui débutent. Saint Paul disait aux Corinthiens : « Je vous ai donné du lait, comme à mes enfants en Jésus-Christ, et non des viandes solides. » (1° *ad Corinth.* ch. 3) Notre dessein est donc d'exposer, dans cet ouvrage, la doctrine de la religion chrétienne en faveur des commençants. »

« Nous avons remarqué que les aspirants à la science divine rencontrent des difficultés considérables dans l'étude des écrits de divers auteurs : les questions inutiles, les articles et les arguments s'y multiplient sans mesure ; d'autre part, en exposant les choses nécessaires, on ne suit pas l'ordre logique de la science sacrée ; on traite les questions selon les livres que l'on expose ou selon les exigences de la discussion. Enfin, la répétition fréquente des mêmes choses cause de l'ennui et produit la confusion dans les esprits ».

« Voulant éviter ces défauts et d'autres semblables, nous essaierons, en comptant sur le secours divin, d'exposer brièvement et avec clarté, autant du moins que les matières à traiter le comporteront, ce qui concerne la science sacrée. »

Ce prologue indique clairement les caractères de la somme :

1° Elle est un précis de théologie, une sorte de manuel destiné à revoir et à compléter l'enseignement du maître, qui n'a pas toujours le temps d'exposer la science théologique dans son ensemble ;

2° Elle est faite d'après un plan régulier ;

3° Elle est destinée à ceux qui commencent l'étude de la théologie. Elle suppose, toutefois, une préparation philosophique sérieuse. Sans cesse l'auteur invoque, comme des axiomes, certains principes dont l'évidence n'est rien moins que manifeste pour un lecteur qui ne connaît pas la philosophie scolastique ; de même, les allusions aux principales théories de cette philosophie sont très fréquentes dans son livre. Les commençants, dont parle saint Thomas, « étaient des hommes de vingt à trente ans, dont un grand nombre avaient obtenu la licence ou la maîtrise dans la faculté des arts. A cette époque, l'étude des livres d'Aristote avait envahi la faculté des arts à un tel point qu'elle formait la partie principale des cours et le couronnement de toutes les autres connaissances ». (R. P. Simler, *des Sommes de théologie*, thèse de doctorat. 2ᵉ partie, ch. vi, page 136).

Plan général de la Somme théologique. — Il y eut au moyen âge plusieurs sommes de théologie; seulement, celle de saint Thomas est célèbre entre toutes (1). Le symbole des apôtres indique le plan général des sommes, mais le plan de saint Thomas diffère un peu de celui des autres sommistes. « Dieu, dit saint Thomas, est l'objet de la théologie, car on y envisage Dieu seul, soit considéré en lui-même, soit considéré dans les choses dont il est le principe et la dernière fin. En conséquence, la somme comprend trois parties, qui traiteront :

1º de Dieu, souverain être et créateur de toutes choses;
2º de Dieu, fin de la créature raisonnable ;
3º de Dieu fait homme, par lequel la créature raisonnable revient à Dieu.

« La seconde partie est la plus originale, celle où saint Thomas ressemble le moins aux sommistes qui l'ont précédé ou suivi. Cette seconde partie est elle-même subdivisée en deux grandes parties, qu'on a pris l'habitude d'appeler la *première de la seconde* et la *seconde de la seconde* (*prima secundæ, secunda secundæ*). La première traite de la morale en général; la seconde de la

(1) Les autres sommes de théologie les plus remarquables sont : *le Traité de la foi orthodoxe*, par saint Jean Damascène, celui *de la Division de la nature*, par Jean Scot, Erigène, la *Somme des sentences*, le *Traité des sacrements*, par Hugues de saint Victor, le *Livre des sentences*, par Pierre Lombard, la *Somme théologique* d'Alexandre de Halès, le *Grand miroir*, de Vincent de Beauvais et la *Théologie naturelle* de Raymond de Sebonde. (Cf. R. P. Simler, *des Sommes de théologie*).

morale en particulier ». (R. P. Simler, des *Sommes de théologie*, page 140).

Méthode d'exposition propre à saint Thomas. — Cette division générale forme les bases d'un vaste programme, composé de cinq cent quatre-vingt dix-sept questions. (1) Chaque question est divisée en plusieurs articles, dont le nombre moyen est de six, ce qui donne un total d'environ trois mille six cents articles. Ils sont tous rédigés suivant une marche uniforme, et commencent tous par une formule à peu près invariable : « *Ad primum, sic proceditur.* »

Tout d'abord, saint Thomas expose une série plus ou moins longue d'arguments opposés à la thèse qu'il veut soutenir : « *Videtur quod...* » Il cite ensuite un ou deux arguments qui tendent à détruire les premiers : « *Sed contra...* » Ces arguments pour et contre sont des arguments d'autorité. (2) Après cela, l'auteur donne sa réponse à la question posée : « *Respondeo dicendum...,* » puis il résout les objections énumérées au commencement de l'article : « *Ad primum ergo dicendum...* »

Cette manière de résoudre les problèmes de philosophie et de théologie rappelle singulièrement la méthode recommandée en ce siècle par Hégel : 1º Poser la *thèse* ; 2º opposer l'*antithèse* ; 3º faire la *synthèse*. Saint Thomas commence toujours par l'antithèse ; il prouve ensuite sa thèse ; enfin, par la réponse aux arguments, il concilie les affirmations opposées. (synthèse).

Cette méthode ne favorise guère, il faut l'avouer, les

---

(1) Saint Thomas en était à la quatre-vingt-dizième question de la troisième partie, quand il cessa de dicter et d'écrire. Vers l'an 1420, Henri de Gorrichen composa un supplément de quatre-vingt-cinq questions. Ce supplément est tiré des commentaires de saint Thomas sur le maître des sentences. Il renferme la fin du *Traité des sacrements* et le *Traité de la résurrection*. Il est juste de lui attribuer la même valeur qu'aux autres parties de la *Somme*, puisqu'il est formé avec des matériaux que saint Thomas avait rassemblés lui-même.

(2) Les conclusions intercalées entre les arguments d'autorité et la réponse de saint Thomas ne sont pas de lui. Chacune d'elles présente un résumé précis de la réponse qui forme le corps de l'article.

sublimes inspirations du génie, mais « elle a l'avantage d'habituer l'esprit à pénétrer jusqu'au fond des choses, à considérer les idées plus que l'expression, à peser la valeur du raisonnement sans jamais se laisser éblouir par l'attrait de la forme ; en outre, elle facilitait singulièrement les études des élèves auxquels saint Thomas destinait son recueil, en les initiant à tous les exercices alors usités dans les cours ». (R. P. Simler, *des Sommes de théologie*, page 143).

En d'autres termes, sans parler des services immédiats que la méthode d'exposition de saint Thomas a pu rendre aux élèves, elle est éminemment propre à favoriser le développement de l'esprit philosophique, qui consiste à se rendre compte, à peser le pour et le contre, à discerner le vrai du faux, à découvrir en chaque assertion « l'âme de vérité » qu'elle peut renfermer, et à concilier les vérités partielles en une vérité plus compréhensive et plus haute.

Le génie de saint Thomas. — Concilier les vérités partielles en une vérité plus haute, c'est l'une des marques distinctives du génie de saint Thomas. Sous ce rapport, il ressemble fort à saint Augustin. Il lui ressemble à un autre point de vue encore.

1º Esprit de synthèse. — De même que saint Augustin a fait la synthèse de la doctrine catholique, de même saint Thomas a puissamment coordonné la science de son temps. « Il est comme un de ces lacs majestueux et paisibles où se rendent toutes les eaux des vallées supérieures, et où elles se reposent et se purifient avant de reprendre leur cours ». (Ernest Naville).

2º Génie représentatif et créateur. — Non seulement saint Thomas a recueilli les doctrines des maîtres « comme les membres dispersés d'un même corps » ; non seulement il « les a réunies et classées dans un ordre admirable », mais « il les a tellement enrichies qu'on le considère lui-même, à juste titre, comme le défenseur spécial et l'honneur de l'Eglise ». (*Encyclique du 4 août 1879*). Ce jugement de Léon XIII ne s'accorde guère avec une opinion généralement reçue, et que M. Ernest Naville formule ainsi : « Saint Thomas est un génie représentatif, et non pas un génie créateur ». (Cf. R. P. Simler, *des Sommes de théologie*, page 144).

Si on considère comment saint Thomas, en rapprochant des membres épars, a su les animer d'une vie puissante, on s'aperçoit très bien que M. E. Naville n'est pas entièrement dans le vrai. Saint Thomas est un génie représentatif, sans doute, mais il est créateur à sa manière. Le savant, par l'union intime d'éléments divers, produit des composés dont les propriétés ne ressemblent en rien à celles des corps qui ont servi à les former. Ainsi, en mettant les doctrines en présence, saint Thomas crée une philosophie nouvelle, et sa philosophie est nouvelle à force d'être vraie.

3º Ferme bon sens. — Il n'est donc pas juste d'apprécier l'œuvre de saint Thomas comme fait M. Fouillée : « Au fond, dit-il, point d'idée vraiment originale en métaphysique ; c'est une œuvre artificielle, où n'éclate que la puissance de coordination ». (*Histoire de la philosophie*, pages 206, 207). Si les qualités dominantes de saint Thomas ne sont pas l'invention et l'audace, il a tout au moins une originalité indéniable, celle d'une « haute et ferme raison », d'un « bon sens élevé à la hauteur du génie » (Ernest Naville). A ce titre, il est bien « la plus sublime raison qui fut jamais ». Aussi ne faut-il pas s'étonner des éloges magnifiques que l'Eglise, par la voix de ses pontifes, a prodigués à saint Thomas, depuis Jean XXII, qui le mit au rang des saints, jusqu'à Léon XIII, qui nous recommande de revenir à sa doctrine et de l'enrichir des découvertes nouvelles : « *Vetera novis augere et perficere* ». (*Encyclique* du 4 août 1879).

Conclusion. — La parole de ce grand pontife n'est pas restée sans effet : elle a favorisé au plus haut point le retour à saint Thomas, et ce philosophe est maintenant plus en honneur que jamais. Ses contemporains, en tout cas, ne l'ont pas apprécié à sa juste valeur. Cela tient à la nature même de son génie, qui est représentatif et synthétique plutôt que créateur. Certains hauts sommets, vus de près, paraissent égalés par ceux qui les environnent, mais, vus de loin, ils les dominent et les effacent; ainsi saint Thomas est à nos yeux le docteur par excellence de la scolastique, tandis que, pour la plupart de ses contemporains, il n'a été qu'un professeur éminent et l'auteur d'une *Somme* mieux faite que les autres.

Par le fait même que saint Thomas attire beaucoup l'attention à l'heure présente, nous aurons, en finissant ce livre, l'occasion de donner un résumé fidèle de sa philosophie. On ne peut, d'ailleurs, mieux terminer l'histoire des principales doctrines philosophiques qu'en exposant celle que ses adversaires eux-mêmes admirent, et que ses partisans ne craignent pas de déclarer irréfutable.

Il convient donc de nous borner, pour le moment, à énoncer les thèses qui caractérisent le mieux la philosophie de saint Thomas.

1° Tout corps est formé de deux principes : le principe quantitatif, qui est la matière, et le principe qualitatif, qui est la forme.

2° L'âme humaine n'est pas simplement le principe de la pensée; elle est avant tout le principe de vie qui anime le corps.

3° Par suite de son union étroite avec le corps, l'âme ne peut agir sans le concours des organes. La pensée n'échappe pas à cette loi. Cependant, par elle-même, la pensée est inorganique. De là vient qu'elle peut survivre au corps, tandis que l'âme des bêtes, ne pouvant produire aucune opération qui dépasse l'organisme, périt avec le corps. D'ailleurs, toutes les différences qui séparent l'homme de l'animal viennent de ce que l'homme est « un animal doué de raison ».

4° La raison est le principe de la liberté. L'homme est libre parce qu'il est raisonnable. La liberté est le pouvoir de choisir à la lumière de la raison.

5° La liberté est soumise à des lois. La loi fondamentale de l'homme est de tendre au bonheur. Cette loi implique la nécessité de chercher où est le vrai bonheur et de suivre le chemin qui y conduit. La recherche du vrai bonheur est la matière du devoir. Il faut, en effet, distinguer dans le devoir une matière et une forme. La forme du devoir, c'est l'obligation, qui a son principe dans la volonté de Dieu.

6° Dieu est la cause première des choses. Il en est la cause totale aussi, car il a tout créé de rien. Il est également la fin de toutes choses ; surtout il est la fin de l'homme, et l'homme ne peut trouver le vrai bonheur qu'en Dieu. Le principal devoir de l'homme est donc la recherche de Dieu.

7° Que Dieu existe, on n'en peut douter, mais ce n'est pas une vérité d'évidence immédiate. Il faut la démontrer. C'est surtout en considérant les œuvres extérieures de Dieu qu'on parvient à démontrer son existence. Le mouvement, la contingence des choses, la causalité efficiente, la gradation des êtres, la finalité, telles sont les preuves que saint Thomas préfère.

« La doctrine de saint Thomas, dit le pape Innocent VI, a, plus que les autres, le droit canon excepté, l'avantage de la propriété des termes, de la mesure dans l'expression, de la vérité des propositions, de telle sorte que ceux qui la possèdent ne sont jamais surpris hors du sentier de la vérité, et que quiconque l'a combattue a toujours été suspect d'erreur ». (*Sermo de S. Thoma*).

« Etudiez donc la doctrine de saint Thomas, parce qu'elle est vraie et catholique, et appliquez-vous de toutes vos forces à la développer et à l'enrichir ». (*Urbain V à l'Université de Toulouse*).

CHAPITRE XII.

LA PHILOSOPHIE DE LA RENAISSANCE.

L'année même où mourait saint Thomas, Duns Scot, le *Doctor subtilis*, venait au monde. Il devait se donner la mission de réagir contre la doctrine du docteur angélique. Aux yeux de ce dernier, la raison est la première des facultés de l'homme. Notamment, si l'homme est doué d'une volonté libre, c'est parce qu'il est raisonnable : « *totius libertatis rudix in ratione constitua* ». Au contraire, Duns Scot, qu'il s'agisse de Dieu ou de l'homme, attribue la prépondérance à la libre détermination de la volonté. Saint Thomas combat le réalisme et le panthéisme. Duns Scot est réaliste, et il n'échappe au panthéisme qu'en se tenant fermement attaché aux dogmes catholiques.

§ I. — LA LUTTE DES DOCTRINES APRÈS SAINT THOMAS.

De son vivant, d'ailleurs, Saint Thomas avait pu observer, même chez ses meilleurs amis, des tendances fort différentes de cette sorte d'intellectualisme qui lui a fait placer la raison au premier rang.

Saint Bonaventure. — Jean de Fidanza, par exemple, plus connu sous le nom de saint Bonaventure, est un mystique ; c'est par le sentiment qu'il s'élève aux plus hautes vérités. On l'appelle le *Docteur séraphique*, et ce titre est bien justifié par ses œuvres. Quant à sa méthode, il en fait l'application dans son *Itinerarium mentis ad Deum*. Saint Bonaventure mourut la même année que saint Thomas, pendant le second concile de Lyon, où il siégeait en qualité de cardinal évêque d'Albano.

Roger Bacon. — Tandis qu'il était général des Franciscains, il avait cru devoir sévir contre un moine d'Oxford, Roger Bacon, qu'il fit venir à Paris et retint longtemps dans une sorte de réclusion, avec défense d'écrire et d'avoir des livres.

Roger Bacon s'adonnait au recherches expérimentales, beaucoup plus qu'à la théologie. Sans doute, il fut un précurseur de son homonyme, le chancelier Bacon, mais il fut aussi, comme François Bacon d'ailleurs, un détracteur ardent de la philosophie scolastique. Le successeur de saint Bonaventure ne se montra pas plus indulgent envers Roger Bacon que saint Bonaventure lui-même. D'ordinaire, on a bien soin d'attribuer à l'étroitesse d'esprit et à l'intolérance la réclusion que dut subir par deux fois ce « pauvre moine franciscain », mais on omet de parler de son attachement à ses propres idées, de son dédain pour celles d'autrui, de ses exagérations et de son zèle amer. Il manquait totalement de mesure. De là toutes ses difficultés.

Albert-le-Grand et Vincent de Beauvais s'occupaient beaucoup de physique et d'histoire naturelle. De l'aveu même des savants de notre temps, ils tiennent une place honorable dans l'histoire de ces sciences. Personne pourtant ne songea à les faire emprisonner. C'est qu'ils savaient respecter leurs adversaires et ne négligeaient pas l'étude la plus en honneur à cette époque, et aussi la plus indispensable, eu égard aux circonstances, celle de la théologie.

Raymond Lulle. — On ne songea pas davantage à sévir contre un autre homme qui, sans être hostile à la philosophie scolastique, contribua certainement à la discréditer. Raymond Lulle passa cinquante années de sa longue vie à inventer et à colporter une méthode qui devait dispenser de réfléchir, et permettre de devenir savant sans rien apprendre. L'*Ars magna* était une sorte de machine à combiner des concepts, en vue de former des raisonnements applicables à toutes sortes de démonstrations. Pour faire accepter sa méthode, Raymond Lulle fit de continuels voyages. Il parcourut l'Europe et l'Asie. Il alla plusieurs fois en Afrique, où les mahométans finirent par le mettre à mort.

Que de gens ont jugé la philosophie scolastique d'après l'*Ars magna* de Raymond Lulle ! Quant à nous, si nous mentionnons en quelques lignes cette bizarre entreprise, c'est simplement pour compléter la description des tendances diverses qui se manifestaient parmi les contemporains de saint Thomas, et pour aider à comprendre comment il se fait qu'un philosophe et un théologien de cette valeur ne fut pas unanimement accepté par ceux de son époque. Son mérite éminent était incontesté, et plusieurs, même en dehors de son Ordre, avaient déjà de lui la haute idée que nous en avons maintenant. Malgré cela, à peine était-il mort, que sa doctrine fut vivement attaquée, et, au dire de quelques historiens, Albert-le-Grand fit, en 1277, le voyage d'Allemagne à Paris pour la défendre.

Ces luttes de doctrines étaient, sans doute, favorisées par l'esprit de famille. Chaque Ordre religieux prenait naturellement parti pour ceux de ses membres qui se distinguaient le plus par leur savoir et leur succès dans l'enseignement. Par exemple, la réaction de Duns Scot contre saint Thomas fut surtout une joute théologique entre les Franciscains et les fils de saint Dominique.

Ockam. — Elle produisit une autre réaction, celle d'Ockam. Ce dernier avait été l'élève de Duns Scot, avant d'en être l'adversaire. Il exposa et défendit, non sans succès, une doctrine franchement nominaliste. Il n'y a, selon Ockam, que des individus, et l'universel ne représente que des groupements d'individus. C'est le nominalisme le plus absolu. Ockam ne sut pas se contenter des applaudissements de ses auditeurs. Il voulut jouer un rôle politique, qui, au reste, n'eut rien de glorieux.

Dans tout le xive siècle, on ne trouve aucun autre

nom qui mérite d'être cité, si l'on excepte peut-être celui de Gerson. Très instruit, très pieux et très écouté, Gerson, comme chancelier de l'Université, eut une influence assez heureuse durant cette période troublée. Les circonstances étaient alors très peu favorables au progrès des sciences. C'était la guerre de Cent ans. Aux malheurs causés par cette guerre, se joignaient ceux qui, à l'intérieur, étaient la suite de la révolte des paysans contre les nobles, et la France, démembrée au profit de ses ennemis, se trouvait sur le point de devenir une province de l'Angleterre. Heureusement, Dieu suscita Jeanne d'Arc, et la guerre de Cent ans prit fin. (1453). On vit alors paraître une philosophie nouvelle, à laquelle on donne ordinairement le nom de philosophie de la Renaissance.

§ II. — La confusion des Idées au XVIᵉ siècle.

Cette philosophie n'est autre chose qu'une réaction violente contre la scolastique.

Réaction contre la scolastique. — L'hostilité vis-à-vis de saint Thomas est comme un signe des temps; dès qu'il s'agit d'insulter la scolastique, les esprits, si divisés sur tout le reste, s'accordent à merveille. On voit clairement les défauts de cette grande école de philosophie, et personne n'en soupçonne les mérites. Les hommes du XVᵉ et du XVIᵉ siècle étaient incapables de tirer parti d'un tel héritage. En vain la scolastique se renouvelle avec un certain éclat dans les célèbres écoles de Coïmbre et de Salamanque. Les hommes de grand mérite dont elle peut se glorifier alors : Victoria, Cano, Vasquez, Suarez, sont des théologiens plutôt que des philosophes. Ils n'empêchent en rien l'incroyable confusion des idées qui, avec la haine de saint Thomas et l'esprit de libre examen, caractérise le XVIᵉ siècle.

La confusion des idées. — Ces choses se tiennent : saint Thomas, c'est l'autorité; et la Somme théologique est à la fois une ferme et complète exposition du dogme et un riche arsenal à l'usage de ses défenseurs. Quiconque préfère la libre pensée au joug suave de la foi, ne peut manquer de prendre saint Thomas en aversion dès qu'il en entend parler. D'autre part, la libre pensée a toujours produit et produira toujours la confusion des idées. Ce qui s'est passé en notre siècle en est une preuve nouvelle et très remarquable. Directement ou par réaction, le rationalisme de Cousin a engendré une telle variété de doctrines, qu'il est fort difficile de faire l'histoire des idées de notre temps. En tout cas, le XVIe siècle ne le cède en rien au XIXe, à cet égard; cela tient à des causes bien connues, que nous nous bornerons à rappeler en peu de mots.

Ses causes. — L'année même où se terminait la guerre de Cent ans, Mahomet II s'emparait de Constantinople. Ainsi finit l'empire d'Orient. La date de cet évènement (29 mai 1453) marque aussi la fin du moyen-âge et le commencement des temps modernes.

1° La diffusion des ouvrages grecs et latins. — De plus, elle rappelle l'une des principales causes de la Renaissance : des érudits chassés de l'Orient par les Turcs, apportèrent aux Latins le goût des lettres grecques. En même temps, l'invention de l'imprimerie (1440) favorisa la diffusion des ouvrages grecs et latins, et la lecture de ces ouvrages produisit un enivrement universel.

2° Le retour offensif de l'esprit païen. — Cela alla si loin, que l'on vit « des prêtres et des religieux écrire des in-folio de commentaires sur les *Métamorphoses* d'Ovide, les *Satires* de Pétrone et les *Épigrammes* de Martial ; des évêques et des prélats, au témoignage de Melchior Cano, négligeaient la sainte Écriture et célébraient Cicéron, Platon et Aristote, plutôt que les prophètes, les apôtres et les évangélistes ; un cardinal, comme Bembo, conseillait même à des amis de ne pas lire les épîtres de saint Paul, afin de ne pas gâter leur style; on trouvait beaucoup d'écrivains, dit encore Melchior Cano, pour qui les noms de Scot, de saint Bonaventure, de saint Thomas, d'Albert-le-Grand, de saint Anselme, de saint Augustin, n'avaient aucune valeur, et qui faisaient plus de cas d'Averroès, d'Alexandre d'Aphrodise, d'Aristote et de Platon, que des apôtres saint Pierre et saint Paul et de Jésus-Christ lui-même.

« A l'exemple des lettrés, les artistes rompirent avec les traditions de l'art chrétien, de cet art en particulier qu'avait su créer la foi du moyen-âge; et, au lieu de se borner aux emprunts conciliables avec l'esprit et les mœurs de l'Evangile, ils remplacèrent le culte de l'idéal par le culte de la forme, ils sacrifièrent la beauté intellectuelle et morale à la beauté plastique. » (1)

3° **La révolte de Luther.** — On le comprend, ce retour offensif de l'esprit païen préparait à merveille la révolte de Luther (1520). Sous prétexte de réformer l'Eglise catholique, ce moine apostat fonda une religion nouvelle sur le principe du libre examen. (2)

En vérité, la parole enflammée de Luther fut une simple étincelle; tout était prêt pour l'immense incendie qui devait ravager une grande partie de l'Europe. Le dédain de la saine philosophie, l'affaiblissement de la foi, le paganisme des mœurs, les passions politiques, certains abus qui s'étaient introduits au sein même de l'Eglise (3), tout cela explique assez le regrettable succès

---

(1) Elie Blanc, *Histoire de la philosophie*, tome 1, pages 578, 579.

(2) Le principe même du protestantisme en fait voir la fausseté. Du moment que chacun demeure libre d'interpréter l'Ecriture sainte d'après ses inspirations personnelles, il n'y a plus d'unité religieuse possible; or le défaut d'unité est un signe manifeste d'erreur.

(3) L'Eglise catholique est une œuvre divine confiée à des hommes. Par le fait même, elle a eu plus d'une fois à déplorer de regrettables abus. Partout où il y a des hommes, on trouve des erreurs, des faiblesses, et même des crimes.

Comme un organisme doué d'une puissante vitalité, l'Eglise détruit ou rejette à temps les germes nuisibles qui, sans entraîner sa ruine, puisqu'elle a les promesses de l'immortalité, pourraient affaiblir son action. Elle sait se réformer elle-même. Le concile de Trente prescrivit de sages réformes et combattit énergiquement toutes les erreurs de Luther, de Calvin, de Zwingle. A aucun titre, des hommes si peu recommandables ne pouvaient avoir la mission de refaire l'œuvre impérissable de l'Homme-Dieu, la sainte Eglise catholique.

de Luther et des autres soi-disant réformateurs, dont les principaux furent Calvin et Zwingle.

4° **La raison séparée de la foi.** — Le libre examen, proclamé comme un droit sacré qu'a tout homme d'interpréter la parole divine, devint bientôt une indépendance absolue de la raison vis-à-vis de la foi. On ne pouvait manquer d'apercevoir promptement la conséquence du principe posé par Luther, et la raison, une fois livrée à ses propres conceptions, ne s'épargna aucune extravagance.

5° **Le goût excessif de l'érudition.** — Bien que le principe d'autorité fût méconnu, chacun cherchait à appuyer ses propres opinions sur la parole de quelques auteurs en renom. On se faisait d'ailleurs une gloire de posséder à fond les auteurs anciens, et d'en citer des passages à tout propos. Le pédantisme régnait en maître. Tout occupés à retenir des textes, les esprits n'avaient plus la vigueur de réflexion nécessaire à une philosophie personnelle sérieuse ; on cherchait ce qu'avaient pensé les anciens, et on ne songeait guère à se demander ce qu'il fallait soi-même penser. Ce goût excessif de l'érudition devint bientôt, au point de vue purement littéraire, un abus insupportable, et en philosophie, il engendra le scepticisme.

Plusieurs des hommes qui s'étaient ainsi nourris de l'antiquité, finirent par perdre tout souci de ce qui est vrai ou faux. Montaigne regardait le doute comme « un mol oreiller pour une tête bien faite ». Charron suivit en cela l'exemple de Montaigne.

6° **Développement prodigieux des sciences d'observation.** — Dès lors, il n'est pas surprenant que beaucoup de bons esprits aient négligé la philosophie proprement dite pour étudier avec ardeur ce qu'on appelait alors la philosophie de la nature. Ce zèle pour les sciences d'observation était d'ailleurs couronné d'un beau succès, car les plus magnifiques découvertes se succédaient rapidement. De là un engouement prodigieux : la raison humaine s'exalte, sa confiance en ses propres forces est absolue, et l'influence d'Aristote diminue d'autant. Déjà, en 1543, Pierre la Ramée, en cela précurseur de Bacon et de Descartes, avait publié ses *Animadversiones aristotelicæ*, mais le Parlement supprima ses ouvrages et lui défendit d'écrire contre Aristote.

§ III. — L'Esprit moderne au XVIᵉ siècle.

Aristote eut d'autres détracteurs encore; il eut aussi de chauds partisans, mais on peut se demander s'il y a vraiment quelque utilité à mentionner les philosophes qui, au XVIᵉ siècle, se sont fait une certaine renommée? Platoniciens, aristotéliciens, panthéistes ou mystiques, tous sont médiocres, et la liste de leurs noms ne servirait qu'à embarrasser la mémoire. Mieux vaut, ce semble, essayer de dégager de ce mélange confus de doctrines, qui s'appelle la philosophie de la Renaissance, certaines idées directrices, qui sont encore en honneur à notre époque, et que l'on se plaît même à considérer comme des traits essentiels de l'esprit moderne.

L'indépendance de la pensée. — Tout d'abord, nous avons à peine besoin de le redire, la pensée humaine ne connaît plus aucun frein. En matière de foi, un très grand nombre d'hommes s'affranchissent de l'autorité dogmatique et revendiquent la liberté de conscience, qui, à leurs yeux, est la « plus pure et la plus grande des libertés; car c'est la liberté de l'esprit et de sa plus divine partie, la piété ». — (Michel de l'Hôpital *sur le but de la guerre et de la paix*.) A la liberté de conscience se rattache la tolérance, dont le chancelier de l'Hôpital parle en ces termes : « Il est nécessaire de laisser en paix les esprits et consciences des hommes, comme ne pouvant être ployés par le fer et par la flamme, mais seulement par la raison qui domine les âmes ». (Ibidem) (1)

---

(1) Il est nécessaire aussi d'avoir des idées très nettes sur ces grandes questions de liberté de conscience et de tolérance.

1º Tout d'abord, la liberté absolue de l'esprit est-elle un droit ? autrement dit, peut-on penser ce que l'on veut ? — Non. Il n'y a pas plus de

En philosophie, nous le savons, la parole des anciens n'a plus aucun crédit ; à force d'opposer un nom à un autre, on a déprécié complètement la méthode d'autorité. C'est au point que Descartes sera accueilli comme un libérateur lorsqu'il posera en principe qu'il ne faut admettre aucune chose pour vraie qu'on ne la connaisse évidemment être telle. L'évidence personnelle substituée à la parole du maître, aucune réforme ne pouvait paraître plus opportune à l'époque où elle fut accomplie. C'était, semblait-il, l'affranchissement de la pensée. Bientôt, cependant, ce qui, aux yeux de Descartes, pouvait paraître une légitime revendication des droits de la raison, devint au XVIIe siècle, le libertinage des esprits forts, au XVIIIe, l'incrédulité, et au XIXe, la libre pensée, qui n'est pas du tout la pensée libre, mais bien plutôt une pure et simple négation des principaux dogmes chrétiens.

2° **La politique antichrétienne.** — Il n'est pas bon de séparer la raison de la foi ; il n'est pas meilleur de séparer la politique de la religion. Le pouvoir vient de Dieu ; c'est la société qui le transmet; ceux qui en sont les dépositaires doivent l'exercer pour le bien de tous. Ces trois principes résument toute la politique chrétienne. Au XVIe siècle, des idées tout opposées commencèrent à se faire jour.

---

liberté absolue de penser qu'il n'y a de liberté absolue d'agir. La liberté est un droit, c'est vrai, mais il n'y a pas de droit contre le droit. De même que la licence n'est pas la liberté, de même la pensée qui ne connaît aucun frein n'est pas la vraie liberté de l'esprit. Nous avons la liberté d'agir selon l'ordre, et, au même titre, la liberté de penser selon la vérité. En dehors de la vérité et de l'ordre, il n'y a que dévergondage de l'esprit et dépravation du cœur.

2° Est-il juste d'imposer la vérité par la force ? Le fameux « crois ou meurs ! » des mahométans représente-t-il une méthode légitime de propager la vraie religion ? — Non. La vérité entre dans les esprits par la persuasion, et non par le fer et le feu. Les Apôtres ont répandu l'Évangile par la prière, par la parole, par la patience jusqu'au martyre.

3° Le pouvoir civil peut-il employer la force pour protéger la vérité, et entraver la diffusion de l'erreur ? — Sans aucun doute, pourvu que, d'une

Hubert Languet, dans un livre intitulé *Vindiciæ contra tyrannos*, publié sous le pseudonyme de Junius Brutus, expose des principes qui ressemblent fort à ceux du *Contrat social* de Rousseau : le gouvernement est un contrat entre Dieu, le roi et le peuple ; ce contrat devient nul quand le roi ne l'observe point.

Il suit de là que le peuple a le droit de se révolter quand il se croit mal gouverné, et La Boétie, l'ami de Montaigne, dans la *Servitude volontaire* ou le *Contre-un*, montre aux hommes que, s'ils sont esclaves, c'est qu'ils le veulent bien. Pour s'affranchir, dit-il, il s'agit de le vouloir. (1)

Quand la politique se sépare de la religion, bien vite aussi elle s'affranchit des lois de la morale naturelle. Il n'est pas possible de demeurer fidèle aux principes du devoir si l'on oublie que Dieu est le garant du devoir. Machiavel n'a donc fait que mettre en lumière une conséquence logique des idées de son temps, quand, dans le livre *du Prince*, il expose une politique qui se résume en cet adage : la fin justifie les moyens.

Les doctrines de Machiavel sont détestables, mais sa méthode a du bon ; c'est l'observation des faits substituée au raisonnement pur. Machiavel étudie l'histoire; il a le sens critique, et c'est de l'examen critique du passé qu'il dégage des principes de gouvernement.

---

part, les droits du père de famille soient respectés, et que, d'autre part, la lutte du pouvoir public contre l'erreur ne soit pas la cause d'un plus grand mal. Ce dernier principe est le principe même de la tolérance ; toute répression de l'erreur qui entraînerait plus d'inconvénients que d'avantages doit être évitée. Louis XIV, par exemple, n'eût jamais révoqué l'édit de Nantes s'il eût pu prévoir les fâcheux résultats de cette mesure.

Le gouvernement n'a pas le droit de pénétrer dans l'intérieur des familles et d'exercer un contrôle sur l'éducation religieuse des enfants.

(1) Le chef de l'État n'est pas un simple mandataire du peuple, et le peuple n'a pas le droit de le renverser parce qu'il en est mécontent. Poser le principe contraire, c'est ouvrir la porte aux guerres civiles les plus redoutables.

Sans doute, quand un gouvernement s'écarte de son but, qui est le ien commun, pour administrer les affaires au profit d'un parti, il est

Oui, mais la politique tirée des faits ne tient pas compte du droit; c'est une politique purement utilitaire. Dire, par exemple, que la propriété privée est légitime parce qu'elle excite au travail et par là même augmente la richesse commune, c'est énoncer un principe qui se dégage des faits, ce n'est pas consacrer un droit. Prétendre que, dans une cité bien ordonnée, il faut sacrifier les bouches inutiles, c'est oublier que la personne humaine n'est pas un moyen, mais une fin. Elle n'est pas à elle-même sa fin, mais elle est une fin, et tous les biens d'ordre inférieur sont des moyens par rapport à elle.

Bref, la politique des faits conduit à la politique de la force, et c'est la politique du droit qui est la vraie. Si l'on veut gouverner conformément au droit, il faut avant tout respecter la personne humaine et se souvenir que, par nature, toutes les personnes humaines sont égales. Cela n'exclut pas les inégalités sociales inévitables. La Boétie a très bien mis en lumière l'égalité naturelle des personnes humaines, mais il a eu tort de penser que l'égalité naturelle de tous les hommes implique le droit de révolte contre les tyrans.

Un jurisconsulte éminent, Bodin d'Angers, s'efforça de poser les principes d'un gouvernement fondé sur le droit. Sa *République* est l'œuvre politique la plus importante du xvıe siècle, après celle de Machiavel. C'est en vain pourtant qu'on préconiserait la politique du droit, si on ne comprenait que, sans Dieu, le droit n'est qu'un mot. Quand on ne craint pas Dieu, on ne se soucie pas beaucoup du droit, car le droit n'est autre chose que

---

juste de travailler à le remplacer par un autre gouvernement, mais il ne s'en suit pas qu'on ait le droit de le renverser par la force. Pour changer un gouvernement, il faut employer des moyens en harmonie avec la constitution et les lois du pays.

Encore est-il sage d'ajouter une remarque importante : si les hommes qui gouvernent sont mauvais, ce n'est pas une preuve que la forme même du gouvernement le soit. Il faut surtout travailler à remplacer les hommes de parti par de véritables hommes d'État, n'ayant en vue que le bien de tous.

l'expression de ce qui est juste et, par là même, conforme à la volonté de Dieu. Si l'idée de Dieu est absente, la raison du plus fort est toujours la meilleure, en ce sens qu'elle l'emporte toujours.

3° **L'explication des faits par les faits.** — Il y a moins d'inconvénients à employer d'une manière exclusive la méthode d'observation quand il s'agit de déterminer les lois de la nature, que lorsqu'il est question du gouvernement des peuples. Le physicien, en tout cas, ne saurait trop consulter la nature. Les grands initiateurs de la Renaissance le comprirent bien, et rejetèrent, en physique, les explications purement verbales dont on s'était trop souvent contenté avant eux. Maintes fois on avait pris, selon le mot de Leibnitz, « la paille des termes pour le grain des choses. »

Léonard de Vinci fut des premiers à préconiser l'emploi de la méthode expérimentale. « L'expérience, disait-il, est seule interprète de la nature ; il faut donc la consulter toujours et la varier de mille façons, jusqu'à ce qu'on en ait tiré les lois universelles, et elle seule peut nous donner de telles lois ». Il paraît suprenant qu'un homme qui est surtout connu comme un grand artiste, ait pu écrire ces paroles: mais ni les artistes, ni les savants ne peuvent se dispenser d'observer la nature. D'ailleurs Léonard de Vinci fut un génie universel. L'auteur de la *Joconde* et de la *Cène* a créé l'hydraulique ; il a doté la Lombardie d'un système de canalisation, et il a dirigé les travaux de défense de plusieurs places fortes.

La méthode expérimentale produisit au XVI° siècle des résultats merveilleux. Copernic découvrit le vrai système du monde, et l'exposa dans un traité sur les *Révolutions des globes terrestres*, qui parut l'année même de sa mort. (1543). — Galilée découvrit les lois de la chute des corps et l'isochronisme des oscillations du pendule. Il construisit une lunette astronomique semblable au télescope inventé par le hollandais Métius ; il remarqua les satellites de Jupiter, les montagnes de la lune, les phases de Vénus ; il résolut la voie lactée en un amas d'étoiles. C'est dans le *Nuntius sidereus* ou *Messager des astres*, qu'il expose lui-même les magnifiques résultats de ses patientes recherches. Ses *Dialogues* sont consacrés à vulgariser les idées de Copernic, dont il se fit le défenseur. La hardiesse de son enseignement souleva de vives oppositions et fut cause d'un procès retentissant, dont les ennemis de l'Eglise ont souvent abusé.

Quoique condamné par le Saint-Office, (1) Galilée fut toujours entouré de grands égards ; il vécut comblé de biens et d'honneurs. Kepler eut beaucoup plus à souffrir des préjugés de ses coréligionnaires. Il fut à la lettre l'apôtre et le martyr de la science. C'est lui, comme cha-

(1) Dénoncé à Rome, Galilée y fut condamné deux fois, en 1616 et en 1633. Est-il besoin de dire que cette double condamnation n'a rien à voir avec le dogme catholique de l'infaillibilité pontificale ?

1° Les décrets du Saint-Office ne sont pas des constitutions dogmatiques publiées par le pape parlant *ex cathedra*, en vertu de sa mission de docteur universel.

2° Le système de Copernic, défendu par Galilée, n'a aucun rapport avec les dogmes de l'Eglise catholique. Sans doute, à l'époque où Galilée publia ses *Dialogues sur le monde de Ptolémée et celui de Copernic*, (1631) on ne comprenait pas cela aussi bien qu'on le comprit plus tard, mais Galilée ne fut pas assez prudent. Il heurta de front les préjugés aristotéliciens reçus de son temps, au sujet de l'immobilité de la terre et de l'incorruptibilité des cieux. Copernic s'était montré plus sage. Il avait présenté modestement son système comme une simple hypothèse, et l'Eglise en avait accueilli l'exposé avec une grande bienveillance. Le pape accepta même sa dédicace de l'ouvrage : *De revolutionibus orbium libri quatuor*. (1543).

3° Galilée se risqua sur le terrain de la théologie. Là encore ses hardiesses déplurent, et on n'admit pas qu'il se permît d'interpréter la Bible d'après ses théories scientifiques. Cela paraissait prématuré. Le triomphe des idées de Copernic ne devait être assuré qu'après les travaux de Newton.

Il faut bien reconnaître que Galilée était un peu téméraire; car, longtemps avant sa première condamnation à Rome, il s'était vu obligé de quitter la chaire qu'il occupait comme professeur à Pise. (1588).

Quant à la Congrégation du Saint-Office, qui condamna Galilée, c'était l'inquisition romaine transformée, depuis 1542, en une Congrégation de six cardinaux, dont la mission était de convaincre du crime d'hérésie. Il importe de bien distinguer ce tribunal de l'inquisition espagnole, fondée en 1482 par Ferdinand-le-Catholique. L'inquisition espagnole fut une œuvre toute politique, qui s'écarta absolument de l'esprit de charité de la

cun sait, qui a découvert les lois du mouvement des planètes. Son *Astronomie nouvelle* (1609) contient déjà en germe l'hypothèse de la gravitation universelle. C'était un savant profondément religieux. Selon lui, toute recherche scientifique doit aboutir à Dieu, cause première du monde.

On le voit, Kepler ne séparait pas la métaphysique de la science qui étudie la nature. Selon lui, trois choses doivent former l'objet propre de la philosophie : Dieu, l'âme humaine et le monde des corps. Il estimait, en outre, que le principe des causes finales est une précieuse ressource pour aider à faire des découvertes.

---

religion chrétienne. Elle fut blâmée par les papes Sixte IV, Alexandre VI, Léon X, Paul III, saint Pie V et Grégoire XIII. On évalue à plus de 31.000 le nombre de ses victimes.

L'inquisition romaine avait un tout autre caractère. Elle fut fondée en 1215, sous Innocent III, par le quatrième concile de Latran, à la suite des excès commis par les Albigeois dans le midi de la France, et en vue de protéger l'ordre social, sans cesse gravement menacé par les hérétiques. La répression par la guerre n'était qu'un remède violent et passager, et on ne pouvait espérer convertir tous les sectaires par la prédication. On pensa donc, grâce à une surveillance sérieuse, réussir à leur inspirer une crainte salutaire du pouvoir séculier. Des lois sévères, édictées par les empereurs, étaient alors rigoureusement mises en vigueur. Constantin avait condamné les hérétiques à l'exil ; l'usurpateur Maxime décida qu'ils seraient mis à mort (385). En vain saint Ambroise, saint Augustin et saint Martin de Tours, avaient protesté contre cette façon de combattre l'erreur ; les tribunaux civils ne cessaient d'appliquer la peine de mort aux hérétiques. L'Eglise crut devoir mettre à profit cet état de choses et tirer le bien du mal.

La surveillance des hérétiques avait été primitivement confiée aux évêques. A partir de 1232, Grégoire IX choisit les inquisiteurs en dehors de l'épiscopat, soit parmi les Frères prêcheurs, soit parmi les Franciscains. C'est à la dernière extrémité seulement que l'inquisition romaine abandonnait au pouvoir séculier les chrétiens égarés qu'on ne pouvait réussir à persuader. Pour apprécier sainement les cruelles exécutions qui eurent lieu en quelques villes, il faut tenir compte des mœurs de l'époque. On s'expose toujours à l'erreur quand on veut juger les hommes d'après une règle extérieure, un idéal tout fait, sans prendre garde aux idées, aux préjugés, aux habitudes de ceux qui ont agi. Surtout, il faut se rappeler que l'inquisition arracha à la mort « des milliers d'hommes qui auraient péri par les tribunaux ordinaires ». (LACORDAIRE, *Mémoire pour le rétablissement des Frères prêcheurs*).

Les tendances métaphysiques de Kepler ne doivent pas nous empêcher de constater qu'à son époque, la séparation de la philosophie et de la science était chose à peu près accomplie. Il faudra encore un siècle et demi pour que la physique se constitue comme science indépendante, mais, en réalité, c'est par pure habitude que l'on persiste à lui donner le nom de philosophie.

Quoi qu'il en soit, les grands savants du xvie siècle, Galilée surtout, ont eu à leur service une méthode féconde, que Bacon se chargea de réduire en préceptes. Il n'est pas juste de voir en lui l'inventeur de la méthode d'induction. Il en a été le rapporteur, simplement. Encore est-il à propos de faire observer que nos savants contemporains ne reconnaissent pas l'induction d'après la description que Bacon en a faite. Nous dirons pourquoi, en temps utile.

CHAPITRE XIII.

BACON.

N'y a-t-il pas aussi une certaine exagération à appeler Bacon le père de la philosophie moderne ? Du moins, nous allons chercher à savoir si ce titre est vraiment justifié. Ce que nous pouvons dire dès maintenant, c'est que les contemporains de Bacon n'ont pas songé à le qualifier ainsi. Ils voyaient surtout en lui un moraliste. Ce qu'il a écrit sur la méthode ne les intéressait pas au même degré que nous. Sa renommée, comme logicien, date surtout du xviiie siècle. Elle a été d'ailleurs fort discutée, et à bon droit.

Il serait assez fâcheux que Bacon méritât le titre de père de la philosophie moderne, car sa vie n'est pas de tout point conforme à l'honneur, et il est difficile d'admirer en lui la dignité du caractère.

On en jugera par une courte notice, que nous empruntons, en l'abrégeant, à M. G. Fonsegrive. (1)

Sa vie. — François Bacon naquit le 22 janvier 1561, à York-House, résidence de son père à Londres. Il était fils de sir Nicolas Bacon, qui fut, pendant plus de 20 ans, lord garde du grand sceau de la reine Elisabeth. Sa mère, Anne Cooke, était une femme du plus rare savoir et du plus brillant esprit.

A treize ans, le 16 janvier 1573, Bacon entra à l'Université de Cambridge, qu'il quitta trois ans après, sans avoir pris ses degrés. Il ne rapporta de son passage à

---

(1) Voyez l'ouvrage intitulé *François Bacon*, par Georges L. Fonsegrive (Paris, Lethielleux, 1893). Cet ouvrage nous a beaucoup servi pour la rédaction du présent chapitre.

l'Université que le dédain d'Aristote, de la scolastique et des sciences qu'on enseignait alors à Cambridge.

Bacon se mit ensuite à voyager en France. Il se trouvait à Poitiers, quand il fut rappelé en Angleterre par la mort de son père (20 février 1579). Comme il avait un frère aîné, nommé Anthony, François Bacon n'hérita que d'une très faible partie de la fortune paternelle, qui n'était d'ailleurs pas considérable. Il dut donc songer à prendre une profession qui lui permît de vivre honorablement. Pour cela, il entreprit de faire ses études de droit et les poussa même assez loin. « Peu de temps après avoir été admis à plaider, il fut nommé par Elisabeth conseil extraordinaire de la couronne. Cette position, plus honorable que lucrative, n'empêchait pas Bacon de se débattre dans les embarras d'une fortune gênée. Désespérant d'arriver directement aux hautes charges, il se résolut à prendre un détour. En 1593, il se présenta aux élections de Middlesex et fut élu membre du Parlement. » Il se distingua à Westminster par un rare talent de parole, mais il indisposa la reine par son opposition, et se vit ainsi condamné pour de longues années encore à la médiocrité.

« Cependant il s'était attaché au comte d'Essex, alors, très puissant sur l'esprit d'Elisabeth. Mais Essex avait beau prier, Bacon avait beau écrire des suppliques respectueuses et attendries, la reine demeurait inflexible. » Pour dédommager Bacon de l'insuccès de ses démarches, Essex lui fit présent du domaine de Twickenham.

Mais Essex ne tarda pas à être disgrâcié. Il conspira, et la reine fit instruire son procès. « Bacon, en sa qualité d'avocat conseil de la couronne, prit la parole contre son bienfaiteur et son ami. Ne pas parler lui eût ôté tout espoir d'être nommé solliciteur général. Bacon parla donc et il requit sévèrement. Il alla même jusqu'à composer, après la condamnation, un écrit intitulé : « *Déclaration des pratiques et trahisons tentées et accomplies par Robert, comte d'Essex.* » — « On a beaucoup blâmé la conduite de Bacon. Ceux qui prétendent que les charges publiques dispensent de tout examen des ordres donnés, « ont voulu excuser son ingratitude par son loyalisme. Ils oublient que Bacon, qui ne devait rien à Elisabeth et devait tout au comte d'Essex, avait la ressource de renoncer à sa charge et à ses espérances d'entrer plus avant dans les conseils de la couronne. Ayant à choisir entre sa reconnaissance et son ambition, Bacon préféra son ambition. Il eût sans doute mieux aimé concilier tous les intérêts, mais ni Elisabeth ni Essex ne voulurent bien s'y prêter; forcé de choisir, il choisit; son choix, sans doute, fut très humain, et l'on peut trouver beaucoup de raisons pour l'appuyer; il est difficile d'en trouver de bonnes ».

Après la mort d'Elisabeth (1603), Jacques Ier nomma enfin Bacon au poste qu'il ambitionnait depuis si longtemps (25 juin 1607). A partir de ce moment, il entra à pleines voiles dans la carrière de la fortune et des honneurs. « Son loyalisme tant vanté le porta à servir Jacques Ier de toutes les façons, et à soutenir de ses arguments et de ses plaidoyers les ressentiments et les injustices de son maître. « *Gloria in obsequio* », c'est tout ce que je puis offrir à votre Majesté, » écrivait-il au roi en lui demandant la place du chancelier dangereusement malade. Solliciteur, puis *attorney general*, greffier de la chambre étoilée, puis membre du conseil privé (1616), garde du sceau, comme son père (7 mars 1617) et enfin lord chancelier (4 janvier 1618), il fut en outre créé par le roi baron de Vérulam (12 juillet 1618) et vicomte de Saint-Alban (24 janvier 1621); il arriva ainsi au faîte des honneurs et de la puissance. Il ne devait pas tarder à descendre.

« En 1621, le Parlement s'assembla, et une de ses premières décisions fut de demander la réforme des cours de justice, et en particulier de celle de chancellerie. L'enquête qui suivit démontra des faits de concussion, dont Bacon avait profité ou qu'il avait couverts de son autorité. Il fut expressément accusé et n'essaya pas de plaider non coupable, il se contenta de s'excuser. En conséquence, il fut condamné à payer quarante mille livres sterling d'amende, et à demeurer prisonnier dans la Tour de Londres tant que ce serait le bon plaisir du roi. Déclaré incapable d'occuper aucun poste dans l'Etat, aucun siège dans le Parlement, il eut défense, sa vie durant, de séjourner où résiderait la cour (3 mai 1621).

« Ici encore, Bacon a été vivement attaqué, très vivement défendu. Pour nous, nous n'avons qu'à constater les faits. Ils sont patents, indéniables. Tout homme sent quelles excuses on peut faire valoir, toute conscience voit quel jugement on doit porter ».

Bacon ne survécut pas longtemps à sa disgrâce. « Le 2 avril 1626, il faisait une promenade quand la neige se mit à tomber. Il eut l'idée d'employer la neige à la conservation des viandes. Il descendit de voiture, acheta un poulet à une fermière et se mit en mesure de tenter aussitôt l'expérience. Le froid le saisit, et sept jours après, le 9 avril 1626, jour de Pâques, il mourut dans sa soixante-sixième année. »

Ses principaux ouvrages. — Bacon avait soixante ans lors de sa disgrâce. Il consacra ses loisirs aux travaux de l'esprit, surtout il revit soigneusement tous ses écrits antérieurs.

Un an avant sa chute, il avait publié le *Novum Organum*, dont la première ébauche, intitulée *Cogitata et visa de interpretatione naturæ*, était écrite depuis 1607. Elle demeura en manuscrit. Le titre même du *Novum Organum* indique que, dans la pensée de l'auteur, il s'agit d'une logique nouvelle, opposée à l'*Organon* d'Aristote. Ce dernier philosophe avait écrit la logique de la déduction ; Bacon pensa la remplacer par celle de l'induction (1). Ici, comme presque toujours, il y a lieu de concilier et non pas d'opposer. La logique de l'induction complète celle de la déduction.

(1) La déduction consiste à tirer une proposition d'une autre, par voie de conséquence ; l'induction, au sens où l'entend Bacon, est le passage du fait à la loi.

En 1605, Bacon avait fait paraître le premier de ses grands ouvrages philosophiques : *The proficience and advancement of learning divine and human* (1). Après sa disgrâce, il le fit traduire en latin et le donna au public sous ce titre : *De dignitate et augmentis scientiarum*.

Le *De dignitate* et le *Novum organum* sont les deux premières parties de l'*Instauratio magna* ou grande réforme des sciences, entreprise par Bacon.

L'*Instauratio magna* devait avoir six parties, mais elle est demeurée inachevée. Le *De augmentis* nous permet de conjecturer ce qu'eût été la première partie ; le *Novum organum* est terminé, du moins dans la mesure où Bacon a voulu le terminer ; des quatre autres parties, nous n'avons que des ébauches.

C'est dans le domaine de Twickenham, tandis qu'il sollicitait la faveur d'Elisabeth, que Bacon avait tracé le plan de l'*Instauratio magna*. En même temps, il avait mis la dernière main à ses *Essais de morale et de politique*, qui parurent en 1597, et furent plus tard traduits en latin sous le titre de *Sermones fideles*. Cet ouvrage eut un grand succès et força l'estime d'Elisabeth.

En 1609, Bacon publia son traité *De Sapientiâ veterum*, où il dit ce qu'il pense des sophistes de l'antiquité, c'est-à-dire de Socrate, de Platon et d'Aristote. Dans ce réquisitoire, il trouve aussi moyen de faire à la scolastique sa large part de reproches injustes.

Caractères généraux de sa philosophie. — Aux yeux de Bacon, le grand tort des philosophes anciens et de ceux du moyen-âge est de n'avoir pas compris le but de la science. Ils ont cultivé la science pour la science. Ils n'ont cherché dans l'étude qu'un vain plaisir de l'esprit; ils ont tenté d'expliquer la nature des choses, mais ils n'ont pas songé au parti que l'on peut tirer du savoir.

1º Préoccupation utilitaire. — « La fin véritable et légitime des sciences consiste uniquement à doter la vie

---

(1) Le progrès et l'avancement des sciences divines et humaines.

humaine de nouvelles inventions et de nouvelles richesses. » (*Nov. org.* I. 82). Il ne suffit donc pas de chercher l'ordre et la vérité, il faut se préoccuper avant tout de ce qui peut améliorer les conditions de la vie humaine.

2° **Recherche d'une méthode.** — Ce sont les inventions qui augmentent la puissance de l'homme et lui permettent de s'asservir les forces de la nature pour les employer à son bien-être. La découverte de la boussole n'a-t-elle pas ouvert un monde nouveau à l'activité des hommes civilisés? Seulement, cette invention, comme tant d'autres, est un don de la fortune plutôt qu'un fruit du génie. Il ne faudrait pas que les inventions fussent faites au hasard. Il importe de découvrir une méthode propre à les multiplier et à les rendre indéfiniment fécondes. L'art des découvertes est à créer. Ce ne sera pas un art particulier, ce sera l'art des arts.

3° **Tendance matérialiste.** — On le voit, Bacon subordonne la théorie à la pratique, la science à l'art, et l'art qu'il veut découvrir, c'est l'art d'être heureux en ce monde. Sans doute, il croit à la vie future ; il demeure attaché par tradition et par habitude aux principaux dogmes du christianisme, mais il n'y pense à peu près jamais ; son idéal n'est pas la vie éternelle ; le paradis qu'il rêve n'est pas réservé à un autre monde et à une autre vie, c'est un paradis terrestre. Ce n'est pas en chrétien que Bacon comprend la vie ; pour lui, le salut est dans les œuvres industrielles, et la rédemption de l'homme doit s'accomplir progressivement par la science. Il n'est pas seulement un utilitaire ; son utilitarisme est à peu près exclusivement matérialiste. Par exemple, il accorde une importance extrême à la médecine. La condition essentielle du bonheur n'est-elle pas la vie ? Vivre donc, prolonger indéfiniment la vie humaine et même la renouveler, tel doit être le but suprême de l'art. Pourtant il ne suffit pas de vivre, il faut mener une vie aisée et commode. Pour cela, il faut de l'or. La science doit donc avoir pour but de trouver le secret de la transmutation des métaux. L'élixir de longue vie et la pierre philosophale, tout est là.

4° Philanthropie. — Cependant Bacon ne veut pas que la science serve uniquement à enrichir quelques hommes. C'est trop peu pour elle d'augmenter les jouissances de quelques privilégiés. Il faut que le savant se propose un autre but que sa fortune personnelle. Il ne suffit même pas qu'il consacre ses découvertes au service des intérêts isolés de sa patrie ; le bonheur de l'humanité doit être sa principale ambition. Si l'homme avait plus d'empire sur la nature, les jouissances qui sont maintenant réservées au petit nombre pourraient devenir le partage de tous, sans qu'il en coûtât beaucoup de peine. Il importe donc d'arracher à la nature ses secrets. S'asservir à la nature par la connaissance, pour la dominer dans l'action, tel est le moyen d'obtenir d'elle le maximum de jouissance avec le minimum de travail (1) « La science donc, voilà le sceptre de la puissance, la baguette magique qui doit délivrer l'homme des maux, prolonger indéfiniment la vie, la rendre facile et douce. Par suite, tout ce qui, dans la science, n'est que curiosité et recherche spéculative sera négligé et rejeté ; la valeur des sciences se mesure à la valeur pratique de leurs résultats. » (Fonsegrive.)

§ I. — La sagesse des anciens d'après Bacon.

Voilà bien l'idée directrice de Bacon : faire servir la science au progrès de l'industrie. La méthode exposée dans le *Novum organum* n'a pas d'autre but. Quant au livre sur la *Sagesse des anciens*, il porte la trace visible des préoccupations utilitaires de son auteur. C'est d'après sa conception du but de la science que Bacon juge tous ses devanciers.

Des philosophes qui ont précédé Socrate. — Rien

---

(1) Tel est aussi le sens de l'adage si souvent cité : *Natura non vincitur nisi parendo*. On ne triomphe de la nature qu'en lui obéissant. (Bacon).

à dire des sages de la Grèce. A l'exception de Thalès, ils ont négligé la philosophie de la nature au profit de la philosophie morale. Thalès fut un vrai philosophe (1); il en faut dire autant de Pythagore, d'Empédocle, d'Anaxagore, d'Héraclite, de Démocrite et de Parménide.

1° Ces hommes avaient cela de bon qu'ils n'enseignaient pas. Celui qui enseigne impose sa manière de voir et entrave la liberté de ses auditeurs. Forcément il les induit en erreur, parce qu'il veut plier la nature à ses idées, au lieu de former ses idées d'après l'observation des faits. Et le souci de ne pas se contredire le fait aller d'erreur en erreur : aux erreurs de la veille, il ajoute celles du lendemain.

2° Bien qu'ils n'eussent pas une doctrine toute faite, Thalès, Pythagore, Empédocle et les autres philosophes de cette époque n'étaient pas des sceptiques. Ils croyaient à la possibilité de la science, non pas d'une science arrêtée et définitive, mais d'une science progressive, pouvant rendre service à l'humanité.

3° Surtout ils observaient la nature. Ils étaient amis de l'expérience. C'étaient des physiciens.

Malgré ces éloges, Bacon ne les épargne pas. A son avis, leur sagesse est enfantine ; leurs observations sont très incomplètes, et ils sont babillards comme tous les Grecs. N'importe, ils dépassent de beaucoup tous ceux qui leur ont succédé. Ceux-ci ne sont que des sophistes. Avec Socrate, la sagesse antique a disparu.

Les sophistes. — Socrate, Platon et Aristote ont enseigné *ex professo*. C'est à ce signe qu'on reconnaît le sophiste : il a une doctrine toute faite, il discute des opinions et il cherche à fonder une école. Des dogmes sans preuve, coordonnés en système, forcément réduits à l'unité, c'est tout ce qu'il peut offrir à ceux qui l'écoutent. De cet enseignement résultent des disputes stériles qui perdent le temps. A ce compte, Socrate, Platon et Aristote ont été des sophistes, et ceux qu'on appelle ordi-

(1) Quand Bacon parle de philosophie, il veut surtout désigner la science de la nature.

nairement de ce nom ne l'étaient pas autant qu'eux. Ils poursuivaient du moins un but pratique ; ils voulaient réussir ; ils cherchaient à assurer à la fois leur renommée et leur fortune.

Socrate. — Cependant, Socrate eut, lui aussi, un but pratique ; ses efforts tendaient à rendre les hommes meilleurs. Il comprit même que, pour améliorer les hommes, il faut étudier leur nature. Il eut recours à l'expérience et à l'induction. A ces titres, il mérite des éloges, mais, au lieu d'étudier la vraie nature de l'homme, il chercha simplement à se rendre compte des opinions que l'homme professe sur lui-même. Il s'attacha à définir les mots d'après l'usage commun, et se fit ainsi une sagesse toute verbale, fictive et en l'air. Sans doute, il n'imposa point à ses disciples les idées de son propre esprit, mais il se trompa de route en prenant les idées du vulgaire pour la nature réelle de l'homme. Sa philosophie est donc sophistique.

Platon. — Celle de Platon l'est plus encore. Ce philosophe a des vues profondes sur la nature des choses, et il sent très bien la faiblesse de l'esprit humain, mais il introduit les causes finales partout. Ce n'est pas l'expérience qui l'autorise à cela ; il considère simplement que nous agissons toujours en vue d'un but, et il applique à la nature cette loi de notre esprit. Les sophistes sont coutumiers du fait ; ils jugent de la nature des choses d'après les lois de l'esprit.

Aristote. — L'abus des causes finales, tel est donc le principal défaut de Platon. Aristote donne dans le même travers, mais il est inexcusable. Platon, du moins, était conséquent avec lui-même ; du moment qu'il admettait un Dieu providence qui a produit le monde par bonté, il était amené à dire que Dieu a tout fait pour le bien. Quant à Aristote, rien ne l'obligeait à proclamer sans cesse son axiome : « οὐδὲν μάτην », rien n'est en vain. Le Dieu d'Aristote n'est pas un Dieu providence, c'est l'acte pur, l'être immuable ; au fond, c'est la Nature. Il ne s'occupe pas du monde et ne fait rien pour le bien. Si donc Aristote emploie sans cesse le principe des causes finales, c'est purement parce que ce principe est une loi de l'esprit. Aristote applique aux choses les lois de l'intelligence, et cela avec plus de conscience que personne. Ce n'est pas simplement un sophiste, c'est le sophiste par excellence. Il a tracé des cadres idéaux, les catégories, et il veut faire rentrer la nature dans ses cadres. Il s'imagine être en possession d'une science définitive : « κτῆμα εἰς ἀεί », et sa doctrine n'est qu'un amas d'abstractions vides. Il néglige absolument l'expérience. D'ailleurs, à ses yeux, la contemplation passe avant l'action, et il ne songe jamais à faire servir la science aux intérêts de l'homme.

La scolastique. — Est-il étonnant, après cela, qu'Aristote ait été reconnu comme un maître incontesté, à l'époque sophistique par excellence, la scolastique ?

Trois caractères bien nets distinguent cette période de toute autre :

1° Une docilité aveugle vis-à-vis d'Aristote ;

2° L'absence de tout progrès des sciences d'observation ; la scolastique ne savait pas observer ;

3° La subtilité des discussions et une extrême facilité à se contenter d'explications purement verbales.

Examen des idées de Bacon sur la sagesse des anciens. — Que dire de cet amas de griefs ? — Vraiment, Bacon s'inquiète plus de frapper fort que de frapper juste. Il accumule des accusations, mais il n'a aucun souci de les établir sur de bonnes preuves. Cela l'entraînerait à des discussions subtiles, et il ne veut pas perdre son temps. — Nous perdrions le nôtre à examiner longuement les assertions peu obligeantes de Bacon au sujet de ses devanciers. On ne peut cependant se dispenser d'en dire quelques mots.

Tout d'abord, Bacon oublie les services immenses que le moyen-âge a rendus : il a civilisé les barbares ; il a défendu l'Europe contre les musulmans; il a constitué les nationalités et fondé le droit moderne. Ses moines nous ont pieusement conservé les richesses scientifiques et morales de l'antiquité ; nous lui devons de magnifiques monuments, notamment nos plus belles cathédrales ; enfin, il a amassé d'innombrables matériaux pour les chercheurs de l'avenir.

Quant aux reproches que Bacon adresse à la scolastique, ils ne sont pas fondés. La liberté d'esprit était en honneur au moyen-âge ; Albert-le-Grand, sans parler de beaucoup d'autres, a observé la nature avec une exactitude que l'on admire encore ; enfin, l'histoire des sciences nous apprend qu'une foule de découvertes du plus haut prix remontent à cette époque glorieuse, tant décriée par Bacon.

Ce dernier n'a pas même raison de reprocher, soit aux philosophes du moyen-âge, soit à ceux de l'antiquité, la subtilité de leurs discussions. La subtilité est à l'esprit ce que le microscope est à l'œil. Avoir l'esprit fin et délié, distinguer à propos, c'est l'une des plus précieuses qualités que puisse faire acquérir l'étude de la philosophie. Tous les vrais philosophes ont eu au plus haut point cet « esprit de finesse », comme dit Pascal. L'essentiel est de ne pas vouloir diviser ce qui est indivisible. Quant à cette philosophie toute verbale, dont Bacon parle tant, et qu'il reproche à tous ses devanciers, en quoi consiste-t-elle au juste ? Dire que la cause vraie des phénomènes est d'ordre suprasensible, admettre des facultés, telles que l'intelligence et la volonté, des forces, telles que l'élasticité d'un ressort, est-ce bien philosopher en l'air et se payer de mots ? — En tout cas, cela vaut au moins autant que de prendre, comme Bacon, les *natures simples*, telles que la chaleur, l'éclat métallique, la densité, pour des choses en soi, dont la combinaison peut produire des corps proprement dits, l'or par exemple.

Bref, Bacon a été injuste envers la scolastique. Aussi bien, il ne pouvait pas être juste. Les révolutionnaires ne le sont jamais, ils dépassent toujours la mesure. Le moyen-âge a cultivé la science désintéressée ; voilà ce qui exaspère Bacon. Voilà aussi ce qui explique comment il a pu dire que Socrate, Platon et Aristote étaient des sophistes. Il y a là un étrange abus de mots. Le sophiste est un homme qui n'a aucun souci de la vérité et soutient indifféremment le pour et le contre ; Socrate, Platon et Aristote ont ardemment cherché la vérité et combattu le scepticisme. Ils étaient dogmatiques. C'est justement ce que Bacon leur reproche amèrement en les traitant de sophistes. Y a-t-il donc un si grand mal à se persuader que le monde est intelligible, et qu'il y a une harmonie entre les lois de la nature et celles de l'esprit? Socrate, Platon et Aristote ont pensé cela, et tous les grands métaphysiciens avec eux. En quoi cette conception implique-t-elle le dédain de l'expérience et une philosophie toute verbale et en l'air? Aristote est bien vengé maintenant du reproche d'avoir négligé l'expérience. Tout le monde sait aujourd'hui que son *Histoire des animaux* est un trésor d'observations bien faites.

Sans doute, il a préféré la contemplation à l'action, mais en cela il était aussi pratique que Bacon, pour le moins. Comme Bacon, il cherchait le bonheur de l'homme; seulement, il n'entendait pas le bonheur de la même manière que Bacon. Il pensait que, seule, la contemplation de la vérité pure peut rendre l'homme heureux.. Bacon estime que le bonheur est dans la vie active de l'industriel, mais rien ne prouve que Bacon soit dans le vrai plutôt qu'Aristote. Cette remarque s'applique aussi à Platon et à Socrate, comme d'ailleurs à tous les amis de la vérité pour elle-même. De tels hommes ne sont pas inutiles au genre humain, il s'en faut bien ; ce sont eux peut-être qui lui rendent le plus de services.

Et cette philosophie de sens commun que Bacon reproche à Socrate, est-elle donc si mauvaise? — N'y a-t-il pas une philosophie très profonde dans le langage? Le langage, en tout cas, est l'expression de ce que tous les hommes pensent sur les objets les plus divers, notamment sur Dieu, sur l'âme et sur les choses de l'ordre moral. Or, ces croyances unanimes, dont le langage est le témoin, il y a quelque témérité à les contredire. On se voit alors obligé, tout au moins, d'en rendre compte, ce qui n'est pas chose facile.

Pour résumer, Bacon juge fort mal ses devanciers. Il est plus exact quand il maltraite la mécanique, la magie, la médecine, l'astrologie et l'alchimie de son temps. Ceux qui, au XVIe siècle, cultivaient ces sortes d'études, étaient pour l'ordinaire de simples empiriques, qui, d'ailleurs, restreignaient par trop le champ de leurs observations, et mêlaient toutes sortes de croyances superstitieuses à leurs généralisations excessives. Ici encore, malgré le bien fondé de ces critiques, Bacon se montre étroit et injuste, parce qu'il est mal informé. Il ne paraît pas se douter que Copernic a renouvelé l'astronomie ; il semble ignorer les lois de Kepler ; il mentionne à peine la découverte des satellites de Jupiter, publiée par Galilée dès l'année 1611 ; enfin, on dirait qu'il n'a jamais entendu parler des magnifiques découvertes de Galilée en physique. Sans aller jusqu'à incriminer les intentions de Bacon, comme l'a fait Liebig, on est tenté de dire, avec ce savant, que le jugement de Bacon sur Gilbert (1) et sur Copernic « est son propre arrêt de mort dans le monde scientifique. »

§ II. — La Méthode de Bacon.

Sévère jusqu'à l'injustice envers ses devanciers, Bacon a-t-il fondé une œuvre vraiment digne d'admiration ? Puisqu'il voulait créer une méthode qui pût servir à multiplier les découvertes, y a-t-il réussi ? — Non. Bacon n'a pas fait ce qu'il s'était proposé de faire. Il ne nous a pas donné une analyse exacte du procédé inductif. Claude Bernard et Pasteur nous en apprennent plus sur l'induction que le *Novum organum* tout entier. A vrai dire, Bacon n'a pas compris la nature de l'induction ; il

---

(1) Bacon, tout en rendant justice aux travaux de son compatriote Gilbert sur l'aimant, présente ce savant comme le type de ce qu'il appelle un philosophe empirique.

s'est borné à décrire quelques procédés propres à faciliter les expériences.

Avant d'exposer ces procédés, il cherche à donner une classification complète des sciences. Cela se comprend, puisqu'il a promis une méthode applicable à toutes les connaissances humaines. Afin de s'assurer que sa classification des sciences sera complète, il prend comme point de départ les trois facultés que l'âme met en œuvre pour étudier les sciences : la mémoire, l'imagination et la raison. Tout cela est précédé de la définition et de l'éloge de la science.

Définition de la science. — Pour Bacon, la science consiste dans la connaissance des causes : « *Vere scire est per causas scire.* » Par causes, Bacon entend des natures simples, comme la chaleur, la couleur, la blancheur, le dense, le rare, etc. Un corps n'est pour lui qu'une combinaison de natures simples. Qui saurait bien combiner les natures simples, parviendrait à réaliser la transmutation des substances et pourrait faire de l'or. Bacon poursuit le même but que les alchimistes; seulement, il élargit leur conception. Il ne vise pas à faire de l'or, simplement ; il cherche l'art de produire à volonté un corps quelconque. « Enter sur un corps donné une nature nouvelle, » tel est son but.

Eloge de la science. — La science est un grand bien. Les théologiens ne doivent pas la craindre, car elle n'engendre pas l'athéisme. « Peu de science éloigne de Dieu; beaucoup de science ramène à Dieu. » Les hommes d'État ne doivent pas se défier de la science, car savoir, c'est pouvoir : « *Knowledge is power.* »

Classification des sciences. — Il y a trois sortes de sciences :

1° *Les sciences de mémoire.* C'est l'histoire naturelle et l'histoire civile, qui comprend aussi l'histoire littéraire et l'histoire ecclésiastique ;

2° *Les sciences d'imagination.* Ce sont les diverses formes de la poésie. La poésie est une imitation libre de l'histoire : « *imitatio historiæ ad placitum.* » Elle est épique, dramatique et symbolique. Bacon aurait bien pu mentionner la poésie lyrique ;

3° *Les sciences de raison.* Ce sont surtout les diverses parties de la philosophie. La philosophie a un triple objet : Dieu, l'âme, la nature. Il y a en outre une philosophie première, qui a pour objet les vérités universelles et les principes communs à toutes les sciences particulières.

De toutes les parties de la philosophie, la plus importante, aux yeux de Bacon, est celle qui a pour objet la nature. Seule, en effet, la nature frappe notre esprit d'un rayon direct. Dieu ne nous est connu que par un rayon réfléchi. Il faut donc avant tout réformer la science de la nature.

Les erreurs. — Pour cela, il est nécessaire d'éviter les causes ordinaires de nos erreurs. Ces causes sont des fantômes : « *idola* », qui s'interposent entre notre esprit et les choses. Ces fantômes sont de quatre sortes :

1° *Idola tribus.* Certaines illusions ont leur origine dans la nature même de l'homme ; ainsi, nous sommes portés à concevoir la nature divine sur le modèle de la nôtre ;

2° *Idola specus.* D'autres sont propres à chaque individu ; beaucoup d'hommes s'en tiennent volontiers aux seules données de l'expérience ;

3° *Idola fori.* Plus d'une erreur est l'effet du langage ; on prend sans cesse le mot liberté à contre-sens ;

4° *Idola theatri.* Enfin, il est des préjugés qui naissent des systèmes et des méthodes philosophiques. Exemples : l'abus du syllogisme, l'engouement pour les anciens. Bacon compare les systèmes philosophiques à des pièces de théâtre, et, selon lui, les faiseurs de systèmes ne doivent pas plus être pris au sérieux que ceux qui jouent sur la scène.

La méthode — Quand on sait se défier de l'erreur, il faut faire usage d'une bonne méthode. Le syllogisme ne sert qu'à enchaîner des notions ; il n'est pas un instrument de découverte. La vraie méthode de découverte est l'induction, qui permet d'établir les lois par la détermination des causes.

Il y a deux sortes d'induction : l'induction vulgaire, qui se fait « *per enumerationem imperfectam,* » (1) et l'induction scientifique, qui se fait « *per exclusiones debitas* ». Celle-ci seule a de la valeur ; elle recherche la cause par l'élimination des antécédents qui ne sont pas causes, c'est-à-dire par l'expérimentation.

Méthode d'expérimentation. Les trois tables. — Pour expérimenter, il faut avoir recours à trois tables :

1° *La table de présence,* sur laquelle on inscrit toutes les expériences où se rencontre une nature donnée, par exemple la chaleur ;

2° *La table d'absence,* sur laquelle on énumère les cas où cette nature ne se trouve pas ;

3° *La table de degrés,* qui relève tous les cas où une même nature se présente avec des variations diverses, soit dans un même sujet, soit dans des sujets différents.

A l'aide de ces trois tables, on choisit une nature toujours en connexion avec la nature donnée : présente quand celle-ci est présente, absente en même temps qu'elle, et variant dans le même sens lorsque la nature donnée varie. Ce choix fait, il ne reste qu'à formuler la loi.

Les faits privilégiés. Parmi les faits à l'aide desquels on expérimente, il en est qui sont particulièrement dignes d'attention. Ce sont les faits privilégiés, « *prærogativæ instantiarum.* » Par exemple :

1° *Les faits ostensifs,* « *instantiæ ostensivæ* », dans lesquels la nature étudiée apparaît manifestement. Telle est la raison dans l'homme ;

2° *Les faits clandestins* ou de crépuscule, « *instantiæ clandestinæ aut crepusculi* ». Ce sont ceux où la propriété cherchée est à son plus bas degré ; la cohésion est très faible dans les fluides ;

---

(1) Le vulgaire a coutume de généraliser sans raison ; quelques expériences lui suffisent, parfois il se contente d'une seule ; c'est l'énumération imparfaite. Une année de bon vin a été marquée par l'apparition d'une comète ; donc l'apparition d'une comète est signe de bon vin.

3° *Les faits de migration*, « *instantiæ migrantes.* » Ce sont ceux où la propriété en question passe du néant à l'être, ou inversement. La blancheur du papier diminue quand on le mouille ;

4° *Les faits limitrophes*, « *instantiæ limitaneæ* ». Ce sont ceux où une propriété paraît indécise. Certains fœtus animaux semblent appartenir à deux ou même à plusieurs espèces ;

5° *Les faits irréguliers*, « *instantiæ irregulares* ». Ce sont les faits bizarres qui piquent la curiosité ;

6° *Les faits aberrants*, « *instantiæ aberrantes.* » Ce sont les monstruosités ;

7° *Les faits de conformité*, « *instantiæ conformes* ». Ce sont les faits qui présentent de l'analogie avec d'autres ;

8° *Les faits de marche*, « *instantiæ viæ* ». Ce sont ceux qui indiquent le mouvement continu de la nature ; exemple : la croissance des animaux et des plantes ;

9° *Les faits cruciaux*, « *instantiæ crucis* ». Ce sont ceux qui décident entre deux hypothèses. Exemple : le phénomène de l'interférence. (1) Ces faits sont ainsi nommés par allusion aux poteaux indicateurs placés aux endroits où une route se bifurque.

Les procédés d'expérimentation. — Le choix des procédés d'expérimentation exige autant de sagacité que le choix des faits eux-mêmes ; ainsi :

1° *Il faut varier l'expérience*, « *variatio experimenti.* » Que l'on essaye de greffer des arbres sauvages ;

2° *Il faut prolonger l'expérience*, « *productio experi-*

---

(1) La rencontre de deux rayons lumineux de même couleur peut produire de l'obscurité par interférence. Cela prouve que l'hypothèse de l'émission, de Newton, est fausse, tandis que celle des ondulations, de Huyghens, paraît être la vraie.

Il convient de citer à ce propos une autre expérience tout aussi décisive. La lumière se propage moins rapidement dans l'eau que dans l'air. L'hypothèse de Huyghens rend très bien compte de ce fait ; au contraire, d'après celle de Newton, la vitesse de la lumière devrait être plus considérable dans l'eau que dans l'air.

menti ». Ainsi fait celui qui distille deux fois la même substance ;

3° *Il faut transférer l'expérience,* « *translatio experimenti.* » On pourrait trouver un instrument propre à rendre à l'ouïe des services analogues à ceux que les lunettes rendent à la vue ;

4° *Il faut renverser l'expérience,* c'est-à-dire la faire en sens contraire, « *inversio experimenti* ». Quand on a fait l'analyse de l'eau, il est bon d'en faire la synthèse ;

5° *Il faut compulser l'expérience,* c'est-à-dire la pousser jusqu'au point où une propriété disparaisse, « *compulsio experimenti* ». Exemple : tourmenter l'aimant par le fer jusqu'à ce que l'attraction du fer par l'aimant n'ait plus lieu ;

6° *Il faut appliquer l'expérience,* « *applicatio experimenti,* » c'est-à-dire en tirer des conséquences pratiques ;

7° *Il faut renforcer l'expérience,* « *copulatio experimenti* », c'est-à-dire associer les agents naturels. La glace est un réfrigérant, mais, en la mêlant au nitre, on obtient un réfrigérant beaucoup plus puissant que la glace ;

8° *Il faut se livrer aux hasards de l'expérience,* « *sortes experimenti,* » et remuer pour ainsi dire chaque pierre de la nature. Il est bon de pêcher parfois en eau trouble.

Appréciation. — Voilà une série de très bons conseils, mais ce n'est pas la peine de tant crier contre Aristote, quand on comprend si mal l'induction. Aristote décrit fort bien l'induction, au livre II des *Premiers analytiques*. Il fait voir qu'elle repose sur un principe de la raison, et que sa certitude absolue lui vient de là. Bacon n'a pas vu, tout au moins il n'a pas mis en relief cette vérité que, si l'expérience est nécessaire à la raison, la raison est elle-même indispensable à l'expérience. Bacon accumule des faits qu'il généralise ; ce n'est pas là l'induction, ou bien c'est l'induction vulgaire dont Bacon ne veut pas. Il dit bien que les expériences négatives sont celles dont on doit le plus tenir compte, et qu'il importe avant tout, par des éliminations bien comprises, « *per exclusiones debitas* », de faire disparaître l'un après l'autre tous les obstacles à l'action de la cause ; mais, à supposer que l'on rencontre un cas privilégié, où la cause serait seule en face de son effet, et le produirait nécessairement, quelle garantie aurait-on que cette prétendue cause serait bien la vraie cause ? Comment serait-on assuré d'avoir bien éliminé tous les antécédents qui ne sont pas causes ? La véritable cause peut très bien, dans ces conditions, échapper aux investigations de l'expérimentateur le plus sagace.

Cette réflexion de M. Rabier montre que l'induction baconienne ne donne pas la certitude. Qu'elle soit une généralisation de faits accumulés ou qu'elle provienne d'une série d'éliminations très habiles, les lois qu'elle fait connaître ne sont que probables. L'induction ne se fait pas comme Bacon le dit. Après quelques expériences, — une expérience bien faite suffirait, — le savant énonce une loi, et cela avec une certitude absolue. Pourquoi ? Parce que, dans un seul fait bien observé, la raison voit l'universel. La raison est à l'universel ce que l'œil est à la lumière.

Placée en face de son objet, qui est l'universel, elle le saisit tout aussi bien que l'œil perçoit les couleurs. « Nous ne voyons pas seulement Callias, qui est homme, dit Aristote, mais l'homme qui est en Callias. » « Le Νοῦς est comme un sens, dit M. Fonsegrive, mais un sens qui saisit l'universel. » Aucune démonstration ne vaudrait pour lui ce sentiment de l'universel. « Sa seule garantie est la certitude intime de la valeur de son appréhension. » (Fonsegrive) Au résumé, Aristote se fie moins à l'expérience qu'à l'esprit, et sa théorie de l'induction est la plus conforme à « la pratique ordinaire des savants, qui mesurent leur confiance bien moins à la quantité qu'à la qualité des expériences. » (Fonsegrive, *Fr. Bacon*, page 211).

Ainsi, quoi qu'en dise Bacon, l'expérience ne se suffit pas à elle-même, et il faut la gouverner par les lois de l'esprit. C'est le chemin le plus court et aussi le plus sûr.

§ III. — LE RÔLE DE BACON.

On le voit assez d'après ce qui précède, le *De sapientiâ veterum* et l'*Instauratio magna* se résument en deux idées principales : la banqueroute du passé et l'âge d'or réservé à l'avenir.

Ces deux affirmations causèrent un vif plaisir à Voltaire. On peut conjecturer qu'il n'avait pas beaucoup fréquenté Bacon, car il cite d'une façon inexacte le titre du *Novum organum*. Voltaire était reçu à Londres dans la Société de Bolingbroke et de ses amis; c'est là que se forma un courant d'opinion en faveur de Bacon. On le présentait comme le réformateur par excellence, et Voltaire répandit cette idée en France. Tout le XVIIIe siècle pensa comme Voltaire au sujet de Bacon. Diderot, dans le *Discours préliminaire de l'Encyclopédie*, proclame Bacon « le plus grand, le plus universel et le plus éloquent des philosophes. »

La réaction était inévitable. Après la mort de Joseph de Maistre, on trouva dans ses papiers un *Examen de la philosophie de Bacon*, dans lequel l'auteur du *Novum organum* est apprécié avec sévérité, mais avec justesse. Bacon avait fort malmené Socrate, Platon, Aristote et les philosophes scolastiques; il est traité durement à son tour, mais il le mérite. On peut critiquer les expressions dont se sert Joseph de Maistre; on peut même dire qu'il n'a pas toujours très bien compris Bacon; on ne peut contester la valeur de ses conclusions. En tout cas, à notre époque, tout le monde les adopte.

1° Bacon n'a pas inventé une méthode nouvelle. — Tout d'abord, Joseph de Maistre déclare que Bacon n'a pas plus inventé une nouvelle méthode qu'il n'a inventé « une nouvelle jambe. » La métaphore n'est peut-être pas de très bon goût, mais l'assertion est exacte. Bacon avait promis de révéler aux hommes l'art « d'enter une nature donnée sur un corps donné », c'est-à-dire, de produire un corps quelconque, notamment un métal précieux quelconque, et il n'a point tenu sa promesse. Il ne l'a point tenue parce qu'il ne pouvait pas la tenir. Le temps ne lui a point manqué pour achever son œuvre, puisqu'il est mort six ans après la publication du *Novum organum*. Ce qui lui a manqué, c'est une conception nette de la méthode qu'il voulait mettre en honneur. D'ailleurs, son entreprise était chimérique. Il ne sera sans doute jamais possible de produire à volonté une nature quelconque, mais si quelque jour on est en mesure de faire cela, c'est qu'on aura acquis la science parfaite de la nature. La méthode que rêvait Bacon serait une conséquence de la science; en aucune façon elle ne peut être le chemin de la science.

2º Le Novum organum n'a pas de valeur comme exposé de la méthode inductive. — Non seulement Bacon n'a pas tenu sa promesse de créer une méthode propre à faire disparaître à jamais la misère par la production des métaux précieux, mais, nous l'avons dit, il n'est pas l'inventeur de l'induction. Il n'en est pas même le rapporteur exact. Quant aux procédés d'investigation qu'il propose, ils ont très peu d'importance en comparaison de ceux que de savants expérimentateurs nous ont fait connaître depuis le xvıᵉ siècle. Sous ce rapport, le vrai titre de Bacon à la reconnaissance des savants, c'est qu'il a célébré en termes éloquents la méthode expérimentale. Sa tactique n'est pas admirable ; sa valeur personnelle est médiocre, mais son cri d'appel ne manque pas d'élan. C'est un héraut plein d'enthousiasme, et il a le don de créer des formules qui demeurent : « *Veritas filia temporis, non auctoritatis. — Antiquitas sæculi, juventus mundi.* » (1)

---

(1) « La vérité est fille du temps, non de l'autorité. — L'antiquité est la jeunesse du monde. » — Ces pensées rappellent le mot de Pascal : « Toute la suite des hommes doit être considérée comme un même homme qui subsiste toujours et qui apprend continuellement. » (*Pensées*. Édition Havet, p. 518).

3° **Bacon n'est pas un savant.** — Mais cet homme qui parle avec un tel élan de la dignité des sciences expérimentales et de leur méthode, n'est pas lui-même un savant. Il ne comprend pas l'importance des mathématiques ; il ne soupçonne pas le rôle qu'elles sont appelées à jouer dans les sciences physiques. (1) Il ignore les belles découvertes de Galilée sur la pesanteur. Cependant, il a appris de son compatriote Gilbert que la pesanteur pourrait bien avoir pour cause une attraction exercée sur les corps par le centre de la terre. Pour vérifier cela, il imagine une curieuse expérience cruciale : il fait creuser un grand puits, afin de voir si la pesanteur augmente à mesure qu'on approche du centre de la terre. — Ses recherches sur la chaleur sont demeurées célèbres, et il est à remarquer que le résultat auquel il aboutit est celui-là même auquel sont arrivées les sciences contemporaines. Enfin, il a des idées assez exactes sur les vraies causes du son et des couleurs, et il relate plus d'une expérience ingénieuse sur divers sujets de physique.

4° **Bacon n'est pas un philosophe.** — Tout cela n'a pu suffire à attirer l'attention des savants du XVIIe siècle sur Bacon, considéré comme physicien et comme expérimentateur. Newton ne le nomme pas ; les autres paraissent ignorer ses ouvrages. Quant aux philosophes, ils n'en parlent presque jamais. Hobbes a dû subir son influence (2), mais Locke le cite à peine une fois, et seulement à titre d'historien.

Descartes semble lui avoir rendu cette justice que ce qu'il y a de meilleur en lui, ce sont ses appels à l'expérience. Leibniz s'est inspiré plusieurs fois de Bacon, mais dans sa jeunesse, avant la constitution définitive

(1) Auguste Comte, fondateur du positivisme en France, faisait une propagande personnelle du livre de Joseph de Maistre contre Bacon, à cause du dédain de ce dernier pour les mathématiques. A d'autres égards, Bacon est un précurseur d'Auguste Comte. La morale du positivisme vient en droite ligne de celle de Bacon.

(2) Hobbes a été le secrétaire de Bacon; c'est lui qui, par ordre de Bacon, a mis en latin le *De augmentis et dignitate scientiarum*.

de son système. Depuis, il s'est borné à lui emprunter quelques expressions. Spinoza est opposé à Bacon. A propos de la nature et des causes de l'erreur, il dit que Bacon « ne trouve presque rien et ne fait guère que raconter ses propres opinions. » Il ne dit pas un mot de l'induction, et il trouve fort peu solides les vues de Bacon sur Dieu et sur l'âme humaine. En quoi il se montre fort judicieux, car la théodicée et la psychologie de Bacon sont des plus médiocres.

a) *Preuve de l'existence de Dieu d'après Bacon.* Bacon distingue les causes efficientes, les causes formelles et les causes finales. Les causes efficientes sont les natures simples, qui entrent dans la composition des corps. Les causes formelles sont les formes effectives, les natures diverses des corps. Quant aux causes finales, elles sont les fins de la nature (1). L'étude des causes efficientes appartient aux physiciens, celle des causes formelles est réservée aux métaphysiciens ; elle constitue la philosophie première, ou physique générale. Ce sont les métaphysiciens aussi qui s'occupent des causes finales. Seulement, tout ce qu'ils peuvent dire là-dessus est hypothétique; parler des fins de la nature, c'est appliquer à la nature une loi de l'esprit humain. L'intelligence agit toujours en vue d'un but, mais cela ne prouve pas qu'il en soit ainsi de la nature. Il faut dire, cependant que l'explication des choses par les causes finales ne contredit en rien celle que l'on peut donner par les

---

(1) Bacon entend les causes finales dans un sens fort étroit. Qui dit *finalité*, désigne tout d'abord l'ordre des parties d'un être, par exemple, la coordination des organes d'un animal, l'harmonie des divers éléments qui entrent dans la composition d'un corps, le plan raisonné d'un discours. C'est ainsi qu'Aristote entendait la finalité. Elle était, à ses yeux ce que saint Thomas appelle *ratio ordinis*, l'ordre, le plan. Au lieu de dire comme Socrate et Platon : « l'intelligence agit toujours en vue du bien, » il eût dit volontiers : l'intelligence agit toujours avec ordre. Bacon reproche à Aristote de proclamer sans cesse le principe « Οὐδὲν μάτην, » tout en niant la Providence. Aristote en cela n'est pas inconséquent. Son Dieu est l'Intelligence même, le Νοῦς, et l'Intelligence fait tout avec ordre. Seulement, Bacon ne comprend pas Aristote. Il prend la finalité à contre-sens.

causes efficientes. Ces deux explications se concilient même fort bien, et c'est justement leur accord qui prouve l'existence de Dieu.

La faiblesse de cette preuve saute aux yeux. D'une part, en effet, Bacon insiste sur la nécessité d'écarter les causes finales et de s'en tenir à l'explication mécaniste de l'univers ; et d'autre part, c'est sur l'accord des causes efficientes avec les causes finales qu'il fonde la preuve de l'existence de Dieu ! Les causes finales sont des hypothèses ; leur accord avec les causes efficientes est lui-même une hypothèse ; donc, l'existence de Dieu est doublement hypothétique. Quelle dérision !

b) *L'âme humaine d'après Bacon*. La psychologie baconienne est tout aussi pauvre. D'abord, Bacon, sur la foi de Telesio, un de ses précurseurs, admet deux âmes dans l'homme ; l'une est un principe de pensée, l'autre préside aux fonctions de la vie organique. C'est le dualisme vitaliste. Bacon ne nie pas la liberté humaine, mais il proclame le déterminisme de la nature. Si l'homme peut être libre malgré l'enchaînement universel des causes, c'est que, selon l'ancienne formule des astrologues : « *Astra inclinant, non necessitant.* » Nous sommes soumis à diverses influences physiques, mais elles ne nous nécessitent pas. — Selon Bacon, il existe des esprits, et on le prouve par l'expérience, car souvent les esprits se manifestent aux hommes.

c) *La philosophie première d'après Bacon*. On le voit assez par ce qu'il dit de Dieu et de l'âme, la philosophie de Bacon est tout à fait pauvre. Ce n'est pas surprenant, puisque Bacon dédaigne la métaphysique et insulte les grands métaphysiciens. Cependant, il proclame la légitimité d'une *philosophie première*, qui serait comme le couronnement de ce qu'il appelle la pyramide des sciences.

La base de cette pyramide est l'histoire naturelle ; plus haut est la physique ; vient ensuite la philosophie première. Seulement, cette philosophie première n'est autre chose qu'une physique générale. C'est la science des lois générales de la nature. Ces lois générales, Bacon les appelle des axiomes, et les axiomes sont de deux sortes ; les uns expriment les conditions nécessaires, et les autres, les conditions accidentelles de l'existence des êtres.

Dieu est au-dessus du sommet de la pyramide des sciences, mais à une hauteur inaccessible. A parler exactement, on ne peut démontrer Dieu, il échappe aux prises de la science. La théologie est d'un ordre plus élevé que la science, mais elle n'est pas une science.

5° **Bacon est un moraliste.** — Bien que les contemporains de Bacon n'aient vu en lui ni un inventeur de méthode, ni un savant, ni un philosophe, on ne peut dire que ses ouvrages n'ont pas été lus. La publication d'un ouvrage par un homme d'une situation aussi élevée est toujours un événement qui fait quelque bruit. Bacon eut donc des lecteurs, mais, de tous ses ouvrages, c'est le *Novum organum* qui attira le moins l'attention. Publié en 1620, il ne fut réimprimé qu'en 1645. Par contre, le *De sapientia veterum* eut trois éditions, du vivant même de l'auteur. Quant au livre des *Essays*, il fut imprimé en 1597, et sa quatrième édition parut en 1623. A cette époque, c'est le moraliste surtout qu'on estimait en Bacon.

Sa morale est celle de l'intérêt général. — La morale, pour l'auteur des *Essays*, est la science du bonheur. En cela il est d'accord avec tous les moralistes ; mais il blâme vivement les anciens, parce que leur morale était surtout une recherche du bonheur individuel. Le bonheur de l'humanité, voilà le véritable idéal moral. L'intérêt particulier doit toujours être sacrifié à l'intérêt général.

Appréciation de cette morale. — Cette morale semble très généreuse, mais elle présente de graves défauts.

a) *Elle est antichrétienne.* Tout d'abord, elle est nettement opposée à la morale chrétienne. Il ne s'agit nullement, pour Bacon, du bonheur de la vie future, mais du bien-être que l'humanité peut acquérir par la science.

b) *Elle méconnait la dignité humaine.* A un autre titre encore, la morale de Bacon est opposée au christianisme. D'après le dogme chrétien, toute personne humaine a une valeur infinie, parce qu'elle a été rachetée par le sang d'un Dieu. Pour Bacon, la personne humaine est une simple unité numérique, et on peut la sacrifier dès que les intérêts de la collectivité paraissent l'exiger.

c) *Elle ne tient pas compte du droit individuel.* D'où il suit qu'il n'y a pas de droit individuel. Le droit, c'est ce qui paraît conforme à l'intérêt de tous. Et comme toute loi est censée conforme à l'intérêt général, le droit, c'est la loi. A ce point de vue encore, Bacon est nettement en opposition avec la religion chrétienne.

d) *C'est une morale athée.* Ce n'est pas tout. Du moment que Dieu n'est qu'une hypothèse, du moment qu'Il est étranger à la science, on n'a pas à tenir compte de Lui en morale. La science des intérêts généraux peut se passer de Dieu comme toute autre science. Bacon est un précurseur direct des partisans de la morale indépendante.

Conclusion. — En tous cas, la morale qu'il préconise fut tout à fait du goût des philosophes du xviiie siècle. Ils saluent Bacon comme leur maître. Sa gloire détrône en France celle de Descartes. Si on les compare l'un à l'autre, c'est pour déprécier notre compatriote. La Convention nationale fait imprimer la traduction des œuvres de Bacon aux frais de la nation. En traduisant ces œuvres, Antoine Lassalle modifie de nombreux passages, afin de faire de Bacon un homme sans religion et même un athée.

Cela va si loin que l'abbé Emery (1) entreprend un ouvrage intitulé le *Christianisme de Bacon*. Le pieux auteur se proposait d'enlever aux libres penseurs l'autorité d'un homme très admiré alors. Ainsi donc, pour les uns, Bacon était un adversaire de la foi chrétienne, et

---

(1) L'abbé Emery fut un illustre supérieur général de la Compagnie de Saint-Sulpice. Il vécut de 1732 à 1811, et rendit d'importants services à l'Eglise sous la Révolution et sous l'Empire.

pour l'abbé Emery, ce fut un vrai chrétien ; tous s'accordaient dans un même sentiment d'admiration.

En quoi il paraît bien que tous avaient tort. De plus, l'abbé Emery se trompe en faisant de Bacon un homme très pieux et tout dévoué à la gloire de Dieu. Il est toujours facile, en réunissant divers passages d'un auteur, de le prendre pour ce qu'il n'est pas.

Bacon, sans doute, n'est pas un athée déclaré ; il est chrétien par tradition, mais l'esprit de ses enseignements est tout à fait opposé à l'esprit du christianisme. Au fond, Bacon est un libre penseur avant la lettre. Voltaire l'a très bien compris, et il avait ses raisons quand il décernait à Bacon le titre de « père de la philosophie moderne. » Certains traits de ce que l'on appelle l'esprit moderne sont remarquables dans Bacon : mépriser la tradition et l'autorité, séparer la théologie de la philosophie, affirmer que la foi est inconciliable avec la science, rejeter la métaphysique du nombre des sciences, présenter l'existence de Dieu comme une hypothèse, exclure Dieu de la morale et ramener celle-ci à une simple philanthropie, d'ailleurs très cruelle pour les petits et les faibles, envisager l'aumône comme une injure, tout cela est moderne, et tout cela est dans Bacon. Par le fait, rien de plus naturel que l'enthousiasme de Voltaire et de Diderot pour Bacon. A l'heure présente, justice est faite ; nous voyons Bacon sous son vrai jour ; il a exercé une regrettable influence sur l'esprit moderne ; il a été médiocre comme logicien, comme savant et surtout comme philosophe.

CHAPITRE XIV.

DESCARTES.

Le xviiiⁿ siècle, qui a exalté Bacon et rabaissé Descartes, ne s'était pas trompé sur les vrais sentiments de ce dernier philosophe ; il avait vu en lui un chrétien croyant et pratiquant. Cependant, c'est la libre pensée qui a fait revivre en ce siècle la grande renommée de Descartes. Cousin a glorifié Descartes au nom de la philosophie séparée, comme Voltaire avait vanté Bacon au nom de l'esprit moderne.

Descartes n'est pas un libre penseur, bien que sa philosophie ait favorisé la libre pensée. A quelques égards il ressemble à Bacon (1), mais c'est un tout autre homme. Son génie est incontesté ; il figure parmi les grands mathématiciens, et on ne peut lui refuser le titre de philosophe.

Sa vie. — René Descartes naquit à la Haye, en Touraine (1596). Il fit ses études au collège de la Flèche, alors tenu par les Jésuites. Il y resta jusqu'en 1612, et, après quelques années passées à Paris, en 1617, il prit du service dans l'armée de Maurice de Nassau, puis

---

1) Pour la commodité du lecteur, nous groupons ici, dès maintenant, ces traits de ressemblance :

1º Comme Bacon, Descartes réagit contre la méthode d'autorité en philosophie ;

2· Comme Bacon, il sépare la philosophie de la foi ;

3· Comme Bacon, enfin, il a des préoccupations utilitaires. « J'ai été nourri aux lettres dès mon enfance, et, pour ce qu'on me persuadait que, par leur moyen, on pouvait acquérir une connaissance claire et assurée de tout ce qui est utile à la vie, j'avais un extrême désir de les apprendre. » *(Discours de la méthode,* première partie).

dans celle de divers princes d'Allemagne. C'est pendant ses campagnes qu'il conçut le projet de réformer la philosophie et les sciences. Il fit d'assez nombreux voyages à travers toute l'Europe, et se retira enfin en Hollande, où il passa près de vingt ans. La reine de Suède l'invita à venir à Stockholm, et il se rendit à ses instances, mais il ne put supporter la rigueur du climat et mourut à peine un an après son arrivée (1650).

Ses ouvrages. — Les principaux ouvrages de Descartes sont : le *Discours de la méthode* (1637), publié à Leyde, comme préface de la *Géométrie*, de la *Dioptrique* et des *Météores* ; — les *Méditations sur la Philosophie première* (1641); — les *Principes de la Philosophie* (1644) et le *Traité des Passions* (1650). Le *Traité du monde ou de la lumière*, le *Traité de l'homme* et les *Règles pour la direction de l'esprit* ne parurent qu'après la mort de Descartes.

Caractères généraux de sa philosophie : 1° Elle est toute personnelle. — La philosophie de Descartes est toute personnelle. Il entreprend de se faire à lui-même sa vérité, en s'affranchissant de l'autorité des anciens, en mettant à part, comme dans une arche sainte, les enseignements de la foi, et en supposant incertaines toutes les opinions jusqu'alors admises en sa créance.

2° Descartes est mathématicien en philosophie. — Pour arriver à ce but, il emploie la méthode mathématique, et, comme les géomètres, il ne veut recevoir pour vrai que ce qui lui paraît évidemment tel. Les idées claires et distinctes sont toutes vraies. Il y a harmonie entre notre esprit et les choses. Quand une chose se comprend d'elle-même, elle est vraie, parce que son idée est claire ; quand une idée claire se transforme en un jugement dont l'un des termes enveloppe l'autre, cette idée est distincte; elle est vraie aussi, parce qu'elle est claire en même temps que distincte. L'idée de triangle est claire. Cette même idée ainsi transformée : le triangle a trois angles et trois côtés, est une idée claire et distincte.

3° **Il prend la pensée comme point de départ et sépare trop l'âme du corps.** — Trois idées surtout paraissent claires à Descartes : l'idée de la pensée, celle de l'étendue et celle de la perfection. Avec ces trois idées, il construit l'univers. L'âme est pour lui la chose pensante et rien d'autre : « *res cogitans* ». Elle forme un tout naturel avec le corps, mais elle en est totalement distincte. Le lien qui l'unit au corps est très étroit, mais elle ne forme pas un composé avec lui. De la pensée imparfaite, Descartes s'élève à Dieu, Être parfait. Puis, identifiant la matière et l'étendue, il construit une physique toute mathématique, dont les lois immuables ont pour fondement l'immutabilité divine.

Tels sont les caractères généraux de la philosophie cartésienne ; il est bon d'exposer cette philosophie avec quelque détail, en suivant l'ordre adopté par Descartes lui-même, dans le Discours de la méthode.

§ I. — La Méthode de Descartes.

« Le bon sens, dit Descartes, est la chose du monde la mieux partagée……», mais « ce n'est pas assez d'avoir l'esprit bon, le principal est de l'appliquer bien ». Tous les hommes possèdent la raison, mais peu savent en faire un bon usage. Il faut savoir user d'une bonne méthode.

Règles de la méthode. — La méthode de Descartes est tout entière dans les quatre règles suivantes :

1° « Ne recevoir jamais aucune chose pour vraie que je ne la connusse évidemment être telle. » C'est la règle de l'évidence.

2° « Diviser chacune des difficultés que j'examinerais, en autant de parcelles qu'il se pourrait et qu'il serait requis pour les mieux résoudre. » C'est la règle de l'analyse, empruntée à l'analyse des géomètres.

3° « Conduire par ordre mes pensées en commençant par les objets les plus simples et les plus aisés à connaître, pour monter peu à peu, comme par degrés, jusqu'à la connaissance des plus composés. » C'est la synthèse des géomètres, qui consiste à enchaîner les propositions avec une extrême rigueur.

4° « Faire partout des dénombrements si entiers et des revues si générales, que je fusse assuré de ne rien omettre. »(1) Ceci n'est qu'une précaution destinée à éviter toute lacune dans l'enchaînement des propositions.

Résumé de la méthode. — Intuition et déduction, voilà en deux mots la méthode cartésienne. L'intuition est la vue claire d'une idée simple, c'est-à-dire d'une idée qui n'a pas besoin d'une autre idée pour être connue ; la déduction, c'est la transformation d'une idée en un jugement analytique (2) ou en une série de jugements analytiques. On le voit clairement, c'est la méthode des géomètres.

Le doute méthodique. — Sa méthode trouvée, Descartes va travailler à reconstruire l'édifice de ses connaissances. Comme on verse une corbeille de pommes sur le sol, afin d'examiner ces pommes une à une et de mettre de côté celles qui commencent à se gâter, ainsi Descartes va passer en revue toutes ses anciennes opinions, afin de rejeter celles qui ne pourraient se résoudre en idées claires et distinctes. En attendant, il suspendra son jugement, mais il ne peut cesser d'agir, et, à cause de cela, il s'impose quelques règles de « morale par provision », comme on se crée une habitation de quelques mois pendant la reconstruction d'un hôtel.

La morale provisoire. — Ces règles de morale provisoire sont les suivantes :

1° « La première était d'obéir aux lois et aux coutumes de mon pays, retenant constamment la religion en laquelle Dieu m'a fait la grâce d'être instruit dès mon enfance, et me gouvernant en toute autre chose suivant les opinions les plus modérées et les plus éloignées de l'excès qui fussent communément reçues en pratique par

---

(1) *Discours de la méthode*, 2° partie.
(2) Un jugement analytique est une proposition dont l'attribut dérive de l'analyse du sujet. Exemples : tout corps est étendu ; la pensée implique l'existence.

les mieux sensés de ceux avec lesquels j'aurais à vivre.

2º « Ma seconde maxime était d'être le plus ferme et le plus résolu en mes actions que je pourrais, et de ne suivre pas moins constamment les opinions les plus douteuses lorsque je m'y serais une fois déterminé, que si elles eussent été très assurées.

3º « Ma troisième maxime était de tâcher toujours plutôt à me vaincre que la fortune, et à changer mes désirs que l'ordre du monde.

4º « Enfin, pour conclusion de cette morale, je m'avisai de faire une revue sur les diverses occupations qu'ont les hommes en cette vie, pour tâcher à faire choix de la meilleure ; et, sans que je veuille rien dire de celles des autres, je pensai que je ne pouvais mieux que de continuer en celle-là même où je me trouvais, c'est-à-dire que d'employer toute ma vie à cultiver ma raison, et m'avancer autant que je pourrais en la connaissance de la vérité, suivant la méthode que je m'étais prescrite. » (*Discours de la méthode*, 3e partie).

La morale provisoire n'est pas une morale proprement dite. — De ces quatre maximes, la quatrième indique la fin à poursuivre, et les trois premières, les moyens de n'être point troublé dans la recherche du vrai. Il ne faut voir dans la morale provisoire autre chose que des résolutions propres à assurer la tranquillité d'un homme d'étude.

§ II. — L'Ame, Dieu et le Monde, d'après Descartes.

Muni d'une méthode et des moyens de l'appliquer sans crainte d'être troublé, Descartes se met à l'œuvre. Longtemps il essaie sa méthode en physique et en astronomie ; enfin, il aborde la métaphysique.

Caractères du doute méthodique : 1º *il est provisoire*. D'abord, nous le savons, il doute provisoirement de toutes les opinions auxquelles il avait d'abord ajouté foi. Son doute n'est pas le doute d'un sceptique, car il n'est pas définitif.

2° *C'est un procédé de méthode*. Il n'est pas une philosophie, mais un procédé de méthode.

3° *Il est universel*. Par contre, il est aussi universel que celui des sceptiques, et aussi peu fondé. Les raisons que Descartes a de douter sont : les erreurs des sens, les faux raisonnements des philosophes, les illusions des songes et la supposition d'un génie malin, toujours appliqué à nous induire en erreur.

Le cogito, ergo sum. — Seulement, Descartes remarque qu'en voulant douter de tout, il ne peut douter de son doute même. Son doute est une pensée, et puisqu'il pense, il est : « *Cogito, ergo sum* ». Non seulement il est, mais son moi ou son âme n'est autre chose que sa pensée même, car s'il cessait de penser, il cesserait d'être, quand bien même son corps et le reste des choses continueraient à exister. De plus, cette âme, principe de pensée, « *res cogitans* », est tout à fait distincte de son corps ; car il peut supposer qu'il n'a point de corps, et, malgré cela, il continue de penser, tandis que, tous les corps étant supposés, s'il se figure en même temps qu'il cesse de penser, aussitôt son existence lui paraît impossible. Donc Descartes ne peut plus douter ni de son existence personnelle, ni de la distinction qu'il faut faire entre l'âme, chose pensante, et le corps, chose étendue.

La règle de l'évidence. — Le *Cogito, ergo sum* n'est pas un syllogisme; c'est une simple inspection de l'esprit. Descartes voit très clairement que pour penser il faut être. L'existence personnelle est enveloppée dans la pensée comme trois angles et trois côtés sont renfermés dans l'idée de triangle. Pour cette raison, il est impossible de révoquer en doute l'existence du moi, et, en général, « les choses que nous concevons fort clairement et fort distinctement sont toutes vraies. » Le *Cogito, ergo sum* est pour Descartes le type de l'évidence en philosophie.

L'existence de Dieu. — Il faudrait maintenant sortir

du moi. La pensée contient-elle quelque chose qui l'autorise à se dépasser elle-même ? — Oui, elle contient l'idée de perfection, et l'idée de perfection prouve l'existence d'un être parfait.

1° D'abord, cette idée ne peut venir à Descartes, ni de lui-même, ni d'aucune chose imparfaite ; il faut bien cependant qu'elle ait une cause ;

2° Il a l'idée de perfection, et pourtant il est imparfait. Il n'existe point par lui-même, autrement il se serait donné la perfection en même temps que l'être. Donc il tient d'un autre être et son existence et son idée de la perfection ;

3° Enfin, dans l'idée de perfection, l'existence est comprise « en même façon qu'il est compris en celle d'un triangle que ses trois angles sont égaux à deux angles droits. »

Les attributs de Dieu. — Dieu étant prouvé, pour en déterminer les attributs, il suffit de considérer les choses dont nous avons en nous quelque idée. Si c'est perfection de les posséder, Dieu les possède ; sinon, elles ne sont point en lui. Ainsi il est pensée pure et non à la fois étendue et pensée comme nous.

Parmi ses attributs, trois surtout sont à considérer :

1° *Sa toute-puissance ou liberté absolue.* Dieu est le créateur des vérités éternelles, mathématiques ou morales. A plus forte raison, il est le créateur du monde, et il le conserve par une création continuée.

2° *Son immutabilité.* Dieu ne peut changer ses décrets. Il est immuable, et par conséquent la vérité l'est aussi. Parce que Dieu est immuable, les lois du monde ne changent point, et il y a toujours la même quantité de mouvement dans l'univers.

3° *La véracité.* Dieu ne nous trompe jamais. La véracité divine explique et fonde la véracité même de notre esprit. C'est parce que Dieu ne nous trompe point, que nous pouvons nous en rapporter à l'évidence des idées claires et distinctes. Pour la même raison, nous pouvons nous fier à cette tendance naturelle que nous avons de nous en rapporter à nos souvenirs et à nos sensations, bien qu'il ne soit nullement évident que le passé corresponde à nos souvenirs, et que les objets existent comme nos sens nous les montrent.

L'existence des corps. — C'est par la véracité divine, on le voit, que Descartes établit l'existence du monde extérieur.

1º Nous ne percevons point directement les corps, nous éprouvons seulement des sensations. Ces sensations ne viennent point de nous, car nous ne pouvons les produire à volonté. Nous avons conscience, en effet, de tout ce qui se passe en notre âme, et notre conscience nous fait voir clairement que nos sensations n'ont point leur cause en nous. Donc, il est possible que leur cause soit un sujet étendu, distinct de nous.

2º Cela est même probable, car autrement, comment expliquer la différence qui existe entre l'idée et l'image? Entendre le triangle n'est pas la même chose qu'imaginer un triangle.

3º Enfin, il est certain que le monde extérieur existe, sans cela Dieu nous tromperait, puisqu'il nous a donné une tendance très forte à croire que nos sens nous font vraiment connaître des objets étendus et distincts de nous.

La matière est la chose étendue. — La réalité extérieure n'est autre chose que l'étendue; car, de toutes les idées que nous avons des corps, celle d'étendue est la seule claire et distincte. L'étendue est en mouvement, non par elle-même, mais par la toute-puissance de Dieu, dont l'immutabilité garantit la permanence du mouvement et de ses lois.

Principes de la physique cartésienne. — De l'étendue et du mouvement, par pure déduction, Descartes fait sortir tous les principes de sa physique :

1º L'espace n'est pas distinct de la matière.

2º Il n'y a pas de vide. Partout il y a trois dimensions ; par conséquent l'étendue occupe tout l'espace. L'étendue n'est autre chose que l'ensemble des trois dimensions.

3º Le monde est infini, car les trois dimensions n'ont pas de limite.

4º La matière est divisée à l'infini.

5º Le mouvement n'est pas le transport d'un lieu dans un autre, mais le passage du voisinage de quelques corps au voisinage d'autres corps.

6º Le monde étant plein, le mouvement ne peut se faire qu'en anneaux fermés (système des tourbillons).

7º La matière n'a aucune propriété occulte.

8º Tous les phénomènes physiques se réduisent à des mouvements, c'est-à-dire à des changements de relation des diverses parties de l'étendue. « L'univers est une machine où il n'y a rien du tout à considérer que les figures et les mouvements de ses parties. » La vie est un mouvement mécanique, et les bêtes sont de purs automates.

§ III. — Examen de la philosophie cartésienne.

Tel est l'exposé de la philosophie cartésienne. Cette philosophie a été vivement discutée, et il semble nécessaire de relever les plus importantes critiques adressées à Descartes.

Le doute méthodique est universel. — Son doute méthodique d'abord est universel. Or, par le fait que Descartes abandonne tout, il ne se réserve rien. C'est donc par une pétition de principe qu'il affirme le *Cogito ergo sum*. Il suppose accordé ce qui serait à prouver. De plus, il raisonne mal en cherchant à établir la distinction de l'âme et du corps.

La distinction de l'âme et du corps n'est pas bien prouvée. — Je puis supposer que je n'ai point de corps, dit-il, et cependant j'existe, puisque je continue à penser. Il est trop clair que Descartes pense tandis qu'il fait une telle supposition, et que, par conséquent, il ne cesse pas d'être ; mais si réellement il n'avait point de corps, sa pensée persisteraitelle ? Voilà du moins ce qu'un matérialiste ne manquerait pas d'objecter. — D'autre part, continue Descartes, mon corps restant le même, ainsi que tous les êtres autres que moi, si je cessais de penser, du même coup je cesserais d'être. Pour que cela fût incontestable, il faudrait que Descartes eût prouvé que le corps ne peut être le principe de la pensée et que la pensée est tout l'être de l'homme. C'est ce qu'il n'a fait nulle part.

Objection. — De son argumentation il reste simplement que l'étendue et la pensée sont choses distinctes, mais est-il bien sûr que l'étendue et la pensée ne sont pas deux points de vue divers d'une même substance ?

Réponse. — Oui, dit Descartes, car l'étendue et la pensée sont deux attributs essentiels, c'est-à-dire deux attributs tels que chacun d'eux constitue l'essence même d'une substance. « La véritable marque par laquelle nous pouvons connaître que l'esprit est différent du corps, est que toute l'essence et toute la nature de l'esprit consiste seulement à penser, là où toute la nature du corps consiste seulement en ce point que le corps est une chose étendue, et aussi qu'il n'y a rien du tout de commun entre la pensée et l'extension. » (*Object. et Rép.* tome II, page 257). En d'autres termes, la pensée est toute la substance de l'esprit, et l'étendue est toute la substance du corps ; or, la pensée et l'étendue sont choses absolument distinctes ; donc l'esprit et le corps sont eux-mêmes choses tout à fait différentes. — Ce raisonnement serait irréprochable si vraiment l'on pouvait identifier, d'une part, la pensée et l'esprit, et, d'autre part, l'étendue et la matière. Spinoza reconnaît très bien la distinction de l'étendue et de la pensée ; cependant il regarde ces deux attributs comme appartenant à une substance unique, qui est Dieu. Comment eût-il pu affirmer cela, si Descartes avait clairement fait voir « que toute la nature de l'esprit consiste seulement à penser, et que toute la nature du corps consiste seulement en ce point que le corps est une chose étendue ? » La vérité est que ces deux propositions ne sont pas prouvées du tout ; l'une, la seconde, n'est plus admise par personne, et l'autre est vivement contestée.

La règle de l'évidence. — Du *Cogito ergo sum* est sortie la règle de l'évidence en même temps que la distinction de l'âme et du corps. Sans doute, pour discerner la vérité de l'erreur, on doit s'en tenir à l'évidence, mais il faut définir l'évidence.

Objection tirée des illusions de nos sens. — Les hallucinés regardent leurs illusions comme des réalités évidentes.

Réponse. — C'est l'objection de Hume, mais Hume méconnaît la pensée de Descartes. Quand Descartes parle d'évidence, il entend parler simplement des idées claires et distinctes de l'esprit. Lui-même affirme que nos sens nous trompent quelquefois.

Objection de Gassendi. — Mais, dit Gassendi, « je voudrais bien savoir à quelle enseigne on reconnaît l'hôtellerie où Monsieur Descartes loge l'évidence. » Hobbes reprend la même objection en s'appuyant sur l'opiniâtreté avec laquelle certaines gens soutiennent les opinions les plus fausses et les donnent comme évidentes.

Réponse. — L'évidence, répond Descartes, n'est pas la cause de l'erreur. Nous nous trompons parce que notre volonté affirme au delà de ce que notre esprit a clairement aperçu. Toute erreur renferme une part de vérité, quelque chose de réellement évident. — Descartes aurait pu ajouter que toute erreur est une idée complexe, et que, par conséquent, c'est dans les idées simples qu'il faut chercher la vérité, à moins de supposer que notre esprit n'est pas fait pour la vérité. Les idées simples sont celles qui ont par elles-mêmes un sens complet, et ne se décomposent point en d'autres idées ayant par elles-mêmes un sens complet. L'idée d'homme, l'idée de cercle, l'idée d'être, l'idée de cause sont des idées simples. Il n'en est pas de même de l'idée de montagne d'or. Les idées simples sont vraies, et de même les propositions qui en sont tirées par voie d'analyse. L'être étant ce qui est, il est vrai que ce qui est est, et que l'on ne peut affirmer en même temps l'être et le non-être sous le même rapport. De là le principe de contradiction. Le principe de causalité se dégage de même de l'idée de cause. La cause est ce qui produit quelque chose. Donc, tout ce qui commence a une cause. Cette interprétation de la règle cartésienne nous semble excellente. Elle est de saint Thomas, qui disait : « *In simplicibus non deficit intellectus.* » Il faut bien qu'en certaines idées l'esprit ne se trompe pas, autrement il ne serait pas un instrument de vérité. Ces idées, qui sont vraies par elles-mêmes, ne sont pas les idées complexes, qui souvent sont fausses. Ce sont donc les idées simples.

Autre objection : le cercle vicieux. — Mais Descartes se donne le tort d'affaiblir sa règle de l'évidence en lui assignant la véracité divine pour garantie, tandis qu'il s'est servi de la règle de l'évidence pour établir l'existence de Dieu. C'est là un cercle manifeste, et on n'a pas manqué de le lui reprocher. — **Réponse.** Il répond que la véracité divine ne garantit point l'évidence des idées claires et distinctes, mais bien la fidélité de notre mémoire, qui nous rappelle des idées claires et distinctes obtenues par une longue chaîne de raisons antérieurement aperçues.

Instance. — Si notre mémoire a besoin d'une garantie, pourquoi notre esprit peut-il s'en passer ?

Réponse. — Il fallait dire que Dieu a fait notre esprit pour la vérité, mais que nous n'avons pas besoin de songer à cela pour nous servir de notre esprit en toute confiance. Il suffit que nous soyons attentifs à ne point admettre comme vraies des idées confuses.

Exagération de Descartes au sujet de l'évidence. — **1º Il ne tient pas compte des philosophes qui l'ont précédé.** — Pour cela, il est bon que nous consultions nos semblables, afin de nous assurer si ce qui nous paraît clair l'est aussi pour eux. Ils peuvent n'avoir pas les mêmes intérêts que nous, ni les mêmes préoccupations, et, en les consultant, nous sommes plus assurés de ne point affirmer par prévention ou par irréflexion. Descartes a donc eu grand tort de négliger les philosophes antérieurs à lui, et de laisser échapper cette boutade dans une lettre à Gassendi : « Vous oubliez que vous parlez à un homme qui ne veut pas même savoir s'il y a eu des hommes avant lui. »

2º Il méconnaît l'évidence de l'histoire. — Il a eu tort aussi de méconnaître l'évidence historique. Elle n'est pas l'évidence directe de la géométrie, mais elle s'appuie sur des principes d'évidence directe. Il est indirectement évident pour nous que Napoléon Ier a existé, et cela en vertu du principe de raison suffisante. Nous n'avons jamais vu Napoléon, mais s'il n'avait pas existé, une foule de témoignages demeureraient pour nous inexplicables.

3º Il néglige l'évidence des sens. — Enfin, Descartes a eu tort de méconnaître l'évidence directe du témoignage des sens, et de soutenir que nous ne connaissons du monde extérieur que nos sensations. Par là, il a posé le principe de l'idéalisme de Berkeley, et celui de toutes les théories conceptionnistes imaginées depuis, pour expliquer la perception extérieure (1).

Conclusion. — Nous ne pouvons insister sur les torts de Descartes. On voit assez qu'ils sont nombreux et que Bossuet avait raison de dire en parlant de la philosophie cartésienne : « Je prévois de grands orages qui vont sortir de cette philosophie. » — Il est certain que le cartésianisme a engendré des erreurs énormes : le rationalisme ou philosophie séparée de la foi ; le phénoménisme ou négation de la substance ; l'idéalisme ou négation du monde extérieur, sans parler du panthéisme de Spinoza, que Leibniz définissait « un cartésianisme exagéré. » De plus, la philosophie cartésienne est un spiritualisme à outrance, qui, par réaction, a été cause du matérialisme contemporain devant lequel elle demeure impuissante.

Quoi qu'il en soit, Descartes est incontestablement

---

(1) On appelle théories conceptionnistes du monde extérieur, par opposition aux théories perceptionnistes, celles qui impliquent une démonstration de l'existence des corps. Nous percevons immédiatement le monde extérieur.

supérieur à Bacon. En exaltant ce dernier aux dépens de Descartes, le XVIII⁰ siècle a méconnu une des gloires de la France. Descartes est un très grand philosophe, bien qu'il ne soit pas toujours dans le vrai (1).

Nous ne dirons rien de quelques cartésiens célèbres : Bossuet, Fénelon, Pascal. Ils appartiennent plus à l'his-

(1) On a pu le remarquer, les principales thèses de Descartes sont tout l'opposé de celles de saint Thomas.

1° Descartes rejette la méthode d'autorité ; saint Thomas veut que l'on consulte l'histoire des doctrines ;

2° Descartes sépare la raison de la foi ; saint Thomas travaille de toutes ses forces à les concilier ;

3° Descartes fait appel à l'évidence rationnelle et applique en philosophie la méthode des mathématiques ; saint Thomas reconnaît diverses sortes d'évidences, et fait une large part à l'expérience ;

4° Pour Descartes, l'âme est un principe de pensée et rien d'autre ; pour saint Thomas, elle est avant tout un principe de vie pour un corps ;

5° Selon Descartes, l'homme seul a une âme ; d'après saint Thomas, tout être vivant a une âme ;

6° Descartes n'admet pas les facultés de l'âme, et, en général, il rejette toute puissance occulte ; saint Thomas affirme qu'il y a des facultés, et il soutient qu'il faut expliquer les faits par des forces quand on ne peut pas faire autrement.

7° Descartes distingue l'âme du corps au point d'en faire deux substances séparées ; saint Thomas dit que l'âme et le corps, bien que très distincts, ne forment qu'une seule substance, qui est le *composé humain*;

8° Descartes établit l'existence de Dieu par des preuves tirées des idées de l'âme ; saint Thomas préfère les preuves qui ont pour point de départ des faits du monde extérieur ;

9° Le Dieu de Descartes possède une liberté absolue. Il est le créateur des vérités éternelles. Selon saint Thomas, la sagesse éternelle de Dieu et sa volonté ne font qu'un. Dieu ne crée pas les vérités éternelles. Il est lui-même l'éternelle vérité, et il ne peut agir que selon les lois de l'éternelle vérité ;

10° La matière, pour Descartes, est l'étendue abstraite, telle que la comprennent les géomètres ; pour saint Thomas, la matière est à la fois étendue et force. Elle est composée de matière et de forme ;

11° Selon Descartes, le monde est infini. Partout où il y a trois dimensions, il y a des corps, puisque la matière n'est que l'ensemble des trois dimensions ; selon saint Thomas, le monde est limité, et la possibilité des trois dimensions ne suffit pas à constituer des corps ;

12° Selon Descartes, les animaux sont des machines, semblables à des horloges ; selon saint Thomas, les animaux sont des êtres vivants, doués en général de cinq sens extérieurs, de quatre sens intérieurs (conscience

toire de l'Eglise et à celle des lettres qu'à l'histoire de la philosophie. — Malebranche est un cartésien de haute valeur. C'est le plus illustre métaphysicien français. C'est en même temps un grand écrivain. Pour ces raisons, il convient de lui consacrer quelques pages.

---

des sensations, mémoire, imagination, jugement instinctif); de deux appétits (appétit concupiscible et appétit irascible); de onze passions et de la faculté de se mouvoir. Ils n'ont ni intelligence, ni volonté, ni liberté. Ils ne connaissent pas Dieu. Ils n'ont aucun droit. Ils n'ont pas de devoir à remplir. Leur âme n'est pas immortelle ; elle périt avec le corps.

CHAPITRE XV.

MALEBRANCHE.

Bien que Malebranche soit cartésien, l'étude de saint Augustin a certainement contribué dans une large mesure au développement de son génie. Il y a plus, Malebranche était philosophe avant d'avoir lu Descartes et saint Augustin. Il était philosophe, tout en s'appliquant malgré lui à l'étude de l'histoire et à celle des langues. La lecture du *Traité de l'homme*, de Descartes, le révéla à lui-même. (1)

Caractères généraux de sa philosophie. 1º C'est une philosophie religieuse. — Sa philosophie, il la devait à la formation sacerdotale qu'il avait reçue à l'Oratoire ; il la devait tout d'abord à l'influence de sa pieuse mère, Catherine de Lauzon. La grande préoccupation de Malebranche en philosophie a toujours été de faire connaître et aimer Dieu comme cause universelle et souverainement efficace. Il est impossible de rencontrer une doctrine plus élevée et plus profondément religieuse. Descartes ne cherchait qu'à « s'assurer », en philosophant par les idées claires et distinctes ; Male-

(1) Un jour, Malebranche trouve chez un libraire le *Traité de l'Homme*. Il y jette les yeux, se sent ému et ravi, achète le livre, l'emporte, le lit jusqu'au bout avec des battements de cœur qui le forcent à interrompre de temps en temps sa lecture ; dès ce moment il se connaît : il est philosophe. Ceci se passait en 1664. (Ollé-Laprune, *La philosophie de Malebranche*, 1er vol. p. 43). Le Corrège, à la vue d'un tableau de Raphaël s'écria : « Et moi aussi je suis peintre. » La Fontaine se sentit poète après avoir lu une ode de Malherbe. Ces sortes de révélations subites du génie ne sont pas rares dans l'histoire des grands hommes. Mille causes secrètes les préparent dans l'ombre.

branche emploie la même méthode, mais il a un autre but : il veut développer en lui-même et dans les autres le sentiment de l'amour de Dieu. Malebranche est un mystique dans la meilleure acception du mot : il aime Dieu et il veut le faire aimer.

2º Malebranche exagère Descartes. — Malheureusement, on peut dire de lui ce que Leibniz a dit de Spinoza : sa philosophie est un cartésianisme exagéré. Comme Spinoza, il a pris à Descartes « certaines semences » qui ont produit de fort mauvaises herbes. Par exemple, Descartes distingue avec soin l'étendue et la pensée ; Malebranche accentue cette distinction au point que, selon lui, le corps, qui n'est qu'étendue, et l'âme, qui n'est que pensée, ne peuvent avoir entre eux aucune relation directe.

C'est grâce à une « assistance divine » continuelle qu'ils sont reliés l'un à l'autre. Le corps n'a aucune action sur l'âme, et la volonté est seulement *cause occasionnelle* des mouvements du corps. De même, Descartes avait dit que l'idée de l'Infini implique l'existence de l'Infini. Pour Malebranche, l'idée de l'Infini est la même chose que l'Infini lui-même. Selon ce philosophe, notre esprit est essentiellement uni à Dieu, tandis que son union avec notre corps n'a rien que d'accidentel, puisqu'elle peut prendre fin sans que nous cessions d'être. C'est presque le panthéisme, et Malebranche ne s'en cache pas. « Je me sens porté à croire, dit-il, que ma substance est éternelle, et que je fais partie de l'être divin, et que toutes mes diverses pensées ne sont que des modifications de la raison universelle ». On croirait lire Spinoza, et M. Fouillée a bien raison de dire : « Malebranche, c'est Spinoza retenu à moitié chemin par la foi, Spinoza inconséquent et inconscient. » (Fouillée, *Histoire de la philosophie*, page 286.)

3º Malebranche ne sépare pas la foi de la raison. — Heureusement pour lui, Malebranche n'a pas séparé, comme Descartes, la raison de la foi. A l'imitation des scolastiques, qu'il n'estime pas, il cherche l'intelligence des vérités révélées. Elles sont à ses yeux comme des faits. Il les accepte sans les discuter, et cherche à les comprendre. Il est théologien en même temps que philosophe, mais sa théologie n'est pas sûre. Il interprète saint Augustin à sa manière, et il n'a pas le ferme bon sens de saint Thomas; c'est un génie plus brillant que solide.

Malgré cela, il nous paraît utile d'arrêter un instant l'attention des jeunes gens sur cette intéressante figure. Volontiers, nous dirions avec Joseph de Maistre : « Les Français ne sont pas assez fiers de leur Malebranche. » Malebranche n'est pas un guide sûr en philosophie, mais c'est un homme excellent et un grand écrivain. Ses erreurs mêmes peuvent rappeler d'utiles enseignements.

§ I. — La vie et les écrits de Malebranche.

Vie de Malebranche. — Nicolas Malebranche, né à Paris le 6 août 1638, était le dernier des nombreux enfants de Nicolas Malebranche, secrétaire du roi et trésorier des cinq grosses fermes, sous Richelieu. « D'une complexion délicate, Malebranche fit ses humanités à la maison paternelle. A seize ans, il entra en philosophie au collège de La Marche, où il eut pour maître le péripatéticien Rouillard. Au sortir de La Marche, déjà sûr de sa vocation ecclésiastique, il fit sa théologie à la Sorbonne. Ses études théologiques achevées, il refusa un canonicat à Notre-Dame. Sa mère mourut le 18 avril 1658, et son père le 5 mai suivant. Ces deuils répétés l'amenèrent à faire de sérieuses réflexions sur la vanité des choses de ce monde. Décidé à mener une vie recueillie et toute consacrée à la prière et au travail, il se retira dans la congrégation de l'Oratoire. (1)

(1) Fondée en 1611 par l'abbé de Bérulle, la congrégation de l'*Oratoire de Jésus* avait pour but, dit le fondateur lui-même, « l'instruction, non de la jeunesse, mais des personnes appelées et tendant à la prêtrise. » Après l'Édit de Nantes (1598), qui mit fin aux luttes sanglantes des catholiques et des protestants, tout restait à faire en France pour la réforme du clergé

Il y fut reçu le 18 janvier 1660. Après les épreuves ordinaires, où il se distingua par sa grande piété, il fut ordonné prêtre le 20 septembre 1664. La maison professe de la rue Saint-Honoré fut sa résidence habituelle. « L'été, cependant, il sortait volontiers de Paris. Nous le trouvons tantôt dans les maisons de campagne de la congrégation, à Marine, près de Pontoise, ou à Raray, en Picardie ; tantôt à Perseigne, abbaye cistercienne dans le diocèse du Mans ; tantôt enfin dans les terres de ses amis, chez le marquis de Roussy, chez Pierre de Montmort, et même en Saintonge, chez le marquis d'Allemans. Partout, ce qui occupait sa pensée et son temps, c'était, avec l'accomplissement régulier et fervent de ses devoirs de prêtre, la recherche de la vérité, à laquelle il s'appliquait avec un respect tout religieux et une pieuse ardeur. Les spéculations métaphysiques, comme on disait alors, ont rempli sa vie. Nous n'y trouvons pas d'autres événements que la composition et la publication de ses ouvrages, avec les controverses et les lettres qu'ils suscitèrent ou entretinrent. Ses travaux sur les mathématiques, qui le firent mettre au nombre des membres honoraires de l'Académie des sciences, ses recherches sur l'optique, ses expériences concernant l'anatomie et la physiologie, se rapportaient directement à la métaphysique, qu'il ne séparait pas de la religion. C'était encore ce qu'il avait en vue dans ses relations avec les hommes considérables qui le visitaient ou lui écrivaient, avec les amis qui s'attachaient à lui, avec les disciples qu'il instruisait, avec les jeunes gens qui le consultaient. Cette vie toute de prière et d'étude s'acheva en 1715. Tombé malade le 18 juin, à Villeneuve-Saint-

---

d'après les prescriptions du Concile de Trente. L'abbé de Bérulle eut la gloire d'entrer le premier dans cette voie. Il fut créé cardinal deux ans avant sa mort (1627). L'oratoire s'éloigna plus tard de sa première destination pour se livrer à l'instruction des jeunes gens dans les collèges.

Le beau collège de Juilly, non loin de Paris, est encore plein du souvenir de Malebranche. On y montre un marronnier énorme, sous lequel le philosophe, dit-on, aimait à méditer.

Georges, où il était chez son ami, M. du Metz, président de la Chambre des comptes, Malebranche se fit transporter à l'Oratoire de la rue Saint-Honoré. Regardant cette maladie comme celle qui devait terminer ses jours, il souhaitait de les finir au milieu de ses frères. Il mourut le 13 octobre, après avoir supporté les douleurs et les ennuis de sa longue maladie en vrai philosophe chrétien. » (1)

Ses ouvrages. — Il a beaucoup écrit. Ses principaux ouvrages sont :

1° *La recherche de la vérité*, qui parut en deux fois. Les trois premiers livres sont de 1674 et les trois autres de 1675. C'est un ouvrage destiné à découvrir les causes de nos erreurs et à en indiquer les remèdes. Toute la philosophie de Malebranche s'y trouve, mais disséminée.

2° *Les conversations chrétiennes* (1676), où l'auteur présente sous un jour nouveau les principes de sa philosophie qui ont rapport à la religion.

3° *Le traité de la nature et de la grâce* (1680), qui souleva bien des orages contre Malebranche. Ce philosophe y explique son sentiment sur la Providence. Bossuet, dit-on, s'écria, un jour à propos du *Traité de la nature et de la grâce* : « Pulchra, nova, falsa. » C'est beau, c'est nouveau, c'est faux.

4° *Les méditations chrétiennes* (1683), sorte de philosophie morale et religieuse, dont les principes sont bien enchaînés et les conséquences pratiques longuement développées.

---

(1) Cette courte notice sur Malebranche est extraite de l'ouvrage de M. Ollé-Laprune, intitulé : *La philosophie de Malebranche*. (Paris, Ladrange, 1870) Nous avons dû la modifier quelque peu. M. Ollé-Laprune a pris ses renseignements dans une *Étude sur Malebranche*, par M. l'abbé Blampignon (Douniol, 1861), mais le travail de M. Blampignon contient beaucoup d'inexactitudes. On peut s'en assurer en le comparant avec la *Vie du R. P. Malebranche*, par le P. André, jésuite. Ce dernier livre a été publié en 1886, par le P. Ingold, de l'Oratoire. Ainsi est réalisé le vœu de Cousin, qui, dans ses *Fragments philosophiques*, adjurait éloquemment les possesseurs du manuscrit du P. André, de mettre enfin au jour cette biographie « complète et intéressante ».

5° *La morale* (1683), où Malebranche enseigne que la science morale ne peut se passer des causes finales, et que le but des actions humaines est la réalisation de l'ordre.

6° Les *Entretiens sur la métaphysique* (1688) qui sont un résumé, sous forme de dialogues, de la philosophie de Malebranche. Ce livre renferme les réponses aux objections qu'on avait faites à l'auteur, mais sans air de dispute. Dans l'édition de 1696, on trouve en outre trois *Entretiens sur la mort*, composés à la suite d'une grave maladie, et qui donnent à l'ouvrage sa dernière perfection.

Les autres écrits de Malebranche : *Traité de l'amour de Dieu, Entretiens d'un philosophe chrétien et d'un philosophe chinois, Réflexions sur la prémotion physique, Traité de l'Infini créé*, présentent, à propos de circonstances diverses, l'exposition sans cesse recommencée de principes toujours les mêmes. Ces principes, surtout ceux qui regardent la connaissance humaine, sont énergiquement défendus dans les *Réponses à Arnaud*, qui forment quatre volumes (1709).

§ II. — Physionomie morale de Malebranche.

Grâce au P. André, jésuite, Malebranche est peut-être le philosophe dont nous pouvons le mieux connaître la vie intime. Rien, d'ailleurs, dans cette longue existence, qui ne soit tout à l'honneur de la religion et de la philosophie. Il est donc sage de mettre brièvement en relief les principaux traits du caractère de Malebranche.

1° **C'était un méditatif** — Malebranche était un *méditatif*. Il aimait à être seul, afin de rentrer en lui-même et de consulter la Sagesse éternelle. « Le bruit du dehors ne l'interrompait point, mais il était inquiété par la présence de ceux qui étaient avec lui, et dont il appréhendait d'être interrompu. » (P. André, *Vie du R. P. Malebranche*).

2° **Il aimait peu les livres, l'histoire et les langues.** Sa principale source d'idées étant la réflexion, *il aimait peu les livres* : « Il y a peu ou point de livres qui me plaisent. Si l'on faisait tous les ans un petit volume in-douze qui me contentât, je serais satisfait des savants. Quand je n'avais que vingt-cinq ans, j'entendais ce que je lisais dans les livres ; mais à présent, je n'y entends plus rien dans la plupart. » (Lettre du P. Malebranche à M. Barrand). Quand on se plaît à consulter le Maître intérieur, il est naturel qu'on se soucie peu de connaitre *les faits contingents*. Malebranche abandonna de bonne heure l'étude de l'histoire. Il se plaignait que les derniers faits qu'il avait lus effaçaient les premiers de sa mémoire, et il pensait qu'en matière d'histoire on ne finit point. Il aimait mieux, disait-il, que tous les gros volumes qu'on a écrits pour raconter l'histoire fussent dans sa bibliothèque que dans sa tête. On le raillait quelquefois à cause de son dédain de la science des faits, mais c'était en vain. « Il demanda un jour à un savant, enivré de cette science : « Monsieur, Adam était-il bien habile dans le paradis terrestre ? » Ce docte lui ayant répondu assurément qu'oui, puisqu'il avait eu toutes les sciences infuses. « Eh bien ! lui dit le P. Malebranche, cet homme qui savait tout, ne savait pourtant ni histoire ni chronologie. » (P. André, *Vie du R. P. Malebranche*). L'amour de l'éternelle vérité dégoûta aussi Malebranche de l'étude de l'hébreu, que le P. Simon lui avait fait entreprendre, afin qu'il entendit mieux l'Ecriture sainte.

3° **Il avait horreur de la dispute.** Par-dessus tout, ce méditatif *avait horreur de la dispute*. « Malebranche, dit Mgr Perraud, avait un génie essentiellement antipathique à la controverse. » — « Le dégoût le prenait de ces querelles publiques, dont les résultats contribuent ordinairement si peu aux progrès de la science. » Sa *paresse naturelle*, « laquelle, disait-il souvent, était la plus forte de ses passions, » lui rendait la dispute importune. Il y répugnait surtout par principe de charité, craignant de blesser ses adversaires, et aussi de donner au public

« un spectacle plus dangereux que ceux contre lesquels on déclame tant ». (P. Ingold, *Introduction à la vie de Malebranche, par le P. André*). Il est vrai, on a souvent représenté Malebranche comme un homme d'un caractère absolu, âpre à la dispute et qui « forçait ses adversaires à l'attaquer » (1). Tout au contraire, le *méditatif taciturne*, comme disaient ses contemporains, fut le plus doux des hommes. « Rien n'était plus admirable que sa simplicité d'enfant, son humilité, sa droiture, sa sincérité, son affabilité. Il était très charitable, excellent ami, d'une patience admirable et d'un désintéressement parfait. » (ANDRÉ, *Vie du R. P. Malebranche*).

4° **Il était très désintéressé.** — Il se défit d'un bénéfice que le prince de Condé lui avait donné. « En 1673, il donna à l'hôpital général une maison qui lui appartenait, rue Saint-Honoré, ne se réservant dessus qu'une pension de 1,600 livres, qui éprouva dans la suite une réduction considérable. » (P. ANDRÉ). Un de ses frères, conseiller au parlement, mourut sans enfants, en 1703, et lui laissa tout son bien. Malebranche se hâta de transmettre cet héritage à ses neveux, qui étaient aussi ceux de son frère. « J'ai assez de viatique, écrivait-il, pour le chemin qui me reste à faire. »

5° **Il fut un excellent prêtre.** — Malebranche enfin, a été un prêtre très pieux et très fidèle à la direction de l'Eglise. M. Blampignon en fait un « janséniste déclaré ». On ne peut se tromper d'une façon plus marquée. « J'avoue, écrit Malebranche, dans la préface de sa *Réponse à une dissertation de M. Arnaud*, que je ne me rends entièrement qu'à l'évidence quand la foi me laisse la liberté. Ce n'est qu'à l'autorité de l'Eglise que je me fais gloire de me soumettre aveuglément et sans réserve, parce que je sais qu'alors j'obéis certainement à Jésus-Christ, qui nous instruit par son Eglise plus sûrement que par l'évidence. » Les erreurs de Malebranche, les décrets de la Congrégation de l'*Index* au sujet de plu-

(1) M. Blampignon, *Etude sur Malebranche*.

sieurs de ses écrits ne prouvent pas qu'il ait manqué de piété ou de soumission à l'Eglise (1).

Telle est la physionomie morale du grand oratorien. Elle est digne d'admiration au moins autant que ses écrits.

§ II. — La Philosophie de Malebranche.

Personne en France n'a fait parler à la philosophie une langue plus pure, plus séduisante, plus brillante que Malebranche. C'est dommage qu'un génie de cette force se soit épuisé à soutenir des principes qui s'accordent mal avec la théologie, ne sont pas conformes à l'expérience, et heurtent le sens commun.

Nous allons les exposer brièvement, en consultant le plus possible les divers ouvrages de Malebranche.

L'erreur, ses causes et ses remèdes. — Tout d'abord, d'après ce philosophe, il faut connaître les causes de

(1) Il est certain même, comme on peut en juger par une lettre authentique de Malebranche à un de ses amis, qu'il se soumit sans murmurer au décret du Saint-Office qui condamnait son *Traité de la Nature et de la Grâce* et quelques autres de ses écrits (29 mai 1690). Sa lettre cependant, montre qu'il partageait l'opinion de ses contemporains au sujet des décrets du St-Office ou de ceux de la Congrégation de l'*Index* : « Si j'étais en Italie, où ces sortes de condamnations ont lieu, je ne voudrais pas lire un livre condamné par l'Inquisition, car il faut obéir à une autorité reçue; mais ce tribunal n'en ayant point en France, on y lira le traité. » — Il n'y a plus, à l'heure présente, d'hésitation de la part des théologiens au sujet des décrets qui interdisent certains livres; ils obligent en France comme ailleurs. Tout homme vraiment chrétien comprendra sans peine que l'Eglise, gardienne de la foi et des mœurs, interdise à ses enfants, parfois sous des peines sévères, la lecture de certains ouvrages qui attaquent le dogme catholique ou qui excitent au mal. De tout temps, mais surtout depuis l'invention de l'imprimerie, les pontifes romains ont regardé la censure des livres comme l'un des principaux devoirs de leur charge. Il y a, dit Benoît XIV, « deux congrégations de cardinaux de la Sainte-Eglise romaine, chargées de faire des enquêtes sur les livres mauvais ou dangereux, et de juger à quels auteurs on doit imposer des corrections, quels ouvrages on doit interdire. On rapporte que Paul IV avait confié ce soin à la congrégation romaine de l'Inquisition universelle ; elle continue de nos jours à exercer cette charge lorsqu'il faut se prononcer sur certains

l'erreur et la méthode qui permet de l'éviter, car l'erreur est le principe de tous nos maux.

a) Pas de vrai bonheur si l'on ne sait éviter l'erreur. — « L'erreur est la cause de la misère des hommes, c'est le mauvais principe qui a produit le mal dans le monde; c'est elle qui a fait naître et qui entretient dans notre âme les maux qui nous affligent, et nous ne devons point espérer de bonheur solide et véritable qu'en travaillant sérieusement à l'éviter. » (*Recherche de la vérité*, liv. I, ch. I.)

b) La cause principale de l'erreur. — « On ne tombe dans l'erreur que parce qu'on ne fait pas l'usage qu'on devrait faire de sa liberté; » — « c'est faute de modérer l'empressement et l'ardeur de la volonté pour les seules apparences de la vérité qu'on se trompe; » — « l'erreur ne consiste que dans un consentement de la volonté, qui a plus d'étendue que la perception de l'entendement, puisqu'on ne se tromperait point si l'on ne jugeait simplement que de ce que l'on voit. » (*Recherche de la vérité*, liv. I, ch. II.)

---

livres spéciaux, mais il est hors de doute que saint Pie V fut le premier fondateur de la congrégation de l'*Index*. Grégoire XIII, Sixte-Quint et Clément XIII ont confirmé cette institution par divers privilèges, tout en lui conférant de plus amples pouvoirs. Son but spécial et presque unique est l'examen des livres dont on doit décider l'interdiction, la correction ou la non condamnation. » (Benoît XIV, constitution apostolique du 8 juillet 1753).

Toute la législation actuelle de l'Index est contenue dans deux documents : le premier est la constitution de Benoît XIV, citée plus haut, l'autre est la constitution apostolique donnée par Léon XIII, le 24 janvier 1897. Benoît XIV fixe la composition de la Congrégation de l'Inquisition universelle et de celle de l'Index. Il détermine aussi la procédure que ces congrégations doivent suivre quand il s'agit d'examiner et de juger un livre qui leur est dénoncé.

Léon XIII, de son côté, a « ordonné » la révision consciencieuse de l'Index et sa publication. « Quant aux règles elles-mêmes, ajoute-t-il (il s'agit ici des dispositions générales relatives à l'interdiction des livres). Nous leur avons donné un nouveau caractère, et, tout en respectant leur nature, Nous les avons adoucies, de sorte qu'il ne soit ni difficile ni pénible de s'y conformer pour tout homme bien disposé. » (Léon XIII, Constitution apostolique du 24 janvier 1897).

c) Les causes occasionnelles de l'erreur. — « Mais, quoique, à la vérité, il n'y ait que le mauvais usage de la liberté qui soit cause de l'erreur, on peut dire néanmoins que nous avons beaucoup de facultés qui sont causes de nos erreurs, non pas causes véritables, mais causes qu'on peut appeler *occasionnelles*. Toutes nos manières d'apercevoir nous sont autant d'occasions de nous tromper. » (*Ibidem.*)

Les causes occasionnelles de nos erreurs sont l'*entendement pur*, l'*imagination* et les *sens*, qui sont nos trois manières d'apercevoir les choses. De plus, nos *inclinations* et nos *passions* « agissent très fortement sur nous, elles éblouissent notre esprit par de fausses lueurs, et elles le couvrent et le remplissent de ténèbres. » (*Ibidem.*)

d) Quelques règles pour l'éviter. — Sans aucun doute, pour éviter l'erreur, il faut tenir compte de ses causes particulières, mais il est certains préceptes que l'on doit tout d'abord observer avec soin :

1° « Il ne faut jamais donner un consentement entier qu'aux choses qu'on voit avec évidence.

2° « Il faut distinguer les mystères de la foi des choses de la nature. Il faut se soumettre également à la foi et à l'évidence ; mais, dans les choses de la foi, il ne faut point chercher d'évidence ; comme dans celles de la nature, il ne faut point s'arrêter à la foi, c'est-à-dire à l'autorité des philosophes.

3° « Il faut lire de telle sorte les ouvrages des hommes, qu'on n'attend point d'être instruit par les hommes. Il faut interroger celui qui éclaire le monde, afin qu'il nous éclaire avec le reste du monde ; et s'il ne nous éclaire pas après que nous l'aurons interrogé, ce sera sans doute que nous l'aurons mal interrogé. » — « C'est par la méditation et par une attention fort exacte que nous l'interrogeons, et c'est par une certaine conviction intérieure et par ces reproches secrets qu'il fait à ceux qui ne s'y rendent pas, qu'il nous répond.

4° « On ne laisse pas de tomber d'accord qu'il y a

encore des vérités, outre celles de la foi, dont on aurait tort de demander des démonstrations incontestables, comme sont celles qui regardent des faits d'histoire et d'autres choses qui dépendent de la volonté des hommes. » — « On doit se contenter de la plus grande vraisemblance dans l'histoire ; » — « on peut généralement appeler du nom d'histoire la connaissance des langues, des coutumes et même celle des différentes opinions des philosophes, quand on ne les a apprises que par mémoire et sans en avoir eu d'évidence ni de certitude. »

5° « Dans la morale, la politique, la médecine et dans toutes les sciences qui sont de pratique, on est obligé de se contenter de la vraisemblance, non pour toujours, mais pour un temps ; non parce qu'elle satisfait l'esprit, mais parce que le besoin presse, et que, si l'on attendait pour agir, qu'on se fût entièrement assuré du succès, souvent l'occasion se perdrait. » — « Il ne faut pas mépriser absolument les vraisemblances, parce qu'il arrive ordinairement que plusieurs, jointes ensemble, ont autant de force pour convaincre que des démonstrations très évidentes. » (*Recherche de la vérité*, liv. I, ch. III.)

Ces conseils ne résument pas, à proprement parler, la méthode de Malebranche. L'exposé de cette méthode, fait l'objet du livre VI de la *Recherche de la vérité*, et dans le livre VI, le sixième chapitre, en particulier, contient les règles qu'il faut suivre pour avancer sans crainte d'erreur, quoique fort lentement.

La métaphysique de Malebranche. — Indépendamment de ces règles, Malebranche recommande tout d'abord au philosophe, de se défier des sens. Leur rôle, à son avis, se borne à la conservation du corps, et ils ne peuvent qu'embarrasser celui qui cherche la vérité. « L'union de l'esprit avec le corps abaisse l'homme infiniment, et c'est aujourd'hui la principale cause de toutes ses erreurs et de toutes ses misères. » (*Recherche de la vérité*, préface.)

L'âme humaine est unie immédiatement à Dieu. — Cette exagération en entraîne une autre. Malebranche déclare que notre âme est directement unie à Dieu. « La distance infinie qui se trouve entre l'Être souverain et l'esprit de l'homme, n'empêche pas qu'il ne lui soit uni immédiatement et d'une manière très intime. Cette dernière union l'élève au-dessus de toutes choses ; c'est par elle qu'il reçoit sa vie, sa lumière et toute sa félicité ...» (*Recherche de la vérité*, préface.)

« Si Dieu est pensé il est. » — Il suit de là qu' « il suffit de penser à Dieu pour savoir qu'Il est. » Inutile donc de recourir aux preuves ordinaires de l'existence de Dieu : « La preuve de l'existence de Dieu la plus belle, la plus relevée, la plus solide et la première, ou celle qui suppose le moins de choses, c'est l'idée que nous avons de l'infini ; car il est constant que l'esprit aperçoit l'infini... puisqu'on ne peut concevoir que l'idée d'un être infiniment parfait soit quelque chose de créé. » (*Recherche de la vérité*, liv. III, ch. VI.)

L'idée de l'Infini, c'est l'Infini lui-même. — Cette preuve de l'existence de Dieu par l'idée que nous avons de l'infini, n'est pas du tout semblable à celle qui porte le même nom dans Descartes. Selon Descartes, l'idée de Dieu est innée en nous. Elle est en nous comme le vestige de l'ouvrier. Et l'idée de Dieu enveloppe l'existence de Dieu. Tout au contraire, Malebranche estime que nous voyons Dieu « d'une vue immédiate et directe, sans l'entremise d'aucune créature », sans l'entremise, par conséquent, de quelque chose de fini qui le représente. Rien de fini ne peut représenter Dieu. Toute idée est quelque chose de déterminé ; or Dieu ne l'est point. Il est « l'Être indéterminé, l'Être universel, l'Être des êtres, l'Être sans restriction, l'Infini tout court. » Il est naturel que nous ne le comprenions pas, puisque nous ne pouvons nous le représenter par aucune idée. Aussi, Malebranche écrit : « Lorsque je vous parle de Dieu, si vous comprenez ce que je vous dis, c'est que je me trompe. »

L'âme humaine voit en Dieu les idées des corps — Si nous ne pouvons nous représenter Dieu par aucune idée, il n'en est pas ainsi des corps qui composent l'univers. C'est par leurs idées que nous les apercevons, mais c'est en Dieu même que nous voyons les idées des corps. Pour bien comprendre cela, il faut se souvenir « qu'il est absolument nécessaire que Dieu ait en lui-même les idées de tous les êtres qu'Il a créés, puisque autrement Il n'aurait pas pu les produire, et qu'ainsi Il voit tous les êtres en considérant les perfections qu'Il renferme auxquelles ils ont rapport. Il faut de plus savoir que Dieu est très étroitement uni à nos âmes par sa présence, de sorte qu'on peut dire qu'Il est le lieu des esprits, de même que les espaces sont en un sens le lieu des corps. Ces deux choses étant supposées, il est certain que l'esprit peut voir ce qu'il y a en Dieu, qui représente les êtres créés, puisque cela est très spirituel, très intelligible, très présent à l'esprit. Ainsi, l'esprit peut voir en Dieu les ouvrages de Dieu, supposé que Dieu veuille bien lui découvrir ce qu'il y a dans Lui qui les représente. » (*Recherche de la vérité*, livre III, ch. VI.)

Or, bien des raisons « semblent prouver » que Dieu le veut « plutôt que de créer un nombre infini d'idées dans chaque esprit .» (*Ibidem.*)

Nous ne voyons pas tout en Dieu, mais seulement les idées des corps, leurs essences (1), ce qui les rend intelligibles pour nous. Quant à leurs qualités secondes, comme la couleur, l'odeur, la saveur, c'est par nos sens que nous les connaissons. De même, notre âme nous est connue par le sentiment que nous en avons. Cette connaissance est confuse, tandis que nos idées des corps sont claires et distinctes. Quant à Dieu, nous l'avons dit, Il est uni directement à notre âme; « s'Il est pensé, Il est. »

Ce que sont les corps; ils n'agissent pas. — Les corps, dont nous voyons en Dieu les essences, sont sim-

---

(1) On appelle essence, l'être intelligible d'une chose, l'ensemble de ses propriétés constitutives. Toutes les définitions géométriques sont des essences.

plement des parties de l'étendue intelligible, et chacune de ces parties est limitée par une figure, dont la définition est l'essence même du corps correspondant.

D'où il suit que les corps n'ont aucune action. Ils ne peuvent être causes de rien. Tout corps est incapable d'agir sur un autre, et la matière est universellement passive.

Les âmes n'ont pas plus de pouvoir que les corps. La volonté n'est que cause occasionnelle des mouvements du corps. — L'âme, d'ailleurs, est tout aussi impuissante; non seulement les corps ne peuvent être causes véritables de quoi que ce soit; les esprits les plus nobles sont dans une semblable impuissance. (*Recherche de la vérité*, liv. VI, deuxième partie, ch. III.) C'est une pensée païenne que de prêter l'indépendance à l'âme. Si notre âme était indépendante, nous échapperions à la puissance divine. En vain l'on invoque l'expérience, car l'expérience ne nous révèle que des phénomènes. Le choc nous fait voir une succession, non une production de mouvement. Le mouvement du bras succède à la volonté de mouvoir le bras, mais nous n'expérimentons point qu'il soit produit par cette volonté. Cela même est impossible : il n'y a « aucun rapport entre des choses si différentes ». L'expérience nous fait connaître des antécédents invariables, et nous prenons ces antécédents pour des causes : « Les hommes ne manquent jamais de juger qu'une chose est cause de quelque effet quand l'un et l'autre sont joints ensemble, supposé que la véritable cause de cet effet leur soit inconnue. » Dieu seul est cause, parce que causer c'est créer, et Dieu seul peut créer. « Supposer quelque efficace dans la créature, c'est la diviniser, car toute efficace est quelque chose de divin et d'infini. » (*Médit. chrét.*, IX, 7.) « Il y a contradiction que tous les anges et tous les démons réunis puissent ébranler un fétu. » (*Entret. métaph.*, VII, 31.)

« Dieu unique acteur », voilà en trois mots le résumé du système philosophique que Malebranche résume lui-même ainsi :

« Dieu est la cause de nos connaissances.

« Lui seul est la cause des mouvements naturels de nos volontés.

« Lui seul est la cause de nos sentiments.

« Lui seul est la cause de tous les mouvements de notre corps. »

Il meut notre corps à l'occasion de nos volontés, et il meut notre volonté à l'occasion des idées et des sentiments qu'il imprime en nous. Notre volonté n'est jamais que cause occasionnelle. Quant au monde extérieur, il n'est cause en aucune façon, parce qu'il est seulement étendu.

Existence du monde extérieur. — Si le monde extérieur n'est point cause, comment peut-on affirmer son existence? Il n'est rien, ce semble, car ne point agir et n'être pas sont une même chose. Tout être est actif, par là même qu'il est. Être, c'est persister, et persister, c'est agir. Ainsi, Malebranche est conduit par ses principes à mettre en question l'existence des corps. Pourtant il affirme le monde extérieur, mais au nom de la foi seulement. On s'en souvient, il est théologien, et en lui, le théologien corrige le philosophe. Dieu crée en nous le sentiment des choses extérieures, notamment celui de sa parole écrite, et dans cette parole écrite, notre intelligence aperçoit l'affirmation divine d'une réalité extérieure. A cause de cela, il faut croire que le monde des corps existe.

Optimisme. — Non seulement ce monde existe, mais il est le meilleur possible. Dieu l'a créé librement, par bonté pure, mais, une fois décidé à le créer, il ne pouvait pas produire un monde imparfait. Il y a du mal, sans doute, dans le monde, mais ce mal s'explique par le principe de la simplicité des voies. Les voies les plus simples sont les plus générales. Dieu a créé le monde et le maintient par des volontés générales, et il substitue aussi rarement que possible des volontés particulières à ces volontés générales, qui sont les lois mêmes de la nature. Le miracle est une exception. Au reste, si l'on peut dire en toute vérité que le monde est parfait, c'est surtout parce qu'il se relie au monde de la grâce par l'Incarnation du Verbe. Le Verbe se fût incarné quand même la faute originelle n'eût pas été commise.

Malebranche est allé plus loin encore dans cette voie. « Dans chaque planète, dit-il, le Verbe éternel s'est uni hypostatiquement à un homme. » Et il ajoute : « Nous inférons de tout cela, non seulement que le Verbe s'est incarné dans toutes les planètes, mais que, dans celles où le péché n'est point entré, il est né comme les autres hommes. » (*Traité de l'Infini créé*, p. 112.)

Conclusion. — Des assertions de ce genre, on le comprend, ne pouvaient être favorablement accueillies par les théologiens. Aussi bien, les objections et les réfutations ne firent pas défaut à Malebranche. Malgré son horreur de la dispute, il dut souvent répondre à des attaques parfois peu bienveillantes, parfois même peu intelligentes. Le grand chagrin de Malebranche fut surtout d'être mal compris de ses contradicteurs.

Après sa mort, on le comprit moins encore que de son vivant. La vogue était alors aux idées venues d'Angleterre. Diderot disait : « Une seule page de Locke contient plus de vérités que tous les volumes de Malebranche ; mais une ligne de celui-ci montre plus de subtilité, d'imagination, de finesse et de génie peut-être, que tout le gros livre de Locke. » — « Ce jugement montre bien, dit Jules Simon, non pas assurément ce qu'il faut penser de Malebranche, mais ce que pensait de lui la génération qui le suivit.

« Un méchant vers de Faydit :

Lui qui voit tout en Dieu, n'y voit pas qu'il est fou,

eut une fortune immense. Il est si commode pour le vulgaire de se débarrasser ainsi du fardeau de l'admiration et d'avoir pitié des hommes de génie ! Ce fou de Malebranche est une de nos gloires nationales ; ses *Visions métaphysiques* sont une école de sagesse et de profonde philosophie, et plaise à Dieu, pour l'honneur de la philosophie et les progrès de l'esprit humain, qu'il nous puisse naître encore des rêveurs comme lui ! » (1)

Il serait meilleur, cependant, que des génies tels que Malebranche, eussent un succès plus marqué dans la recherche de la vérité. Par là, sans aucun doute, ils rendraient plus de services au genre humain, et leurs œuvres mériteraient, à plus juste titre, d'être considérées comme « la nourriture solide qui doit fortifier nos esprits ». (2)

Il est bien vrai, « Malebranche compte parmi les métaphysiciens les plus profonds..., il s'adresse également aux philosophes et aux âmes pieuses: c'est un métaphysicien et un moraliste; il éclaire l'intelligence, il échauffe le cœur, il tourne l'âme vers tout ce qui est bien (3) »; de plus, son style est très agréable ; il a cette « clarté qui est le vernis des maîtres », mais encore une fois, ce n'est pas un guide sûr.

1° Il oublie que les sens sont de précieux auxiliaires de la science, et que, si la méditation est chose excellente, l'observation par les sens ne saurait être négligée.

2° De ce que « rien de fini ne peut représenter l'infini », il conclut à tort que « l'idée de Dieu est nécessairement Dieu lui-même ».

3° Dieu a en Lui les idées de toutes choses, et Dieu est en nous, au point que nous ne saurions subsister sans Lui, mais il ne suit pas de là que nous voyions tout en Dieu. Nous pouvons bien former nous-mêmes nos idées, et nous les formons en effet.

4° Dieu agit en nous, certainement. Nulle créature ne peut ni subsister ni agir sans le concours divin ; mais on ne saurait inférer de là que nulle créature n'est la cause efficiente de quoi que ce soit. Dieu, au contraire, a élevé ses créatures au rang de causes, ce qui ne nuit en rien à son action souveraine.

(1) Jules Simon. Œuvres de Malebranche. Introduction.
(2) Ibidem.
(3) Ibidem.

5° Enfin, bien que Malebranche cherche à concilier la foi et la raison, il a tort de dire que, pour « être fidèle, il faut croire aveuglément », tandis que, « pour être philosophe, il faut voir évidemment. » (1) Sans doute, on ne doit point exiger, en matière de foi, l'évidence parfaite de la géométrie, mais il ne suit pas de là qu'on doive croire aveuglément. Toute croyance doit être fondée en raison, et cela est vrai des croyances philosophiques tout aussi bien que de l'assentiment donné aux dogmes de la foi. Seulement, il est des raisonnements dont l'évidence s'impose, et il en est d'autres que l'on demeure libre d'accepter ou de rejeter. En géométrie, on n'est pas libre de donner ou de refuser son assentiment; en matière de foi, et quand il s'agit des choses de l'ordre métaphysique, on demeure libre de croire ou de ne pas croire. — Ces réserves faites, les conseils que donne Malebranche pour faire éviter l'erreur, sont excellents. Il en est un, notamment, qui laisse apercevoir l'idée dominante de la métaphysique de Malebranche : il faut, dit ce philosophe, consulter le Maître intérieur; c'est dire en d'autres termes, que, selon le beau mot de Platon, « Dieu est le soleil des intelligences ».

(1) Malebranche, d'ailleurs, nous l'avons dit, cherche, comme les scolastiques, l'intelligence des dogmes. Il entreprend de faire la philosophie de la foi.

CHAPITRE XVI.

SPINOZA.

Il ne faut pas pourtant, comme Malebranche, faire trop grande la part de Dieu dans la vie humaine. Dieu est l'Être infini, mais il ne suit pas de là que toute créature soit dépourvue d'activité propre. Dieu, dit saint Thomas, a donné à ses créatures la dignité de causes; il les a fait participer à son activité créatrice. Il est cause première; elles sont causes secondes.

Malebranche est donc allé trop loin quand il a dit : « Il est contradictoire que tous les anges et tous les démons réunis puissent soulever un fétu. » Cependant, l'erreur de Spinoza est plus grave encore.

Malebranche n'avait point voulu admettre qu'une créature quelconque pût être cause de quoi que ce soit, mais, à ses yeux, chaque individu était une chose en soi, une substance. Pour Spinoza, aucun être fini n'est une substance. Seule, la substance infinie est une chose en soi, et en dehors de cette substance unique, il n'y a que des modes. On le voit, Spinoza n'a pas été, comme Malebranche, arrêté par la foi sur le chemin du panthéisme.

Sa vie. — Nous possédons deux notices biographiques assez étendues sur Spinoza. L'une a été écrite par le ministre luthérien Colérus, et l'autre par le médecin Lucas, de La Haye, tous deux amis du philosophe.

Spinoza était d'une famille de juifs portugais. Il vint au monde le 24 novembre 1632, à Amsterdam. Ses parents exerçaient dans cette ville la profession de marchands, et jouissaient d'une certaine aisance.

Il eut pour premier maître un médecin allemand, Van den End, mais cet homme profitait de ses leçons de latin pour jeter dans les jeunes esprits des semences d'athéisme. Par là, il mérita bien de faire une fin tragique : s'étant fixé en France, il y fut condamné à être pendu.

Quant à Spinoza, une fois en possession de la langue latine, il étudia successivement la théologie et la physique, puis il lut les œuvres de Descartes. A partir de ce moment, il manifesta une profonde aversion pour la doctrine des rabbins, et ceux-ci, après de vains efforts pour le ramener, finirent par l'excommunier solennellement. Il quitta alors la ville d'Amsterdam, résolu à mener une vie tranquille et retirée.

Avant de commencer cette nouvelle existence, il apprit à polir des verres pour les lunettes d'approche. Il réussit parfaitement dans cet art, ce qui contribua à lui assurer de quoi vivre. En même temps, il s'exerçait à dessiner des portraits à l'encre et au charbon, et se ménageait ainsi une autre source de revenus.

Après avoir essayé de diverses résidences, il fixa sa demeure à La Haye, où il vécut pauvrement, consacrant la meilleure partie de son temps à la philosophie.

Voici en quels termes Colérus décrit sa personne et sa manière de s'habiller : « Il était de moyenne taille ; il avait les traits du visage bien proportionnés, la peau un peu noire, les cheveux frisés et noirs, et les sourcils longs et de même couleur ; de sorte qu'à sa mine, on le reconnaissait aisément pour être descendu de juifs portugais. Pour ce qui est de ses habits, il en prenait fort peu de soin, et ils n'étaient pas meilleurs que ceux du plus simple bourgeois. Un conseiller d'État des plus considérables l'étant allé voir, le trouva en robe de chambre fort malpropre, ce qui donna au conseiller occasion de lui faire quelque reproche et de lui en offrir une autre. Spinoza lui répondit qu'un homme n'en valait pas mieux pour avoir une plus belle robe. Il est contre le bon sens, ajouta-t-il, de mettre une enveloppe précieuse à des choses de néant ou de peu de valeur. (1)

« Si sa manière de vivre était fort réglée, sa conversation n'était pas moins douce et paisible. Il savait admirablement bien être le maître de ses passions. On ne l'a jamais vu ni fort triste ni fort joyeux. Il savait se posséder dans sa colère et dans les déplaisirs qui lui survenaient ; il n'en paraissait rien au dehors. Il était d'ailleurs fort affable et d'un commerce aisé ; il parlait souvent à son hôtesse et à ceux du logis, lorsqu'il leur survenait quelque affliction ou maladie ; il ne manquait pas alors de les consoler et de les exhorter à souffrir avec patience des maux qui étaient comme un partage que Dieu leur avait assigné. Il avertissait les enfants d'assister souvent au service divin (2), et leur enseignait combien ils devaient être obéissants et soumis à leurs parents. Lorsque les gens du logis revenaient du sermon, il leur demandait souvent quel profit ils y avaient fait, et ce qu'ils en avaient retenu pour leur édification.

« Pendant qu'il était au logis, il n'était incommode à personne ; il y passait la meilleure partie de son temps tranquillement dans sa chambre. Lorsqu'il lui arrivait de se trouver fatigué, pour s'être trop attaché à la méditation philosophique, il descendait pour se délasser et parler à ceux du logis de tout ce qui pouvait servir à un entretien ordinaire, même de bagatelles. Il se divertissait aussi quelquefois à fumer une pipe de tabac ; ou bien, lorsqu'il voulait se relâcher l'esprit un peu plus longtemps, il cherchait des araignées qu'il faisait lutter ensemble, et des mouches qu'il jetait dans la toile d'araignée, et regardait ensuite cette bataille avec tant de

---

(1) Il n'est pas contre le bon sens de se vêtir proprement. La propreté, selon saint Bernard, est une demi-vertu.

(2) Il y assistait lui-même quelquefois. Il faut dire cependant que, malgré sa profonde estime pour le christianisme, Spinoza se tint éloigné de toute religion depuis sa rupture avec les rabbins. C'est là sans doute un triste exemple ; mais tous ceux qui le suivent n'ont pas été comme Spinoza, à l'école d'un athée. Une éducation plus heureuse eût peut-être fait de cet homme un chrétien pratiquant.

plaisir, qu'il éclatait quelquefois de rire. Il observait aussi avec le microscope les différentes parties des plus petits insectes, d'où il tirait ensuite les conséquences qui lui semblaient le mieux convenir à ses découvertes.

« Au reste, il n'aimait nullement l'argent... et il était fort content d'avoir, au jour la journée, ce qui lui était nécessaire pour sa nourriture et pour son entretien. Simon de Vries, d'Amsterdam, lui fit un jour présent d'une somme de 2,000 florins, pour le mettre en état de vivre un peu plus à son aise ; mais Spinoza, en présence de son hôte, s'excusa civilement de recevoir cet argent, sous prétexte qu'il n'avait besoin de rien, et que tant d'argent, s'il le recevait, le détournerait infailliblement de ses études et de ses occupations. »

C'est sans doute aussi pour se livrer plus librement à l'étude que Spinoza refusa de partager avec ses sœurs l'héritage de son père. Il ne se réserva, dit Colérus, « qu'un seul lit qui, à la vérité, était fort bon, et le tour de lit qui en dépendait. » (Colérus, *Vie de Spinoza*.)

C'est encore l'amour de l'étude qui porta Spinoza à refuser la chaire de philosophie de Heidelberg, que l'électeur palatin, Charles-Louis, lui avait fait offrir.

Cependant, une phtisie, qui datait de plus de vingt ans, minait peu à peu les forces de cet homme si obstinément ami de la méditation solitaire. Le 23 février 1677, un dimanche, il expira en l'absence de son hôte, qui était au sermon. Spinoza n'avait pas quarante-cinq ans. Bien qu'il parût très faible depuis quelques mois, rien ne faisait prévoir une fin si prompte.

Cette mort n'eut pour témoin qu'un médecin d'Amsterdam, lequel, dit Colérus, « s'en retourna le soir même par le bateau de nuit, sans prendre le moindre souci du défunt. Il se dispensa de ce devoir d'autant plus facilement qu'après la mort de Spinoza, il s'était saisi d'un ducaton et de quelque peu d'argent que le défunt avait sur sa table, aussi bien que d'un couteau à manche d'argent, et s'était retiré avec ce qu'il avait butiné. »

Les ouvrages de Spinoza. — Le premier ouvrage

vraiment original de Spinoza est son *Traité theologico-politique*. C'est une interprétation rationaliste de la Bible. Spinoza y réclame la plus entière liberté de philosopher, et il prétend que cette liberté ne peut nuire ni à la piété, ni à la sûreté de l'État. Selon lui, il serait même dangereux, à ces deux points de vue, de vouloir comprimer l'essor de la pensée. Le *Traité theologico-politique* fut mal accueilli dans le monde des savants, et Spinoza, pour assurer son repos, ne publia point son ouvrage principal, l'*Ethique*, qui est une exposition complète de son système. Il est divisé en cinq livres, qui traitent de Dieu, de l'âme, des passions, de l'esclavage de l'homme ou de la force des passions, de la puissance de l'entendement ou de la liberté de l'homme(1).

Caractères généraux de sa philosophie. — Comme son nom l'indique, l'*Ethique* est une morale. Dans la pensée de son auteur, elle renferme le secret du bonheur, qui est la connaissance de la vérité. Par là son titre se justifie, car si la morale est la science du devoir, elle est avant tout la science du bonheur. Il y a des moralistes qui méconnaissent la liberté morale, et par conséquent le devoir; Spinoza est de ce nombre, mais toute morale a d'abord pour objet le bonheur de l'homme.

1º C'est une philosophie du bonheur. — Pour Spinoza, l'étude de la philosophie est la solution pratique du problème de la vie. Ce philosophe s'est demandé comment il devait vivre. Il a constaté d'abord que la plupart des hommes sont adonnés au plaisir, s'efforcent de s'enrichir et recherchent avidement les honneurs. Que valent ces biens si universellement estimés? Pour le savoir, il faudrait les connaître par expérience, et cependant conserver cette tranquillité d'esprit sans laquelle on ne peut bien juger de quelque chose. Mais ces

---

(1) Si l'on voulait une liste complète des écrits de Spinoza, il faudrait ajouter les suivants à ceux que nous avons indiqués : *Renati Descartes principiorum philosophiæ pars I et II, more geometrico demonstratæ;* — *De emendatione intellectus;* — *Tractatus politicus;* — *Lettres;* — *Grammaire hébraïque.*

deux conditions sont incompatibles, car l'amour du plaisir, le désir de s'enrichir, la recherche des honneurs troublent la paix de l'âme et diminuent la sûreté du jugement.

Reste à trancher cette difficulté, puisqu'on ne peut la résoudre. N'est-il pas naturel de penser qu'en s'attachant à la vérité qui demeure, l'homme doit trouver plus de jouissance qu'en recherchant des objets périssables? Ne sait-on pas d'ailleurs que les plaisirs tuent le corps, que les richesses sont une source d'inquiétudes, et que les honneurs font naître de redoutables inimitiés? — Spinoza va donc essayer de trouver le bonheur dans la possession de l'éternelle vérité. Voici en quels termes il résume les causes de sa détermination : « Quand l'expérience m'eut appris que toutes les choses qui se rencontrent fréquemment dans la vie ordinaire étaient vaines et futiles, comme je voyais que tout ce qui était objet ou cause de nos craintes n'avait rien en soi de bon ni de mauvais, si ce n'est dans la mesure où l'âme en était émue, j'ai fini par prendre cette résolution de rechercher si quelque chose était donné qui fût le vrai bien, susceptible de se communiquer et de devenir, à l'exclusion de tout autre, l'unique affection de l'âme, si quelque chose, en un mot, était donné dont la découverte et la possession me fissent jouir d'une joie continue et souveraine pour l'éternité. » (*Réforme de l'intelligence*, début. Edition Saisset, tome III, page 297).

2° C'est une philosophie toute géométrique. — Une fois décidé à rechercher quel est le vrai bien, Spinoza revendique la liberté la plus absolue de penser : en aucune manière, selon lui, la vérité ne doit nous venir du dehors. Descartes avait séparé la raison de la foi : Spinoza rejette absolument toute autorité; à son avis, la raison ne relève que d'elle-même. Il va plus loin encore : de peur que le but même de sa philosophie, qui est de résoudre le problème du bien, ne soit une sorte d'entrave à sa pensée et ne lui impose une direction, il adopte la méthode géométrique. De là le titre complet de l'*Ethique*, qu'il avait d'abord appelée « sa philosophie, » et qui contient en effet toute sa philosophie : « *Ethica, more geometrico demonstrata.* » La méthode géométrique, en effet, exclut toute idée de cause finale ; le géomètre développe ses théorèmes à l'aide de définitions et d'axiomes, et il ne s'inquiète en rien du but auquel il doit arriver.

Qu'on ne s'y trompe pas, cependant. Malgré l'appareil géométrique qu'il déploie dans l'*Ethique*, Spinoza n'applique pas rigoureusement la méthode des géomètres. Ceux-ci passent volontiers d'une idée à une autre par voie de synthèse. Si, par exemple, à l'idée de demi-cercle ils ajoutent celle de révolution, ils arrivent à concevoir la sphère, qui est le volume engendré par la révolution d'un demi-cercle autour de son diamètre. Spinoza ne procède pas ainsi. Il n'a recours qu'à l'analyse, et toute sa philosophie est l'analyse d'une seule idée, l'idée d'Infini. Comme les géomètres, et à l'exemple de Descartes, il ne fait usage d'aucun autre procédé que de l'intuition et du raisonnement fondé sur elle. Seulement, à ses yeux, le premier objet de l'intuition immédiate est l'Etre parfait, et il finit par conclure que « la méthode parfaite est celle qui enseigne à diriger l'esprit sous la loi de l'idée de l'Etre absolument parfait. » (*Réforme de l'entendement.* Edition Saisset, tome III, page 311). Cela revient à dire que toute sa philosophie n'est qu'une série de propositions rigoureusement enchaînées, et toutes dérivées d'une idée première pleinement analysée. Quant au problème moral, dont la solution est le but que se propose Spinoza, il ne constitue nullement un problème spécial. Il sera résolu à son heure, quand le développement logique des idées aura conduit l'auteur du système à dire ce que c'est que le bien. Cela ne peut manquer d'arriver, car le bien est intérieur à l'être comme l'être est intérieur au vrai, comme le vrai est intérieur à l'intelligence. La philosophie ne se divise point en plusieurs parties, qui formeraient autant de problèmes spéciaux et indépendants. Il n'y a point à distinguer le problème du vrai, celui de l'être et celui du bien. La logique, la métaphysique et la morale ne forment qu'une seule science, et cette dernière est le développement logique de l'idée d'Infini.

3° **C'est un panthéisme idéaliste.** — Il y a là un écueil énorme, c'est le panthéisme. Spinoza ne l'a point évité. D'ailleurs il ne s'est pas soucié de l'éviter. Selon toute apparence, il était panthéiste avant de développer géométriquement son système. (1)

Quoi qu'il en soit, du moment qu'il ramène la philosophie à l'analyse de l'idée d'Infini, comment pourrait-il sortir de cette idée ? — Les plus célèbres métaphysiciens ont pris l'expérience, comme point de départ; ils ont remonté des êtres finis à l'Être infini; de la sorte, ils ne pouvaient pas être, comme Spinoza, prisonniers de l'idée d'Infini. Quand on pose en principe, comme H. Taine, ou Berkeley, ou même Descartes, que nous ne connaissons directement que nos sensations, on se met dans l'impossibilité d'expliquer notre croyance à la perception directe du monde des corps; on ne peut même rendre compte de l'idée que nous avons de quelque chose d'extérieur à nous. De même, quand on se renferme de prime abord dans l'idée d'Infini, la logique exige qu'on n'en sorte pas. Aux yeux du philosophe qui prend cette position, les choses finies ne peuvent apparaître comme des réalités individuelles; elles ne sont que des modes de l'Infini. C'est bien ainsi que Spinoza les désigne ; il est panthéiste, et comme il ne peut sortir de l'idée d'Infini, cette idée, pour lui, s'identifie avec l'Être infini lui-même, qui d'ailleurs est tout l'être. L'identification de l'idée et de l'être, c'est l'idéalisme. On peut donc dire en toute vérité que la philosophie de Spinoza est un panthéisme idéaliste.

(1) Leibniz a montré que les doctrines juives de la cabale avaient contribué pour une large part à égarer Spinoza dans la voie du panthéisme. La cabale (de l'hébreu *kabalah*, tradition) était une tradition juive ayant pour objet l'interprétation allégorique de l'Ancien Testament.

§ I. — La substance d'après Spinoza.

Ce panthéisme est déjà tout entier dans la théorie de la substance, que Spinoza expose en dix théorèmes, les dix premiers de l'*Ethique*. Ces dix théorèmes sont comme le préambule du traité de Dieu.

Nous allons les résumer ici, mais il nous faut auparavant transcrire quelques définitions et quelques axiomes nécessaires à l'intelligence de ce que nous avons à dire sur la substance. Il y a au début de l'*Ethique* huit définitions et sept axiomes; parmi ces propositions, nous choisissons celles dont nous avons besoin pour que l'on puisse saisir toute la pensée de Spinoza au sujet de la substance. Elles nous serviront aussi pour exposer ce qu'il dit de la nature et des attributs de Dieu.

Définitions. — 1. « J'entends par *cause de soi* ce dont l'essence enveloppe l'existence, ou ce dont la nature ne peut être connue que comme existante.

2. « Une chose est dite *finie en son genre* quand elle peut être bornée par une autre chose de même nature. Par exemple, un corps est dit chose finie parce que nous concevons toujours un corps plus grand; de même une pensée est bornée par une autre pensée; mais le corps n'est pas borné par la pensée, ni la pensée par le corps.

3. « J'entends par *substance* ce qui est en soi et conçu par soi, c'est-à-dire ce dont le concept peut être formé sans qu'on ait besoin du concept d'une autre chose.

4. « J'entends par *attribut* ce que la raison conçoit dans la substance comme constituant son essence.

5. « J'entends par *mode* les affections de la substance, ou ce qui est dans autre chose et conçu par cette même chose.

Axiomes. — 1. « Tout ce qui est est en soi ou en autre chose.

. . . .

4. « La connaissance de l'effet dépend de la connaissance de la cause, et elle l'enveloppe.

5. « Les choses qui n'ont entre elles rien de commun ne peuvent se concevoir l'une par l'autre, ou, en d'autres termes, le concept de l'une n'enveloppe pas le concept de l'autre.

. . . .

7. « Quand une chose peut être conçue comme n'existant pas, son essence n'enveloppe pas son existence. »

Théorie de la substance. — Il s'en faut bien que les diverses propositions énumérées plus haut soient incontestables ; mais quiconque les accorde est logiquement amené à considérer le monde comme une substance infinie, dont les êtres finis ne sont que les modes.

a) *La substance est cause de soi.* — « J'entends par substance, dit Spinoza, ce qui est en soi et conçu par soi. » (Définition 3). Puisque la substance est conçue par soi, elle n'est pas un effet, car « la connaissance de l'effet dépend de la connaissance de la cause et l'enveloppe. » (Axiome 4). La substance est donc cause de soi ; autrement « sa connaissance dépendrait de celle de sa cause, et ainsi la substance ne serait plus une substance.

b) *La substance existe nécessairement.* — Si la substance est cause de soi, nous devons dire qu'elle existe nécessairement, car, on entend par cause de soi « ce dont l'essence enveloppe l'existence ». (Définition 1). Or, tout être « dont l'essence n'enveloppe pas l'existence peut être conçu comme n'existant pas » (Axiome 7). Il suit de là que tout être dont l'essence enveloppe l'existence ne peut être conçu comme n'existant pas. En effet, supposons qu'un tel être puisse être conçu comme n'existant pas ; dès lors, d'après l'axiome 7, son essence n'enveloppe pas l'existence. — Quand un être ne peut être conçu comme n'existant pas, on l'appelle un être nécessaire.

c) *La substance est la même chose que l'attribut.* — Si l'essence de la substance implique son existence, l'essence de la substance et son existence sont une seule et même chose. Par conséquent, l'attribut s'identifie avec la substance, puisque l'attribut constitue l'essence de la substance. (Définition 4). — On peut établir la même proposition d'une autre manière. Spinoza, par les définitions 3, 4, 5, reconnaît trois catégories de l'être : la substance, l'attribut et le mode. D'autre part, par l'axiome 1, il n'en reconnaît que deux, la substance et le mode : « Tout ce qui est, dit-il, est en soi ou en autre chose. » Ce qui est en soi, c'est la substance (définit. 3). Ce qui est en autre chose, c'est le mode (définit. 5). Il faut bien, dès lors, que l'attribut appartienne à l'une de ces deux dernières catégories; il faut qu'il soit substance ou mode. Mais, par le fait même qu'il constitue l'essence de la substance, il est substance et non pas mode. Les modes, en effet, sont les affections de la substance; ils varient, tandis que l'essence ne varie pas. Or, l'attribut, constituant l'essence de la substance, est invariable comme l'essence qu'il constitue.

Spinoza, d'ailleurs, comme on peut le voir par le raisonnement qu'il fait en vue de démontrer la proposition 4 de l'*Ethique*, reconnaît formellement que l'attribut est identique à la substance. — Disons-le en passant, c'est là une erreur manifeste.

d) *Il n'y a pas deux substances de même attribut.* — Puisque l'attribut est la même chose que la substance, il ne peut y avoir deux substances de même attribut. Au reste, comment distinguer les substances ? — On ne le peut que par leurs attributs ou par leurs modes. Il est impossible de les distinguer par leurs modes, puisque, par définition, elles sont antérieures, en nature, à leurs modes (Définit. 5); cela veut dire que, pour connaître la vraie nature des substances, il faut faire abstraction de leurs modes. C'est donc par leurs attributs qu'on distingue les substances. Dès lors, deux substances de même attribut ne peuvent être distinguées l'une de l'autre.

e) *Toute substance est infinie en son genre.* — S'il n'y a pas deux substances de même attribut, toute substance est infinie en son genre. En effet, d'après la définition 2, « une chose est dite infinie en son genre quand elle ne peut être bornée par une autre chose de même nature. » Or, une substance ne peut être bornée par une autre substance de même nature, puisqu'il n'y a pas deux substances de même attribut, c'est-à-dire de même nature. Toute substance est donc infinie en son genre.

f) *Toute substance est infinie absolument.* — Si une substance ne peut être bornée par une autre de même nature, elle ne peut non plus être bornée par une substance de nature différente, car les choses de diverses natures ne se limitent point l'une l'autre. Ainsi, « le corps n'est pas borné par la pensée, ni la pensée par le corps. » Toute substance est donc absolument infinie.

g) *Il n'existe qu'une seule substance.* — Par le fait même, il n'existe qu'une seule substance, car deux infinis ne peuvent coexister : ils se limiteraient l'un l'autre. — *Objection.* Il y a plusieurs attributs, et l'attribut est la même chose que la substance. Comment concilier cela avec l'unité de la substance? — *Réponse.* On conçoit très bien qu'une même substance ait plusieurs attributs. Sans doute, tout attribut est une même chose avec la substance, mais rien ne prouve que chaque attribut exprime toute la nature de la substance. Descartes l'a affirmé, mais il ne l'a pas fait voir. Il faut donc dire que chaque attribut est un point de vue de la substance, et que la substance est une synthèse d'attributs, entre lesquels, d'ailleurs, il n'existe qu'une distinction purement idéale.

h) *La substance unique a une infinité d'attributs.* — L'attribut est un point de vue de la substance, mais en même temps il en constitue l'essence. Il est l'être même de la substance. Attribut et substance ne sont qu'une même chose. Donc, « suivant qu'une substance a plus ou moins d'être, elle a plus ou moins d'attributs. » (*Éthique*, liv. I, prop. 9). Dès lors, la substance unique étant infinie, elle possède une infinité d'attributs, et chacun de ces attributs est conçu par soi, comme la substance elle-même. (*Éthique*, liv. I, prop. 10).

Tel est, en abrégé, le contenu des dix premières propositions de l'*Ethique*. Les vingt-six qui suivent sont consacrées à établir l'existence de Dieu et à définir ses principaux attributs.

§ II. — LE DIEU DE SPINOZA.

« J'entends par Dieu, dit Spinoza, un être absolument infini, c'est-à-dire une substance constituée par une infinité d'attributs, dont chacun exprime une essence éternelle et infinie. » (*Ethique*, définition 6).

Existence de Dieu. — Dieu existe. En effet :

1° Si nous supposons que Dieu n'existe pas, il faut dire que son essence n'enveloppe pas son existence, car, d'après l'axiome 7, « quand une chose peut être conçue comme n'existant pas, son essence n'enveloppe pas son existence. » Or, cela est absurde, car la substance est cause de soi, et par conséquent son essence enveloppe son existence (définit. 1), et l'existence lui appartient nécessairement (réciproque de l'axiome 7).

2° Pour toute chose, il faut une raison d'existence ou de non-existence. Le cercle carré, par exemple, contient en lui-même sa raison de non-existence, parce que l'idée d'un cercle carré est contradictoire. Au contraire, on ne peut supposer aucune contradiction dans l'idée de l'Infini, puisque cette idée exprime la plénitude de l'être, tandis que toute contradiction suppose un non-être.

D'autre part, aucune cause extérieure n'empêche Dieu d'exister. Où serait cette cause? — Dans un être semblable à Dieu? — Si on accorde cela, on accorde par le fait même que Dieu existe.

La cause qui empêcherait Dieu d'exister ne peut pas davantage se trouver dans une nature différente de Dieu, car des substances d'attributs divers, n'ayant rien de commun, ne peuvent être conçues l'une par l'autre (axiome 5), et par conséquent l'une ne peut être cause de l'autre (axiome 4).

3° Pouvoir ne pas exister est une impuissance; c'est

une puissance, au contraire, que de pouvoir exister. D'autre part, toute substance existe nécessairement, puisqu'elle est cause de soi. (Définit. 1 et réciproque de l'axiome 7). Si donc l'Infini n'existe pas, il s'ensuit que les choses qui existent nécessairement sont toutes finies, et aussi qu'elles sont plus puissantes que l'Infini, puisqu'elles existent, tandis que l'Infini n'existe pas.

Par toutes ces preuves, on voit que Dieu existe nécessairement : « La perfection n'ôte pas l'existence, elle la fonde. » Il n'est pas possible de mettre en doute l'existence de Dieu, car son essence exclut toute imperfection, et c'est une imperfection que de pouvoir ne pas exister.

Attributs de Dieu. — Non seulement Dieu existe, mais il est simple, il est unique, et rien n'existe qui ne soit en lui et conçu par lui.

1° Dieu est simple. En effet, supposez-le divisé. Ou il conserve sa nature, ou il ne la conserve pas. S'il conserve sa nature, il y a par le fait plusieurs substances de même nature ou de même attribut, ce qui ne se peut; car, du moment que la substance est la même chose que l'attribut, si l'attribut est unique en son genre, la substance, elle aussi, est unique en son genre.

Si Dieu, une fois divisé, ne conserve pas la même nature, il peut cesser d'être. Or, toute substance existe nécessairement, puisqu'elle est cause de soi. (Définit. 1 et réciproque de l'axiome 7). Donc Dieu, qui est la substance infinie, existe nécessairement.

2° Dieu est la substance unique. En effet, par définition, Dieu est l'être absolument infini, et, par suite, on ne peut exclure de sa nature aucun attribut exprimant l'essence d'une substance. (Définit. 6). Or, Dieu existe nécessairement. Donc, aucune substance n'existe en dehors de lui. Si quelque substance existait en dehors de Dieu, cette substance aurait un des attributs de Dieu. Il y aurait donc deux substances de même attribut, ce qui n'est pas possible, comme on l'a vu plus haut.

3° Rien absolument n'existe en dehors de Dieu. — Puisque Dieu est la substance unique, en dehors de lui, rien n'est en soi et conçu par soi. Quant aux modes, ils ne peuvent être sans la substance, et ne sont conçus que par la substance, d'après la définition 5, ainsi énoncée : « J'entends par modes les affections de la substance, ou ce qui est dans autre chose et est conçu par cette même chose. » Les modes ne peuvent être conçus sans la nature divine ; or, « en dehors de la substance et des modes, il n'y a rien. » (Axiome 1). Donc, rien n'existe en dehors de Dieu ; l'étendue et la pensée sont simplement des attributs de Dieu. Il y a en Dieu une infinité d'attributs, mais l'étendue et la pensée sont les seuls attributs divins que nous connaissions.

La liberté en Dieu. — Par le fait même que Dieu est la substance unique, rien d'étranger à lui ne le détermine à agir. Donc, il est libre, car la liberté consiste à agir « par les seules lois de sa nature, sans être contraint par personne. » (Définit. 7). Seulement, Dieu n'est pas libre ; au sens où l'entendait Descartes il ne peut faire autre chose que ce qu'il fait. Dire que Dieu peut faire autre chose que ce qu'il fait, c'est dire que sa nature peut changer, et par conséquent, qu'il est imparfait.

Il n'y a pas de causes finales. — Par le fait même que Dieu agit d'après les seules lois de sa nature, il n'y a pas en dehors de lui un modèle à réaliser. Au reste, rien n'existe en dehors de Dieu. Donc, il n'y a pas de causes finales. La doctrine des causes finales, outre qu'elle impose à Dieu une sorte de *fatum*, donne l'antériorité à ce qui, de soi, est postérieur, et renverse l'ordre de la perfection, en attribuant à l'effet plus de perfection que n'en possède la cause. Cette doctrine a sa racine dans un préjugé bien connu : nous nous persuadons sottement que tout a été fait pour nous. La finalité n'est autre chose que ce qui satisfait nos désirs. De ce qu'une chose nous plaît, nous concluons à tort que cette satisfaction nous a été ménagée par Dieu.

Dieu existe ; il est la substance unique ; rien n'existe qui ne soit en lui et conçu par lui. Que sommes-nous donc ? — des modes de Dieu, simplement.

§ III. — L'ÂME HUMAINE D'APRÈS SPINOZA.

Nous sommes des modes de Dieu. — Il ne se peut, en effet, que nous soyons des substances, car nous pouvons ne pas exister, et toute substance existe nécessairement. Par la même raison, nous ne sommes point des attributs, car l'attribut est identique à la substance. Il est simplement la substance envisagée d'une certaine manière par la raison. (Définit. 4). Nous sommes donc des modes de Dieu (1).

Un mode, c'est l'idée d'une chose particulière. (*Eth.* II, prop. 8). Chacun de nous n'est donc autre chose que l'idée en Dieu d'une chose particulière. Dieu s'exprime par ses modes, et l'âme humaine n'est qu'une expression de Dieu. L'âme humaine, c'est Dieu ayant l'idée d'une chose particulière.

Dieu est à la fois infini et fini. En tant qu'infini, il est la substance unique dont les seuls attributs connus de nous sont l'étendue et la pensée. Dieu, substance et attributs, c'est la « *nature naturante, natura naturans.* » — En tant que fini, Dieu s'exprime par ses modes, et les modes de Dieu sont la « *nature naturée, natura naturata.* » C'est donc en tant que Dieu est fini, que l'âme humaine est un de ses modes, une de ses idées.

Définition de l'âme. — En même temps qu'elle est une idée en Dieu, l'âme humaine est aussi l'idée d'un corps : « *Anima est idea corporis.* » Dans une idée, il faut en effet considérer, d'une part, l'acte du sujet qui pense, et, d'autre part, l'objet pensé. Dieu est le sujet qui pense

---

(1) L'homme, pour Spinoza, est la synthèse de deux modes de Dieu, l'âme et le corps. L'âme est un mode de la pensée divine, une idée de Dieu, l'idée d'une certaine portion d'étendue. Le corps est un mode de l'étendue divine, et ce mode est uni à l'âme comme l'objet de l'idée est uni à l'idée, car l'âme est l'idée du corps. Autrement dit, l'âme et le corps sont une seule et même chose, et non pas deux réalités distinctes, dont chacune déroule parallèlement à l'autre la série de ses phénomènes, comme le voulait Descartes.

l'âme humaine, et le corps humain est l'objet de l'idée divine qui est l'âme humaine. En même temps que l'âme humaine perçoit une certaine étendue qui est son corps, elle perçoit d'autres étendues reliées à son corps. Toutes ces étendues sont choses contingentes, et c'est par l'imagination que l'âme humaine perçoit les choses contingentes.

L'intelligence et la volonté. — Les choses contingentes ont entre elles des relations éternelles. Ainsi, tout triangle contingent est soumis aux lois éternelles du triangle ; par exemple, il doit avoir trois angles, et la somme de ces angles doit être égale à deux angles droits. Tant que l'âme n'aperçoit pas les relations éternelles des choses, elle n'a que des idées inadéquates. Il faut arriver à voir toutes choses «*sub specie œternitatis.*» Alors, on a des idées adéquates. L'idée adéquate se manifeste d'elle-même par sa clarté : «*verum index sui.*» Adéquate ou non, si l'idée est affirmée par l'esprit, elle devient volonté ; la volonté n'est autre chose que l'affirmation d'une idée. De là, cette étrange proposition de Spinoza : «*Voluntas idem est ac intellectus.*» L'affirmation d'une idée adéquate, c'est la vérité; l'affirmation d'une idée inadéquate, c'est l'erreur. La volonté n'est pas libre au sens cartésien du mot liberté. Ce qui nous fait croire que nous pouvons nous déterminer nous-mêmes à agir, c'est l'ignorance des causes de nos actions. La liberté consiste dans l'enchaînement facile des idées adéquates.

Les passions. — Ce qui empêche cet enchaînement facile, ce sont les passions. Les passions ne sont autre chose que des idées confuses, dues à l'imagination. Sans doute, la passion est une force, mais toute idée est à la fois une énergie et une représentation. Les passions ont toutes leurs racines dans la tendance fondamentale de notre être à persévérer dans son être. Il y a trois passions principales : le désir, la joie et la tristesse.

Le désir est une tendance consciente vers quelque perfection. La joie est le passage d'une perfection moins grande à une perfection plus grande. La tristesse est le passage d'une plus grande perfection à une moindre perfection.

De ces trois passions dérivent toutes les autres. L'amour, par exemple, est une joie accompagnée de l'idée d'un objet extérieur. La haine, au contraire, est une tristesse accompagnée de l'idée d'un objet extérieur.

La vraie liberté. — La tyrannie des passions est un véritable esclavage. Ceux-là seuls sont vraiment libres qui sont exempts de passions. Ils peuvent contempler les choses « *sub specie œternitatis*, » et c'est là le bonheur.

L'immortalité — Contempler les choses « *sub specie œternitatis*, » c'est en même temps contempler Dieu, car la substance éternelle de Dieu est le fondement des éternelles relations des choses. Contempler Dieu, c'est l'aimer d'un amour purement intellectuel, le seul amour de Dieu qui soit possible. Il faut de plus en plus aimer Dieu de cette manière, et, en quelque sorte, s'enivrer de Dieu. Par ce moyen, l'âme devient éternelle comme le vrai, au lieu que, si elle s'arrête aux choses contingentes, elle finit par disparaître avec elles, non sans avoir beaucoup souffert.

L'âme qui disparaît ainsi et manque le bonheur, n'est point coupable ; cependant, son anéantissement est chose tout à fait juste, car ainsi le veulent les lois de l'éternelle nécessité. Un chien enragé n'est point coupable, et pourtant on a raison de le faire périr.

La morale. — On peut le comprendre par cette manière d'entendre l'âme, toute la morale de Spinoza consiste à chercher le bonheur dans la science de l'éternelle nécessité des choses. Ce bonheur, si on l'obtient, on ne mérite aucun éloge, parce qu'on n'avait pas la liberté de ne le point chercher. Si on ne l'obtient pas, on ne mérite aucun blâme, mais c'est avec justice qu'on retombe dans le néant après une existence misérable. Il y a dans l'homme comme une lutte entre la raison et l'imagination. Dans cette lutte, si la raison l'emporte, l'homme s'affranchit des passions, vit heureux et devient immortel. Si, au contraire, l'imagination l'emporte, l'homme est esclave, il est malheureux et périt nécessairement. Le bonheur n'est pas une sanction, pas plus que le malheur, car il n'y a ni obligation, ni liberté morale.

Conclusion. — Cette morale est immorale au plus haut point, mais il fallait s'y attendre. Le panthéisme implique la négation de la liberté, et par conséquent la suppression de toute obligation morale.

Du moins le panthéisme de Spinoza est-il fondé? — Nous ne le pensons pas. Il repose sur plus d'une pétition de principe. Les axiomes de Spinoza ne sont pas tous évidents, il s'en faut bien. De quel droit, par exemple, Spinoza affirme-t-il que la connaissance d'un effet enveloppe la connaissance de sa cause? Pourtant, c'est là un de ses axiomes les plus importants, puisqu'il s'en sert pour démontrer que toute substance est cause de soi. Il ne suffit pas de poser des axiomes pour qu'ils soient incontestables, ni d'énoncer des définitions pour qu'elles soient exactes.

Il y a lieu de relever, entre autres définitions inexactes, énoncées par Spinoza, celle de la substance, qui est tout à fait essentielle dans sa philosophie : « J'entends par substance, dit-il, ce qui est en soi et conçu par soi. » La substance est bien la chose en soi. C'est ainsi qu'on l'avait définie avant Spinoza, mais elle n'est pas conçue par soi. Il est vrai, selon Descartes, la substance est « ce qui n'a besoin que de soi-même pour exister, » (*Principes de philosophie*, I, 51), mais Descartes entendait dire par là que la substance n'a pas besoin d'un autre sujet d'existence qu'elle-même, ou, en d'autres termes, qu'elle n'est pas un mode de quelque autre chose. Spinoza, au contraire, prétend que la substance est conçue par soi, en ce sens qu'elle est cause de soi. A l'entendre, une substance ne peut être cause d'une autre substance.

Ce qui le confirme dans cette grave erreur, c'est que

à l'exemple de Descartes, il identifie absolument l'attribut et la substance. Ce principe une fois posé, il fait une série de raisonnements que l'on peut résumer par ce dilemme : Une substance ne peut être cause d'une autre, car, ou la substance productrice a les mêmes attributs que la substance produite, ou elle a des attributs différents. Si elle a les mêmes attributs, elle est la même chose que la substance produite, puisque, comme on l'a vu précédemment, il ne saurait y avoir deux substances de même attribut. D'autre part, si la substance productrice n'a pas les mêmes attributs que la substance produite, elle ne saurait en être la cause ; car deux substances qui ont des attributs différents n'ont rien de commun, et par conséquent l'une ne peut être cause de l'autre. La cause doit contenir son effet, ce qui ne se peut, si elle n'a rien de commun avec lui.

Du moment qu'une substance ne peut être produite par une autre, il est clair que toute substance est cause de soi. Dès lors, il n'y a plus que quelques pas à faire pour être convaincu qu'on a géométriquement démontré l'unité de substance, et réduit tous les êtres finis à de simples modes de la substance infinie.

Seulement, le dilemme exposé plus haut n'est pas irréprochable. Bayle a fait remarquer avec raison que deux substances de même attribut peuvent bien être numériquement distinctes, si elles ne le sont pas spécifiquement. Pierre et Paul sont tous deux des hommes ; ils ont les mêmes attributs, ceux de la nature humaine ; et cependant ils forment deux individus distincts, deux substances véritables et indépendantes l'une de l'autre. D'un autre côté, il n'est pas vrai que deux substances d'attributs différents n'aient rien de commun. Toutes deux sont des êtres ; elles se ressemblent donc tout au moins à ce point de vue. Il n'est pas vrai non plus que toute cause contienne formellement son effet ; elle peut le contenir éminemment. Le soleil n'est ni rouge ni bleu, mais il renferme éminemment les rayons rouges et les rayons bleus ; et il produit les uns et les autres. Dieu n'est point matière, et cependant on conçoit qu'il ait produit la matière. Son être renferme éminemment tout l'être de la matière ; le plus peut produire le moins.

Il est aisé de s'en rendre compte, les fondements du panthéisme de Spinoza ne sont pas solides. D'autre part, la critique que nous en avons faite montre assez que, selon le mot de Leibniz, « le spinozisme n'est qu'un cartésianisme immodéré. »

Cette doctrine étrange ne fut pas goûtée au xviie siècle. A cette époque, Spinoza eut contre lui tous les amis de la religion, et les philosophes ne lui firent pas meilleur accueil. Selon Malebranche, le système de Spinoza est une « épouvantable chimère », et son auteur un « misérable. » Leibniz est plus modéré ; cependant, il appelle la doctrine de Spinoza « une mauvaise doctrine, propre tout au plus à éblouir le vulgaire », une « doctrine insoutenable, et même extravagante. » Fénelon, Bossuet, Huet, et les plus habiles théologiens de l'époque sont tout aussi sévères ; c'est précisément au traité théologico-politique qu'ils s'en prennent. Ils ne peuvent assez blâmer cette « dangereuse et libertine critique » des saintes Écritures.

Le xviiie siècle, époque d'incrédulité, eût dû, ce semble, réhabiliter Spinoza. Il n'en fut rien. Il y a deux hommes dans Spinoza : le libre-penseur, qui nie le miracle et regarde Jésus-Christ comme le premier des sages, et le métaphysicien, qui explique l'univers par le développement géométrique d'une substance unique. Diderot, d'Holbach, Voltaire et leurs amis goûtèrent le libre-penseur, mais ils ne connurent point le métaphysicien. Voltaire prend Spinoza pour un matérialiste, et il voit dans l'*Éthique* un traité régulier d'athéisme.

Comment Spinoza, profondément inconnu à la fin du xviiie siècle, est-il tout à coup devenu si célèbre au xixe ? C'est à l'Allemagne que nous devons cet enthousiasme. Jacobi, disciple de Kant, raconte qu'un jour il alla voir Lessing, dans l'espérance que ce dernier lui viendrait en aide contre Spinoza. Tout au rebours, Jacobi trouve en l'illustre poète un partisan déclaré de Spinoza : « Ἓν καὶ πᾶν, s'écrie Lessing, voilà la philosophie. » Mendelssohn voit dans ce récit de Jacobi une injure à la mémoire de Lessing, et il entreprend de faire bonne justice de ce vilain petit conte. De là une controverse vive et passionnée, qui émeut toute l'Allemagne. Il ne s'agit bientôt plus de savoir si Lessing était ou n'était pas partisan de Spinoza, il s'agit du spinozisme lui-même. « On commence à le voir partout. Lessing l'avait trouvé dans Leibniz ; Jacobi le trouve dans Lessing. La doctrine de Fichte n'est qu'un spinozisme retourné ; celle de Schelling, un spinozisme déguisé. On traduit Spinoza ; on recueille ses œuvres ; le célèbre docteur Paulus en donne une édition complète. Quelques notes marginales, de la main de Spinoza, ne s'y rencontraient pas ; le savant Murr les publie. On trouve quelques variantes très insignifiantes de ces notes ; le docteur Dorow ne veut pas que le public en soit privé. » (E. Saisset, *Œuvres de Spinoza*, Introduction, page 6).

Bientôt l'enthousiasme est à son comble. Gœthe se réfugie « dans son antique asile, l'*Éthique* de Spinoza. » Le théologien Schleiermacher demande qu'on sacrifie avec lui « une boucle de cheveux aux mânes du saint et méconnu Spinoza. » Enfin, Hegel prétend que « la pensée doit absolument s'élever au niveau du spinozisme avant de monter encore. » (Hegel, *Geschichte der Philosophie*, tome 3, page 374).

S'il plaît aux Allemands de « se baigner dans cet éther sublime de la substance unique, universelle et impersonnelle, où l'âme se purifie de toute particularité et rejette tout ce qu'elle avait cru vrai jusque-là, tout, absolument tout, » (Hegel, ibidem.) nous ferions peut-être bien d'adopter une autre manière de purifier l'âme. Assez de causes déjà contribuent à affaiblir les croyances, sans qu'on ait recours « à cette négation, qui est l'émancipation de l'esprit. » (Hegel, ibidem). Mieux vaut, pour les jeunes surtout, fréquenter d'autres métaphysiciens qui valent bien Spinoza, et dont la doctrine fortifie dans l'âme les croyances indispensables à toute vie bien ordonnée. Heureusement, presque tous les métaphysiciens illustres affirment qu'il existe un Dieu personnel, que l'homme a une âme immortelle, et que la destinée humaine ne s'accomplit point en cette vie. Ces vérités essentielles sont le patrimoine du genre humain. Elles sont la consolation des petits, et les hommes de génie ne se lassent point de les méditer. Leibniz a eu raison de les appeler une « philosophie éternelle. »

CHAPITRE XVII.

LEIBNIZ.

C'est une manière de voir très nouvelle, sinon très juste, que celle de Lessing, qui croyait découvrir le panthéisme de Spinoza dans la philosophie de Leibniz. Peut-être serait-on plus près de la vérité en affirmant que la philosophie de Leibniz est une réaction contre celle de Spinoza, tout aussi bien que contre celle de Descartes et celle de Locke. Spinoza ne voit dans l'univers qu'une seule substance ; Leibniz multiplie les substances à l'infini ; — pour Descartes, la matière n'est que l'étendue ; pour Leibniz, il n'y a pas de matière, et l'étendue est un système de forces ; — Locke pense que toutes nos idées ont leur origine dans l'expérience des sens et de la conscience ; selon Leibniz, toutes nos idées sont innées.

Ces oppositions sont très nettes, et font voir qu'il n'y a pas plus lieu d'assimiler la doctrine de Leibniz à celle de Spinoza qu'à celle de Descartes ou à celle de Locke, quelles que soient d'ailleurs les ressemblances que l'on pourrait remarquer entre ces diverses philosophies.

Vie de Leibniz. — Godefroy-Guillaume Leibniz vint au monde le 1er juillet 1646. Il était fils de Frédéric Leibniz, jurisconsulte de valeur, professeur de morale à l'université de Leipzig, et de Catherine Schmuck, femme d'un grand mérite. Celle-ci, par suite de la mort de son mari, demeura bientôt seule chargée de l'éducation de l'enfant.

Leibniz a écrit une sorte d'autobiographie, et son

secrétaire, Eckard, a fourni à Fontenelle les matériaux d'un magnifique éloge prononcé à l'Académie des Sciences de Paris. Nous puiserons à ces deux sources, quoique très sobrement.

Leibniz s'instruisait lui-même. Il fut « autodidacte », selon sa propre expression. « Un penchant naturel le portait vers les livres. Se trouvant par bonheur en possession d'une bibliothèque, il s'y renfermait des jours entiers, ouvrant avidement et sans choix les premiers livres qui lui tombaient sous la main, passant de l'un à l'autre, selon qu'il se sentait attiré par l'agrément du style ou l'intérêt du sujet. Le hasard lui tint lieu de maître, ou plutôt le secours divin, à défaut de tout conseil, guida sa curiosité. Il eut le bonheur de tomber d'abord sur les anciens : ... il reçut sans y prendre garde l'empreinte de leur pensée et de leur style, comme le visage se colore sans qu'on y pense, quand on marche longtemps sous les rayons du soleil. Il y puisa une aversion profonde pour l'emphase vide et les faux ornements. Par la grandeur, l'élévation et la virilité de leurs pensées, par leur diction claire, limpide, toujours naturelle et toujours juste, ils lui causaient un si profond ravissement qu'il s'imposa dès lors, comme règle, d'écrire et de parler, toujours clairement, de penser toujours utilement.

« Lorsqu'il parut parmi les jeunes gens de son âge, il fut regardé comme un prodige, pour avoir compris sans secours et s'être assimilé, tout en gardant son indépendance d'esprit, la philosophie et la théologie scolastiques, qui passaient pour contenir dans leur obscurité le dernier mot de la science.

« Arrivé à l'adolescence, il eut la bonne fortune de trouver sous sa main le livre de François Bacon, *de Augmentis scientiarum*, les ouvrages séduisants de Cardan et de Campanella, et des échantillons d'une philosophie meilleure de Kepler, de Galilée, de Descartes. C'est alors, comme il l'a souvent répété à ses amis, qu'il se crut transporté dans un autre monde. Alors il crut retrouver Aristote, Platon, Archimède, Hipparque et les autres maîtres du genre humain ; il lui sembla les voir et converser avec eux. » (1)

Il ne faudrait pas croire que ce liseur assidu manquât de critique. Il ne se bornait pas à retenir ce que les anciens avaient pensé ; il savait faire un choix raisonné parmi les doctrines. « Etant enfant, j'appris Aristote, et même les scolastiques ne me rebutèrent point ; et je n'en suis point fâché présentement. Mais Platon aussi, dès lors, avec Plotin, me donnèrent quelque contentement, sans parler d'autres anciens que je consultai. Par après, étant émancipé des écoles triviales, je tombai sur les modernes ; et je me souviens que je me promenai seul dans un bocage auprès de Leipzig, appelé le Rosenthal, à l'âge de 15 ans, pour délibérer si je garderais les formes substantielles. Enfin, le mécanisme prévalut et me porta à m'appliquer aux mathématiques. » (2)

Seulement, quand il eut assez étudié les mathématiques, Leibniz revint aux formes substantielles, comme le prouve ce passage d'un *Discours sur la métaphysique* : « Je sais que j'avance un grand paradoxe en prétendant de réhabiliter en quelque façon l'ancienne philosophie, et de rappeler *post liminio* les formes substantielles presque bannies ; mais peut-être qu'on ne me condamnera pas légèrement quand on saura que j'ai assez médité sur la philosophie moderne, que j'ai donné bien du temps aux expériences de physique et aux démonstrations de géométrie, et que j'ai été longtemps persuadé de la vanité de ces êtres (3) que j'ai été enfin obligé de reprendre malgré moi et comme par force, après avoir fait moi-même des recherches qui m'ont fait reconnaître que nos modernes ne rendent pas pleine justice à saint Thomas et à d'autres grands hommes de

---

(1) Autobiographie de Leibniz, citée par M. Alexis Bertrand, Introduction au 1er livre des *Nouveaux essais de Leibniz sur l'Entendement humain*.

(2) Œuvres de Leibniz. Edit. Erdmann, 701. Lettres à Rémond de Montmort.

(3) Les formes substantielles.

ce temps-là, et qu'il y a dans les sentiments des philosophes et théologiens scolastiques bien plus de solidité qu'on ne s'imagine, pourvu qu'on s'en serve à propos et en leur lieu. Je suis même persuadé que si quelque esprit exact et méditatif prenait la peine d'éclaircir et de digérer leurs pensées à la façon des géomètres analytiques, il y trouverait un trésor de quantité de vérités très importantes et tout à fait démonstratives. » (*Discours sur la métaphysique*, p. 11).

Cet éloge magnifique des formes substantielles de saint Thomas et des scolastiques, écrit par le plus vaste génie et par le plus savant homme des temps modernes, vaut bien, ce semble, la condamnation un peu prématurée des formes substantielles par un jeune homme de quinze ans se promenant dans le Rosenthal.

Quoi qu'il en soit, Leibniz, âgé de 15 ans, quitta le gymnase pour entrer à l'Université de Leipzig. Là, il eut pour maître Jacques Thomasius, philosophe profondément versé dans l'histoire de la philosophie ancienne. Deux ans plus tard, il alla à Iéna, où Bovius lui enseigna l'histoire, et Ehrard Weigel les mathématiques. Il eut alors pour la première fois l'idée d'un projet qu'il n'abandonna jamais, celui d'une *langue ou caractéristique universelle*, qui jouerait en philosophie le rôle que la notation par lettres et par signes remplit en algèbre.

Il fallait choisir une carrière : Leibniz se décida pour la jurisprudence, et voulut prendre à Leipzig le grade de docteur en droit. On n'accepta point sa thèse, sous prétexte qu'il était trop jeune, mais il alla la présenter à Altdorf, où il obtint un succès des plus flatteurs. « Quand il eut été reçu docteur en droit à Altdorf, il alla à Nuremberg pour y voir des savants. Il apprit qu'il y avait dans cette ville une société fort cachée, de gens qui travaillaient en chimie et cherchaient la pierre philosophale. Aussitôt, le voilà possédé du désir de profiter de cette occasion pour devenir chimiste ; mais la difficulté était d'être initié dans les mystères. Il prit des livres de chimie, en rassembla les expressions les plus obscures et qu'il entendait le moins, en composa une lettre inintelligible pour lui-même et l'adressa au directeur de la société secrète, demandant à y être admis, sur les preuves qu'il donnait de son grand savoir. On ne douta pas que l'auteur de la lettre ne fût un adepte ou à peu près. Il fut reçu avec honneur dans le laboratoire, et prié d'y remplir les fonctions de secrétaire. On lui offrit une pension. Il s'instruisit beaucoup avec eux, pendant qu'ils croyaient s'instruire avec lui. (1)

Telle est l'histoire des vingt premières années de Leibniz. A partir de 1667, grâce au baron de Boinebourg, ministre de l'électeur de Mayence, Jean-Philippe, Leibniz entra dans la vie publique. Il se mêla aux affaires et exerça une influence sérieuse sur la plupart des événements de son temps. Il fut ainsi amené à voyager beaucoup, et à fréquenter plusieurs hommes célèbres. A Paris, notamment, il se mit en rapport avec Huyghens, lut les ouvrages de Pascal, s'entretint en théologie avec Arnauld, et alla voir Malebranche.

En 1676, Leibniz se rendit à Hanovre, où il passa les quarante dernières années de sa vie, comme simple directeur de la bibliothèque ducale. Il avait accepté cette fonction après la mort de ses deux premiers protecteurs, Boinebourg et l'électeur Jean-Philippe. On l'appela dès lors le philosophe de Hanovre, et, sous ce titre, il jouit dans sa retraite d'une célébrité européenne.

Nous n'avons pas à insister sur son rôle politique, qui fut considérable, ni sur ce *credo* mitoyen qu'il essaya de formuler en vue de réconcilier l'Eglise catholique avec le protestantisme. Leibniz caressa longtemps cette généreuse illusion, mais l'éclectisme, qui, bien compris, peut être une méthode féconde en philosophie, n'a aucune utilité quand il s'agit de la religion révélée de Dieu. Dès lors qu'une religion est divine, on ne peut faire un choix entre ses enseignements. Il est vrai, Leibniz était à peu près d'accord avec Bossuet sur le fond des dogmes;

(1) Fontenelle, *Eloge de Leibnis.*

mais il demandait le rejet du concile de Trente ; dès lors, les négociations devaient nécessairement échouer.

Leibniz caressa d'autres projets encore, mais sans plus de succès. Par exemple, il voulut persuader à Louis XIV d'entreprendre une expédition en Egypte ; il s'adressa à Charles XII pour arriver à chasser les Turcs de l'Europe ; enfin, il rêva d'être, sous les auspices de Pierre-le-Grand, le Solon de la Russie. Ces essais, demeurés sans résultat, ne peuvent nous empêcher de dire de lui qu'il fut à la fois un grand philosophe, un théologien profond, un mathématicien illustre, un jurisconsulte habile, un diplomate avisé et même un historien de valeur. Il comprenait l'histoire comme nous la comprenons maintenant ; il voulait qu'elle fût une résurrection du passé.

« *Utinam ex nostris esset !* » s'écriait Bossuet en parlant de Leibniz. Ce serait une gloire, en effet, pour l'Eglise catholique, de compter un tel génie parmi ses fidèles. Tout au moins peut-elle le regarder comme un de ses admirateurs.

De précieuses leçons, d'ailleurs, se dégagent de sa vie. Il étudia à fond la religion chrétienne ; il fut un travailleur infatigable et il se montra très hospitalier aux idées d'autrui. Il avait pour principe que l'on peut trouver quelque chose de bon dans l'ouvrage le plus mal fait. Il faisait des extraits de tout ce qu'il lisait, et y ajoutait, après, ses propres réflexions. Plein d'urbanité, « il s'entretenait volontiers avec toutes sortes de personnes : gens de cour, artisans, laboureurs, soldats.... On était toujours sûr d'une réponse dès qu'on lui écrivait, ne se fût-on proposé que l'honneur de lui écrire... Il était toujours d'une humeur gaie ; et à quoi servirait sans cela d'être philosophe ?... Il se mettait aisément en colère, mais il revenait aussitôt. Les premiers moments n'étaient pas d'aimer la contradiction sur quoi que ce fût, mais il ne fallait qu'attendre les seconds ; et, en effet, ses seconds mouvements, qui sont les seuls dont il reste des marques, lui feront éternellement honneur. » (Fontenelle).

On l'accuse d'avoir eu peu de piété, d'avoir aimé l'argent, et d'avoir remarqué avec un soin trop minutieux les endroits où Descartes a manqué. Ces reproches peuvent être fondés ; il suffit bien de savoir que les grands hommes ont leurs travers.

Doué d'une constitution robuste, Leibniz ne tenait pas assez compte de ce qui peut conserver ou altérer la santé. Il demeurait assis des mois entiers, mangeait beaucoup, n'avait pas d'heures réglées pour ses repas et ne se couchait qu'à une heure ou deux après minuit. En outre, il consultait peu les médecins. Ayant pris une tisane qu'un de ses amis lui avait préparée, il fut saisi de violentes douleurs, qui entraînèrent sa mort. (14 novembre 1716).

Ses principaux ouvrages. — Il est impossible de donner ici une liste complète des ouvrages de Leibniz. On ne peut même pas se borner à indiquer les écrits de ce grand homme qui ont rapport à la philosophie, car il y en a plus de cent. Aucun d'eux, d'ailleurs, ne renferme une exposition complète de sa doctrine.

Même dans ses deux ouvrages principaux : *les Nouveaux Essais sur l'entendement humain* et *la Théodicée*, on ne trouverait pas l'exposé de toute sa métaphysique. La *Monadologie*, écrite pour le prince Eugène, en 1714, en est un résumé très succinct.

Caractères généraux de sa philosophie : 1º elle repose sur le principe d'identité et sur le principe de raison suffisante. — En philosophie, Leibniz est à la fois le disciple et l'adversaire de Descartes. Comme Descartes, il admire la méthode des mathématiques et il en fait usage en philosophie. Mais cette méthode repose sur le principe d'identité, et le principe d'identité n'est pas suffisant pour expliquer l'univers. Il exprime la condition des possibles, non celle des réalités. Tout ce qui n'est pas contradictoire est possible, mais le passage du possible au réel exige une raison suffisante. Cette raison, c'est la perfection. Expliquer le monde par la raison du meilleur, tel est le but de Leibniz.

2° C'est un éclectisme. — De plus, Leibniz n'est pas, comme Descartes, dédaigneux des doctrines antérieures. Il applique la règle de l'évidence, mais il l'applique à l'étude des systèmes non moins qu'à la recherche personnelle. Il est éclectique. « J'ai été frappé, dit-il, d'un nouveau système. Depuis, je crois voir une nouvelle face de l'intérieur des choses. Ce système paraît allier Platon avec Démocrite, Aristote avec Descartes, les scolastiques avec les modernes, la théologie et la morale avec la raison. Il semble qu'il prend le meilleur de tous côtés, et après, il va plus loin qu'on n'est allé encore... En faisant remarquer ces traces de la vérité dans les anciens, on tirerait l'or de la boue, le diamant de la mine et la lumière des ténèbres, et ce serait en effet : *perennis quædam philosophia*. »

3° C'est une explication du monde par la monade ou force simple. — Enfin, Leibniz ne maintient pas le dualisme cartésien de l'étendue et de la pensée. Tout, pour lui, se ramène à la monade, à la force simple, plus ou moins consciente d'elle-même. L'étendue est simplement un système de monades. Les monades sont en nombre infini. Au sommet est la monade suprême, Dieu, pur esprit, infiniment parfait. L'âme est une monade consciente d'elle-même. Le corps est un système de monades nues, c'est-à-dire n'ayant que des perceptions sans conscience. Les monades n'ont aucune influence l'une sur l'autre, mais il y a entre elles une harmonie préétablie par Dieu. Ce système demande quelques développements.

§ I. — THÉORIE DE LA SUBSTANCE.

« La philosophie cartésienne, dit Leibniz, est l'antichambre de la vérité. » Ces paroles font surtout allusion à la théorie cartésienne de la matière. Selon Descartes, la matière consiste uniquement dans l'étendue, parce que l'étendue est la seule idée claire et distincte que nous puissions avoir de la matière. Le mouvement de l'étendue est le seul phénomène que la science puisse étudier, et ainsi les lois de la physique se ramènent à celles de la géométrie et de la mécanique.

Critique de la théorie cartésienne. — Or, dit Leibniz : 1° Si l'essence des corps est l'étendue, les corps doivent être absolument indifférents au mouvement ou au repos. Pourquoi donc faut-il plus d'efforts pour déplacer un grand corps que pour en mouvoir un petit ? « S'il n'y avait dans les corps qu'une masse étendue, s'il n'y avait dans le mouvement qu'un changement de place, et si tout se devait et se pouvait déduire de ces définitions toutes seules par une nécessité géométrique, il s'ensuivrait que le moindre corps donnerait au plus grand qui serait en repos et qu'il rencontrerait, la même vitesse qu'il a, sans perdre quoi que ce soit de la sienne. »

2° L'étendue ne peut être substance ; elle suppose la substance. « Outre l'étendue, il faut avoir un sujet qui soit étendu, c'est-à-dire une substance à laquelle il appartienne d'être continuée. Car l'étendue ne signifie qu'une répétition ou multiplication continuée de ce qui est répandu, une pluralité, continuité ou coexistence des parties, et par conséquent elle ne suffit pas à expliquer la nature même de la substance répandue ou répétée, dont la notion est antérieure à celle de sa répétition. »

3° La notion de substance implique l'idée d'unité. « Il est impossible de trouver les principes d'une véritable unité dans la matière seule..., puisque tout n'y est que collection et amas de parties à l'infini. Or la multitude ne peut avoir sa réalité que des unités véritables. »

Enfin, ajoute Leibniz, la doctrine de Descartes mène logiquement au spinozisme, « la plus détestable des doctrines. » Si l'étendue constitue la substance, comme toute l'étendue se tient, il faut dire qu'il n'y a qu'une substance, dont toutes les choses ne sont que les modes. « Le spinozisme n'est qu'un cartésianisme immodéré. »

La substance est une force active — Puisque la substance n'est pas l'étendue, en quoi consiste son essence? — Dans l'action. Être, c'est agir : tel est le principe fondamental de la philosophie de Leibniz. Un être absolument passif serait un pur néant. Recevant tout du dehors, il n'aurait rien par lui-même. Par le fait, il serait inintelligible, car il n'aurait aucun attribut par où l'on puisse le concevoir. Toute substance est donc cause, c'est-à-dire force active. Aristote, on s'en souvient, identifiait l'être et l'acte.

« La force active ou agissante n'est pas la puissance nue de l'École. Il ne faut pas l'entendre, en effet, ainsi que les scolastiques, comme une simple faculté ou possibilité d'agir, qui, pour être effective ou réduite à l'acte, aurait besoin d'une excitation venue du dehors et comme d'un stimulus étranger. La véritable force active renferme l'action en elle-même ; elle est entéléchie, pouvoir moyen entre la simple faculté d'agir et l'acte déterminé ou effectué ; elle contient et enveloppe l'effort ; elle se détermine d'elle-même à l'action et n'a pas besoin d'y être aidée, mais seulement de n'être pas empêchée. L'exemple d'un poids qui tend la corde à laquelle il est suspendu, ou celui d'un arc tendu peut éclaircir cette notion. La dernière raison du mouvement dans la matière est la force déposée dans la création, mise en chaque corps, mais empêchée et limitée diversement dans la nature par le conflit des corps. Ni la substance spirituelle, ni la corporelle ne cessent jamais d'agir. »

De l'étendue et de la nature des corps. — Ainsi, toute substance est active. Mais on ne conçoit pas une action quelconque sans l'unité. Toute force ou principe d'action est donc simple. Dès lors, comment expliquer l'étendue, qui, par nature, est indivisible ? Par la combinaison des forces simples ou points métaphysiques. L'atomisme est contraire à la raison, car toute substance est active et tout principe d'action est simple, c'est-à-dire sans parties.

Mais, par la combinaison des forces simples, on obtient un système d'actions combinées, que nous appelons l'étendue. Ainsi s'expliquent les corps. Les forces simples sont les vrais atomes de la nature. Ce sont des atomes de substance. « Il n'y a que les atomes de substance, c'est-à-dire les unités réelles ou absolument destituées de parties, qui soient la source des actions et les premiers principes absolus de la composition des choses, et comme les derniers éléments de l'analyse des substances. On les pourrait appeler points métaphysiques... Les points physiques (atomes) ne sont divisibles qu'en apparence ; les points mathématiques sont exacts, mais ce ne sont que des modalités (abstractions) ; il n'y a que les points métaphysiques ou de substance qui soient exacts et réels, et sans eux, il n'y aurait rien de réel, puisque, sans les véritables unités, il n'y a point de multitude. » L'étendue n'est autre chose, on le voit, que la coexistence des forces. Chaque force, prise à part, s'appelle une monade.

§ II. — Théorie de la monade.

C'est par notre âme que nous connaissons les monades : « La force, dites-vous, nous ne la connaissons que par ses effets, et non telle qu'elle est en soi. Je réponds qu'il en serait ainsi si nous n'avions pas une âme et si nous ne la connaissions pas ; mais notre âme, connue de nous, a des perceptions et des appétits, et sa nature y est contenue. »

De la monade en général. — Les monades, d'abord, sont simples. Elles sont simples parce que chacune d'elles est un principe d'action. Or toute action est simple. De plus, « il faut qu'il y ait des substances simples, puisqu'il y a des composés, car le composé n'est autre chose qu'un amas ou *aggregatum* des simples. Or, là où il n'y a pas de parties, il n'y a ni étendue, ni figure, ni divisibilité possible. Et ces monades sont les véritables atomes de la nature, et en un mot, les éléments des choses. »

Les monades étant simples ne peuvent périr naturellement ; elles ne peuvent commencer que par création, finir que par annihilation. La monade immatérielle ne peut être altérée ou changée dans son intérieur par quelque autre créature, et elle n'exerce aucune action hors d'elle-même. « Les monades n'ont point de fenêtres par lesquelles quelque chose y puisse entrer ou sortir. » Toute substance est comme si elle était seule.

Puisque c'est par notre âme seulement que nous connaisons les monades, nous devons dire que toute monade est douée de perception comme notre âme. La perception est la représentation du composé dans le simple; c'est « l'état passager qui enveloppe et représente une multitude dans l'unité. » Chaque monade est un miroir de l'univers; elle représente tout ce qui est, mais confusément. Il ne faut pas confondre la perception avec l'aperception, qui suppose la conscience. La monade perçoit tout l'univers, mais elle ne perçoit distinctement qu'une partie infiniment restreinte de cet univers. Il y a même des monades qui n'ont aucune perception distincte; ce sont les monades nues. Celles qui ont des perceptions distinctes s'appellent des âmes.

De l'âme. — L'âme est une force consciente d'elle-même : « *vis sui conscia.* » L'âme, outre la conscience d'elle-même, est douée de mémoire, et ses souvenirs s'enchaînent par consécution d'images. De plus, l'âme humaine possède la raison, faculté des principes. La raison permet à l'homme de raisonner, et par le raisonnement, d'arriver à connaître Dieu. L'animal ne raisonne pas, mais la consécution des images imite en lui nos raisonnements.

Comment les monades constituent le monde. — La monade est aussi douée d'appétition, comme notre âme. C'est par là justement qu'elle est force active. Toute monade tend incessamment à passer d'une perception à une autre moins confuse, ou d'une perception déjà claire à une autre plus claire. Cette tendance est l'appétition. Le développement actuel de l'individu n'est jamais égal à tout ce que sa puissance enveloppe; voilà pourquoi il tend sans cesse à changer.

Le nombre des monades est illimité, parce qu'il n'y a aucune raison suffisante pour que ce nombre soit tel nombre plutôt que tel autre. Par le fait même, tout est plein dans l'univers. Le vide serait le néant. Le monde est infini. Dans le monde, il n'y a pas deux êtres absolument semblables; car si Dieu avait créé deux êtres identiques, pourquoi l'un de ces êtres aurait-il été placé en tel lieu plutôt qu'en tel autre? Pourquoi aurait-il été créé plutôt à tel moment de la durée qu'à tel autre? Cependant le monde n'est pas un chaos. La diversité n'est pas le désordre. Il n'y a pas deux êtres absolument semblables, mais il y a analogie entre tous les êtres. L'être inférieur enveloppe et possède en puissance toute la perfection de l'être immédiatement supérieur ; il y a continuité dans la nature : « *natura non facit saltus:* »

L'harmonie préétablie. — D'où vient cela? Comment les monades peuvent-elles s'harmoniser au point que leur ensemble, qui est le monde, soit parfaitement ordonné, puisque chaque monade n'a aucune influence sur les autres? Il n'y a qu'une solution possible, c'est l'harmonie préétablie. Sans doute, « chaque monade se développe en vertu de ses propres lois, comme dans un monde à part et comme s'il n'existait rien que Dieu et elle, » mais chaque monade exerce une influence idéale sur toutes les autres, en ce sens que Dieu, en créant chaque monade, a eu égard à toutes les autres monades.

L'union de l'âme et du corps. — C'est par l'harmonie préétablie que Leibniz explique l'union de l'âme et du corps. C'est ce problème, justement, qui lui a fait imaginer qu'à tout développement d'une monade correspond un développement parallèle de toutes les autres monades, et qu'ainsi chaque monade est un miroir de l'univers. « Je croyais entrer dans le port, dit-il, mais lorsque je me mis à méditer sur l'union de l'âme et du corps, je fus rejeté comme en pleine mer. » Avec l'harmonie préétablie, le port est retrouvé. L'âme et le corps vont toujours d'accord. Ainsi deux chronomètres, parfaitement construits et réglés dès l'origine, marqueraient toujours la même heure.

§ III. — DIEU.

L'harmonie préétablie n'est explicable que par l'intervention d'un puissant mathématicien qui est Dieu : « *Dum Deus calculat, fit mundus.* » Le monde suppose Dieu.

Au reste, Leibniz démontre l'existence de Dieu par trois arguments :

1° La série des contingents suppose un être nécessaire.

2° L'idée de l'Être infini enveloppe l'existence de cet Être : « Si Dieu est possible, il est. »

3° Les vérités éternelles supposent un esprit qui les pense de toute éternité.

Quant aux perfections de Dieu, elles sont « celles de nos âmes, mais Dieu les possède sans bornes : il est un océan dont nous n'avons reçu que des gouttes ; il y a en nous quelque puissance, quelque connaissance, quelque bonté, mais elles sont tout entières en Dieu. »

L'optimisme. — Dans l'intelligence divine, il y a une infinité de mondes possibles : il est possible, en effet, de combiner les idées de l'esprit divin d'une infinité de manières, selon leurs rapports logiques. Mais, parmi tous ces mondes possibles, « la suprême sagesse, jointe à une bonté qui n'est pas moins infinie qu'elle, n'a pu manquer de choisir le meilleur. » Ainsi l'exige le principe de raison suffisante.

Le problème du mal. — Si le monde réel est le meilleur des mondes, d'où vient le mal ? — Le mal a son principe, non dans la volonté divine, mais dans la nature des choses. La création du parfait est impossible, car elle implique contradiction. Toute créature est donc nécessairement imparfaite, et ainsi le mal ou l'imperfection n'est que la condition du bien. Dieu ne veut pas le mal directement, mais Il le veut comme condition du bien.

D'une volonté antécédente, Dieu ne veut que le bien; d'une volonté conséquente, il veut le mal; ainsi le juge, *a priori*, ne veut point la mort d'un homme, mais, après instruction de la cause, il condamne le coupable à mort, et cela tout à la fois dans des vues d'humanité et de justice.

Résumé et appréciation. — Ainsi se résume la philosophie de Leibniz en trois théories principales : la substance, la monade, Dieu. — L'âme humaine est une monade semblable aux autres, mais plus parfaite. Elle a plus distinctement conscience d'elle-même. Elle possède des principes qui lui permettent de s'élever jusqu'à Dieu. Elle a des perceptions sourdes et d'autres distinctes. Toutes ses perceptions sont innées à l'état de virtualités, c'est-à-dire de petites perceptions. Avoir des perceptions très distinctes et les enchaîner sans peine, c'est là toute sa liberté; c'est une liberté purement intellectuelle. C'est le libre « exercice de l'intelligence. » L'union de l'âme et du corps n'est qu'un cas particulier de l'harmonie préétablie. L'âme est immortelle; la mort n'est qu'un engourdissement, une sorte de retour aux perceptions sourdes. A la mort succède une vie nouvelle, c'est-à-dire une nouvelle série d'appétitions ou efforts pour passer des perceptions confuses aux perceptions distinctes.

Examen de la théorie de la substance d'après Leibniz. — En bien des points, ces vues de Leibniz paraissent inacceptables. Sa théorie de la substance, tout d'abord, soulève des difficultés assez graves :

1º L'inétendu n'explique pas l'étendue.

2º Le nombre infini est une contradiction.

3º Si les monades sont contiguës, rien n'empêche qu'elles coïncident en un seul point.

Examen de sa théorie de la connaissance. — D'autre part, la théorie de la connaissance, dans Leibniz, prête le flanc à plus d'une objection. Pour s'en rendre compte, il suffit de se rappeler les principes qui la résument : (1).

(1) Ils sont déjà très brièvement indiqués page 302, première moitié.

1° Chaque monade contient en elle-même les notions de toutes choses. Elle est un miroir vivant de l'univers, et comme, de sa nature, elle est « représentative, rien ne la saurait borner à ne représenter qu'une partie des choses. » (*Monadologie*, n° 60). La monade a donc des idées innées de toutes choses.

2° Les idées innées ne sont pas toutes distinctes. Cette représentation de toutes choses, qui est dans la monade, « n'est que confuse dans le détail de tout l'univers, et ne peut être distincte que dans une petite partie des choses, c'est-à-dire, dans celles qui sont ou les plus prochaines ou les plus grandes par rapport à chacune des monades ; autrement, chaque monade serait une divinité » (*Monadalogie*, n° 60). Il y a donc des perceptions inconscientes, qui sont dans la monade comme la statue d'Hercule serait dans un bloc de marbre, « s'il y avait des veines dans la pierre qui marquassent la figure d'Hercule préférablement à d'autres figures. » (Leibniz. *Nouveaux Essais*, avant-propos).

3° L'expérience est nécessaire pour que l'âme prenne distinctement connaissance des idées innées, mais ces idées ne dépendent point des sens. L'esprit en est la source. Il les découvre en lui-même par la réflexion, à l'occasion des données des sens. « Il est vrai qu'il ne faut point s'imaginer qu'on puisse lire dans l'âme ces éternelles lois de la raison à livre ouvert, comme l'édit du préteur se lit sur son album, sans peine et sans recherche ; mais c'est assez qu'on les puisse découvrir en nous à force d'attention, à quoi les occasions sont fournies par les sens. » (*Nouveaux Essais*, avant-propos).

Toute cette doctrine suppose trois assertions bien contestables :

1° *L'Indépendance des monades.* Selon Leibniz, chaque monade est comme si elle était seule, et n'a aucune influence sur les autres (voyez page 302).

2° *L'Innéité des idées.* Dès lors, il faut bien qu'elle découvre en elle-même toutes ses idées, les monades n'ayant « pas de fenêtres par lesquelles quelque chose y puisse entrer ou sortir. » (*Monadologie*, n° 7).

3° *L'Inconscient.* Toutes les idées sont innées, et cependant l'âme ne pense pas à toutes en même temps. Elle a donc des pensées auxquelles elle ne pense pas.

Il est bien vrai que l'âme ne pense pas sans cesse à toutes les choses qu'elle connaît, mais cela ne prouve pas qu'une pensée que l'âme possède actuellement, puisse lui être inconnue. — Il est bien vrai que l'esprit peut découvrir des idées en se repliant sur lui-même, mais cela ne prouve pas qu'il ait des idées innées. L'impossibilité où sont les empiristes d'expliquer les vérités universelles par une série indéfinie d'exemples, ne le prouve pas davantage. — Enfin, il faudrait établir que toute monade relève exclusivement d'elle-même, et que, par conséquent, nulle intelligence ne peut exercer une influence réelle sur une autre.

Examen de sa théorie de la liberté. — Il y a dans Leibniz une autre théorie qui n'est pas moins critiquable; c'est celle de la liberté. Ce philosophe a cru trouver dans la nécessité morale un heureux intermédiaire entre le fatalisme et la liberté d'indifférence. D'après les fatalistes, les actes humains sont déterminés par une nécessité s'imposant du dehors. Leibniz, au contraire, estime que l'âme humaine agit spontanément : elle est nécessitée, c'est vrai, autrement il faudrait nier la Providence, mais c'est à une nécessité interne qu'elle obéit. Cette nécessité interne, c'est l'influence des motifs : nous agissons toujours d'après le motif le plus fort, mais c'est avec intelligence que nous agissons. Notre liberté est une spontanéité intelligente: « *spontaneitas intelligentis.* » Il n'y a donc pas de liberté d'indifférence. Ce serait le pouvoir de se déterminer sans aucun motif. Ce qui trompe les partisans de cette liberté d'indifférence, c'est qu'ils ne tiennent pas compte des perceptions inconscientes, qui peuvent nous déterminer à notre insu. Quant aux fatalistes, de ce que toutes choses arrivent nécessairement, ils concluent que chaque chose, prise à part, est nécessaire. Il n'en est pas ainsi. Mon écriture actuelle est une suite nécessaire de tous les antécédents de ce phénomène, mais si on la considère en elle-même, elle n'a rien de nécessaire. C'est sous l'influence d'une nécessité tout interne, que j'écris, mais on peut très bien supposer que je n'écrive pas. Mon écriture actuelle est donc le produit d'une *spontanéité intelligente ayant pour objet quelque chose de contingent*. Telle est la liberté humaine.

Leibniz a raison de penser que la Providence divine n'exclut pas la liberté. Il a raison aussi de rejeter la liberté d'indifférence. Seulement, la liberté, telle qu'il la conçoit, est une véritable nécessité. C'est une nécessité interne substituée à une nécessité s'imposant du dehors. Notre âme, d'après lui, est comparable à une force qui s'exerce de plusieurs côtés à la fois, mais qui agit toujours dans le sens de la moindre résistance. Ainsi l'air comprimé trop fortement dans un récipient de verre, le brise toujours à l'endroit le plus faible.

Il est difficile d'identifier plus nettement liberté et nécessité. Pourtant, de ce qu'un acte est causé par des motifs, il ne s'ensuit pas qu'il soit nécessaire, même d'une nécessité tout intérieure. Il y a plus : on peut admettre que nous agissons toujours d'après le motif le plus fort, sans que cette assertion exclue la liberté. Nous pouvons très bien, en effet, comme l'expérience le prouve, considérer un motif après un autre, et, par la réflexion, donner la prépondérance à un motif qui, tout d'abord, n'avait fait qu'une médiocre impression sur notre esprit. Et quand même cette appréciation successive des motifs nous serait imposée, elle implique une sorte d'alternative qui fait que la décision prise est un choix réfléchi, c'est-à-dire un acte libre, car la liberté n'est autre chose que le pouvoir de choisir avec réflexion.

Conclusion. — Telles sont les réserves les plus importantes qu'il convient de faire au sujet de la philosophie de Leibniz. L'esprit de réaction lui a fait commettre des erreurs assez graves, mais ces erreurs ne doivent rien diminuer de l'admiration due à son génie.

D'autre part, Leibniz est le dernier des représentants

illustres de la philosophie intellectualiste au xvii⁰ siècle. Avec Locke, nous entrons dans un tout autre ordre d'idées. Ce philosophe est comme la personnification de l'empirisme.

CHAPITRE XVIII.

LOCKE

En dépit de l'admiration passionnée de Voltaire, nous connaissons très peu Locke, en France. Nous lui accordons une place honorable dans l'histoire de la philosophie moderne, mais nous ne nous faisons pas une idée du rôle qu'il a joué dans son pays. Pour les Anglais, Locke est une gloire nationale. Ils l'honorent à l'égal de Newton ; seulement, chez eux, Locke a plus de lecteurs que Newton, et par là même plus d'admirateurs compétents. Les questions qu'il traite sont à la portée d'un grand nombre d'hommes, et n'ont rien perdu de leur intérêt. — Tracer la limite de nos connaissances en marquant leur origine, déterminer les droits du citoyen et ceux du pouvoir, dire quelle est la meilleure manière d'élever les enfants, tous ces problèmes sont encore à l'ordre du jour.

Sa vie. — Locke naquit à Wrington, le 29 août 1632. Il était d'une ancienne famille de marchands. Son enfance se passa à Pensford, où résidait son père (1). Il se félicita toujours de l'éducation qu'il avait reçue de ses parents : c'est sans doute à leurs soins intelligents qu'il dut d'être plus tard « un gentleman accompli, agréable et sûr, modéré en tout, droit, admirablement pondéré. » (2)

---

(1) Pensford est un village situé à six milles environ au sud de Bristol. Wrington, village natal d'Agnès Keene, la mère de Locke, se trouve à dix milles environ de Pensford.

(2) La meilleure source d'informations sur la vie et les œuvres de Locke, est l'ouvrage publié à Londres en 1876, par Fox Bourne, et intitulé : *The Life of John Locke*, 2 gr. vol. in-8. — Quant à la présente notice sur le

A l'âge de 14 ans, Locke fut admis dans la célèbre école de Westminster. Il devait plus tard se plaindre amèrement de n'avoir presque rien appris dans cette école « de ce qu'il faut savoir dans la vie »; mais, pendant les six années qu'il y demeura, il remplit consciencieusement sa tâche d'écolier.

En 1652, Locke se rendit à Oxford, où plus de trois mille deux cents étudiants de tout grade s'appliquaient à suivre le vieux programme traditionnel des sept arts libéraux : grammaire, rhétorique et logique (*trivium*) ; arithmétique, géométrie, musique et astronomie (*quadrivium*). Le grec et le latin étaient à ce point en honneur à Oxford, qu'il ne fallait se servir d'aucune autre langue, même dans les conversations et les jeux. Locke fit bonne figure comme étudiant de grammaire et de rhétorique, mais ses études scientifiques furent médiocres ; quant à la logique, il la prit en aversion. Il est vrai, c'était la logique d'Aristote, gâtée par les commentateurs. La lecture des romans parut au jeune étudiant beaucoup plus agréable, ainsi que la conversation de quelques camarades pleins d'esprit, qui, toute sa vie, furent pour lui des amis.

Cette existence un peu mondaine n'empêcha pas Locke d'être reçu bachelier d'aussi bonne heure que ses condisciples les plus studieux, mais, et à juste titre, il la croyait incompatible avec les vues de son père. Ce dernier avait toujours souhaité que son fils devînt un *clergyman*. D'ailleurs, le commerce assidu de jeunes gens très distingués, et appartenant aux sectes religieuses les plus diverses, avait produit peu à peu un grand changement dans l'âme du jeune Locke. De puritain rigide, il était devenu « latitudinaire », selon son expression; cela veut dire qu'il gardait des lois strictes touchant la vertu et le vice, mais qu'il se montrait fort tolérant en matière de

---

philosophe anglais, nous en avons emprunté presque tous les éléments au livre de M. Henri Marion, qui a pour titre : *J. Locke, sa vie et son œuvre*. (Paris, Germer Baillière, 1878).

dogmes (1). Une telle disposition ne lui parut pas en harmonie avec un genre de vie pour lequel, d'ailleurs, il n'avait aucune répugnance, et il refusa des propositions très séduisantes, parce que, écrivait-il, « il faut se garder d'entrer dans un état où l'on risque de faire mauvaise besogne sans aucun espoir d'en sortir. »

Toutefois, ce n'est pas tout de suite après la fin de son cours d'études que Locke se prononça aussi nettement. Son *septennium* achevé, il ne songea point à quitter Oxford, et s'estima heureux d'être attaché définitivement à l'Université de cette ville, sous le titre de *senior student*. Il accepta même des fonctions qui étaient réservées aux futurs ecclésiastiques ; ainsi il se laissa nommer successivement répétiteur de grec, répétiteur de rhétorique et censeur de philosophie morale.

C'est à cette époque de sa vie — il avait vingt-sept ans — qu'il lut Descartes, et la lecture de ce philosophe exerça sur sa pensée une influence décisive. Ni Bacon ni Hobbes n'avaient été pour lui aussi suggestifs. Locke n'est pas un cartésien, pas même un cartésien dissident, comme beaucoup le pensent, mais Descartes a vivement

---

(1) Beaucoup de gens, à l'heure actuelle, ont des idées semblables à celles de Locke. Les *néo-chrétiens* estiment qu'il faut réformer l'Eglise catholique en ce sens. D'après M. Paul Desjardins, (*Le devoir présent*) la vraie religion chrétienne doit consister dans la charité en action. Quant aux dogmes du *Credo*, chacun est libre de les accepter ou de les rejeter dans la mesure qu'il lui plaît. — Nous avons déjà eu l'occasion de le dire (page 197, note 3), c'est à l'Eglise catholique de se réformer elle-même ; il n'appartient à aucun homme de refaire l'œuvre de Dieu. Nous l'avons dit aussi, (page 295, vers la fin) l'éclectisme ne peut s'appliquer au symbole de la foi. Le dogme est révélé de Dieu ; dès lors, il faut l'accepter tout entier. M. Desjardins croit avoir trouvé le moyen de concilier toutes les bonnes volontés dans une même pensée de charité, mais il ne paraît pas se douter que la vraie charité est inséparable de la croyance chrétienne. Comment avoir pour les hommes une charité véritable, si l'on ne voit pas en eux les fils d'un même Père, qui est Dieu, et les héritiers d'un même royaume, qui est le Ciel ? Tous ont été rachetés par Jésus-Christ, qui leur a prescrit de s'aimer, sous peine de n'avoir point de part avec lui. C'est parce que le chrétien croit toutes ces choses qu'il aime les hommes. Sans la ferme adhésion qu'il donne à la parole divine, il se montrerait, comme tant d'autres, d'un égoïsme féroce.

excité Locke à penser, et, en ce sens, il a été son maître en philosophie. D'ailleurs, Locke lut aussi très avidement les philosophes modernes, surtout les cartésiens français et leur adversaire, Gassendi. Descartes, novateur hardi, en rupture ouverte avec la philosophie scolastique, dut singulièrement plaire à Locke, à qui les études universitaires avaient laissé une secrète, mais profonde aversion pour un plan d'études, à ses yeux, sans utilité et tout à fait étranger aux exigences de la vie de chaque jour.

En même temps qu'il lisait les philosophes, Locke s'initiait à la botanique, à la chimie, et, en général, aux sciences d'observation. Il était guidé dans ses études par Roger Boyle, le plus grand savant d'Angleterre à cette époque. Aussi, le moment venu de choisir une carrière, Locke renonça définitivement à l'état ecclésiastique, et opta pour la médecine. Il avait trente-quatre ans.

A cause de ses hésitations, il avait négligé de prendre ses grades inférieurs en médecine. Au lieu de réparer cette omission, il fit un voyage à Clèves, à la suite de sir Walter Vanes, envoyé de Charles II à l'électeur de Brandebourg. Pendant ce voyage, comme plus tard pendant son séjour de plusieurs années en France, Locke se rend compte, par une observation attentive, de l'état des mœurs, de la situation religieuse, politique et sociale des pays qu'il parcourt. Ce qui l'intéresse surtout, en Allemagne, c'est la diversité des sectes religieuses et leurs relations mutuelles. En France, il est choqué du luxe des grands et touché de la misère des paysans. C'est en philanthrope, non moins qu'en observateur curieux, qu'il interroge le vigneron bordelais sur ses ressources plus que médiocres, et que, dans la vallée de la Loire, il cherche à comprendre comment des peuples qui cultivent un sol si riche peuvent être si malheureux.

Parce qu'il n'avait pas ses grades, Locke n'exerça jamais la profession de médecin. Cependant on l'appelait le docteur Locke, et il donnait volontiers des soins à ceux qui l'en priaient. Des familles très illustres, dans des cas fort graves, recouraient à lui avec une confiance absolue.

C'est ainsi que lord Ashley, en 1666, se l'attacha en qualité de médecin particulier et de conseiller intime. Ce grand seigneur représentait, à la cour de Charles II, les idées de tolérance et de liberté. En 1671, il devint comte de Shaftesbury, et joua, sous ce nom, un rôle politique considérable. Il était le chef de l'opposition nationale contre la cour. Seulement, il finit par oublier toute prudence en cherchant à provoquer une révolution. Il échoua et n'eut que le temps de se réfugier en Hollande, où il mourut en 1683. Locke, son ami et son confident, lui était demeuré fidèle dans le malheur comme aux jours de prospérité. Au nom de la famille, il fit revenir à Londres les cendres du défunt, et on put le voir dans les premiers rangs du cortège des funérailles.

A cause de cette amitié constante et publique, le gouvernement d'Angleterre crut devoir inscrire le nom de Locke sur une liste de conspirateurs. C'était à tort. L'influence du philosophe sur Shaftesbury avait été celle d'un conseiller prudent et sage.

Suspect au pouvoir, Locke se retira en Hollande, où il passa cinq ans et demi. Il trouva d'excellents amis dans ce pays, et le séjour qu'il y fit fut très favorable à sa santé, qui toujours avait exigé de grands ménagements et de fréquents voyages.

Après la révolution de 1688, Locke put rentrer dans sa patrie (12 février 1689). La faveur du nouveau roi lui était acquise, mais il n'accepta point la mission d'ambassadeur, et se contenta des fonctions « de commissaire des appels, » qu'il garda jusqu'à sa mort. Un peu plus tard, malgré ses refus motivés par sa santé de plus en plus chancelante, ses amis le firent nommer membre de la commission du commerce et des colonies. Ils voulaient assurer à ce conseil l'autorité d'un nom désormais célèbre.

L'influence de Locke était, en effet, devenue fort

sérieuse. Il avait un grand crédit sur l'esprit du roi ; ses traités politiques et économiques étaient très goûtés ; il comptait dans le parlement des amis puissants et en même temps des disciples. Toutes les fois qu'une question importante était soulevée, sur laquelle il avait une opinion faite, il donnait son avis par écrit, et, avant la délibération, ses mémoires circulaient parmi les députés, peut-être même dans le public.

Cependant le séjour de Londres nuisait à la santé de cet homme si laborieux et si passionné pour les intérêts de sa nation. Après une maladie grave, il se retira à Oates, à vingt milles de Londres, dans une famille patriarcale dont il était l'ami. Là, il se livra à des recherches sur l'authenticité et le sens des Livres saints, ce qui fut pour lui l'occasion d'une correspondance assez suivie avec Newton. L'illustre savant était de dix ans plus jeune que Locke, mais la communauté des opinions et une admiration mutuelle avaient rapproché ces deux grands hommes. D'ailleurs, en 1691, Newton avait été nommé directeur de la Monnaie, sur les instances réitérées de Locke.

Ce dernier, à partir de 1700, ne quitta plus sa chère retraite d'Oates. On venait le voir de tous les points de l'Angleterre, mais, de plus en plus affaibli, il ne sortait qu'en voiture. Sa toux était continuelle, et ses étouffements très fréquents. La phtisie l'eût sans doute emporté, comme son frère, à vingt-quatre ans, mais il avait lutté si habilement contre ce terrible ennemi qu'il vécut soixante-douze ans (1).

(1) Sydenham avait conseillé à Locke l'exercice prolongé du cheval en bon air ; il lui permettait de boire et de manger ce qui allait le mieux à son appétit, et il lui recommandait de ne coucher que dans du linge bien sec. Locke déclarait se trouver bien de ce régime. Il convient d'ajouter qu'il était « l'homme le plus sobre du royaume, » et ne buvait que de l'eau. Il allégua à Guillaume d'Orange une curieuse raison pour décliner l'honneur d'une ambassade auprès de Frédéric, Electeur de Brandebourg et bientôt roi de Prusse. Les Allemands, disait-il, sont tous de grands buveurs. « Je sais bien qu'on peut refuser de faire comme eux, mais alors je prendrais plus de soin de ma santé que des affaires du Roi. Il n'importe pas peu, dans de tels postes, de se rendre agréable

Pendant ses derniers jours, il se faisait lire la Bible par lady Masham, femme de son hôte ; il s'entretenait avec elle de pensées pieuses, lui demandait le secours de ses prières et lui parlait de l'autre vie.

« J'ai à peu près fini ma tâche, lui disait-il, et j'en remercie Dieu. Tout au plus ai-je deux ou trois jours à vivre encore ; peut-être vais-je mourir cette nuit... Je meurs dans des sentiments de parfaite charité pour tous les hommes, et en sincère communion avec tous les chrétiens, de quelque nom qu'ils s'appellent. »

Le 28 octobre 1704, Locke s'éteignit dans son fauteuil, tandis que lady Masham lui faisait la lecture. « Sa mort, dit-elle, fut comme sa vie, vraiment pieuse, mais naturelle, douce et simple. » Par un article additionnel de son testament, il demandait qu'on lui fît des funérailles très modestes, et qu'on achetât des vêtements aux plus pauvres ouvriers d'Oates avec l'argent que des funérailles plus pompeuses auraient coûté. (1)

Sur sa tombe, près de l'église du village de High Laver, on lit encore, en langue latine, cette épitaphe qu'il avait rédigée lui-même : « Passant, arrête. Ici repose John Locke. Si tu demandes ce qu'il a été, il te répond qu'il a vécu content de sa situation modeste. Il a fait de bonnes études littéraires, mais il a eu par dessus tout le culte de la vérité. Tu peux t'en convaincre en lisant

---

aux gens à qui l'on a affaire, en s'accommodant à leurs usages. La moitié au moins de mon rôle consisterait, j'imagine, à savoir ce qui se fait ; or je ne connais pas au monde un instrument d'inquisition comparable à une bouteille bien maniée, pour arracher aux gens leurs pensées. »

(1) Dans une lettre qui, aussitôt après la mort de Locke, devait être adressée à Collins, son disciple et son ami, on lit ces belles paroles : « Vous m'avez aimé lorsque je vivais, et je ne doute pas que ma mémoire vous reste chère. Tout le fruit que je désire que vous en retiriez est de vous convaincre que ce monde n'est qu'une scène de vanité, qui passe rapidement et n'apporte aucune solide satisfaction Il n'y a que le sentiment d'une bonne conscience et l'espérance d'une vie à venir, dont on doive faire quelque cas C'est ce que je puis vous assurer par ma propre expérience, et ce que vous éprouverez vous-même quand vous serez appellé à rendre compte à Dieu. »

ses écrits : ils te feront mieux connaître ce qui reste de lui que les éloges suspects d'une épitaphe. S'il a eu quelques vertus, assurément elles ont été moins grandes qu'il ne faudrait, soit pour sa gloire, soit pour l'exemple que tu dois suivre. Que ses défauts soient ensevelis avec lui ! Si tu cherches un modèle à imiter, tu n'as qu'à lire l'Evangile. Quant aux exemples fâcheux, puisses-tu n'en chercher nulle part ! Ici et partout ailleurs, tu pourras te convaincre qu'il faut mourir. Que cet avis te soit utile ! — John Locke est né l'an du Seigneur 1632, le 29 août; il est mort l'an du Seigneur 1704, le 28 octobre. Cette inscription en fait foi, mais elle-même disparaîtra bientôt. »

La physionomie morale de Locke ressort très bien des quelques indications — nécessairement trop brèves — que nous avons données sur les événements de sa vie. Tout d'abord, ce philosophe fut un homme très religieux. Il serait particulièrement intéressant, à ce point de vue, de lire le règlement rédigé par lui pour la « *Société des chrétiens pacifiques* ». On trouve là l'expression définitive de sa foi et de ses principes de conduite au moment de sa pleine maturité.

« Nous ouvrons nos rangs, dit-il, à tous ceux qui, en sincérité, reçoivent la parole de vérité révélée dans l'Ecriture, et obéissent à la lumière qui illumine tout homme venant en ce monde. » (article 2). « Nous tenons pour un devoir strict de tous les chrétiens, de conserver l'amour et la charité au milieu de la diversité des opinions contraires. Et, par charité, nous n'entendons pas ici un vain mot, mais une tolérance et une bonne volonté effective, portant les hommes à vivre entre eux en communion, amitié et mutuelle assistance, aussi bien dans les choses extérieures que dans les choses spirituelles. Cette charité défend donc à tout magistrat de faire, en matière de foi ou de culte, usage de son autorité et à plus forte raison de son épée, qui n'a été mise en ses mains que contre les malfaiteurs. » (article 5). Ces paroles indiquent assez que Locke savait unir la charité à la piété. Il est bon, toutefois, de se souvenir, à ce propos, que la vraie tolérance n'implique, en aucune façon, la liberté absolue de l'erreur. La vérité seule a des droits, et s'il n'est pas sage de les faire valoir par la force, il est quelquefois à propos que les pouvoirs publics mettent obstacle à la diffusion de l'erreur.(*Voyez ce qui est dit à ce sujet dans la note placée au bas des pages* 199, 200 et 201). Locke, d'ailleurs, n'appliquait pas ses principes de tolérance aux catholiques, aux *papistes*, comme il les appelait. Il lui semblait juste de les écarter de toutes les fonctions publiques. C'est que, selon Locke, les catholiques veulent confisquer à leur profit la liberté civile et la liberté politique, sous prétexte que leur religion est la seule vraie; de plus, dit-il encore, ils obéissent à un chef étranger; enfin, ils se soumettent à une autorité dogmatique dans l'interprétation de l'Ecriture, et cela, Locke le rejette absolument (article 4 de son règlement). — Il a tort, car si, « en matière de religion, chacun doit savoir, croire et répondre pour son propre compte, il ne suit pas de là que chacun peut croire ce qu'il veut. L'expérience a prouvé, en Angleterre notamment, que, dans ces conditions, aucun article de foi ne peut rester debout; dès lors, on aboutit à une morale sans dogme, qui est une morale sans autorité, et l'indifférence absolue ou une vague religiosité remplace la religion.

Locke a tort aussi de croire que les catholiques confisquent la liberté civile et politique de qui que ce soit. Il oublie trop que la liberté civile et politique a des limites. De ce que les catholiques ne font aucune concession en matière de dogme, et empêchent la diffusion de l'erreur quand ils le peuvent sans avoir à craindre un plus grand mal, il ne s'ensuit pas qu'ils nuisent à aucune liberté légitime. Toute liberté légitime implique le respect du droit, et par conséquent le respect de la vérité. On ne saurait trop le redire : la vérité a le droit pour elle, et l'erreur n'a aucun droit.

Enfin, les catholiques n'obéissent à aucun chef étranger, dans l'ordre purement politique. Ils reconnaissent simplement au Pape la prérogative de l'infaillibilité en matière de foi et de morale, quand il parle comme chef suprême de l'Eglise. L'infaillibilité du Pape est un dogme de la foi catholique, mais en même temps, c'est la sauvegarde du dogme tout entier, puisque la liberté laissée à chacun de croire ce qu'il veut et d'entendre le devoir à sa manière, entraîne l'émiettement du dogme et la ruine de la morale.

Ces réserves faites, il faut rendre hommage à la piété de Locke, à son amour des hommes et à son esprit de modération. Les catholiques, qu'il tolérait assez mal, lui doivent eux-mêmes de la reconnaissance; car les idées de tolérance qu'il a répandues en Angleterre ont fait de ce pays une terre hospitalière, où, pendant la Révolution française et maintes fois depuis, ils ont été fort bien accueillis, eux et leurs prêtres. Il faut sans doute attribuer en partie à l'hospitalité si généreuse des Anglais, ces retours à l'Eglise romaine, dont leur pays nous offre en ce moment le spectacle. Que d'admirables exemples de droiture et de courage enrichissent chaque jour les fastes de l'Eglise d'Angleterre !

Principaux ouvrages de Locke. — Locke nous invite lui-même, par son épitaphe, à consulter ses écrits pour savoir ce qu'il a pensé. Rien de plus juste, mais la liste de ces écrits est fort longue. Il faut s'en tenir aux principaux, qui sont :

1º *L'Essai sur l'Entendement humain*. Ce livre contient toute la pensée philosophique de Locke. L'auteur l'a beaucoup travaillé ; il l'a tenu vingt ans sur le métier ; il en a publié quatre éditions, dont la première parut en 1690, et la quatrième, qui est la plus importante, en 1700. C'est aussi en 1700 que Coste fit paraître la traduction française de l'*Essai*. Locke nous apprend qu'il a entendu la lecture de ce travail et y a fait introduire les modifications nécessaires pour que sa pensée fût exactement rendue. De plus, dans la préface de son livre, il nous en raconte l'origine. Il eut un jour une discussion avec cinq ou six de ses amis sur une question qui avait rapport à la religion. C'était pendant l'hiver de 1670-1671. « Après nous être fatigués quelque temps, sans nous trouver plus en état de résoudre les doutes qui nous embarrassaient, il me vint dans l'esprit que nous prenions un mauvais chemin, et qu'avant de nous engager dans ces sortes de recherches, il était nécessaire d'examiner notre propre capacité, et de voir quels objets sont à notre portée ou au-dessus de notre compréhension. » (*Essai sur l'Entendement humain*, préface). Ces dernières paroles marquent assez le but de l'ouvrage, qui est de déterminer l'origine de nos connaissances et de marquer les limites de notre entendement.

2° *Les lettres sur la tolérance*, au nombre de quatre, deux *Traités sur le gouvernement* et des *Considérations sur les conséquences de la diminution de l'intérêt et de l'augmentation de la valeur de l'argent*. Par ce dernier ouvrage, qui est de 1692, Locke rendit de grands services à son pays, et fonda, pour ainsi dire, la science économique. Tout au moins il mérita d'être regardé comme le précurseur des économistes du siècle suivant. Les deux *Traités du gouvernement* ont été écrits par Locke pour justifier l'opposition qu'il avait faite à Jacques II(1), et surtout pour justifier la révolution qui plaçait Guillaume d'Orange sur le trône d'Angleterre. Ils ne sont ni des pamphlets, ni des traités philosophiques. Cependant, ils ont une portée philosophique plus haute que leur but immédiat. Locke y proclame le principe fondamental de sa politique, qui est le gouvernement du peuple par lui-même. Sa première *Lettre sur la tolérance* date de 1685. Elle fut écrite en latin et adressée à Limborch, un Hollandais ami de Locke. Elle ne fut publiée qu'en 1686 et demeura longtemps

(1) Jacques II fut roi d'Angleterre de 1685 à 1688. Il succéda à son frère aîné Charles II, malgré le *bill d'exclusion* que le Parlement avait voté contre lui quand il n'était encore que duc d'York. Son zèle pour la religion catholique suscita des mécontents qui appelèrent Guillaume d'Orange à lui succéder.

anonyme. Locke se montra même très irrité contre Limborch, qui avait cru pouvoir révéler au docteur Guenellon le nom de l'auteur de la lettre. Dans cet opuscule, l'auteur traite des relations du gouvernement avec les diverses religions, mais surtout de la tolérance mutuelle entre chrétiens. Traduite en anglais, la lettre suscita de vives attaques. Locke se défendit par deux nouvelles lettres, signées *Philanthropus*, dont l'une parut en 1690, et l'autre en 1692. On trouve dans les *Œuvres posthumes* de Locke quelques fragments d'une quatrième lettre sur la tolérance.

3° *Pensées sur l'éducation.* — Cet ouvrage est de 1693. Il a été traduit par Coste. Il a tout le charme et l'abandon d'une causerie, et il a moins vieilli que l'*Emile*. Rousseau, du reste, reproduit avec une docilité remarquable, « les préceptes mâles et sensés » que contiennent *les Pensées sur l'éducation*. Cela fait assez voir qu'il a eu tort de s'écrier, dans la préface de l'*Emile* : « Mon sujet était encore tout neuf après le livre de Locke. »

Caractères généraux de sa philosophie 1° L'empirisme idéaliste. — Locke se propose de tracer les limites de la connaissance humaine. Pour atteindre ce but, il cherche à expliquer l'origine de nos idées par l'expérience. Il fallait s'y attendre : Locke est un Anglais; à ce titre déjà, il est porté à observer les faits, et ses études spéciales ont développé au plus haut point cette disposition. Descartes avait pensé qu'il existe des idées innées, et que, notamment, l'idée de Dieu est de ce nombre. Locke, au contraire, estime qu'il n'y a aucune idée innée : « *No innate principles.* » L'idée de Dieu n'est pas innée; les notions premières elles-mêmes ne le sont pas; c'est par l'expérience que nous acquérons la notion d'être, celle de substance et celle de cause, ainsi que les principes qui en dérivent. C'est dans le premier livre de l'*Essai sur l'Entendement humain* que Locke rejette l'hypothèse des idées innées, et ce premier livre a été composé le dernier. Si donc Locke n'admet pas les vues de Descartes, ce n'est pas de parti pris;

c'est simplement parce que ses recherches l'ont amené à soutenir qu'il n'y a pas d'idées innées. D'ailleurs, bien que la doctrine de Locke sur l'origine de nos connaissances soit tout l'opposé de celle de Descartes, l'influence du philosophe français sur l'empirisme de Locke est manifeste. « Le doute méthodique, l'appel au témoignage immédiat de la conscience, la pensée posée comme l'unique réalité, ou du moins comme la réalité par excellence, la seule connue directement et sûrement, objet essentiel en même temps que sujet de tout le savoir, voilà des points de la doctrine cartésienne qui se retrouvent, sans aucun doute, dans l'œuvre à la fois critique et dogmatique de Locke, et font pour une bonne part la physionomie propre de son empirisme (1). » Locke n'est pas un empiriste sensualiste, il s'en faut bien. Les sens, pour lui, ne sont pas l'unique source de la connaissance. A son avis, beaucoup d'idées nous viennent de la *réflexion*, qui est « la perception des opérations de notre âme sur les idées reçues par les sens. » En outre, selon lui, le monde extérieur n'est pour nous qu'une collection d'idées ou qualités sensibles, qui ne nous permettent pas de connaître la vraie nature des choses. — Il n'y a pas loin de là à l'Idéalisme proprement dit. Berkeley nie la réalité du monde sensible, et il descend en droite ligne de Locke.

2° **Une grande timidité dogmatique.** — Leibniz trouvait la philosophie de Locke fort pauvre : « *paupertina philosophia.* » C'est que, dit très bien M. Taine, Locke tâtonne, il hésite, il « n'a guère que des conjectures, des doutes, des commencements d'opinions que, tour à tour, il avance et retire, sans en voir les suites lointaines, et surtout sans rien pousser à bout. En somme, il s'interdit les hautes questions, et se trouve fort porté à nous les interdire. Il a fait son livre pour savoir « quels objets sont à notre portée ou au-dessus de notre compréhension. » Ce sont nos limites qu'il cherche ; il les

---

(1) Henri Marion, *Locke, sa vie et son œuvre*, pp. 87, 88.

rencontre vite et ne s'en afflige guère (1). » A l'entendre, notre connaissance s'arrête aux phénomènes ; la substance nous est inconnue. « Qui voudra prendre la peine de se consulter soi-même sur la notion qu'il a de la pure substance en général, trouvera qu'il n'en a absolument point d'autre que de je ne sais quel sujet qui lui est tout à fait inconnu, et qu'il suppose être le soutien des qualités qui sont capables d'exciter des idées simples dans notre esprit ; qualités qu'on nomme communément des accidents (2). »

Si la substance nous est inconnue, comment pouvons-nous être assurés de la spiritualité et de l'immortalité de nos âmes ? — Ces dogmes, Locke les admet parce qu'ils sont nécessaires à la Religion et à la morale, « mais nos facultés ne peuvent parvenir à une certitude démonstrative sur cet article. » Il y a plus : selon lui, l'intelligence humaine « ne pourra guère trouver des raisons capables de la déterminer entièrement pour ou contre la matérialité de l'âme. » Sans doute, l'homme est doué de pensée, mais « nous ne serons jamais capables de connaître si un être purement matériel pense ou non ; » et il est possible « que Dieu donne, s'il veut, quelque degré de pensée à certains amas de matière, qu'il joint ensemble comme il le trouve à propos. » (Cf. *Essai*, livre IV, ch. III, § 6.)

On le voit par ces dernières lignes, Locke reconnaît que Dieu existe. Il faut ajouter que ses principes de tolérance ne s'appliquent pas aux athées. « Ceux qui nient l'existence de Dieu, dit-il, ne doivent pas être tolérés, parce que les promesses, les contrats, les serments et la bonne foi qui forment les liens de la société civile ne pourraient obliger un athée, et aussi parce que, si la croyance en Dieu vient à disparaître, il ne pourra y avoir que désordre et confusion générale. »

3° **L'utilitarisme.** — C'est surtout pour des raisons d'intérêt général que Locke admet l'existence de Dieu, la spiritualité de l'âme et la vie future, et sa métaphy-

(1) Taine, *Histoire de la littérature anglaise*, tome III, ch. III, p. 31.
(2) *Essai*, livre II, chapitre XXIII, § 2.

sique n'a guère d'autres fondements (1). Il est vrai que l'idée d'intérêt est comme l'âme de tous ses écrits. Cherche-t-il à déterminer l'origine du pouvoir, c'est dans une sorte de contrat fait en vue du bien de tous, qu'il croit la découvrir. S'il prescrit à l'homme d'obéir à la loi du devoir, c'est parce que, selon lui, le bonheur est la raison dernière du devoir. S'il propose de réformer l'enseignement, c'est parce que, de son temps, on n'enseignait presque rien aux enfants de ce qui est utile aux besoins de la vie. « Notre affaire en ce monde, dit-il, n'est pas de connaître toutes choses, mais celles qui regardent la conduite de notre vie. » Encore faut-il que, tout en cherchant à acquérir les connaissances utiles à la vie, nous ménagions notre santé ; autrement, ce serait travailler en pure perte : « Celui qui fait sombrer son vaisseau en le chargeant trop, fût-ce en le chargeant d'or, ne saurait rendre bon compte de son voyage à l'armateur. »

Locke est utilitaire comme Bacon ; seulement Bacon se préoccupait fort peu de l'autre vie, tandis que Locke a la sagesse de mettre au premier rang des connaissances utiles celles qu'il est nécessaire de posséder pour obtenir le bonheur dans l'autre monde. Par cet excel-

(1) Cependant, Locke donne une preuve directe de l'existence de Dieu. L'homme, dit-il, a l'intuition nette de son existence personnelle. Il sait en outre que le néant ne peut rien produire. Donc, il connaît par une vraie démonstration qu'il y a quelque chose d'éternel. « Il est aussi certain qu'il y a un Dieu, qu'il est certain que les angles opposés qui se font par l'intersection de deux lignes droites sont égaux, et jamais aucune créature raisonnable, après s'être appliquée à démontrer ces deux propositions, n'a manqué d'y donner son consentement. » Par cette démonstration, ajoute Locke, nous sommes plus certains de l'existence de Dieu que de celle du monde extérieur.

On n'en saurait douter, pourtant, c'est par des considérations tirées de la religion ou de la morale que Locke tend à établir la vérité métaphysique. En somme, on peut regarder sa doctrine comme un criticisme avant la lettre. C'est un criticisme hésitant, mais déjà très net. Bientôt, Kant, laissant de côté la religion, séparera la croyance de la science, et les dogmes métaphysiques, objets de la croyance, seront des postulats du devoir.

lent conseil, Locke mérite bien le titre de « sage » que Rousseau lui a donné, pour d'autres raisons, sans doute.

Il faut le reconnaître, au reste, sa philosophie, quoique vraiment fort pauvre au point de vue métaphysique, n'est pas sans mérite. De graves erreurs la déparent, mais elle témoigne en maints endroits que son auteur a été un homme droit, modéré, pratique, plein de bon sens et de finesse. Locke a surtout observé beaucoup, et il n'a abordé la philosophie théorique qu'en vue de justifier ou de découvrir des principes de pratique.

§ I. — LA CONNAISSANCE D'APRÈS LOCKE.

De plus, Locke a été lui-même. Bacon ne lui a pas appris grand'chose, et on ne peut affirmer qu'il ait lu Hobbes. Il a simplement subi, comme tout homme, l'influence du milieu où il a vécu, et, par là même, dans une certaine mesure, celle des idées émises par Bacon et par Hobbes. De plus, né d'une famille de négociants, élevé en Angleterre, peu familier avec la méthode des mathématiques, il n'est pas étonnant qu'il ait suivi une méthode opposée à celle de Descartes, et que, tout en admirant ce philosophe, dont la lecture l'avait excité à penser, il ait abouti à d'autres conclusions.

Pas d'idées innées. — Tout d'abord, Locke rejette les idées innées.

1º S'il y avait des idées innées, on ne s'expliquerait pas pourquoi l'usage des sens est nécessaire à l'exercice de la connaissance. L'aveugle n'a aucune idée des couleurs, et le sourd n'a aucune idée des sons.

2º S'il y avait des idées innées, nous en aurions conscience. On ne comprend pas ce que peut être une idée dont l'âme n'a pas conscience.

3º S'il y avait des idées innées, nous ne serions pas dans la nécessité d'apprendre peu à peu toutes choses.

4º Ce qui prouve bien qu'il n'y a aucune idée innée, c'est l'extrême variété des jugements que font les hommes. Il n'y a aucun principe universellement admis, ni en théorie ni en pratique. Les sauvages ont de tout autres idées morales que nous. Les idiots n'ont point l'usage des principes les plus élémentaires de l'esprit. D'ailleurs, si tous les hommes avaient les mêmes principes, on n'en pourrait conclure que les idées sont innées. Il y aurait d'autres manières d'expliquer l'accord des hommes sur les principes.

La critique de Locke par Leibniz. — Locke a raison de dire qu'il n'y a pas d'idées innées, mais il entend la doctrine des innéistes dans un sens trop étroit. Aucun d'eux n'a jamais prétendu que nos idées fussent innées à l'état d'idées actuelles. De plus, les arguments de Locke ne sont pas péremptoires. Leibniz l'a fort bien montré dans le premier livre de ses *Nouveaux essais sur l'Entendement humain*. Les principales critiques qu'il adresse à Locke peuvent se résumer ainsi :

1° De ce qu'il y a des *vérités* innées, il ne faut pas conclure qu'il y ait des pensées innées, « car les pensées sont des actions, et les connaissances ou les vérités, en tant qu'elles sont en nous, quand même on n'y pense point, sont des habitudes ou des dispositions, et nous savons bien des choses auxquelles nous ne pensons guère. » L'expérience est nécessaire pour nous exciter à penser. Elle nous fait prendre conscience des idées qui sont en nous à l'état de *virtualités*. On s'explique ainsi que l'aveugle ne prenne jamais conscience de la notion de couleur, et que le sourd n'ait aucune idée des sons.

2° Locke n'a point remarqué qu'il y a en nous des perceptions inconscientes. Sans doute, aucune idée actuelle ne peut être inconsciente, mais il n'en est pas de même des idées qui sont en nous à l'état virtuel. C'est ainsi qu'il y a en nous une foule de souvenirs auxquels nous ne pensons point actuellement, et que cependant nous pouvons faire revivre à volonté.

3° Nous sommes dans la nécessité d'apprendre peu à peu toutes choses, mais l'étude ne crée pas nos idées, elle nous aide seulement à en prendre conscience. Si le seul effort de l'esprit peut nous faire découvrir en nous l'arithmétique et la géométrie, comme on n'en saurait douter, il faut reconnaître que l'arithmétique et la géométrie sont innées.

4° Locke n'a pas bien distingué les vérités nécessaires des vérités d'expérience. Les angles opposés par le sommet sont égaux ; voilà une vérité nécessaire, tandis que la révolution de 1688 est une vérité d'expérience. Les vérités nécessaires ne peuvent pas ne pas être ; tel est leur caractère propre. On ne les reconnaît pas, comme le croit Locke, à l'assentiment unanime des hommes. D'abord, cette unanimité n'est pas facile à constater ; ensuite, les hommes peuvent admettre universellement, au moins pour un temps, des préjugés et des erreurs manifestes.

Pour ce qui est des vérités morales, elles sont innées tout aussi bien que les théorèmes de la géométrie, mais il faut un certain effort de réflexion pour les découvrir, et la coutume, l'éducation, les préjugés, les passions peuvent les altérer et les obscurcir. D'ailleurs, on peut très bien violer les principes les plus clairs de la morale, et cependant les connaître et les approuver. La morale a ses démonstrations tout aussi bien que l'arithmétique et la géométrie, et il est probable que si les vérités de la géométrie importaient autant à la conduite de la vie que les principes de la morale, les passions et les préjugés des hommes battraient en brèche ces vérités comme ils battent en brèche les vérités morales.

Les principes sont innés, mais non les idées. — Que penser de cette controverse ? — D'après Leibniz, toutes nos idées seraient innées, puisque, selon lui, le seul effort de l'esprit peut faire découvrir l'arithmétique, la géométrie et la morale. — C'est trop dire, assurément. En tout cas, l'innéisme des idées n'est pas prouvé, et on peut expliquer leur origine sans cette hypothèse. Il n'y aurait pour cela qu'à rappeler ce qu'Aristote enseigne sur le passage du singulier à l'universel (voyez page 84), et à le compléter en s'inspirant d'Aristote. Au sujet des idées innées, saint Thomas cite un mot d'Aristote emprunté au *Traité de l'âme* (livre III, texte 14) : « L'âme est comme une tablette, sur laquelle rien n'a encore été écrit, » et il soutient, comme Aristote, que nous n'avons aucune idée innée. Ce qui est inné, selon lui, ce sont les vérités premières. Par exemple, nous connaissons naturellement que le tout est plus grand que sa partie, et d'autres vérités de ce genre. Bien entendu, nous ne connaissons pas ces vérités d'une manière explicite tant que nous n'avons pas acquis, par un travail personnel, les idées qui en forment les éléments. Ainsi, nul homme ne peut dire que tout ce qui arrive a une cause, tant qu'il ne possède point la notion de cause et celle d'évènement, mais tout homme, dès sa naissance, a l'habitude des principes, c'est-à-dire une disposition à les connaître explicitement, sans étude ni réflexion, dès qu'il entre en possession des idées que ces principes relient l'une à l'autre. Leibniz a donné une formule qui résume assez bien cet enseignement. Il a simplement modifié un peu la maxime bien connue, attribuée aux sensualistes : « *Nihil est in intellectu quod non prius fuerit in sensu.* » Il n'y a rien dans l'intelligence qui n'ait d'abord été dans le sens. Leibniz ajoute « *Excipe, nisi ipse intellectus.* » Sans doute, Leibniz entendait cette formule à sa manière, puisque, selon lui, l'intelligence est innée, et avec elle les principes et les idées, à l'état de virtualités inconscientes ; mais, pour remettre les choses au point, il suffirait de dire que l'Intelligence est innée, et par là même la disposition à connaître explicitement les premiers principes, sans étude ni réflexion, et à acquérir les idées des choses, par l'attention, l'abstraction et la généralisation.

Les raisons que donne saint Thomas pour rejeter l'hypothèse des idées innées sont les suivantes : 1º Il est impossible d'admettre que nous puissions oublier des connaissances innées, au point de ne pas même savoir que nous les possédons. Nul homme n'oublie ce qu'il sait naturellement ; ainsi les vérités premières sont toujours présentes à l'esprit.

2° L'union de l'âme avec le corps n'est pas contre nature ; c'est tout le contraire qui est vrai. Dès lors, si les idées sont innées, on ne comprend pas que la privation de quelque sens puisse empêcher l'âme de demeurer en possession de connaissances qui lui sont naturelles. C'est pourtant ce qui arrive. Dès qu'un sens fait défaut, l'homme n'a point les idées qui correspondent à ce sens : le sourd ne sait pas ce que c'est qu'un son, et l'aveugle ne connaît pas les couleurs. Ce qui est naturel à l'âme, comme les idées innées, ne saurait être empêché par ce qui est naturel à l'âme, comme son union avec le corps. (*Somme théologique*, première partie, question 84, art. 3).

On peut objecter, sans doute, que l'union de l'âme avec le corps est compatible avec les idées inconscientes ; la preuve en est dans les souvenirs que nous possédons à l'état latent. Mais, si les idées étaient innées à l'état de virtualités inconscientes, nous pourrions savoir qu'elles sont en nous ; nous pourrions du moins, par la réflexion, les rendre conscientes. Les lois de l'association nous y aideraient, car, en vertu de l'association, nos idées s'appellent l'une l'autre. — Cette objection, en tout cas, ne saurait venir de Leibniz, puisque, dans sa philosophie, les monades ou forces simples qui constituent le corps n'ont aucune influence réelle sur l'âme.

Origine de nos idées d'après Locke. — De cette longue discussion sur l'innéisme il résulte que nous n'avons aucune idée innée, et que, cependant, notre esprit n'est pas une table rase, ou une page de papier blanc, « *white paper* », comme le croyait Locke. Tout d'abord, l'esprit humain a son activité propre, qui se manifeste par l'attention, l'abstraction et la généralisation ; de plus, il est dirigé sans cesse par des principes innés, tels que ceux-ci : *Toute chose est identique à elle-même, tout a sa raison d'être, tout fait a une cause.* Il ne faut pas croire non plus, avec Locke, que l'expérience soit la source unique de ce qu'il appelle nos idées simples, comme l'idée d'homme, l'idée de triangle, l'idée de plaisir ou celle de douleur. Incontestablement, l'expérience fournit à l'esprit la matière première qu'il élabore pour former ces idées, mais l'esprit transforme singulièrement cette matière première, puisque la plus humble des idées est un universel, et par le fait même dépasse absolument l'expérience. Toute donnée de l'expérience est singulière : elle est ceci, ici, maintenant. Toute idée est universelle : elle représente partout et toujours tous les êtres de même nature. L'idée d'homme représente tous les hommes possibles.

Locke n'a pas compris cela. L'universel, à ses yeux, n'est qu'un résidu de l'expérience. Il y a deux sortes d'expérience, la sensation et la réflexion. Par la sensation nous acquérons les idées qui correspondent aux choses extérieures, tandis que la réflexion nous fait connaître les opérations de notre âme, comme la volition et les phénomènes dont elle est le sujet, comme le plaisir et la douleur. Les idées simples ainsi acquises, l'esprit les combine et en forme les idées complexes. En cela seulement il est actif.

Si nombreuses que soient les idées complexes, on peut cependant les ranger sous trois chefs principaux :

1° Les *modes*, qui ne paraissent point subsister par eux-mêmes et semblent appartenir à d'autres êtres ; exemples : la gratitude, la couleur.

2° Les *substances*, qui supportent les modes, et paraissent exister par elles-mêmes, comme le plomb, l'homme.

3° Les *relations*, qui, au regard de notre esprit, unissent les substances entre elles ; exemple : tel homme est le fils de tel autre.

La valeur de nos idées d'après Locke. 1° *Les idées de modes se ramènent à des mots.* — De ces trois sortes d'idées complexes, seules les idées qui représentent des modes sont claires et distinctes. Seulement, il n'existe aucun mode pris en général. Ainsi l'idée générale de bonté ne correspond à rien de réel, en dehors des individus bons, et l'idée générale d'étendue est sans valeur, si on fait abstraction des corps. Il existe des hommes bons; tout corps est étendu; mais une qualité quelconque, abstraction faite de tout sujet d'inhérence, n'est pas autre chose qu'un mot. Gratitude, par exemple, est un mot qui peut nous faire songer à un enfant reconnaissant. Locke, on le voit, est nominaliste. (Voyez, pour l'explication de ce terme, page 177, note 1). Pour lui, l'idée générale de mode est un mot. Que vaut celle de substance? — Nous le savons déjà (voyez page 323), mais il est bon de consulter plus amplement, à ce sujet, l'*Essai sur l'entendement humain*. La question en vaut la peine.

2° *L'idée de substance désigne un être réel, mais inconnu pour nous.* « Ceux qui les premiers se sont avisés de regarder les *accidents* comme une espèce d'êtres réels, qui ont besoin de quelque chose à quoi ils soient attachés, ont été contraints d'inventer le mot de *substance*, pour servir de soutien aux *accidents*. Si un pauvre philosophe indien qui s'imagine que la terre a aussi besoin de quelque appui, se fût avisé seulement du mot de *substance*, il n'aurait pas eu l'embarras de chercher un éléphant pour soutenir la terre et une tortue pour soutenir son éléphant; le mot de *substance* aurait entièrement fait son affaire. Et quiconque demanderait, après cela, ce que c'est qui soutient la terre, devrait être aussi content de la réponse d'un philosophe indien qui lui dirait que c'est la substance, sans savoir ce qu'emporte ce mot, que nous le sommes d'un philosophe européen qui nous dit que la substance, terme dont il n'entend pas non plus la signification, est ce qui soutient les accidents. Car toute l'idée que nous avons de la substance, c'est une idée obscure de ce qu'elle fait, et non une idée de ce qu'elle est. » (*Essai*, livre II, ch. XIII. p. 19). Ainsi donc, « ce que nous désignons par le terme général de substance n'est autre chose qu'un sujet que nous ne connaissons pas, que nous supposons être le soutien des qualités dont nous découvrons l'existence, et que nous ne croyons pas pouvoir subsister *sine re substante*, sans quelque chose qui le soutienne. » (*Essai*, livre II, ch. XXIII, § 2.) En un mot, la notion de substance se ramène à celle d'une collection de qualités connues par l'expérience. — Il n'est pas permis de trancher ainsi la plus grave des questions par de simples affirmations et par une allusion à quelque conte indien. La substance existe, Locke en convient, mais il a le tort de dire que nous ne pouvons la connaître. A l'œuvre on connaît l'ouvrier ; de même on connaît la substance par ses modes. Qu'importe qu'on ne la connaisse pas entièrement, si on la connaît assez ? « L'homme ne sait le tout de rien », c'est vrai, mais s'il connaît ou peut connaître ce qu'il lui est nécessaire de savoir pour atteindre sa destinée, que faut-il de plus ?

3° *L'idée de cause est l'idée d'une connexion constante de phénomènes.* Selon Locke, la cause ne nous est pas plus connue que la substance. Les phénomènes se succèdent suivant des rapports constants, et cela nous donne l'idée que, dans les mêmes circonstances, les mêmes phénomènes se produisent toujours. « Nous désignons par le terme général de cause ce qui produit quelque idée simple ou complexe, et ce qui est produit, par celui d'effet. Ainsi, après avoir vu que dans la substance que nous appelons cire, la fluidité, qui est une idée simple, qui n'y était pas auparavant, y est constamment produite par l'application d'un certain degré de chaleur, nous donnons à l'idée simple de chaleur le nom de cause, par rapport à la fluidité qui est dans la cire, et celui d'effet à cette fluidité. » (*Essai*, livre II, ch. XXVI, § 1). L'antécédent invariable d'un phénomène, voilà ce que Locke appelle cause. En quoi il fait voir qu'il confond condition et cause. Tout antécédent invariable d'un phénomène n'est qu'une condition de ce phénomène. La vraie cause échappe aux sens ; Hume le fera très bien voir.

4° *L'idée d'infini se ramène à celle d'indéfini.* Comme les idées de substance et de cause, l'idée d'infini elle-même a son origine dans l'expérience. Ainsi notre esprit acquiert l'idée d'un espace infini en ajoutant sans cesse un espace à un autre : « Quiconque a l'idée de quelque longueur déterminée d'espace, comme d'un pied, trouve qu'il peut répéter cette idée, et, en la joignant à la précédente, former l'idée de deux pieds, et ensuite de trois par l'addition d'une troisième, et avancer toujours de même sans jamais venir à la fin des additions... » (*Essai*, livre II, ch. xvii, § 3). De même, l'idée d'un nombre infini se forme en nous par l'addition sans cesse répétée d'une unité à une autre, et l'idée d'une durée infinie n'est autre chose que celle d'une succession illimitée d'instants. En un mot, l'infini est un mode de la quantité. « Il me semble, dit Locke, que le fini et l'infini sont regardés comme des modes de la quantité, et qu'ils ne sont attribués originairement et dans leur première dénomination qu'aux choses qui ont des parties, et qui sont capables du plus ou du moins par l'addition ou la soustraction de la moindre partie. Telles sont les idées de l'espace, de la durée et du nombre... » (*Essai*, livre II, ch. xvii, § 1). L'infini mathématique est bien un mode de la quantité, mais on ne saurait le confondre avec l'infini métaphysique, qui est Dieu. Locke dit bien « que Dieu, cet Etre suprême, de qui et par qui sont toutes choses, est inconcevablement infini, » mais à son avis, « lorsque nous appliquons, dans notre entendement, dont les vues sont si faibles et si bornées, notre idée de l'Infini à ce premier Etre, nous le faisons principalement par rapport à sa durée et à son ubiquité, et plus figurément, par rapport à sa puissance, à sa sagesse, à sa bonté et à ses autres attributs, qui sont effectivement inépuisables et incompréhensibles. » (*Essai*, ibidem). C'est uniquement, ajoute-t-il, par le nombre illimité des effets de la puissance, de la sagesse et de la bonté de Dieu que nous jugeons ces attributs infinis. En résumé, l'idée nette que nous avons de l'infini est celle-ci : c'est une quantité (nombre, espace, durée) à laquelle on ne peut assigner aucune limite, et cette notion de l'infini, comme toute autre connaissance, a son origine dans l'expérience.

Limite de nos connaissances. — Puisque toutes nos idées viennent de l'expérience, il n'y a pas de doute : les limites de nos connaissances sont celles de l'expérience elle-même. Par le fait, nous n'avons aucune idée claire et distincte de ce qui dépasse les phénomènes. La substance existe, mais elle nous est inconnue.

De cette conclusion de Locke à celle des positivistes, il n'y a qu'un pas. Les positivistes diront : Nous ne connaissons que des phénomènes. Les phénoménistes iront plus loin encore, car pour eux, toute substance est une collection de phénomènes. Il est vrai, les agnostiques reviendront à la conclusion de Locke : il existe quelque chose au delà des phénomènes, mais nous ne pouvons le connaître. — Toutes ces doctrines se valent, car elles impliquent toutes la négation de la philosophie première, ou science de l'invisible. Toutes aussi sont également dangereuses : s'il n'y a pas de science de l'invisible, la religion ne repose sur rien, et si la religion n'est rien, il n'y a pas de frein suffisamment efficace aux passions humaines. Heureusement, la science de l'invisible est possible, et elle existe. Elle ne peut être complète, c'est vrai, mais cela n'est pas nécessaire. De ce que nous ne connaissons pas entièrement Dieu et l'âme, il n'est pas juste de conclure que nous ne les connaissons pas du tout. Il n'est pas vrai non plus de dire que notre connaissance ne saurait dépasser les limites de l'expérience. La plus humble connaissance scientifique suppose qu'on a franchi toutes les limites du domaine des faits. Toute science a pour objet l'universel. Or, l'universel est à chaque fait particulier ce que le nombre infini est à l'unité. Et si une connaissance universelle comme celle-ci : la chaleur dilate les corps, n'avait aucune valeur parce qu'elle dépasse absolument les quelques expériences qu'on a pu faire, il s'ensuivrait que la science elle-même serait sans valeur.

§ II. — La politique de Locke.

L'essai sur l'entendement humain a été le point de départ d'une science nouvelle. Hume, Condillac, Destutt de Tracy ont suivi l'exemple de Locke et analysé l'esprit humain d'après sa méthode. Ainsi a été fondée l'*idéologie*, (1) qui, plus tard, est devenue la psychologie expérimentale. Locke, cependant, mérite l'attention à d'autres titres encore. Il a surtout été un homme d'action ; les questions sociales l'ont préoccupé au plus haut point, et sa politique a exercé une influence immense sur les événements de ces deux derniers siècles.

Dans cet ordre d'idées, Locke a eu des précurseurs en France : Hubert Languet, La Boëtie, Bodin d'Angers, mais rien n'autorise à croire qu'il ait lu leurs écrits. C'est surtout en politique que Locke a été son propre

(1) Le mot *idéologie*, rappelle une boutade célèbre de Napoléon au Conseil d'État (20 décembre 1812) : « C'est à l'idéologie, dit-il, à cette ténébreuse métaphysique, qui, en recherchant avec subtilité les causes premières, veut sur ces bases fonder la législation des peuples, au lieu d'approprier les lois à la connaissance du cœur humain et aux leçons de l'histoire, qu'il faut attribuer tous les malheurs de notre belle France. » — Assurément, la législation des peuples doit reposer sur une connaissance approfondie du cœur humain et des enseignements de l'histoire, mais elle doit reposer aussi sur le droit naturel. Toute loi qui va contre le droit est nulle et non avenue. Le droit, à son tour, repose sur l'ordre, qui est la subordination naturelle des causes premières : Dieu, la personne humaine, les êtres non raisonnables. C'est donc à la métaphysique, ou science des causes premières, qu'il appartient d'en expliquer les fondements. Il y a une métaphysique du droit, sans laquelle le droit est inintelligible.

La métaphysique n'est ténébreuse que pour ceux qui n'ont jamais étudié cette science ; Napoléon était de ce nombre, comme le prouve la confusion qu'il fait de l'idéologie avec la métaphysique. L'idéologie a pour objet l'origine et la valeur de nos idées. Elle pose tout au plus un problème de métaphysique. Quant à l'idéologie dont parlait Napoléon, elle était si peu une métaphysique, qu'elle ouvrait la voie au positivisme et préparait ainsi les esprits à rejeter toute métaphysique.

Pour ce qui est des malheurs de notre belle France en ce temps-là, ce n'est pas à l'idéologie qu'il faut les attribuer. Ils sont dus, en bonne partie, aux théories politiques de Locke et de Rousseau. L'ambition effrénée de Napoléon a aussi, certainement, contribué à les produire.

maître. On ne peut pas même reconnaître dans ses œuvres politiques l'influence de ses précurseurs anglais. Comme Hobbes, il parle d'un certain *état de nature*, qui était l'état primitif de l'homme, mais il entend par là tout autre chose que ce que Hobbes voulait dire. De plus, Hobbes, comme Bodin d'Angers, conclut en faveur du despotisme, tandis que Locke tend à restreindre le plus possible les limites du pouvoir. Il est libéral en politique, comme il est « latitudinaire » en religion.

L'idée du droit d'après Locke. — Sa politique repose tout entière sur l'idée de liberté, qu'il identifie avec celle de droit. Le droit est bien une liberté : c'est la liberté de faire ce qui est permis ; c'est la liberté d'agir conformément à l'ordre moral (1). Mais Locke ne l'entend pas tout à fait ainsi. En bon philosophe anglais, il n'a en vue que l'utile ; le droit, pour lui, c'est la liberté de faire ce qui est utile à l'individu et à la société. Le premier de tous les droits est donc la liberté. Hobbes a mal compris l'état de nature. L'homme n'est pas un loup pour l'homme, comme il l'a dit. Le véritable état de nature n'est pas l'état sauvage, où règne la loi du plus fort. Tous les hommes sont également libres ; ils doivent donc se traiter en égaux. La vraie loi de nature, c'est l'équité. Cette loi là est antérieure à toutes les lois que peuvent faire les hommes en vue de l'intérêt social ; elle est antérieure à la société elle-même, et toute loi positive qui va contre l'équité naturelle est une loi nulle. Le droit civil doit reposer sur le droit naturel, (2) mais le

(1) L'ordre moral, c'est le respect de la hiérarchie des êtres. Dieu, la personne humaine, les choses, tel est l'ordre essentiel, qui ne doit jamais être troublé. De cet ordre dérivent les principaux devoirs de l'homme, qui sont : la piété, la justice, la charité et le souci perpétuel de ne jamais s'asservir aux choses.

(2) Il y a deux sortes de lois : 1º la *loi naturelle*, qui est antérieure et supérieure à toute autre loi. C'est l'ordre moral lui-même : il est éternel et immuable ; exemple : il faut être juste envers tous ; 2º la *loi positive*, qui a pour origine un commandement spécial de Dieu ou la volonté d'un législateur. Le repos du dimanche est prescrit par une loi positive divine ; le service militaire est imposé à tous les Français en vertu d'une loi posi-

droit naturel a lui-même des limites. Nul homme, par exemple, ne peut se permettre ce qui est nuisible à autrui. Hobbes a donc eu bien tort de dire que les droits de l'homme n'ont d'autres limites que celles de son pouvoir. Cette erreur énorme est la conséquence directe de l'état de nature tel qu'il le concevait.

Le droit de propriété d'après Locke. — La liberté est le premier des droits de l'homme, mais elle s'exerce de plusieurs manières : les droits de l'homme sont multiples, car il peut faire plus d'une chose en vue du bien de tous ou de son propre bien. Tout d'abord, l'homme a le droit de vivre, et par conséquent le droit de posséder. Comment vivre sans faire usage des biens qui sont indispensables à l'entretien de la vie ?

Aux yeux de Locke, et en cela il voit très juste, c'est dans le travail qu'il faut placer le fondement de la propriété. « Encore que la terre et les créatures inférieures soient communes, chacun pourtant a un droit particulier sur sa propre personne. Le travail de son corps et l'ouvrage de ses mains sont, nous le pouvons dire, son bien propre. Tout ce qu'il a tiré de l'état de nature, par sa peine et son industrie, appartient à lui seul ; car, cette peine et cette industrie étant sa peine et son industrie propres, personne ne saurait avoir droit sur ce qui a été acquis par cette peine et cette industrie, surtout s'il reste aux autres assez de semblables et d'aussi bonnes choses communes. » (*Essai sur le gouvernement civil*, ch. VI.)

Il est vrai, on peut aussi créer un droit de propriété en occupant un bien qui n'appartient à personne, mais l'occupation est elle-même un travail. Cueillir un fruit sur un arbre, c'est toujours réaliser un certain effort ; voilà pourquoi le fruit, qui n'était antérieurement à personne, devient la propriété légitime de celui qui le

---

tive humaine. L'ensemble des lois qui ont pour objet l'ordre social et le bien des citoyens constituent le droit civil, tandis que le droit naturel n'est autre chose que l'ordre moral lui-même, avec toutes les conséquences pratiques qui en dérivent.

cueille, car, par suite de l'effort d'un homme, ce fruit est devenu la chose de cet homme.

Ce qui est vrai des fruits de la terre, l'est aussi de la terre elle-même. Autant je puis labourer d'arpents de terre, autant j'en puis posséder, pourvu cependant que j'en laisse assez pour les autres. Locke va même jusqu'à dire que le travail est le principe de la valeur des terres. « Qu'on fasse différence, dit-il, entre un arpent de terre où on a planté du tabac ou du sucre, ou semé du blé ou de l'orge, et un arpent de la même terre qui est laissé en commun, sans propriétaire qui en ait soin, et l'on sera convaincu que les effets du travail font la plus grande partie de la valeur de ce qui provient des terres. Je pense que la supputation sera bien modeste si je dis que, des productions des terres cultivées, neuf dixièmes sont les effets du travail. La conséquence de cette doctrine, c'est que je suis bien propriétaire de la chose que mon travail a créée. Car je puis dire que j'ai créé ce qui, sans moi, serait absolument inutile. Un champ en friche n'est rien ; il ne devient quelque chose que par le travail humain. Il appartient donc de droit à celui qui l'a ensemencé et fécondé. » (*Essai sur le gouvernement civil*, ch. VI.) [1]

Le principe qui fonde la propriété peut aussi servir à en marquer les limites. Nul n'a le droit de conserver ce qu'il ne peut rendre utile par son travail. Celui qui laisse indéfiniment sa terre en friche n'a pas le droit d'en conserver la possession, car d'autres, à côté de lui, tireraient de cette terre un rendement suffisant pour les faire vivre. Le droit de propriété n'est pas le droit d'abuser de la richesse, et on en abuse quand on ne l'emploie pas utilement.

Le droit de propriété est d'ailleurs limité par lui-

---

[1] Par ces paroles, Locke devance Adam Smith, économiste célèbre, né en Écosse à Kirkaldy, et professeur à l'Université de Glasgow. (1723-1790) Adam Smith a écrit un grand ouvrage intitulé : *Recherches sur la nature et sur les causes de la richesse des nations*, (1776) dans lequel on rencontre pour la première fois une distinction très nette et une classification définitive des diverses parties de la science économique.

même, indépendamment du travail qui fonde la propriété. En effet, du moment que tous les hommes sont égaux, tous ont droit à posséder quelque chose pour vivre. Si donc un homme, par son travail, acquérait tant de richesses qu'il ne laissât rien aux autres, il est clair qu'il irait contre le droit d'autrui ; or, il n'y a pas de droit contre le droit. — Ce sont bien là les idées de Locke, mais il n'a pas l'air de croire au danger qui peut résulter de l'accaparement de la richesse : « En s'appropriant une terre, dit-il, par son travail et par son adresse, on ne fait tort à personne, puisqu'il reste toujours assez de terres et d'aussi bonnes, et même plus qu'il n'en faut à un homme qui ne se trouve pas pourvu. » Il n'est pas juste, cependant, d'assimiler la terre à l'eau de rivière : « Qui, je vous prie, s'imaginera qu'un autre homme lui fait tort en buvant, même à grands traits, de l'eau d'une grande et belle rivière qui, subsistant toujours tout entière, contient et présente infiniment plus d'eau qu'il ne lui en faut pour étancher sa soif ? » (*Essai sur le gouvernement civil*, ch. IV.) L'eau d'une rivière est inépuisable, tandis que la terre labourable est limitée, surtout dans les sociétés anciennes, où chaque portion de terrain a déjà son propriétaire.

On le voit, ce que dit Locke sur l'origine et les limites de la propriété ne manque pas de sagesse. Cependant, s'il a bien marqué l'origine de la propriété, il n'en a pas dit le fondement véritable. L'homme est une personne morale ; de là pour lui le droit de posséder le fruit de son travail. Ce qui fait qu'une chose appartient à un homme, c'est que, par suite du travail de cet homme, elle porte l'empreinte de sa personnalité. Le travail d'un animal non doué de raison n'engendre aucun droit de propriété en faveur de cet animal. Par contre, la libre donation faite par une personne morale est tout aussi respectable que son travail. Ainsi, c'est de plein droit qu'un père de famille transmet ses biens à ses enfants, sans que ceux-ci aient travaillé pour les acquérir. En quoi on voit très bien que le droit de propriété est nécessaire au maintien de la famille. Cela seul suffirait à le légitimer. Locke eût pu dire ces choses, et ajouter que la propriété est une condition de la richesse sociale, parce qu'elle encourage le travail. Celui qui a acquis quelque chose par son travail est porté à travailler encore pour augmenter son avoir. Et une société est d'autant plus riche que ceux qui la composent ont plus de ressources.

Locke n'a pas non plus assez complètement marqué les limites de la propriété ; il dit seulement que nul n'a le droit de perdre ce qui peut servir à d'autres. Il faut lui savoir gré d'avoir rappelé ce principe, car beaucoup de gens ont une idée toute païenne de la propriété : elle est, à leurs yeux, ce que la définit le droit romain : « *jus utendi et abutendi* ». Le droit d'abuser n'existe pas, et la propriété ne saurait aller contre le bien commun. Toute richesse doit être utile à son propriétaire d'abord, et ensuite aux autres hommes. C'est par l'accomplissement des devoirs de justice et de charité que la fortune privée devient utile à tous. Si, par exemple, un chef d'industrie paye exactement à ses ouvriers un salaire proportionné à leur travail, il accomplit un devoir de justice et rend service à ses semblables. Si, de plus, il établit une caisse de secours au profit des ouvriers chargés de famille ou forcés au chômage par la maladie, il accomplit un devoir de charité, et sa richesse est utile aux autres. C'est par la justice et la charité que le riche se montre ce qu'il doit être, l'intendant du pauvre. La propriété est une fonction sociale.

Origine du pouvoir, d'après Locke. — Si les hommes avaient toujours observé les lois de la justice et celles de la charité, l'heureux état de nature dans lequel ils vivaient au commencement subsisterait encore, mais il est arrivé souvent que quelques-uns d'entre eux n'ont pas su respecter la liberté des autres ; ils ont tenté de les dépouiller de leurs biens, de les asservir, et même de les mettre à mort. Toute injustice mérite un châtiment : celui qui en est victime a le droit d'en exiger la réparation; celui qui en est témoin doit lui-même chercher à l'empêcher ou à châtier son auteur.

Nam tua res agitur, paries cum proximus ardet.
Horace, *Épîtres*, I. xviii v. 80.)

Mais le droit de punir ne peut pas être convenablement exercé par les particuliers; il aurait trop souvent le caractère d'une vengeance personnelle; trop souvent aussi il demeurerait inefficace. Il a donc été nécessaire de le confier à une puissance capable de l'exercer au nom de tous. Cette puissance, c'est l'autorité civile. Elle a son origine dans une sorte de contrat par lequel chaque citoyen renonce au droit de punir, à la condition que l'État se charge de rendre la justice et d'assurer la sécurité de ceux qui lui confient ainsi la garde des droits qu'ils se réservent. Le pouvoir ne peut avoir d'autre origine qu'un contrat librement consenti, puisque, dans l'état de nature, tous les hommes étaient égaux et libres. Seulement, ils se sont vus contraints de s'entendre, afin d'empêcher cet heureux état de dégénérer en état sauvage.

Par le fait que la mission de l'État est d'exercer la justice vindicative, sa puissance se borne à l'accomplissement de cette fonction. Faire des lois destinées à assurer l'ordre public, veiller à l'exécution de ces lois, châtier ceux qui les enfreignent, voilà les attributions du pouvoir. En tout le reste, les citoyens demeurent libres. Il n'y a pas de pouvoir absolu. Hobbes a eu tort de favoriser le despotisme, comme il a eu tort de confondre l'état de nature avec l'état sauvage.

Au fond, c'est le peuple qui est le vrai souverain. Les pouvoirs publics tiennent de lui leur mission, et s'ils dépassent leur mandat, ils s'exposent à de terribles revendications. « Que si le gouvernement civil vient à manquer gravement à son mandat, dit Locke, il appartient au peuple de lui retirer son pouvoir. »(*Essai sur le gouvernement civil*, ch. xviii.) Quand un chef d'État ou tout autre homme puissant met sa volonté à la place des lois, quand il entrave la liberté des législateurs, quand il change arbitrairement les électeurs ou le mode d'élection, quand il livre son peuple à une puissance étrangère, le peuple a le droit « d'en appeler au Ciel. » D'une manière générale, si le pouvoir civil ne tient pas compte des lois de la nature, « qui subsistent toujours comme des règles éternelles pour tous les hommes, pour les législateurs aussi bien que pour les autres », le lien social est brisé par la faute de ceux qui devaient le maintenir, et le peuple peut résister au pouvoir usurpateur. Il a le droit de révolution, « suprême ressource d'un peuple opprimé. »

Mais qui sera juge entre le peuple et le pouvoir ? — « C'est à la partie offensée de juger pour elle-même. » On aurait tort de redouter à l'excès les troubles civils ; le peuple est plutôt disposé à oublier son droit de résistance qu'à en abuser, et les révolutions n'ont jamais lieu pour de faibles causes. Mieux vaut, d'ailleurs, se révolter contre l'injustice que d'accepter une paix trompeuse maintenue par un gouvernement tyrannique.

L'Eglise et l'Etat d'après Locke. — Le pouvoir civil, on le voit, est loin d'être absolu. C'est un pouvoir essentiellement judiciaire, établi pour imposer à tous le respect des droits naturels de l'homme. Sa fin est autre que celle du pouvoir religieux. L'Eglise a pour but de conduire les hommes au Ciel ; l'Etat n'a d'autre mission que d'empêcher toute atteinte à la vie, à la propriété et à la liberté personnelle des citoyens. En raison de la différence de leurs fins, ce qu'il y a de meilleur pour ces deux pouvoirs, c'est qu'ils soient absolument séparés : il faut laisser à l'Eglise toute sa liberté sous le régime du droit commun. (*Essai sur le pouvoir civil*, II, § 150 et suivants.)

Appréciation. — Telle est bien, en effet, la situation faite à l'Eglise dans certains pays, en Angleterre notamment, et aux Etats-Unis. « C'est un état de choses qui présente de nombreux et graves inconvénients, mais qui offre aussi quelques avantages, surtout quand le législateur, par une heureuse inconséquence, s'inspire des principes chrétiens. » (Léon XIII, *Encyclique du 16 février* 1892, vers la fin). Ces avantages peuvent rendre tolérable la séparation de l'Eglise et de l'Etat, mais ils ne la justifient pas. « Dès que l'Etat refuse de donner à Dieu ce qui est à Dieu, il refuse, par une conséquence nécessaire, de donner aux citoyens ce à quoi ils ont droit comme hommes ; car, qu'on le veuille ou non, les vrais droits de l'homme naissent précisément de ses devoirs envers Dieu. D'où il suit que l'Etat, en manquant, sous ce rapport, le but principal de son institution, aboutit en réalité à se renier lui-même et à démentir ce qui est la raison de sa propre existence. » (Léon XIII, ibidem).

La politique chrétienne, en même temps qu'elle revendique l'union du pouvoir civil et du pouvoir religieux, rejette le prétendu droit naturel de révolution que Locke avait affirmé. Il est vrai, les abus de pouvoir ne sont pas rares, mais ils ne peuvent légitimer une insurrection; car « il faut redouter, dit Léon XIII, de troubler de plus en plus la tranquillité de l'ordre, et de plonger la société dans des maux plus grands que ceux dont elle souffre. Quand les choses en sont arrivées au point où nul espoir de salut n'apparaît plus, c'est par le mérite de la patience chrétienne et par d'instantes prières qu'il faut préparer le remède. » (Léon XIII, *Encyclique : Quod apostolici muneris.*) Locke, dit Paul Janet, « fait trop bon marché de certaines objections, ou se contente de certaines raisons trop commodes. Par exemple, lorsqu'il répond que le peuple est plus disposé à oublier son droit qu'à en abuser, il dit une chose qui peut être vraie à certaines époques, mais fausse en d'autres temps; en outre, il admet trop facilement que c'est à la partie offensée à se faire justice à elle-même : cela n'est pas aussi évident qu'il le dit, et il y a là beaucoup de difficultés qu'il n'aperçoit pas ou qu'il ne discute pas. » (Paul Janet, *Histoire des doctrines politiques.*)

Si Locke attribue au peuple le droit d'insurrection, c'est parce qu'il croit à tort que l'autorité civile réside dans le peuple lui-même. Affirmer la souveraineté du peuple, c'est commettre une très grave erreur, qui a elle-même pour cause une fausse théorie sur l'origine de la société. La société est naturelle à l'homme ; elle n'est en aucune façon le résultat d'un contrat. « L'homme est né pour la société. Ne pouvant, dans l'isolement, ni se procurer ce qui est nécessaire et utile à la vie, ni acquérir la perfection de l'esprit et du cœur, la Providence l'a fait pour s'unir à ses semblables en une société tant domestique que civile, seule capable de fournir ce qu'il faut à la perfection de l'existence. » (Léon XIII, *Encyclique Immortale Dei*.) Si l'homme est fait pour vivre en société, il faut dire que la société civile a Dieu pour auteur, puisque l'homme est l'œuvre de Dieu. Mais aucune société n'est possible sans un chef qui la gouverne ; il est donc évident que l'autorité civile vient elle-même de Dieu. « Comme nulle société ne saurait exister sans un chef suprême, et qu'elle imprime à chacun une même impulsion efficace vers un but commun, il en résulte qu'une autorité est nécessaire aux hommes constitués en société, pour les régir ; autorité qui, aussi bien que la société, procède de la nature, et par suite, a Dieu pour auteur. Il en résulte encore que le pouvoir public ne peut venir que de Dieu. Dieu seul, en effet, est le vrai et souverain maître des choses : toutes, quelles qu'elles soient, doivent nécessairement lui être soumises, de telle sorte que quiconque a le droit de commander ne tient ce droit que de Dieu, chef suprême de tout. Tout pouvoir vient de Dieu. » (Léon XIII, *Encyclique Immortale Dei*.)

Il est bien entendu, cependant, que « la souveraineté n'est en soi liée à aucune forme politique : elle peut fort bien s'adapter à celle-ci ou à celle-là ; l'essentiel c'est qu'un gouvernement établi soit apte à assurer le bien commun. » (Léon XIII, *ibidem*.)

Si donc le pouvoir vient de Dieu, il ne s'ensuit pas qu'une forme quelconque de gouvernement soit de droit divin. C'est sous l'empire de circonstances diverses qu'un gouvernement se constitue, mais il devient légitime par le fait qu'il est accepté du plus grand nombre des citoyens. Sans doute, on ne peut considérer aucune forme de gouvernement comme immuable; les révolutions politiques le font assez voir, mais le bien public exige que nul ne cherche à renverser un gouvernement établi. L'insurrection, d'ailleurs, « attise la haine entre citoyens, provoque les guerres civiles, et peut rejeter une nation dans le chaos de l'anarchie. » (Léon XIII, *Encyclique sur les rapports de l'Eglise et de l'Etat.*)

Par contre, il faut distinguer avec soin les *pouvoirs constitués* et la *législation*. Sous un régime politique excellent, la législation peut être détestable; au contraire, de très bonnes lois peuvent être faites par un gouvernement dont la constitution laisse beaucoup à désirer. C'est que « la législation est l'œuvre des hommes investis du pouvoir. Ce sont eux qui, de fait, gouvernent la nation. D'où il résulte qu'en pratique, la qualité des lois dépend plus de la qualité de ces hommes que de la forme du pouvoir. Ces lois seront donc bonnes ou mauvaises selon que les législateurs auront l'esprit imbu de bons ou de mauvais principes et se laisseront diriger, ou par la prudence politique ou par la passion. »

Si donc il n'est pas permis de provoquer une insurrection contre le pouvoir, « c'est un devoir pour les gens de bien de s'unir comme un seul homme pour combattre, par tous les moyens légaux et honnêtes, les abus de la législation. Le respect que l'on doit aux pouvoirs constitués ne saurait interdire cette résistance. Il n'exige pas que l'on exécute une mesure législative quelconque édictée par ces mêmes pouvoirs. Qu'on ne l'oublie pas, la loi est une prescription ordonnée selon la raison, et promulguée pour le bien de la communauté par ceux qui ont reçu à cette fin le dépôt du pouvoir. » (Léon XIII, *ibidem.*)

Ces principes, joints à ceux que nous avons rappelés au sujet de la tolérance, (voyez page 318) résument l'enseignement traditionnel de l'Eglise catholique en matière de politique. Déjà nous avions dû les opposer aux idées émises par Michel de l'Hôpital, Hubert Languet, La Boétie, Machiavel, Bodin d'Angers (voyez pages 199, 200, 201, 202); mais il a été nécessaire de leur donner ici un plus long développement, à cause de l'influence considérable que les doctrines de Locke ont exercée. En face d'erreurs aussi graves que celles de ce philosophe, on ne peut trop insister sur les principes qui doivent présider au gouvernement des peuples.

§ III. — Pensées de Locke sur l'éducation.

Les innovations de Locke en éducation sont plus heureuses que ses hardiesses en politique.

Sans hésiter, et comme naturellement, il a trouvé la bonne méthode, il a regardé un peu ceux pour qui il écrivait. Sa pédagogie est fondée sur l'observation des enfants, ce qui ne l'empêche pas d'être très raisonnée. Aussi la coutume, quand rien ne la justifie, ne trouve jamais grâce devant lui.

La pédagogie de Locke est une réaction : 1° contre l'emploi des coups. — Il s'indigne, par exemple, contre « cet esclavage de galériens » auquel, de son temps, on soumettait les jeunes gens « pendant les dix plus belles années de leur vie, » et il trouve étrange qu'on ne leur permette pas d'étudier autrement « qu'en passant par les baguettes. »

2° Contre le pédantisme — Il blâme aussi l'étude presque exclusive des langues anciennes. « Un précepteur se croirait déshonoré d'examiner ce que son disciple dit ou écrit en anglais; il se réserve tout entier pour le grec et le latin, quoique souvent il n'y soit pas fort habile lui-même. Mais ce sont deux langues savantes, et qui seules méritent que les savants se mêlent de les enseigner; pour l'anglais, c'est la langue du vulgaire ignorant. » Il paraît bien qu'à cette époque le sens pratique, en éducation, était fort émoussé, si l'on en peut juger par ces paroles mordantes de notre philosophe : « A-t-on le droit d'exiger d'un régent de collège tout hérissé de grec et de latin, qui sait sur le bout du doigt tous les tropes et toutes les figures de la rhétorique de Farnaby, qu'il apprenne à ses écoliers à s'exprimer poliment en anglais, puisque c'est une chose à laquelle il s'est si peu appliqué lui-même, que bien souvent les mères de ses disciples pourraient lui en faire des leçons, quoique apparemment il les regarde du haut en bas comme de pauvres ignorantes, puisqu'elles n'ont jamais lu aucun système de logique ou de rhétorique ? » — La logique et la rhétorique sont en soi d'excellentes études, mais, telles qu'elles étaient enseignées du temps de Locke, elles n'étaient bonnes qu'à former des pédants insupportables. Le Thomas Diafoirus du *Malade imaginaire* est un joli spécimen en ce genre.

3° **Contre la trop grande contrainte.** — Locke voulait former des hommes capables de se gouverner eux-mêmes. A cause de cela, il estimait qu'il ne faut pas étouffer la libre initiative de l'enfant. L'amour de la liberté, pensait-il, est naturel aux enfants comme aux hommes, et c'est une bonne chose ; il faut la respecter. « Si on humilie trop les enfants, si on leur abat l'esprit en les serrant dans une trop grande soumission, ils perdent toute leur vivacité et toute leur industrie et tombent dans le pire des états. »

Locke est partisan de l'éducation privée. — Laisser une grande initiative aux enfants, « leur faire faire les choses auxquelles ils ont de la disposition sans les y contraindre d'aucune manière », cela n'est pas possible dans un collège. Pour comprendre ce conseil de Locke et plusieurs autres de ses avis, il faut se souvenir que les *Pensées sur l'éducation* ont été écrites en faveur du fils de lord Ashley. Il s'agit, pour Locke, de diriger l'éducation d'un jeune homme de bonne maison, et, selon cet auteur, la première chose à faire pour élever un enfant de cette condition, c'est de le garder au foyer domestique. Dans une école publique, le jeune gentleman rencontrerait trop d'enfants vicieux et mal élevés, il perdrait l'innocence de ses mœurs, la noblesse de ses sentiments, la politesse de ses manières.

Il faut avouer que la répugnance de Locke pour l'éducation du collège était bien justifiée par les habitudes de l'époque. La vie de collège était alors fort dure en Angleterre, et il en allait de même en France, malgré les énergiques protestations de Rabelais et de Montaigne. Les mauvais traitements dégoûtent de l'étude et favorisent l'hypocrisie. Un enfant élevé à coups de verge ne connaît pas les inspirations d'une conscience droite ; il agit toujours pour éviter une douleur ou pour se procurer un plaisir.

Mais le collège en lui-même a du bon. La sociabilité, le sentiment de la fraternité humaine, l'oubli des distinctions qui divisent les hommes, l'enjouement, une certaine assurance, l'émulation, l'habitude de suivre une règle de vie, peut-être quelque généreuse amitié, voilà ce semble de quoi faire voir que Rousseau exagère singulièrement, comme toujours, d'ailleurs, quand il écrit : « Je n'envisage pas comme une institution publique ces risibles établissements qu'on appelle collèges. »

Les inconvénients du collège sont incontestables, mais on peut y remédier. Le contact des camarades vicieux est un écueil, mais la lutte contre le vice est très profitable, et il est possible à un jeune homme, surtout s'il est sincèrement religieux, de garder son innocence tout en connaissant le mal. Quand les écoliers sont nombreux, on ne peut leur laisser beaucoup d'initiative, mais la discipline, l'émulation, le support mutuel, la résistance à l'opinion mal fondée, aux railleries déplacées, à toute influence fâcheuse, sont des exercices tout à fait propres à fortifier la volonté. Elevé loin du monde, le jeune homme courrait risque de l'ignorer, mais les vacances bien employées suffisent à combler cette lacune. On ne peut même pas reprocher sérieusement à l'internat de porter atteinte à l'esprit de famille. Séparé momentanément des siens, l'interne y pense sans cesse et désire ardemment les revoir. De fait, il les revoit souvent et se tient au courant de tout ce qui les touche.

La formation de l'enfant d'après Locke. — Locke, sans doute, ne condamnerait pas absolument le collège tel qu'il existe de nos jours, du moins quand la politesse, la discipline, le travail, les bonnes mœurs et la vraie piété y sont en honneur. En tout cas, il constaterait que, conformément à ses vues très sages, les mauvais traitements sont proscrits, ainsi que les paroles dures et injurieuses; de plus, la discipline est adoucie, et les études sont mieux appropriées aux besoins de la vie. De son temps, on permettait un peu de géographie le dimanche. Les choses ont bien changé depuis. Peut-être même a-t-on exagéré dans le sens de Locke. Ce dernier ne voyait dans le grec que des mots (1), et il n'admettait l'étude de la langue latine que parce qu'elle était générale en ce temps-là. Volontiers il l'eût mise de côté: il ne craint pas d'en confier la direction à des femmes, d'ailleurs peu éclairées. La poésie ne lui paraît pas utile. « On trouve rarement des mines d'or sur le Parnasse. L'air de cette montagne est agréable, mais le territoire en est infertile, et l'on n'a guère vu de gens qui aient augmenté leur patrimoine par les fruits qu'ils en ont recueillis. »

Décidément, Locke, comme dit Rollin, ne « paraît pas faire assez de cas des belles-lettres. » Il n'estime guère plus les beaux-arts. Selon lui, par exemple, la musique procure rarement « des avantages à ceux qui n'en ont pas besoin pour vivre. » La tenue des livres vaut beaucoup mieux; du moins elle est « nécessaire à un gentilhomme pour conserver son bien. »

On retrouve les mêmes préoccupations utilitaires dans les conseils que donne Locke pour la formation de la volonté. Ces conseils sont excellents, mais plus utiles

---

(1) Locke reconnaît que la langue grecque « est la source et le fondement de tout le savoir qui paraît en notre Europe, » mais il ne semble pas se douter qu'il faut comprendre les mots pour tirer profit des choses. Ce n'est pas avec des traductions et des notices littéraires que l'on peut se former à l'école des anciens.

qu'élevés. Locke comprend très bien qu'il importe plus d'être bien élevé que de connaître beaucoup de choses, mais il a trop l'air d'admettre que le savoir-faire peut remplacer la vertu. Pour lui, la politesse tient le premier rang parmi les qualités morales, parce qu'elle est tout à fait nécessaire pour parvenir. — Il ne suffit pourtant pas de savoir plaire à une société frivole ; avant tout, il faut être homme de devoir. La vertu est une suprême habileté, mais elle vaut tout d'abord par elle-même, et les bonnes actions ont leur mérite propre, qui ne dépend pas du résultat. Il faut, dit Locke, rendre les enfants « sensibles au plaisir d'être estimés. » Cela vaut mieux assurément que de les injurier, mais on doit avant tout leur apprendre à se rendre dignes d'estime. « J'avoue, dit-il encore, que la crainte du mal et l'espérance du bien, les récompenses et les punitions sont les seuls motifs d'une créature raisonnable ; que ce sont donc là les deux grands ressorts de toutes les actions des hommes, et qu'ainsi l'on doit s'en servir à l'égard des enfants. » (*Pensées sur l'éducation*, II⁰ partie, chapitre III, § 1). Ici, le caractère utilitaire de la doctrine de Locke apparaît clairement, mais ce philosophe n'a pas vu que le désintéressement est parfaitement conciliable avec l'intérêt. On peut faire le bien parce que c'est le bien, tout en gardant l'assurance d'une récompense magnifique. Locke admirait beaucoup saint Paul. Or, cet apôtre est un modèle accompli de désintéressement. Il aimait Jésus au point de jeter ce fier défi à toute créature : « Qui donc nous séparera de l'amour du Christ ? » (*Rom.* VIII, 35). Il aimait les hommes au point de vouloir être anathème pour ses frères. (*Rom.* IX, 3). Cependant, c'est ce même saint Paul qui disait : « Je sais à qui je me suis confié, je sais que Dieu est puissant pour conserver mon dépôt jusqu'au jour où chacun recevra selon ses œuvres. » (2. *Tim* I. 12). Tous les saints font de même ; ils agissent pour Dieu, ils se dépensent pour les hommes, et cependant la pensée des récompenses éternelles les hante toujours, et les remplit d'espérance et de joie.

Locke n'a donc pas assez compris que la fin principale de la volonté humaine est le bien honnête. L'utile ne vient qu'en second lieu. A cela près, ce philosophe est un maître en fait de discipline morale. On doit le louer aussi d'avoir consacré la première partie de son livre à donner d'excellents conseils d'hygiène. En bon médecin qu'il était, il s'est préoccupé tout d'abord de la santé des enfants. « Je vais donc commencer par l'étui, et considérer ce qui regarde la santé du corps... Que la santé soit nécessaire à l'homme pour le bien de ses affaires et pour son propre bonheur; qu'une constitution vigoureuse et endurcie au travail et à la peine soit utile à une personne qui veut faire quelque figure dans ce monde, la chose est visible, et n'a pas besoin de preuve. » (*Pensées sur l'Éducation*, première partie, de la santé).

L'hygiène de Locke est tout à fait conforme aux prescriptions les plus récentes des hommes compétents en cette matière. Il est persuadé qu'on « gâte la constitution des enfants par trop d'indulgence et de tendresse », et il recommande tout d'abord la vie au grand air et l'exercice. Il veut que l'enfant s'endurcisse au froid, qu'il ne soit pas vêtu trop chaudement et qu'il ait la tête découverte. On doit lui laver chaque jour les pieds à l'eau froide. On pourrait même sans inconvénient l'obliger à s'y plonger chaque jour, fût-elle mêlée de glaçons.

Pendant les trois ou quatre premières années de l'enfant, il ne faut pas lui donner de viande; sa nourriture doit être simple et commune; qu'on ne lui bourre pas l'estomac; qu'il mange beaucoup de pain et triture bien les aliments solides. « Sur toute chose, ayez soin que votre enfant ne goûte que rarement ou plutôt jamais de vin ou de quelque autre liqueur forte. Il n'y a rien qu'on donne plus communément aux enfants en Angleterre, mais il n'y a rien aussi qui leur soit plus pernicieux. Les enfants ne devraient jamais boire de liqueurs fortes que par l'ordonnance du médecin, lorsqu'elles leur sont nécessaires en qualité de potions cordiales. » (*Pensées sur l'éducation*, première partie, § 7).

« De tout ce qui est mou et efféminé, il n'y a rien que l'on doive permettre aux enfants avec plus d'indulgence que le sommeil », et il leur est « très avantageux de s'accoutumer à se lever de bon matin. Il n'y a rien en effet de meilleur pour la santé, et celui qui, par un usage constant, se sera fait une habitude de se lever le matin sans peine, durant sa jeunesse, n'aura garde de dissiper la meilleure et la plus considérable partie de sa vie à dormir ou à se dorloter dans un lit, lorsqu'il sera homme fait. Or, si vous voulez que vos enfants se lèvent de bon matin, il faut que vous leur fassiez prendre la coutume de s'aller coucher de bonne heure. Par ce même moyen, vous les accoutumerez à éviter les débauches du soir, si dangereuses et si nuisibles à la santé ; car, lorsqu'on se retire de bonne heure chez soi, on trouve rarement l'occasion de s'abandonner à ces sortes d'excès. » — « Mais il faut que les enfants soient couchés durement, sur des matelas plutôt que sur des lits de plume. Un lit dur fortifie les membres ; mais un lit mollet où l'on s'ensevelit chaque nuit dans la plume, fond et dissout pour ainsi dire tout le corps, ce qui cause souvent des faiblesses et est comme l'avant-coureur d'une mort prématurée. » (*Pensées sur l'éducation*, première partie, § 9).

Après ces sages avis, Locke se livre à une longue et prosaïque dissertation sur un sujet des plus pratiques : « il faut tenir aux enfants le ventre libre. » Si triviale qu'elle puisse paraître, la conclusion de ce paragraphe a son importance. « Je serais donc d'avis qu'on fît prendre ce train à un enfant tous les jours, immédiatement après qu'il aurait déjeuné. » (*Ibidem*, § 10).

En dépit des soins les plus intelligents, l'enfant est souvent incommodé. Dans ce cas, « il ne faut pas se hâter de lui donner des remèdes ou d'appeler le médecin, surtout si c'est un homme qui aime à se donner du mouvement, qui d'abord couvre toutes les fenêtres de fioles, et remplisse de médecines l'estomac de ses malades... Un peu d'eau fraîche, mêlée avec de l'eau de fleurs de pavot rouge, qui est un remède souverain contre les indigestions, et avec cela prendre du repos et s'abstenir de manger de la chair : cela seul coupe court fort souvent à plusieurs indispositions que des remèdes précipités auraient changées en de violentes maladies. » (*Ibidem*, § xi).

Conclusion. — Les conseils d'hygiène donnés par Locke en faveur des enfants sont utiles à tous. C'est pourquoi nous en avons fait ici une assez longue analyse, qui, d'ailleurs, ne saurait remplacer la lecture des *Pensées sur l'éducation*; c'est l'un des livres les plus féconds et les plus bienfaisants qui aient jamais paru. On y retrouve toutes les qualités de Locke : finesse d'observation, méthode nette et pratique, piété, douceur, humanité, amour extrême des bienséances sociales. Le plan d'études qu'il trace, les conseils moraux qu'il donne se ressentent trop de ses préoccupations utilitaires, mais c'est à tort que Rousseau lui reproche de conduire les enfants au matérialisme. Selon Locke, il faut que l'enfant apprenne sa langue maternelle, qu'il étudie les langues vivantes, surtout le français, qu'il connaisse la géographie, l'arithmétique, l'astronomie, la géométrie, la physique, l'histoire, la législation de son pays, qu'il fasse des voyages, mais l'étude de la Bible doit passer avant tout. Ainsi on évitera que la science des corps remplisse toutes les capacités de l'enfant et lui inspire la persuasion que seuls les corps existent. — On ne peut mieux se tenir en garde contre le matérialisme, et la lecture assidue de la Bible est merveilleusement propre à préserver les âmes de cette dangereuse erreur.

CHAPITRE XIX.

BERKELEY, HUME ET REID.

L'Essai sur l'entendement humain fit naître en Angleterre des doctrines que Locke eût sûrement désavouées. Par exemple, Antoine Collins trouva bon de nier la liberté humaine, et Henri Dodwell crut sage de soutenir que l'âme n'était point spirituelle. Ce matérialisme révolta Berkeley, qui, pour le combattre, imagina un moyen radical. Il nia l'existence de la matière, et sut trouver dans les livres de Locke de quoi soutenir cette thèse étrange. Hume alla plus loin encore : à l'immatérialisme de Berkeley il substitua le phénoménisme. Sa conclusion fut que les phénomènes seuls existent, et qu'ils s'associent d'après des lois invariables. Justement choqué de ces audaces, Thomas Reid entreprit de réagir. Aux négations de Hume il opposa les croyances communes de l'humanité, et fonda une doctrine dont s'inspirèrent largement les philosophes classiques français de ce siècle. Cela ne suffit point à détruire l'influence de Hume, car la psychologie anglaise contemporaine n'est que le développement des idées maîtresses de ce philosophe. D'autre part, beaucoup de gens, à l'heure actuelle, admettent, comme Berkeley, que le monde extérieur n'est pas tout ce que nous croyons, puisque nous ne pouvons percevoir que nos propres sensations.

§ 1. — BERKELEY.

« Je suis plus pour la réalité qu'aucun autre, écrit Berkeley; ne laissez pas dire que je nie l'existence. Je me borne à donner le sens de ce mot tel que je le comprends. » (1) Berkeley, en effet, ne nie pas le monde extérieur ; ce qu'il nie, c'est la matière, considérée comme chose en soi, non perçue par nos sens. A ses yeux, « une chose non perçue est une contradiction, » (*Ibidem*) et tout l'être des choses consiste dans la perception que nous en avons. « Chose et idée sont des mots qui ont absolument même extension et même sens. Par le mot *idée*, j'entends une chose sensible ou imaginaire. Le temps est une sensation ; il n'existe donc que dans l'esprit. L'étendue est une sensation ; elle n'existe donc que dans l'esprit. » (*Ibidem*).

Vie et écrits de Berkeley. — On ne peut mieux formuler l'idéalisme, et c'est toute une révolution. On a dit de Berkeley qu'il était le Galilée de la psychologie. (2)

Il naquit en 1685, probablement à Dysert, près de Thomastown, dans le comté de Kilkenny, au sud-ouest de l'Irlande. On ne sait rien de sa famille, et il n'y fait aucune allusion dans ses nombreuses lettres. La bonté, la piété et un très vif sentiment des beautés de la nature firent le fond de son caractère. Il n'est pas aisé de dire sous quelles influences il conçut l'idée dominante de sa philosophie ; on sait seulement qu'elle lui vint de très bonne heure et qu'il était d'une étonnante précocité d'esprit. « Dès mon enfance, j'avais une incroyable disposition à m'occuper de questions de ce genre. Je me souviens que, dès l'âge de huit ans, j'étais très chercheur et très porté

(1) Extrait du « *Common place book* », cahier dans lequel Berkeley consignait toutes sortes de notes. On y peut suivre sans peine l'évolution de son système.

(2) L'idéalisme de Berkeley n'est plus admis par personne, mais le principe fondamental posé par cet auteur est toujours maintenu, à savoir que « les objets de notre connaissance, ce sont nos idées, et nos idées seulement. » Comme Berkeley, d'ailleurs, on nie la matière ; mais, pour Berkeley, le monde extérieur était un ensemble de sensations stables et bien liées, tandis que, pour les idéalistes contemporains, les objets de nos perceptions sont des systèmes de forces vives. C'est l'immatérialisme de Leibniz plutôt que l'idéalisme proprement dit. De toute façon, les objets extérieurs ne sont pas ce que nous croyons, et la vraie théorie de la perception est « la théorie de l'illusion. » (Voyez Rabier, *Psychologie*, pages 419-423.

à m'occuper de ces nouvelles théories. » En 1696, Berkeley entra à l'école de Kilkenny. La cinquième était la classe des débutants, mais le nouvel élève fut admis d'emblée dans la classe de seconde. Il n'y trouva que des camarades plus âgés que lui, ce qui prouve que ses parents lui avaient fait donner une instruction soignée. A Kilkenny, il apprit le grec et le latin, puis il commença l'étude des mathématiques, pour lesquelles il eut de bonne heure un goût très vif. Le 21 mars 1700, Berkeley fut reçu au collège de la Trinité, à Dublin. Il y passa treize ans, comme élève d'abord, comme maître ensuite. Dès la fin du XVII° siècle, les ouvrages de Locke, de Descartes, de Malebranche étaient familiers aux élèves du collège de la Trinité, et on y détestait cordialement la scolastique. Berkeley subit ces diverses influences dans une large mesure.

En 1709 parut son *Essai sur une nouvelle théorie de la vision*. Dans cet ouvrage, il laisse encore entendre que les corps existent, mais il soutient que nos perceptions visuelles ne sont que des symboles. Elles forment une sorte de langage divin, à l'aide duquel nous apprécions la distance, la grandeur et la situation des objets. La couleur seule est l'objet de la vision. Quant à l'étendue tangible, c'est parce que Dieu l'associe pour nous à la couleur, que nous pouvons la percevoir par les yeux.

Dans les *Principes de la connaissance humaine*, (1710) Berkeley exposa son idéalisme sans aucune réticence. L'*Essai sur une nouvelle théorie de la vision* était une psychologie de la perception extérieure ; les *Principes de la connaissance humaine* renferment la métaphysique de Berkeley. On y trouve ses idées sur la cause, la substance, la matière, l'âme, Dieu, le temps et l'espace. Seule, la première partie des *Principes* a été publiée ; le manuscrit de la seconde partie fut perdu par Berkeley en 1714, dans un voyage en Italie.

En 1713, ce philosophe publia les *Dialogues d'Hylas et de Philonoüs*. L'auteur y présente sa doctrine sous une forme attrayante et accessible à tous. On a encore de lui deux dialogues intitulés *Alcyphron ou les petits philosophes* et *Siris*. Ils ont pour but de faire voir toutes les conséquences métaphysiques et morales de l'idéalisme.

De 1713 à 1744, Berkeley voyagea beaucoup, en Italie notamment, et en Amérique. A son retour en Irlande il fut nommé évêque de Cloyne. Huit ans après, il se retira à Oxford, où il mourut en 1753.

Caractères généraux de sa philosophie. — Dans la préface des *Principes de la connaissance humaine*, Berkeley présente ce livre comme une réfutation de l'*Essai sur l'entendement humain*, publié par Locke vingt ans auparavant. Il est certain pourtant que Berkeley a plus d'un trait de ressemblance avec Locke.

1º Le nominalisme. — Tout d'abord, il est nominaliste comme Locke. Pour s'en convaincre, il suffit de lire l'Introduction des *Principes de la connaissance humaine*. Berkeley y prend à partie les idées générales abstraites, qu'il se déclare incapable de comprendre. Il ne veut voir en elles que des mots.

2º L'idéalisme. — De plus, sans aucun doute, Locke a fourni à Berkeley un argument que ce dernier croyait décisif contre la matière. Qu'est-ce, disait Berkeley, que cette substance inconnue qui serait le support des phénomènes que nous percevons? Puisqu'elle ne nous est pas connue, il faut dire que la couleur nous représente l'invisible, que l'étendue nous représente l'inétendu, et ainsi du reste. Cela est contradictoire dans les termes. Si elle nous était connue, elle serait une simple perception, car nous ne connaissons que des perceptions. — Locke, comme Descartes, distingue les qualités premières et les qualités secondes de la matière. Celles-ci, comme la couleur, l'odeur, la saveur, sont évidemment relatives, elles dépendent uniquement du sujet qui les perçoit; elles n'existent point dans les choses. Mais il en est de même des autres. La résistance, par exemple, dépend de la force musculaire que l'on déploie : un homme vigoureux emporte comme une plume la table qu'un enfant ne peut soulever. Toutes les qualités des corps sont des perceptions, et comme tout corps n'est que la synthèse d'un certain nombre de nos perceptions, il s'ensuit que tout son être consiste à être perçu : « *Esse est percipi.* » D'ailleurs, comment concevoir le dualisme de l'étendue et de l'esprit ? Cette distinction cartésienne, admise par Locke, est inacceptable. Nous ne pouvons connaître que des idées, car, qui dit idée, dit chose perçue.

3° **Le symbolisme.** — L'influence de Malebranche sur Berkeley n'est pas moins sensible que celle de Locke et de Descartes. Malebranche, on s'en souvient, réduit la matière à n'être que l'ombre d'une réalité, et c'est en Dieu, selon lui, que nous apercevons les idées des corps. — Pour Berkeley, nos sensations ne sont que des symboles ; mais, d'où nous viennent ces symboles ? Il est clair que l'étendue visible et l'étendue tangible s'imposent à nous ; nous ne les créons pas. Et il en est de même de toute sensation. Aussi nos rêves, qui viennent de nous, n'ont point du tout le caractère de stabilité qui appartient à nos sensations. Ils ne sont point étroitement liés comme nos sensations. Il faut donc dire que nos sensations sont produites par une cause autre que nous. Cette cause, ce n'est pas la matière, qui n'existe point ; c'est Dieu. « Le monde extérieur est un discours très lié et très suivi que Dieu nous tient. »

Les conséquences de l'idéalisme selon Berkeley. — Bien que cette conclusion lui parût démontrée, Berkeley tenait beaucoup moins à ce qui est purement théorique dans son système qu'aux heureuses conséquences qui, à son avis, devaient en résulter. Ainsi, dès qu'on nie la matière, on n'a plus à se poser une foule de questions très embarrassantes, telles que celles-ci : la matière peut-elle penser ? Est-elle divisée à l'infini ? Comment agit-elle sur l'esprit ? — De plus, puisque tout l'être des choses se ramène à l'idée qu'on en a, il est clair qu'il n'y a plus à distinguer l'apparence de la réalité. Les choses sont réellement ce que nous croyons qu'elles sont. Donc, plus de place pour le scepticisme. — L'athéisme lui-même devient impossible aussi bien que l'idolâtrie, car, d'une part, il est évident que nos idées ou sensations viennent de Dieu, et, d'autre part, aucun homme ne s'avisera jamais d'adorer ses idées. Enfin, les questions métaphysiques les plus graves sont faciles à résoudre, dès qu'on admet l'idéalisme. Ainsi, il n'y a pas « d'autre substance que l'esprit qui perçoit. » La causalité se ramène à l'effort volontaire. Le temps n'est que la succession de nos idées, et l'espace une qualité du mouvement. L'idée d'espace et celle de mouvement sont corrélatives : il n'y a pas de mouvement sans espace, de même qu'il n'y a pas de mouvement sans vitesse.

Conclusion. — Tout cela est admirable, mais combien difficile à admettre ! *Pulchra, nova, falsa*, eût dit Bossuet. Berkeley « a pris en main la cause de l'âme et de Dieu, de la vertu et de la science. » En cela il a bien fait, mais il a mal défendu ces grandes causes. Le principe fondamental de sa doctrine est faux. Nous ne connaissons pas seulement nos idées, nous connaissons aussi les choses ; et même nous connaissons les choses avant de connaître nos idées. Une idée sans objet est inconcevable : « Connaître, c'est connaître quelque chose. » (Platon) — Il ne suit pas de là que nous connaissions pleinement les objets ; il n'en résulte pas non plus que nos « idées sensibles, » comme dit Berkeley, soient d'exactes représentations des corps ; mais rien de tout cela n'autorise le scepticisme. Il ne faut pas, sous prétexte de supprimer le scepticisme ou tout autre mal, poser en principe que nos idées sont purement subjectives. Non, toute idée simple implique son objet comme la lumière implique la couleur.

§ II. — Hume.

Berkeley s'est arrêté à mi-chemin. Il n'a pas développé toutes les conséquences de l'empirisme idéaliste de Locke. Il s'est attaché surtout à faire ressortir la contradiction que renfermait, selon lui, l'idée de matière telle que Locke l'avait présentée. Hume est allé beaucoup plus loin. Par sa critique de l'idée de cause, il a été l'un des fondateurs du positivisme, et il n'est pas surprenant qu'Auguste Comte l'ait inscrit sur son calendrier, parmi les représentants illustres de l'humanité.

Vie et écrits de Hume. — David Hume naquit à Ninewells, près d'Edimbourg, le 26 avril 1711. Il perdit son père de bonne heure. Sa mère l'éleva avec beaucoup de soin et sut lui inspirer un profond attachement; mais, comme il parlait peu et ne songeait peut-être pas assez à gagner promptement sa vie, elle ne soupçonna point la perspicacité de son intelligence. « Notre petit David, disait-elle, a un excellent caractère, mais un esprit extraordinairement faible. » Hume eut toujours un « excellent caractère, » mais il fut, selon l'expression de Huxley, (1) « un athlète de l'intelligence, » et il se distingua toujours par une grande sagesse pratique et par la persistance de ses résolutions. On ne sait ce qu'il dut aux écoles : on peut seulement dire, d'après son *Autobiographie*, que la passion de l'étude fut la passion maîtresse de sa vie et la source principale de ses joies. A l'âge de seize ans, il écrivait à Michel Ramsay une lettre remarquable, où on lit que « l'étude seule peut nous apprendre à dédaigner les accidents de la vie humaine. »

M. A. Penjon a fort bien résumé la carrière de Hume, d'après Huxley. « Il était destiné au barreau : le droit le rebuta ; il essaya du commerce : les affaires le rebutèrent encore davantage ; il prit alors le parti de venir en France et passa trois années à La Flèche, sous les murs du collège où Descartes avait été élevé, et y composa le livre dont il avait arrêté le plan dans son esprit dès l'âge de dix-huit ans. En 1739, il en publiait les premières parties relatives à l'intelligence et aux passions ; la troisième partie, relative à la morale, ne parut qu'en 1740. C'était le fameux *Traité de la nature humaine*. Cet ouvrage n'eut absolument aucun succès. Il servit

(1) *Hume, sa vie, sa philosophie*, traduction de G. Compayré.

seulement à faire écarter la candidature de son auteur quand il sollicita une chaire de philosophie à l'Université d'Edimbourg.

« Des *Essais moraux et politiques* avaient été déjà cependant un peu mieux accueillis. Hume accompagna alors le général Saint-Clair, comme secrétaire, dans une expédition maritime, et ensuite dans une ambassade en Italie et en Allemagne. Au retour, il publia les *Essais sur l'entendement humain*, qui ne sont qu'une réédition adoucie et par cela même altérée du *Traité*. Sa persévérance à professer les mêmes idées ne l'empêcha pas d'obtenir en 1757 les fonctions de conservateur de la bibliothèque des avocats à Edimbourg, et sa fortune prit, à partir de ce moment, une tournure meilleure. Il aborda avec le plus grand succès des études d'un nouveau genre pour lui ; son *Histoire d'Angleterre* le rendit bientôt aussi célèbre chez nous qu'en Angleterre. Le marquis d'Hertford, nommé ambassadeur en France au lendemain du traité de Paris, l'emmena avec lui ; Hume connut alors pendant deux ans tous les enivrements de la célébrité. Il retourna cependant à Edimbourg, à ses travaux d'histoire, qu'il ne quitta plus qu'une fois, jusqu'à sa mort (1776), pour remplir quelque temps les fonctions de sous-secrétaire d'Etat (1). »

Le succès de Hume en France fut un succès de mode. « Dans cet extraordinaire mélange de science, d'esprit, de politesse, de frivolité et de dérèglement qui caractérisait alors la haute société française, dit Huxley, une sensation nouvelle était d'un grand prix ; et il importait peu que la cause de cette sensation fût un philosophe ou un caniche. La haute aristocratie fêta Hume ; les grandes dames n'étaient satisfaites que si elles pouvaient montrer « le gros David » à leurs réceptions ou dans leurs loges au théâtre. « A l'Opéra, dit lord Charlemont, on voyait fréquemment sa large face insignifiante entre deux jolis minois (2). » Il faut dire, cependant, que Hume

---

(1) A. Penjon, *Précis d'Histoire de la philosophie*, pp. 321, 322.
(2) Huxley, *Hume, sa vie et sa philosophie*, p. 49.

faisait la meilleure impression par son humeur bienveillante et son bon sens naturel. Il n'aimait pas les affaires, mais il excellait à les bien conduire. Il considérait même « comme un préjugé fort ancien et habilement propagé par les sots en tout pays, l'opinion qui veut qu'*un homme de génie soit incapable pour les affaires,* » et il n'acceptait pas du tout d'être compris dans cette condamnation.

Il faut malheureusement ajouter que Hume se disait volontiers sceptique en ce qui concerne les plus hautes notions métaphysiques. Pour lui, la liberté morale n'existe pas, car toute cause est nécessairement liée à son effet. L'homme n'est pas contraint d'agir, mais il est nécessité. Sa liberté ne peut être que l'exemption de toute contrainte. Quant à savoir si l'âme est immortelle, c'est une question obscure et pleine de mystères. Toutes les religions positives sont des rêves, et il n'y a pas de témoignage assez fort pour établir la réalité d'un seul miracle. Nous avons tous une disposition à concevoir l'idée de Dieu, mais c'est là « un résultat de l'usage de notre esprit inséparable de la nature humaine. »

Caractères généraux de sa philosophie. — Telles sont les quelques thèses auxquelles se réduit la théologie de Hume ; c'est donc à juste titre qu'il se disait sceptique, et qu'on le regarde généralement comme tel. Il faut pourtant donner d'autres noms à sa philosophie, si on veut la caractériser exactement.

1º C'est un criticisme. — Aux idéalistes qui nient la matière ; aux matérialistes qui nient la substance spirituelle, Hume oppose le problème que déjà Locke avait cherché à résoudre : l'esprit humain a-t-il qualité pour savoir ce que sont les choses en soi? Pouvons-nous connaitre les substances? Depuis Kant, on donne le nom de criticisme à toute « discipline destinée à limiter la connaissance. » C'est ainsi que Hume définit la philosophie; il faut donc voir en lui un criticiste, le continuateur de Locke et le précurseur immédiat de Kant.

2º C'est un empirisme étroit. — Il y a pourtant de

notables différences entre Hume et Kant. Ce dernier est un grand métaphysicien, bien que sa *Critique de la raison pure* ait gravement compromis l'avenir de la métaphysique ; Hume, au contraire, par sa théorie de la causalité, s'est montré l'irréconciliable ennemi de toute métaphysique.

De plus, Kant admet des *principes a priori*, qui sont les *formes de la pensée* et les conditions de l'expérience. Hume, au contraire, se borne à faire une psychologie descriptive, absolument dégagée de tout ce qui ne relève pas de l'expérience. Il a bien compris la nécessité de recourir à l'analyse des faits de l'âme pour déterminer les limites de la connaissance, mais sa psychologie est des plus incomplètes. Il ne reconnaît que deux sortes de faits : les *impressions* et les *idées*. Les impressions sont des perceptions vives et nettes, comme la sensation d'odeur et celle de couleur ; les idées sont des perceptions faibles, ou des *copies d'impressions*. Les idées se groupent d'après des lois déterminées, qui sont : « la ressemblance, la contiguïté dans le temps et dans l'espace, la causalité. »

3° **C'est l'idéalisme absolu ou le phénoménisme.** — Cette « géographie de l'esprit » marque la première origine de l'associationisme anglais contemporain. Hume déjà affirme nettement que tout dans l'homme s'explique par l'association ; rien n'est donné que des perceptions ; point de substance cachée sous les phénomènes. Telle est la psychologie de Hume. C'est une psychologie sans âme, un pur phénoménisme. L'esprit est une série de perceptions, comme un accord est une série de notes musicales.

La critique de l'idée de cause. — Hume définit l'esprit : un « faisceau de perceptions. » C'est que, à son avis, aucune cause d'ordre suprasensible ne relie les phénomènes entre eux. L'idée de cause est purement subjective. Elle n'est qu'une habitude mentale de penser une chose après une autre. La causalité est une **pure** connexion d'idées.

L'idée de cause, tout d'abord, ne peut avoir son origine en dehors de l'expérience ; toute idée vient de l'expérience, Locke l'a bien fait voir. Comment l'esprit pourrait-il deviner un effet dans sa cause, puisque, par nature, l'effet diffère de sa cause? « Les facultés d'Adam, en les supposant d'une entière perfection, ne lui permettaient pas de conclure de la fluidité et de la transparence de l'eau, que cet élément pourrait le suffoquer. » Il est d'ailleurs toujours possible, sans contradiction, de nier l'effet d'une cause donnée ou de supposer qu'il provient d'une autre cause. Cela fait assez voir que l'idée de l'effet n'est point renfermée dans celle de la cause, et par conséquent ne peut en être tirée.

Pouvons-nous, du moins, saisir la causalité dans son action? Une bille heurte une autre bille et la met en mouvement. N'est-ce pas là, visiblement, l'action d'une cause? — Non, répond Hume. Il n'y a là qu'une succession de mouvements ; on n'y peut découvrir aucune action d'une bille sur l'autre. — Mais quand je meus librement mon bras, ce mouvement est bien le résultat d'un effort volontaire, dont j'ai pleinement conscience. — Il est vrai, nous avons conscience de l'effort volontaire, mais nous ignorons absolument le lien qui relie le mouvement du bras à la volonté de mouvoir le bras. Un homme paralysé ne laisse pas de faire effort pour mouvoir ses membres ; s'il avait conscience d'un lien de causalité entre l'effort et le mouvement des membres, il ne se donnerait pas ainsi une peine inutile. Par la réflexion sur les opérations de l'âme comme par les sens, nous percevons la succession des événements, et rien de plus.

La causalité n'échappe pourtant pas à toute expérience. Il est un cas privilégié qui permet à l'esprit de la saisir. Sans doute, ce qu'une expérience isolée ne contient pas, des expériences indéfiniment multipliées ne le contiennent pas davantage, mais du moins elles engendrent dans l'esprit l'association inséparable de deux idées, une connexion nécessaire d'idées. En vertu de cette connexion nécessaire, l'une des deux idées détermine l'autre, et le sentiment de cette détermination est l'impression même de la causalité. La causalité n'est donc autre chose qu'une connexion nécessaire d'idées, telle que l'association inséparable de l'idée de feu et de celle de chaleur.

Appréciation. — Cette critique n'est pas entièrement nouvelle. Ænésidème déjà avait compris l'importance du problème de la causalité. En attaquant la notion de cause, il se proposait bien de ruiner la métaphysique elle-même. Il s'est trop hâté pourtant d'affirmer qu'il n'y a de cause de rien, car la preuve qu'il a donnée de cette assertion est assez misérable : « S'il y a quelque cause, dit-il, ou bien ce qui est en même temps sera cause de ce qui est en même temps, ou bien ce qui est avant cause de ce qui est après ; ou bien ce qui est après cause de ce qui est avant. Or, ce qui est en même temps n'est pas cause de ce qui est en même temps, ni ce qui est avant de ce qui est après... Ce qui est en même temps ne peut être cause de ce qui est en même temps par cela seul que l'un et l'autre coexistent, celui-ci n'étant pas plus cause de celui-là que celui-là de celui-ci, puisque chacun possède également l'existence. Ce qui est avant ne peut être cause de ce qui est après, car si, quand la cause existe, l'effet n'existe pas encore, la cause n'est plus cause, puisqu'elle n'a pas d'effet ; et l'effet n'est plus effet si la cause n'existe pas avec lui ; car la cause et l'effet sont l'un et l'autre choses relatives, et les choses relatives doivent nécessairement coexister... Il ne reste donc qu'à dire que ce qui est après est cause de ce qui est avant, ce qui est parfaitement absurde (1). »

Quelle impossibilité y a-t-il que l'effet soit contemporain de sa cause ? La pensée et l'esprit qui la produit coexistent. Il en est de même du soleil et de la lumière qu'il répand. Il n'est pas nécessaire qu'une cause soit antérieure à son effet dans l'ordre du temps ; il suffit

(1) Fragment d'Ænésidème conservé par Sextus dans son ouvrage *contre les mathématiciens*, l. IX, 232 et suivants.

qu'elle soit logiquement antérieure à son effet, c'est-à-dire que l'esprit ne puisse concevoir un effet comme tel sans penser à sa cause. Je conçois la parole comme un signe et en même temps comme un effet de la pensée ; la parole et la pensée sont pourtant contemporaines. Ænésidème n'a point fait cette distinction. Il a omis aussi de distinguer la cause en puissance et la cause en acte. C'est pourquoi il prétend que la cause ne peut préexister à son effet. Pourtant le grain de blé préexiste à l'épi qu'il produira peut-être un jour. Il est une cause en puissance. Quand il germera, il sera une cause en acte.

L'argumentation de Hume est autrement sérieuse que celle d'Ænésidème. Elle n'est pourtant pas inattaquable. Hume soutient d'abord que l'esprit humain ne peut *a priori* deviner un effet dans une cause. L'enfant ne devine pas que la flamme qui l'attire va le brûler vif. — Soit, mais cela prouve simplement que l'expérience nous est nécessaire pour établir que telle cause peut produire tel effet ; on ne peut conclure de là que l'idée de cause, considérée en général, ainsi que le principe de causalité qui en dérive, ne sont pas des données de la raison et n'ont pas une valeur absolue. C'est par l'expérience que je sais que tout corps solide est résistant, mais c'est par la raison que je sais que tout fait doit avoir une cause. L'idée de cause a une valeur ; autrement il faudrait dire que la raison elle-même est sans valeur. L'idée de cause, en effet, est l'une des données les plus simples et les plus essentielles de notre raison. Toutes les idées simples de l'esprit correspondent à quelque réalité : « *In simplicibus non deficit intellectus.* » (S. Thomas.)

L'action des causes, d'ailleurs, n'échappe point à l'expérience. Il est vrai, quand une bille pousse une autre bille, nos sens n'aperçoivent qu'une succession de deux mouvements, mais, quoi que Hume en ait dit, nous expérimentons la causalité en nous-mêmes. Maine de Biran a montré dans l'effort moteur un exemple très net de la causalité directement constatée. Pour affirmer que notre volonté meut notre bras, il n'est pas nécessaire que nous sachions comment elle met en jeu les nerfs, les muscles et les tendons. Et si un membre est paralysé, tout au moins l'on peut avoir conscience de l'effort accompli pour mettre ce membre en mouvement. De toute façon, la conscience de l'effort moteur est une connaissance directe de la causalité. Quant aux causes extérieures, si leur action échappe aux sens, du moins la raison peut les déterminer en comparant les antécédents aux conséquents. Si le vent souffle avec violence, et si, en même temps, une compagnie de perdrix traverse les airs, il ne viendra à la pensée de personne d'attribuer au vol de ces oiseaux le nuage de poussière qui tourbillonne sur la route.

Conclusion — Platon s'indigne quelque part contre de prétendus philosophes qui ne savent pas même distinguer entre cause et condition. Ne peut-on pas dire que Hume mérite aussi ce reproche? L'idée de cause, pour lui, se ramène à celle d'une connexion constante entre deux états de conscience. S'il affirmait quelque réalité en dehors de nos perceptions, il serait nécessairement amené à définir la cause comme Stuart Mill l'a définie plus tard : « un antécédent invariable. » Pour Locke déjà, la causalité n'était autre chose que la succession constante de deux évènements. Enfin, les préceptes du *Novum organum* de Bacon ne peuvent aboutir à autre chose qu'à déterminer l'antécédent invariable d'un fait. La cause véritable n'est pas cela. Souvent, l'antécédent invariable n'est qu'une condition de son conséquent. La cause est ce qui produit quelque chose : « *Causa est quod influit esse.* » C'est Suarez qui la définit ainsi, et il a raison. La critique de Hume fait pourtant ressortir une vérité digne d'attention, à savoir que l'action de la cause proprement dite échappe aux sens; elle est d'ordre invisible. Par conséquent, nier la valeur objective de l'idée de cause, c'est nier toute action invisible. Hume s'en rendait compte. En outre, il voyait fort bien que si la cause n'est rien, la substance est inutile, car la substance est le principe même de l'action causale. La substance est la chose en soi; la cause est la substance en action.

§ III. — Thomas Reid.

Par le fait qu'il nie la cause et la substance, Hume est un adversaire déclaré de la métaphysique. Il a soin, d'ailleurs, comme tous ceux qui l'ont précédé dans cette voie, de rappeler que les philosophes sont souvent en désaccord, et il conclut de là que nous n'avons pas plus de raisons de croire une chose que son contraire.

Thomas Reid estima que cette conclusion était propre « à détruire la foi du chrétien, la science du philosophe et la prudence de l'homme de bon sens. » Comme les raisonnements de Hume lui paraissaient justes, il crut « qu'il était à propos de remonter aux principes sur lesquels ils étaient fondés, et de les soumettre à un nouvel examen. » (Reid, *Recherche sur l'entendement humain*, dédicace). Cette recherche fit de Reid un chef d'école, et donna lieu à une philosophie nouvelle, dite philosophie du sens commun. C'est une réaction contre le phénoménisme de Hume et l'idéalisme de Berkeley.

Vie et principaux écrits de Reid. — Thomas Reid naquit le 26 août 1710. Son père, Louis Reid, était ministre du culte protestant à Strachan, dans le comté de Kincardine, en Écosse. Vers l'âge de treize ans, après de bonnes études élémentaires, Thomas Reid fut envoyé à Aberdeen, au collège Mareschal. Ses études classiques terminées, il remplit, dans ce même collège, la charge de bibliothécaire, jusqu'à l'année 1736. Il employa l'année 1737 à voyager en Angleterre, notamment à visiter Londres, Oxford et Cambridge. Il fut ensuite nommé pasteur à New-Machar, dans le comté d'Aberdeen. Il résida quinze années dans cette paroisse, où l'étude occupa tous ses loisirs. C'est à la philosophie qu'il se livrait le plus volontiers. Il se préparait ainsi, dans la retraite, aux importantes fonctions qu'il devait remplir plus tard comme professeur de philosophie à l'Université d'Aberdeen d'abord, puis à celle de Glasgow.

A Aberdeen, où il fut nommé en 1752, il fonda une société littéraire composée de l'élite des professeurs de cette Université. Jean Grégory, son ami, l'avait aidé dans cette entreprise. L'association ainsi établie favorisa beaucoup les progrès de la philosophie en Ecosse. On lui doit la publication de plusieurs ouvrages de mérite, parmi lesquels il faut compter la *Recherche sur l'entendement humain d'après les principes du sens commun* (1763).

Ce livre, écrit par Reid, est digne d'attention, parce qu'on peut y voir comment l'auteur abandonna l'idéalisme et fut amené à attaquer le principe posé par Berkeley, à savoir, que « les idées sont les seuls objets de la connaissance. » C'est une analyse des données de nos sens. Reid se propose surtout de réfuter le scepticisme de Hume. Avant de publier l'ouvrage, il voulut avoir l'avis de Hume lui-même. Il y réussit par l'intermédiaire d'un ami commun, le docteur Blair. Hume écrivit à Reid une lettre fort gracieuse, qui les honore tous deux. En voici le passage le plus important : « Je dirai seulement que, si vous avez pu répandre la lumière sur ces objets importants mais obscurs, loin d'en être mortifié, je suis assez vain pour réclamer une part du mérite, et je penserai que c'est du moins parce que mes erreurs n'ont pas trop d'incohérence entre elles, que vous avez été conduit à faire un plus sévère examen et à reconnaître la futilité des principes sur lesquels je m'appuyais comme tout le monde. »

L'ouvrage de Reid fut accueilli avec grande faveur. Il valut notamment à son auteur d'être appelé par l'Université de Glasgow à succéder à Adam Smith dans la chaire de philosophie morale (1763). Le célèbre économiste occupait cette chaire depuis 1752 ; Reid la conserva jusqu'en 1780. Ayant pris sa retraite, il travailla à donner une forme définitive à ses idées, et publia deux grands ouvrages : Les *Essais sur les facultés intellectuelles*

(1785), et les *Essais sur les facultés actives de l'homme* (1788).

Durant ses dernières années, il rédigea d'autres essais encore, mais très courts, sur des questions particulières, et consacra aux mathématiques quelques-uns de ses loisirs. Cette étude, qu'il avait toujours aimée, était alors pour lui plus facile que toute autre, à cause de l'affaiblissement de sa mémoire. Il avait une robuste santé, qu'il sut conserver inaltérable jusqu'à la fin de septembre 1796. Il mourut le 7 octobre suivant. La sobriété, le travail, une vie régulière, des exercices physiques sagement ordonnés et une parfaite égalité d'humeur, telles sont les causes qui firent durer plus de quatre-vingt six ans cette existence digne et bien remplie. Reid fut ami de la vérité, maître de ses passions, ennemi des controverses stériles, modeste, charitable et sincèrement attaché au christianisme. Il estima que « le meilleur usage qu'il pût faire de sa plume était de combattre les desseins de ceux qui voulaient renverser de fond en comble la religion naturelle et la religion révélée. » (Dugald-Stewart).

Caractères généraux de sa philosophie. — Fondateur de l'école écossaise, ce philosophe en est demeuré le représentant le plus fidèle. Il suffit donc, pour déterminer la physionomie propre de cette école, de faire connaître les caractères de la philosophie de Reid.

1° Elle est le résumé d'un enseignement public. — Bacon, par son éloge enthousiaste de la méthode expérimentale, avait indiqué une direction intellectuelle très heureuse, qui assura le progrès des sciences physiques, grâce au génie de Newton. Appliquée à la psychologie par Locke, la méthode de Bacon aboutit à des résultats médiocres. La psychologie de Locke est étroite : ce philosophe sacrifie la raison à l'expérience. D'ailleurs, il ne reste pas fidèle à l'esprit même de sa méthode, car il ne se tient pas suffisamment en garde contre toute assertion purement gratuite. Par exemple, il laisse subsister en psychologie l'hypothèse alors universellement reçue, d'après laquelle « rien n'est perçu que ce qui est dans l'entendement qui le perçoit ; nous ne percevons pas réellement les choses extérieures, mais seulement certaines images qui les représentent dans notre esprit, et qu'on a appelées *impressions* ou *idées*. » (Reid, *Recherche sur l'entendement humain*, dédicace.) Locke ne songeait pas à tirer de cette hypothèse la conséquence qu'elle renferme, à savoir que « les idées sont les seuls objets de la connaissance. » Berkeley dégagea cette conséquence et soutint que la matière n'existe point. Hume fut plus hardi : il nia toute substance, l'esprit aussi bien que la matière.

Bacon, Locke, Berkeley, Hume n'étaient pas des professeurs. Ils n'ont jamais enseigné que dans les livres ; jamais ils n'ont parlé en public pour remplir un devoir attaché à leur profession. Jamais, par conséquent, ils n'ont subi cette heureuse influence dont bénéficie toujours celui qui expose devant un auditoire sérieux les pensées qu'il a longuement méditées dans le silence de la solitude. Cultivant la philosophie pour elle-même ou pour servir des intérêts d'une importance restreinte ; écrivant de leur propre mouvement ou sur l'invitation de quelques amis, ils ont pu se croire dégagés de toute responsabilité. Le professeur, au contraire, sent qu'il a charge d'âmes, et quand ceux qui l'écoutent sont des gens graves et sensés, il ne lui est pas facile de s'égarer jusqu'à soutenir des paradoxes aussi étranges que ceux de Berkeley et de Hume.

Francis Hutcheson, Adam Smith, Thomas Reid et Dugald-Stewart furent des professeurs, (1) et le public auquel ils s'adressaient n'était nullement disposé à admettre les doctrines venues d'Angleterre. Malgré ses

---

(1) Hutcheson occupa à l'Université de Glasgow la chaire de philosophie morale de 1729 à 1747. C'est le fondateur de l'école écossaise. Adam Smith lui succéda en 1751. Adam Smith est connu par sa morale fondée sur la sympathie : selon lui, une action est bonne quand elle nous inspire de la sympathie pour son auteur ; elle est mauvaise dans le cas contraire. Quant à Reid, on peut, dit Cousin, « le regarder comme le

dissensions politiques et religieuses, l'Ecosse avait conservé de fortes croyances chrétiennes et une grande simplicité de mœurs. Le scepticisme ne pouvait donc être favorablement accueilli à l'Université de Glasgow ; aussi les professeurs qui y enseignaient la philosophie morale n'étaient-ils rien moins que des sceptiques. Reid, le plus illustre d'entre eux, se montra particulièrement hostile à la philosophie toute négative de Hume et à toutes les doctrines dont elle était la conséquence. Déjà Hutcheson avait rompu avec l'empirisme de Locke en montrant que certaines de nos idées, celle du beau et celle du bien, par exemple, ne sauraient venir ni des sens ni de la réflexion.

2° **C'est une philosophie de réaction au nom du sens commun.** — Reid est plus précis encore à cet égard. Nos idées, selon lui, viennent de deux sources : l'expérience et la raison. L'expérience nous fait connaître ce qui est contingent, particulier, transitoire, tandis que, par la raison, nous dépassons entièrement les phénomènes, et nous nous élevons jusqu'à la connaissance des vérités nécessaires, universelles et immuables. Voilà ce que Locke n'a pas assez bien vu. Descartes, de son côté, était allé trop loin dans le sens opposé ; l'expérience ne tient pas assez de place dans sa philosophie ; pour lui, la connaissance rationnelle est tout. Il part d'un fait, l'existence de sa pensée, mais tout le reste, à son avis, doit être démontré, et notamment la réalité du monde extérieur. En quoi il a grand tort ; c'est une vérité de sens commun que le monde extérieur existe, et que sa réalité ne se démontre pas. Le sens commun, d'ailleurs, est un guide sûr en philosophie, et toute assertion qui va contre ses données est fausse. Il y a dans notre nature des anticipations de la vérité ; la

---

chef véritable de l'école écossaise ; Hutcheson l'avait fondée ; Reid l'a définitivement établie. » (COUSIN, *Philosophie écossaise.*) Dugald-Stewart étudia à Glasgow sous Thomas Reid, et enseigna la philosophie morale à Edimbourg, de 1778 à 1810. Il avait succédé à Adam Ferguson.

science peut les expliquer, elle ne doit jamais les contredire; les croyances unanimes ne peuvent être erronées. Il ne saurait y avoir divorce entre la nature humaine et la science. En cas de désaccord, c'est la science qui doit céder. Assez souvent déjà ses écarts l'ont compromise.

Berkeley a donc tort, lui aussi, et plus encore que Descartes, quand il soutient que le monde extérieur n'existe pas. Nous ne connaissons que nos idées, dit-il, et rien ne nous assure qu'elles correspondent à des objets placés en dehors de nous. Par le même principe, Hume nie toute substance; son erreur est bien plus grave encore, c'est le scepticisme absolu. Pourtant, ces philosophes n'ont commis aucune faute de logique : leurs raisonnements sont rigoureux. Le principe posé par eux doit donc être rejeté. Rien de plus juste, en effet, car l'hypothèse des idées intermédiaires ne résiste pas à l'examen. Non seulement ses conséquences vont à l'encontre des croyances universelles, mais elle est purement gratuite : on ne peut invoquer en sa faveur aucune raison; elle n'a pour elle que des autorités. Elle n'explique pas même ce qu'on veut expliquer par elle. « Les idées, dit Reid, ne font pas mieux comprendre les opérations de l'esprit, quoique probablement elles n'aient été inventées et adoptées que pour les expliquer. » (Reid, Essai II, ch. vi-xv).

3º **C'est une philosophie toute psychologique.** — L'exemple d'une hypothèse tout à fait gratuite, fort dangereuse par ses conséquences et en même temps très ancienne, universellement admise par les philosophes, fait assez voir qu'il faut se défier beaucoup des hypothèses. La vraie méthode, en philosophie, consiste à observer les faits de l'âme, et à dégager de ces faits les lois qui les régissent. Par là on évite une foule d'erreurs. Si Locke avait mieux examiné les caractères de nos connaissances, il eût bien vu qu'il y a dans notre esprit des vérités nécessaires, immuables, absolues, qui ne peuvent venir de l'expérience, puisque les données de l'expérience sont toujours contingentes, variables et relatives. Le principe des idées intermédiaires n'eût pas mieux résisté à l'observation. Nous ne connaissons que nos idées, disait Berkeley. Ce n'est pas cela : nous connaissons d'abord les choses ; nos idées nous sont connues après les choses, par réflexion. Quiconque fixe son attention sur les objets du dehors songe à ces objets, et nullement aux idées qui les représentent. Et l'existence des objets ne fait aucun doute pour lui : il s'en rapporte à la véracité naturelle de ses facultés. C'est bien là ce qu'il faut faire, car, « jusqu'à ce que Dieu nous ait donné des facultés nouvelles pour juger les anciennes, la véracité de celles-ci ne saurait être démontrée. » La légitimité de nos facultés s'impose à nous comme un fait ; on ne la prouve pas. Voilà qui coupe court au scepticisme. L'observation encore eût fait voir à Hume que, si « aucun raisonnement ne peut démontrer la véracité de nos facultés », l'évidence légitime certaines affirmations fondamentales, qui ne se démontrent pas. On ne peut tout démontrer, mais cela n'est pas nécessaire.

Dans l'ordre moral, l'observation eût conduit à des découvertes non moins précieuses, par exemple à celle-ci, que l'homme « n'a point été fait pour la vie sauvage et solitaire, mais pour la vie de société. » La société des hommes ne vient donc pas d'un contrat, et comme nulle société humaine ne peut exister sans une autorité qui la régisse, le pouvoir civil n'est pas le résultat d'une convention entre les citoyens. — Beaucoup de gens admettent la morale de l'intérêt bien entendu ; cependant l'observation psychologique fait voir, d'une part, que l'idée de devoir ne se ramène pas du tout à celle d'intérêt, et, d'autre part, qu'il n'y a aucune incompatibilité entre le devoir et les véritables intérêts de l'homme. Souvent les devoirs les plus graves se concilient fort bien avec de très douces affections. Les joies profondes de l'amour maternel sont pour la mère un encouragement à accepter les sacrifices pénibles que ses devoirs lui imposent. — S'agit-il du problème de la liberté ? C'est dans l'observation encore que Reid trouve une réponse à la grande objection tirée des motifs de nos actes. « J'accorde, dit-il, que tous les êtres raisonnables sont et doivent être soumis à l'influence des motifs, mais l'influence des motifs est d'une tout autre nature que celle des causes efficientes. Les motifs ne sont ni causes ni agents; ils supposent une cause efficiente; sans elle, ils ne peuvent rien produire. Nous ne pouvons sans absurdité supposer qu'un motif agisse ou subisse une action; c'est ce que la scolastique appelait un être de raison. Les motifs peuvent donc influer sur l'action, mais ils n'agissent pas; on peut les comparer à un avis, à une exhortation qui laisse à l'homme toute sa liberté, car c'est en vain qu'un avis est donné, si le pouvoir de faire ou de ne pas faire ce qu'il recommande n'existe point; de même, les motifs supposent dans l'agent la liberté; autrement ils n'auraient aucune influence. » (*Essais sur les facultés actives*; Essai iv, ch. 4.)

Cette réponse n'est pas sans valeur, mais Reid a tort de penser que la liberté consiste dans l'indifférence de la volonté par rapport aux motifs qui la sollicitent. Il se trompe à plus forte raison en pensant que nous pouvons même vouloir sans aucun motif. Si j'ai une guinée à payer, dit-il, je n'ai aucun motif de prendre dans ma bourse une guinée plutôt qu'une autre; pourtant je prends une guinée et je paie. Le libre choix, ici, ne porte pas sur une guinée plutôt que sur une autre; il a pour objet réfléchi la volonté de payer une guinée.

Les motifs supposent une cause efficiente, ce n'est pas douteux, mais pourtant ils sont eux-mêmes des causes. Ils sont des idées-forces. Ils n'ôtent pas à l'homme sa liberté, mais ils concourent réellement à la production de ses actes libres. Une exhortation laisse bien à l'homme toute sa liberté, mais elle l'excite à agir. On peut même dire que les motifs déterminent l'acte libre; seulement, l'homme peut, par la réflexion, augmenter ou diminuer l'influence d'un motif, et c'est en cela que consiste sa liberté.

Appréciation. — Reid, on le voit, n'a pas lui-même toujours bien observé la nature humaine, mais il a eu raison de penser que les observations incomplètes sont de graves causes d'erreur. Cela n'était que trop évident pour lui, en présence des exagérations contre lesquelles il a dû réagir. Seulement, le spectacle des erreurs de son temps l'a rendu timide. Sa philosophie est un recueil de faits très intéressants et très bien choisis, mais elle n'est guère que cela. Il n'a pas su faire la synthèse des faits par la théorie. La métaphysique ne tient pas beaucoup de place dans ses œuvres. Ce qu'on pourrait appeler de ce nom dans les *Essais* est plutôt un éloquent exposé des croyances de sens commun. Témoin ce beau passage, qui tient lieu d'une théorie de la certitude et d'une théorie du devoir : « Il y a entre l'intelligence humaine et la vérité une sympathie qui n'existe pas entre cette même intelligence et l'erreur. Une sympathie semblable existe pareillement entre les âmes pures et les principes éternels de la vertu. Mettez ces principes en lumière, l'âme retrouve cette sympathie qui sommeillait; et dès lors, leur autorité sainte et leur légitimité indélébile se manifestent à l'intelligence de l'homme et se font sentir à son cœur. » (Essai III, partie III, ch. 8). Une telle philosophie peut fort bien convenir à un orateur, mais elle n'est pas scientifique. Les croyances communes sont d'utiles indications, que la science ne doit pas négliger, mais elles ne peuvent remplacer la science. Reid se contente trop facilement de ces croyances. Elles sont des faits, sans doute, mais des faits dont il faudrait rendre compte. Ce n'est donc pas le devoir d'un vrai philosophe de se défier à l'excès des hypothèses, car elles peuvent faire avancer l'explication des faits. A cause des erreurs de Berkeley et de Hume, on comprend que Reid ait combattu de tout son pouvoir l'hypothèse des idées représentatives, mais il n'y avait pas lieu pour cela de recommander avec insistance la défiance vis à vis de toute hypothèse. Le progrès des sciences exige qu'on ait recours à l'hypothèse, qui est un procédé naturel de l'esprit. Seulement, le devoir essentiel des savants est de bien vérifier les hypothèses qu'ils sont amenés à faire, et de ne jamais donner des hypothèses non vérifiées comme des résultats indiscutables de la science.

Conclusion. — Si la philosophie de Reid n'est pas scientifique, du moins elle « élève l'esprit »; elle « inspire des sentiments nobles et courageux. » Il ne faut donc pas chercher d'autre règle ; l'œuvre est bonne et faite « de main d'ouvrier. » Reid a été vraiment un professeur de philosophie morale. Par son éducation, par ses méditations de chaque jour pendant de longues années, il avait acquis de fortes convictions, qu'il savait faire partager à ses auditeurs, et cela dans un langage toujours simple, clair et élégant, parfois enjoué, parfois même très beau. Qu'on en juge par ce passage de l'*Essai sur les principes d'action* : « L'homme qui oppose une noble résistance à la violence des tentations et qui garde sa pureté, est l'être le plus heureux qui soit sur la terre. Plus la lutte est grande, plus sa gloire est douce ; le sentiment de son innocence fortifie son cœur et reluit sur son visage ; les tempêtes peuvent se déchaîner et les vagues mugir ; soutenu par sa bonne conscience et sûr de l'approbation de Dieu, il reste inébranlable comme le rocher au milieu des flots. » (REID, *Essais*, 2ᵉ série ; Essai III, part. III, chap. 8.)

CHAPITRE XX.

CONDILLAC.

Tandis que Reid, en Ecosse, réagissait contre le scepticisme de Hume, l'idéalisme de Berkeley et la philosophie de Locke, dont la doctrine de Hume et celle de Berkeley étaient sorties, Voltaire, en France, faisait un éloge pompeux du philosophe anglais, et l'appelait « le plus sage des métaphysiciens. » C'est du séjour de Voltaire à Londres que date l'influence de Locke sur la philosophie française du xviiie siècle. Cette influence fut considérable. L'*Essai sur l'Entendement humain* donna naissance au sensualisme de Condillac; Rousseau, en écrivant l'*Emile,* s'inspira largement des *Pensées sur l'Education,* et Montesquieu mit en relief, dans l'*Esprit des lois,* les principales idées de l'*Essai sur le gouvernement civil.* (1)

---

(1) Quant à la philosophie de Voltaire, elle vient de diverses sources. Ses idées sur l'âme sont empruntées à Locke ; sa physique est celle de Newton ; en politique et en morale, Shaftesbury, Wollaston, Hartley, Bolingbroke furent ses maîtres. Il s'en faut bien d'ailleurs qu'il affirme toujours les mêmes choses. Ses opinions sont indécises et flottantes ; son égoïsme seul est constant. De peur d'être égorgé par ses valets, il proclame la nécessité d'une religion ; il va même jusqu'à communier devant ses gens. Au fond, il ne sent pas le besoin du surnaturel et il le hait. Il est odieux à force de redire son mot d'ordre : « Ecrasons l'infâme ! » Il est l'ennemi personnel de Jésus-Christ. — Tant pis ! c'est le plus affreux malheur qui puisse arriver à un homme. Voltaire n'est pas athée, mais c'est tout comme. Il écrit :

   L'univers m'embarrasse, et je ne puis songer
   Que cette horloge existe et n'ait point d'horloger.

Soit, mais l'horloger est maladroit, car sa machine est mal faite. Autant vaudrait nier Dieu. C'est bien Voltaire encore qui a fait ce vers :

   Oui, Platon, tu dis vrai, notre âme est immortelle !

Malgré cela, la philosophie française fut très pauvre à cette époque. Jamais on ne parla tant de philosophie, et jamais il n'y eut moins de philosophes. Voltaire et Rousseau, Montesquieu lui-même, appartiennent plus à l'histoire des lettres qu'à celle de la philosophie. C'est surtout par leurs brillantes qualités d'écrivains qu'ils firent valoir des idées dont les principales étaient d'origine anglaise. A vrai dire, ils ne furent pas des philosophes. Il en faut dire autant de Diderot et de d'Alembert, qui entreprirent l'*Encyclopédie*. (1) Quant à La Mettrie, Helvétius et le baron d'Holbach, leur doctrine est un matérialisme grossier, et leurs œuvres seraient à peine lisibles aujourd'hui.

Puisque, au début de ce livre, nous avons promis de nous en tenir aux « cimes des choses », nous laisserons de côté tous les écrivains connus en France, au xviiie siècle, sous le nom de philosophes, et nous consacrerons quelques pages à Condillac, le vrai continuateur de Locke, en philosophie.

§ I. — LA VIE ET LES ÉCRITS DE CONDILLAC.

Condillac lui-même est un excellent écrivain, plus encore peut-être qu'un philosophe ; cependant il a une philosophie personnelle, c'est la philosophie de la sen-

---

Il faut bien que ses valets sachent qu'ils seront damnés, s'ils le volent. Mais que pense-t-il, pour son compte ? Que l'âme est la pensée d'une matière périssable. Cela, il le dit vingt fois. — Quelle riche métaphysique ! Décidément cet homme n'est pas philosophe. Les hautes spéculations ne sont pas son affaire. « Voltaire n'a aucune profondeur ni élévation philosophique, et la synthèse lui est interdite. Il est évident qu'il ressemble peu à Platon et nullement à Malebranche. » (FAGUET, *Études littéraires*, xviiie siècle.)

(1) On désigne sous le nom d'*Encyclopédie* un *Dictionnaire raisonné des sciences et des arts*, dont le premier volume parut en 1750. Ce dictionnaire représente le plus vigoureux effort de l'impiété au xviiie siècle. Pour le rédiger, Diderot et d'Alembert eurent recours à des collaborateurs nombreux, dont les plus connus sont : Voltaire, Maupertuis, Raynal, Grimm, La Mettrie, Helvétius, d'Holbach, Condorcet, Montes-

sation. Elle est médiocre, si l'on veut, mais c'est une philosophie, et il convient de l'exposer brièvement.

Vie et écrits de Condillac. — Etienne Bonnot, abbé de Condillac, naquit à Grenoble, le 30 septembre 1715. Il était d'une famille de magistrats. On sait peu de choses de son éducation. Il apprit ce qu'on enseignait alors dans les écoles, mais il fut assez peu satisfait de l'enseignement qu'on lui avait donné. Une fois livré à lui-même, il s'appliqua avec ardeur à l'étude. Il lut divers philosophes, notamment Descartes, Malebranche, Spinoza, et surtout Locke, à qui il reconnait devoir plus qu'à aucun autre. Il ne connut les théories de Leibniz que par des ouvrages de seconde main. La *Logique de Port-Royal*, les écrits de Fontenelle, les *Eléments de la philosophie de Newton*, publiés par Voltaire en 1741, contribuèrent aussi au développement de ses idées. Il ne semble pas qu'il ait lu Gassendi, et ce n'est pas en feuilletant les ouvrages de Berkeley qu'il connut la théorie de ce philosophe sur la vision. Montaigne lui plut à certains égards, mais il goûta peu le scepticisme de cet auteur ; surtout il ne trouva point dans ses écrits ce qui était pour lui la marque d'un esprit supérieur, la liaison des idées. Il admira Bacon, mais quand il le lut, dit-il, il avait à peu près terminé l'*Essai sur l'origine des connaissances humaines* (1746). Cet ouvrage est le premier que Condillac publia ; d'après Cousin, c'est peut-être le meilleur. Le dessein de l'auteur est de ramener à un seul principe tout ce qui concerne l'entendement humain. Ce principe est la liaison des idées, soit entre elles, soit avec les signes qui servent à les expri-

---

quieu, Saint-Lambert, Volney. C'est toute une armée de libres-penseurs.
On ne lit plus l'Encyclopédie, à l'heure présente ; cependant, le *Discours préliminaire*, rédigé par d'Alembert, mérite quelque attention. L'auteur y expose à grands traits l'origine, l'histoire et les relations des différentes branches du savoir humain. Le style de ce discours est d'une rare netteté ; on y retrouve presque toutes les idées de Bacon et de Locke, mais elles sont mêlées d'appréciations inexactes. De plus, d'Alembert est athée, et il ne prend pas la peine de déguiser sa haine contre le christianisme.

mer. Condillac se montre disciple de Locke; déjà, cependant, il se sépare un peu du philosophe anglais. Comme ce dernier, il admet deux sources d'idées : les sens et la réflexion. Mais il s'attache à expliquer la genèse des opérations de l'âme. Locke avait pensé que si les idées ne sont pas innées, du moins l'âme possède à l'origine des facultés ou pouvoirs spéciaux d'action. Condillac, au contraire, cherche à montrer que toutes les opérations de l'âme dérivent de la perception. Il insiste beaucoup sur l'origine de tous les arts propres à exprimer nos pensées, et il met spécialement en relief, puisque c'était le but de son livre, le rôle de la liaison des idées. L'ouvrage se termine par des indications sur les moyens d'éviter l'erreur et sur l'ordre qu'il faut suivre pour faire des découvertes ou les exposer à d'autres.

En 1749 parut le *Traité des systèmes*. Condillac y distingue trois sortes de systèmes : ceux qui ne reposent que sur des principes *a priori*; ceux qui ont pour fondement de pures hypothèses; enfin ceux qui tendent à expliquer des faits bien constatés. Les premiers sont inutiles et dangereux : tout homme qui raisonne en s'appuyant sur des principes abstraits ressemble à un aveugle-né, qui, après avoir posé beaucoup de questions et beaucoup réfléchi sur la nature des couleurs, croit pouvoir assimiler le rouge écarlate au son d'une trompette. Condillac, à ce propos, critique les idées innées de Descartes, la vision en Dieu de Malebranche, les monades de Leibniz et le panthéisme de Spinoza. Dans aucun ouvrage du xviiie siècle on ne trouverait un exposé plus exact et plus complet du système de Leibniz et de la première partie de l'*Ethique* de Spinoza. Pour ce qui est des hypothèses, Condillac ne les condamne pas; il en montre même les avantages, mais il estime que la meilleure manière de philosopher est d'analyser avec soin des faits nombreux et bien contrôlés. A cette condition seulement, il sera possible de concevoir l'enchaînement des phénomènes et de formuler une théorie qui puisse supporter l'examen.

Diderot trouva que le *Traité des systèmes* était un ouvrage excellent, et il le fit entrer presque tout entier dans l'*Encyclopédie*. (1) Quant à l'auteur, il devint rapidement célèbre : il fut nommé membre de l'Académie royale de Berlin et entra en relations avec les principaux philosophes de l'époque. Il connut aussi beaucoup de personnes du monde, notamment Mademoiselle Ferrand et Madame de Vassé. La première lui suggéra l'idée de l'homme-statue, qui est l'idée directrice du *Traité des sensations* (1754); elle l'éclaira même sur le plan et les moindres détails de l'ouvrage. La seconde en accepta la dédicace, qui est admirable : il est difficile d'exprimer l'amitié avec plus de délicatesse.

L'ouvrage eut un grand succès. Il fut aussi très vivement combattu et jugé fort sévèrement. Quelle que soit sa valeur, il contient la psychologie de Condillac sous sa forme définitive, et cette psychologie fut acceptée pendant un demi-siècle par la plupart des philosophes français.

Parmi les reproches que Condillac dut essuyer au sujet du *Traité des sensations*, il faut mentionner les plaintes amères de Buffon. Ce dernier avait imaginé un homme dont le corps et les organes seraient parfaitement formés, mais qui serait tout neuf par rapport à lui-même et à tous les objets placés autour de lui. Ainsi dut être le premier homme au moment de sa création.

L'auteur de l'*Histoire naturelle* trouva mauvais que Condillac n'eût pas fait mention de lui. Il l'accusait de plagiat. Le reproche était injuste, car Buffon n'avait fait que développer une pensée énoncée par Condillac dans l'*Essai sur l'origine des connaissances humaines* : « Quel tableau que l'Univers à des yeux qui s'ouvrent pour la première fois ! » Condillac s'indigna et fit paraî-

---

(1) Condillac n'a pas collaboré autrement à la rédaction de ce dictionnaire. Sa foi de chrétien ne le lui permettait pas. Ses relations avec Diderot, d'Alembert et d'autres encyclopédistes peuvent surprendre, mais elles s'expliquent par les circonstances, et il ne paraît pas qu'elles l'aient entraîné à aucune concession regrettable.

tre le *Traité des animaux*. (fin de l'année 1754). C'est une critique très vive des opinions de Buffon sur la nature des animaux. Condillac lui reproche « d'expliquer la nature sans l'avoir observée », de « généraliser sans justesse ni précision », de manquer à la fois de logique et de vérité. Avec des principes vagues, dit-il, des contradictions, peu de raisonnements ou des raisonnements peu concluants, on est entendu de tout le monde. — La seconde partie du *Traité des animaux* est consacrée à faire voir la genèse des facultés de l'animal, et à montrer en quoi l'homme est supérieur aux bêtes : l'homme discerne le vrai, admire le beau, crée les arts et les sciences, connaît les principes de la morale et s'élève jusqu'à la divinité pour l'adorer et lui rendre grâces.

Il va sans dire que Buffon fut très peu flatté du portrait que Condillac avait tracé de lui. Ses amis se fâchèrent. Grimm écrivit que M. l'abbé de Condillac était « inexcusable », qu'il avait « peu d'éducation et beaucoup d'orgueil. » (1ᵉʳ novembre 1755). M. l'abbé de Condillac n'en fut pas moins choisi pour faire l'éducation de l'infant de Parme, petit-fils de Louis XV et orphelin de père et de mère. Sur le conseil de Voltaire, notre philosophe entreprit alors d'écrire un exposé suivi de toutes les doctrines philosophiques qu'il s'était faites depuis le moment où il publia l'*Essai* jusqu'à celui où il fit paraître le *Traité des animaux*. Cette synthèse des doctrines de Condillac s'appelle le *Cours d'études*. L'auteur en publia une grande partie en 1774, six ans après son retour en France. Les principes d'éducation exposés dans le *Cours d'études* sont excellents : observer l'enfant, jouer et causer avec lui, l'habituer à remarquer ce qu'il fait et comment il a appris à le faire ; s'adresser à sa réflexion plutôt qu'à sa mémoire ; lui faire des lectures d'abord courtes et longuement expliquées, puis longues avec peu de commentaires ; exiger qu'il relise les mêmes pages jusqu'à ce qu'il soit en état de les résumer ; ne lui faire apprendre que ce qu'il entend parfaitement. Quant au plan d'études suivi par le prince de Parme sous la direction de Condillac, il présente moins d'intérêt pour nous, mais il valut à son auteur l'approbation complète de Grimm, ce qui n'est pas peu dire.

En 1764, Condillac eut la petite vérole. Voltaire le crut mort et eut bientôt fait son éloge funèbre : « Nous perdons là un bon philosophe » écrivait-il à d'Argental. Averti par d'Alembert que ce bon philosophe s'était tiré d'affaire, il écrivit à M. Bordes : « Vous savez à présent que l'abbé de Condillac est ressuscité, et ce qui fait qu'il est ressuscité, c'est qu'il n'est pas mort. Dieu merci, voilà un philosophe que la nature nous a conservé. Il est bon d'avoir un lockiste de plus dans le monde, lorsqu'il y a tant d'asinistes, de jansénistes, etc. »

Le 22 décembre 1768, Condillac succéda à l'abbé d'Olivet comme membre de l'Académie française. Ce fut, dit Voltaire, « une bonne acquisition. » Il fit son discours de réception sur les progrès de l'esprit humain. En 1775, il publia deux parties d'un ouvrage intitulé : *Le commerce et le Gouvernement considérés relativement l'un à l'autre* ; la troisième partie de cet ouvrage ne parût jamais. L'auteur s'était proposé de faire la langue de la science économique. C'est, dit Grimm, une sorte de catéchisme de cette science. Selon Condillac, toutes les richesses sont dues au travail, et la nation la plus riche est celle où l'on travaille le plus. C'est le principe qu'Adam Smith développe dans ses *Recherches sur la nature et les causes de la richesse des nations*, qui parurent une année après l'ouvrage élémentaire de Condillac.

Le 2 septembre 1677, Condillac fut invité en ces termes à composer une *Logique* à l'usage des écoles de Lithuanie : « Le conseil préposé à l'éducation nationale a suivi vos principes dans le système de l'instruction publique pour les écoles palatinales. Personne ne saurait mieux que vous remplir l'importante tâche de composer, pour nos écoles, un livre élémentaire de logique. Vous avez travaillé pour un prince souverain; refuseriez-vous d'appliquer votre ouvrage à l'usage d'une nation qui devrait l'être? » (1) Condillac s'empressa de répondre à cet appel, et la *Logique* parut en 1780. Elle comprend deux parties : dans la première, l'auteur montre que, pour connaître les lois de la pensée, il faut observer les facultés de l'âme ; dans la seconde, il cherche à établir que l'art de raisonner se réduit à une langue bien faite. Le style de cet ouvrage est merveilleux de clarté. Il est impossible de se mettre mieux à la portée de ses lecteurs. Une telle manière d'écrire ne peut être que le fruit d'une longue habitude de penser.

« Condillac mourut le 2 août 1780, dans la terre de Flux, près Beaugency. Sa vie tout entière, consacrée au travail, fut d'une dignité parfaite, et aucun des adversaires acharnés qu'a rencontrés sa doctrine, n'a pensé à attaquer ses mœurs. Il y a bien peu d'écrivains célèbres, au XVIIIe siècle, de qui on puisse faire un pareil éloge. » (2)

Le dernier ouvrage de Condillac, la *Langue des calculs*, demeura inachevé. Il fut publié en 1798, dans l'édition définitive de ses œuvres. Cet ouvrage avait pour but de montrer que la précision du langage n'est pas le privilège exclusif des sciences exactes, et qu'il serait possible de l'obtenir aussi dans les autres sciences.

Tels furent les travaux de Condillac. Leur histoire s'identifie avec celle de leur auteur, dont la vie intime est peu connue. Tout ce qu'on en peut dire, c'est qu'il serait injuste de l'assimiler aux abbés de cour, qui, au XVIIIe siècle, firent si peu d'honneur à la Religion. Le plan d'études tracé pour le prince de Parme montre

---

(1) Lettre du Comte Ignace Potocki, grand notaire de Lithuanie.

(2) J. Picavet, Introduction au *Traité des sensations*. — Cette *Introduction* nous a fourni les principaux éléments de la notice sur Condillac. L'auteur eût pu ajouter que Condillac était un prêtre catholique. Il ne remplit aucune fonction ecclésiastique. La terre de Flux, où il mourut, était une abbaye que sa nièce, Madame de Sainte-Foix, avait achetée à son intention. Désireux de vivre dans la retraite et de travailler à ses ouvrages, il refusa d'entreprendre l'éducation des trois fils du Dauphin, qui devinrent plus tard Louis XVI, Louis XVIII et Charles X.

que Condillac donna les plus grands soins à l'éducation religieuse de son élève. (1) Le succès couronna même trop bien ses efforts, au gré de d'Alembert, qui, en 1769, écrivait à Voltaire : « J'apprends que ce prince passe la journée avec des moines, et que sa femme, autrichienne et superstitieuse, sera la maîtresse. » On ne peut guère s'en rapporter à d'Alembert pour savoir si le prince de Parme a dépassé ou non les bornes de la vraie piété ; ce qui est certain, c'est que son précepteur a cherché à la lui inspirer, et ne ressemble pas du tout, à cet égard, aux soi-disant philosophes de son époque, célèbres par leur impiété autant que par la perfection de leur style.

§ II. — Caractères généraux de la philosophie de Condillac.

Condillac n'est pas tout à fait un « lockiste » fidèle. Il diffère même assez sensiblement de Locke. Ce dernier, tout en combattant les idées innées, estimait que toutes les facultés de l'âme sont innées, et il ne soupçonnait pas que nous avons besoin d'apprendre à toucher, à entendre, à voir, etc. Ses raisonnements sur un aveugle-né mis tout à coup en état de voir clair, ne l'ont pas conduit à découvrir que nous avons besoin de faire l'éducation de nos sens.

1º **L'empirisme absolu.** — Condillac, au contraire, pousse l'empirisme aussi loin que possible. Rien n'est inné en nous, si ce n'est la capacité de sentir : « Nous ne saurions nous rappeler l'ignorance dans laquelle nous sommes nés ; c'est un état qui ne laisse point de traces après lui. Nous ne nous souvenons d'avoir ignoré que ce que nous nous souvenons d'avoir appris ; et pour remarquer ce que nous apprenons, il faut déjà savoir

---

(1) Pendant deux ans, Condillac lut chaque jour au jeune prince un article du *Catéchisme de Fleury* et de la *Bible de Royaumont*. Comme dans tous les autres exercices, on lisait d'abord, puis le maître expliquait. L'enfant relisait ensuite, jusqu'à ce qu'il fût en état de résumer sa lecture.

quelque chose : il faut s'être senti avec quelques idées pour observer qu'on se sent avec des idées qu'on n'avait pas. Cette mémoire réfléchie, qui nous rend aujourd'hui si sensible le passage d'une connaissance à une autre, ne saurait donc remonter jusqu'aux premières : elle les suppose, au contraire, et c'est là l'origine de ce penchant que nous avons à les croire nées avec nous. Dire que nous avons appris à voir, à entendre, à goûter, à sentir, à toucher, paraît le paradoxe le plus étrange. Il semble que la nature nous a donné l'entier usage de nos sens à l'instant même qu'elle les a formés, et que nous nous en sommes toujours servi sans étude, parce qu'aujourd'hui nous ne sommes plus obligés de les étudier.

« J'étais dans ces préjugés lorsque je publiai mon *Essai sur l'origine des connaissances humaines*. Je n'avais pu en être retiré par les raisonnements de Locke sur un aveugle-né à qui on donnerait le sens de la vue, et je soutins contre ce philosophe que l'œil juge naturellement des figures, des grandeurs, des situations et des distances. »

C'est à Mademoiselle Ferrand que Condillac dut « les lumières qui ont enfin dissipé » ses « préjugés. » « Elle sentit la nécessité de considérer séparément nos sens, de distinguer avec précision les idées que nous devons à chacun d'eux, et d'observer avec quel progrès ils s'instruisent et comment ils se prêtent des secours mutuels.

« Pour remplir cet objet, nous imaginâmes une statue organisée intérieurement comme nous, et animée d'un esprit privé de toute espèce d'idées. Nous supposâmes encore que l'extérieur, tout de marbre, ne lui permettait l'usage d'aucun de ses sens, et nous nous réservâmes la liberté de les ouvrir, à notre choix, aux différentes impressions dont ils sont susceptibles.

« Nous crûmes devoir commencer par l'odorat, parce que c'est, de tous les sens, celui qui paraît contribuer le moins aux connaissances de l'esprit humain. Les autres furent ensuite l'objet de nos recherches, et après les avoir considérés séparément et ensemble, nous vîmes la statue devenir un animal capable de veiller à sa conservation. » (*Traité des sensations*, Préface).

Telle est la fameuse hypothèse de l'homme-statue. Condillac n'est pas le seul qui s'en soit servi. Bonnet en fit usage en même temps que lui, et avant d'avoir ouï parler de son dessein. Seulement, il exerçait d'abord sa statue à voir, parce que « la vue est le sens dont nous faisons le plus d'usage et qui nous fournit le plus d'idées. » Buffon ouvrit aussi tout d'abord à la lumière les yeux de l'homme qu'il supposait directement sorti des mains du Créateur.

2º **Le sensualisme.** — A partir du moment où la statue éprouve des sensations, elle acquiert des idées, et ses facultés se développent l'une après l'autre. Tout en elle vient de la sensation. « Le principe qui détermine le développement de ses facultés est simple ; les sensations mêmes le renferment, car, toutes étant nécessairement agréables ou désagréables, la statue est intéressée à jouir des unes et à se dérober aux autres. Or, on se convaincra que cet intérêt suffit pour donner lieu aux opérations de l'entendement et de la volonté. Le jugement la réflexion, les désirs, les passions, etc, ne sont que la sensation même qui se transforme différemment. C'est pourquoi il nous a paru inutile de supposer que l'âme tient immédiatement de la nature toutes les facultés dont elle est douée. La nature nous donne des organes pour nous avertir par le plaisir de ce que nous avons à rechercher, et par la douleur de ce que nous avons à fuir. Mais elle s'arrête là, et elle laisse à l'expérience le soin de nous faire contracter des habitudes et d'achever l'ouvrage qu'elle a commencé. » (*Traité des sensations*, Préface).

3º **Le phénoménisme.** — Voilà donc ce qu'est l'homme à l'origine : une âme capable d'agir et unie à des organes capables de lui faire éprouver du plaisir ou de la douleur. Tout lui vient de la sensation. La statue de Condillac s'identifie d'abord avec la première sensation qu'elle éprouve ; elle est odeur de rose, par exemple. Un peu plus tard, elle compare le souvenir de sa première sensation avec une sensation nouvelle, soit celle d'odeur de jasmin, et elle s'identifie avec ces deux sensations, dont l'une est affaiblie et l'autre très vive ; elle est alors en même temps odeur de rose et odeur de jasmin. Finalement, elle s'identifie avec l'ensemble de ses sensations faibles ou fortes, en sorte que son moi ou sa personnalité n'est autre chose que « la collection des sensations qu'elle éprouve et de celles que la mémoire lui rappelle. En un mot, c'est tout à la fois la conscience de ce qu'elle est et le souvenir de ce qu'elle a été. » (*Traité des sensations*. Première partie, ch. VI).

Le phénoménisme de Condillac n'exclut pas le spiritualisme. — On ne peut formuler plus nettement le phénoménisme. Est-ce bien là le dernier mot de Condillac sur l'âme humaine ? — Non. Il aboutit à cette conclusion d'après les observations faites sur la statue, mais il ne pense pas que la capacité de sentir soit toute l'âme humaine. Dans son état présent, l'âme est sous la dépendance des sens ; elle est la « chose sentante », comme le corps est la « chose étendue. » Avant la faute originelle, elle commandait aux sens, et elle avait des idées qu'elle ne tenait que d'elle-même. Après cette vie, elle aura d'autres facultés que celle de sentir. En disant qu'elle est une collection de sensations, c'est d'après notre expérience actuelle que nous la définissons ; ce qu'elle est en elle-même, nous ne le savons pas. Cependant, par le fait qu'elle pense, elle est distincte du corps et n'est point du tout matérielle. Locke prétend que nous ne saurons peut-être jamais si Dieu n'a point donné à quelque amas de matière la propriété de penser, mais notre ignorance de ce que sont les substances ne légitime pas cette conclusion. Nous pouvons clairement connaître que la matière ne pense point, et par là même, que l'âme n'est point matière, puisqu'elle pense. Le sujet de la pensée doit être un ; or la matière est un agrégat. Nous pouvons donc savoir que l'âme est spirituelle, mais de son essence ou de sa nature, nous ne savons rien d'autre. En tout cas, le seul moyen à notre portée de savoir quelque chose de l'âme est de raisonner d'après les faits. Or, l'expérience nous apprend que la sensation est le fait primitif de notre nature, et que tout en nous vient de la sensation diversement transformée.

§ III. — Comment toutes les connaissances et toutes les facultés de l'âme viennent de la sensation.

Le principal objet du *Traité des sensations*, dit Condillac, « est de faire voir comment toutes nos connaissances et toutes nos facultés viennent des sens, ou, pour parler plus exactement, des sensations; car, dans le vrai, les sens ne sont que *cause occasionnelle*. (1) Ils ne sentent pas, c'est l'âme seule qui sent à l'occasion des organes ; et c'est des sensations qui la modifient, qu'elle tire toutes ses connaissances et toutes ses facultés. » (*Extrait raisonné du Traité des sensations*; début).

Est-il nécessaire de faire voir cela dans le détail? Tout n'est-il pas dit « quand on a répété, d'après Aristote, (2) que toutes nos connaissances viennent des sens? Il n'est point d'homme d'esprit qui ne soit capable de faire ce développement, et rien n'est si inutile que de s'appe-

---

(1) Condillac a subi l'influence de Malebranche, mais il ne va pas si loin que Malebranche : il ne fait pas de Dieu « la seule cause véritable. »

(2) Toute l'école de Condillac voit dans Aristote un précurseur de Locke. Aristote dit bien que notre âme est semblable à un feuillet sur lequel rien n'a encore été écrit ; de plus, il met bien en lumière le rôle de la sensation dans l'acquisition de nos connaissances, mais si l'on tient compte de tous les textes, il est impossible de soutenir qu'Aristote regarde la sensation comme la véritable origine de nos idées. « L'âme ne pense point sans image, » dit-il, mais « c'est sans organe qu'on pense. » Un élément sensible, sensation ou image, est la condition de notre pensée actuelle, mais, par lui-même, l'intellect actif est pur, séparable, incorruptible. (Voyez chapitre VI, pages 81, 82, 87, 88).

santir avec Locke sur ces détails. » — A cette objection que Condillac se fait à lui-même, il répond : « Il y a longtemps qu'on dit que toutes nos connaissances sont originaires des sens. Cependant.., après plusieurs siècles. » c'est « encore une découverte à faire. » Locke « y a sans doute répandu beaucoup de lumière, mais il y a encore laissé de l'obscurité... La plupart des jugements qui accompagnent nos sensations lui ont échappé ; il n'a pas connu combien nous avons besoin d'apprendre à toucher, à voir, à entendre, etc. ; toutes les facultés de l'âme lui ont paru des qualités innées, et il n'a pas soupçonné qu'elles pourraient tirer leur origine de la sensation même... M. de Buffon, qui a tenté de faire l'histoire de nos pensées, suppose tout à coup dans l'homme qu'il imagine, des habitudes qu'il aurait dû lui faire acquérir. Le *Traité des sensations* est le seul ouvrage où l'on ait dépouillé l'homme de toutes ses habitudes. En observant le sentiment (1) dès sa naissance, on y démontre comment nous acquérons l'usage de nos facultés ; et ceux qui auront bien saisi le système de nos sensations, conviendront qu'il n'est plus nécessaire d'avoir recours aux mots vagues d'instinct, de mouvement machinal, et autres semblables, ou que, du moins, si on les emploie, on pourra s'en faire des idées précises. » (*Extrait raisonné du Traité des sensations*, début).

Cousin a résumé « le système de nos sensations. » Il s'est inspiré pour cela de divers passages de Condillac, à l'aide desquels on peut très bien comprendre comment ce philosophe explique l'origine de nos facultés.

« A la première odeur, dit Condillac, la capacité de sentir est tout entière à l'impression qu'elle éprouve : voilà *l'attention*. (*Traité des sensations*, Ire part., ch. II).

« L'attention que nous donnons à un objet n'est, de la

---

(1) Le mot sentiment est pris ici pour *sensation consciente*. Condillac ne sépare point la sensation de la conscience que nous en avons. C'est pour cela qu'il supprime la réflexion comme source particulière de nos idées.

part de l'âme, que la sensation que cet objet fait sur nous. (*Logique*, Ire part., ch. vii).

« Une double attention s'appellera *comparaison;* elle consiste dans deux sensations qu'on éprouve comme si on les éprouvait seules, et qui excluent toutes les autres.

« Un objet est absent ou présent. S'il est présent, l'attention est la sensation qu'il fait actuellement sur nous; s'il est absent, l'attention est le souvenir de la sensation qu'il a faite; voilà la *mémoire*.

« Nous ne pouvons comparer deux objets, ni éprouver les deux sensations qu'ils font exclusivement sur nous, qu'aussitôt nous n'apercevions qu'ils se ressemblent ou qu'ils diffèrent; or, apercevoir des ressemblances ou des différences, c'est *juger*. Le jugement n'est donc encore que sensation.

« La *réflexion* n'est qu'une suite de jugements qui se font par une suite de comparaisons.

« La réflexion, lorsqu'elle porte sur les images, prend le nom *d'imagination*.

« Raisonner, c'est tirer un jugement d'un autre jugement qui le renfermait; il n'y a donc dans le raisonnement que des jugements, et par conséquent des sensations.

« L'ensemble de toutes ces facultés se nomme *entendement*; on ne saurait s'en faire une idée plus exacte. (*Logique*, Ire partie, ch. vii).

« En considérant nos sensations comme représentatives, nous venons d'en voir sortir toutes les facultés de l'entendement; si nous les considérons comme agréables ou désagréables, nous en verrons sortir toutes les facultés qu'on rapporte à la volonté.

« La *souffrance* qui résulte de la privation d'une chose dont la jouissance était une habitude, est le *besoin*.

« Le besoin a divers degrés : plus faible, c'est le malaise; plus vif, il prend le nom d'inquiétude; l'inquiétude croissante devient un tourment.

« Le besoin dirige toutes les facultés sur son objet;

cette direction de toutes les forces de nos facultés sur un seul objet est le *désir*.

« Le désir tourné en habitude est la *passion*.

« Le désir, rendu plus énergique et plus fixe par l'espérance, le *désir absolu* est la *volonté* (*Traité des sensations*, Ire partie, ch. III). Telle est l'acception propre du mot *volonté*, mais on lui donne souvent une signification plus étendue, et on le prend souvent pour la réunion de toutes les habitudes qui naissent des désirs et des passions.

« En résumé, on appelle *entendement* la réunion de la sensation, de l'attention, de la comparaison, de la mémoire, du jugement, de la réflexion, de l'imagination et du raisonnement; on appelle *volonté* la réunion de la sensation agréable ou désagréable, du besoin, du malaise, de l'inquiétude, du désir, de la passion, de l'espérance et du phénomène spécial que la passion, jointe à l'espérance, détermine.

« La *pensée* est la réunion de toutes les facultés qui se rapportent à l'entendement et de toutes celles qui se rapportent à la volonté. Et comme l'élément générateur de la volonté et de l'entendement est la sensation représentative ou affective, l'élément générateur de la pensée est, en définitive, la *sensation*. » (Cousin, *Fragments de philosophie contemporaine*, p. 49.)

Appréciation. — Ce système, on le voit, est d'une régularité parfaite, mais artificielle. Tout cela est aussi inexact qu'ingénieux. Bornons-nous à quelques remarques.

1° Tout d'abord, Condillac n'observe pas, il suppose. Raisonner sur une statue de marbre intérieurement organisée comme nous, et dont les sens entrent successivement en exercice, à commencer par l'odorat, ce n'est pas démontrer, c'est procéder par hypothèse. Aussi, Cousin a pu très justement dire de Condillac : « Il est la démonstration personnelle de cette vérité, que l'empirisme n'est pas, de tous les systèmes, celui qui se soucie le plus de l'expérience. » (*Histoire générale de la philosophie*, 10e leçon).

2º Si Condillac avait mieux observé ce qui se passe en nous, il aurait certainement remarqué qu'il y a une différence entre la sensation et l'idée, entre l'attention et la sensation dominante, entre la volonté et le désir absolu d'un bien connu par les sens. L'objet de la sensation est toujours particulier; celui de l'idée est universel. — Nous pouvons détourner notre attention de la sensation dominante et l'appliquer à des sensations très faibles; ainsi fait le médecin qui ausculte un malade. Nous pouvons même détourner notre attention de toute sensation et l'appliquer à des opérations purement intérieures, à l'exemple du philosophe qui médite et de tout homme qui réfléchit. — La volonté est bien un désir, mais c'est un désir rationnel; c'est le désir d'un bien connu par l'intelligence. La plupart du temps elle n'est pas un désir absolu. Le désir du bonheur est absolu, mais la volonté d'aller en promenade ne l'est point : on renonce aisément à une promenade projetée.

3º Si tout dans l'homme s'explique par la sensation, pourquoi les animaux n'ont-ils pas les mêmes idées, les mêmes facultés et les mêmes habitudes que l'homme? Condillac expose lui-même cette difficulté dès les premières pages du *Traité des sensations* : « Mais, dira-t-on, les bêtes ont des sensations, et cependant leur âme n'est pas capable des mêmes facultés que celle de l'homme. — Cela est vrai, et la lecture de cet ouvrage en rendra la raison sensible. L'organe du tact est en elles moins parfait ; et, par conséquent, il ne saurait être pour elles la cause occasionnelle de toutes les opérations qui se remarquent en nous. Je dis *la cause occasionnelle*, parce que les sensations sont les modifications propres de l'âme, et que les organes n'en peuvent être que l'occasion. » — Condillac se trompe, quand il dit que « les sensations sont les modifications propres » de l'âme. Cette proposition, toute cartésienne, est démentie par l'expérience. Déjà Aristote soutenait contre Platon que la sensation appartient, non à l'âme seule, mais au composé formé par l'âme et le corps réunis. Voir,

entendre, toucher, flairer, goûter, sont les opérations d'un organe vivant, et non de simples modifications de l'âme à l'occasion des impressions faites sur les organes.
— Dire que les sensations sont les modifications propres de l'âme, ce n'est pas seulement faire voir qu'on a mal observé, c'est se mettre dans l'impossibilité de bien définir l'homme (1) et de répondre à diverses objections des matérialistes contre la spiritualité de l'âme.

Conclusion. — Du moins cette assertion de Condillac fait voir une fois de plus que ce philosophe n'est pas lui-même matérialiste.

Il n'y a d'ailleurs aucun lien logique entre le sensualisme et le matérialisme; car un mouvement de molécules, quel qu'il soit, ne ressemble en rien à une sensation quelconque. Ce sont là, comme le dit Taine, « deux événements de qualité absolument différente, en sorte que l'analyse, au lieu de combler l'intervalle qui les sépare, semble l'élargir à l'infini. » (Taine, *de l'Intelligence*, liv. IV, ch. II, tome I, p. 323).

Condillac, cependant, est le premier exemple, dans l'histoire de la philosophie, d'un sensualiste qui n'ait pas été matérialiste. Il y a eu d'autres exemples depuis, notamment celui d'Herbart; et l'*Histoire du matérialisme* de Lange a persuadé aux Allemands qu'il ne faut pas identifier la philosophie de la sensation avec le matérialisme. On n'en est pas encore là en France.

Il est certain, toutefois, et l'histoire le prouve amplement, que la philosophie sensualiste a des « tendances matérialisantes » contre lesquelles, d'ailleurs, les disciples de Condillac n'ont pas tous suffisamment réagi. Cabanis, par exemple, dans ses *Rapports du physique et du moral*, imprime une direction absolument matérialiste à la philosophie de Condillac.

C'est grâce, sans doute, à l'influence de Descartes et

---

(1) L'homme, dit de Bonald, est « une intelligence servie par des organes. » — L'homme est un animal doué de raison. Son intelligence n'est pas seulement servie par des organes, elle leur est étroitement unie et forme un « tout naturel » avec eux.

de Malebranche, et aussi à la foi chrétienne, que la philosophie de Condillac est une métaphysique spiritualiste unie au sensualisme. D'après ce philosophe, toutes nos connaissances sur l'âme humaine se bornent aux sensations et aux facultés et habitudes qui dérivent des sensations. L'âme prise en elle-même, nous ne la connaissons pas, non plus qu'aucune autre chose en soi ou substance. Nous la supposons, simplement, parce qu'elle est impliquée dans la sensation. Descartes disait : « Je pense, donc je suis. » Condillac conserve cette formule, mais il substitue la sensation à la pensée : « Je sens, donc je suis. » Pour lui, l'âme, principe immatériel, est le postulat de la sensation. (1)

N'est-ce pas là un état d'esprit semblable à celui de Kant, qui, ne voyant pas la possibilité de démontrer que nous sommes libres, que notre âme est immortelle et que Dieu existe, faisait de ces dogmes essentiels de simples postulats du devoir. Eh bien, cet état d'esprit est dangereux : il tend à faire comme deux parts de l'âme humaine, l'une réservée à la science, l'autre à la croyance. De la science relèvent les *phénomènes et leurs lois*; la croyance a pour objet les *noumènes* ou réalités simplement conçues, comme Dieu, la liberté, la vie future. Mais si les noumènes ne relèvent pas de la science, sur quoi donc repose la croyance? — C'est une affaire d'âme, dit-on, et non de démonstration. La croyance repose sur le sentiment. — Base fragile, sol mouvant : l'édifice construit sur un tel fondement ne résiste pas d'ordinaire à la tempête; de là tant de défections regrettables parmi les croyants!

La vérité est que la croyance est affaire d'intelligence aussi bien que la science. Sans doute, elle est affaire d'âme aussi, et même de libre vouloir, mais avant tout elle est rationnelle : il y a des raisons de croire. C'est

---

(1) Le postulat de la sensation, c'est-à-dire une réalité qui échappe à l'expérience directe, mais qui est nécessairement impliquée par la sensation. Si on ne supposait pas l'âme comme principe de la sensation, celle-ci serait inconcevable.

donc un tort, et très grave, que d'opposer, comme on le fait trop souvent depuis Kant, la croyance et la science. Les distinguer, c'était bien ; les opposer, présenter même cette opposition comme irréductible, c'est un tort absolu. Ainsi a fait H. Taine, sous l'influence du positivisme. Mais le positivisme doit beaucoup à Condillac, et plus encore à Kant.

CHAPITRE XXI.

KANT.

« Au fond des mers du Nord, il y avait alors une bizarre et puissante créature, un homme? non, un système, une scolastique vivante, hérissée, dure, un roc, un écueil taillé à pointes de diamant dans le granit de la Baltique. Toute philosophie avait touché là, s'était brisée là. Et lui, immuable. On l'appelait Emmanuel Kant; lui, il s'appelait critique. Soixante ans durant, cet être tout abstrait, sans rapport humain, sortait juste à la même heure, et, sans parler à personne, accomplissant pendant un nombre donné de minutes précisément le même tour, comme on voit aux vieilles horloges des villes, l'homme de fer sortir, battre l'heure et puis rentrer. » (Michelet.)

Quelle emphase! C'est « de la prose en délire », eût dit Kant. C'est aussi, en plus d'un point, l'imagination substituée à l'histoire. Kant a essayé de briser toute philosophie, mais il n'y a point réussi. Nullement immuable, il a passé; personne n'admet plus sa doctrine. (1) Son influence a été grande et elle dure encore;

(1) Personne ne croit plus, par exemple, à l'innéité des idées de temps et d'espace, que Kant appelait les *formes à priori de la sensibilité*. Pourtant, cette doctrine de Kant est le fondement même de sa philosophie. La liberté intemporelle, l'immutabilité du caractère, le désintéressement absolu de l'obéissance au devoir et beaucoup d'autres dogmes kantiens sont de même abandonnés; mais ce qui reste de Kant, sans parler du panthéisme allemand auquel sa doctrine a conduit, ce sont ses principales conclusions : la métaphysique n'est pas une science ; nous ne connaissons scientifiquement que des phénomènes; la religion chrétienne est excellente pour le peuple, mais le miracle est impossible. Ces assertions, et bien d'autres non moins funestes, ont fait un mal infini en

mais elle passera aussi : tel est le sort de l'erreur et de ses suites. — Kant a eu des rapports humains, et beaucoup. Il essaya deux fois de se marier ; deux fois la modicité de sa fortune l'en empêcha. Il aima la société au point de ne pouvoir se résigner à manger seul. Un jour, ses invités tardant à venir, il envoya chercher le premier passant venu pour le faire manger avec lui. — Kant ne fut pas un système, mais, sur le tard, il en eut un. La thèse qu'il publia à l'âge de quarante-six ans, pour conquérir une chaire de philosophie depuis longtemps ambitionnée, contient seulement les premiers germes de ce *criticisme* fameux, dont l'exposé ne parut que onze années plus tard.

« Bizarre et puissante créature », Kant eut des manies ; il eut aussi une intelligence pénétrante, une remarquable assiduité au travail et une parfaite régularité de vie. « Je ne crois pas, dit Henri Heine, que la grande horloge de la cathédrale ait accompli sa tâche visible avec moins de passion et plus de régularité que son compatriote Emmanuel Kant. Se lever, boire le café, écrire, faire son cours, dîner, aller à la promenade, tout avait son heure fixe, et les voisins savaient exactement qu'il était deux heures et demie quand Emmanuel Kant, vêtu de son habit gris, son jonc d'Espagne à la main, sortait de chez lui et se dirigeait vers la petite allée de tilleuls qu'on nomme encore à présent, en souvenir de lui, l'allée du philosophe. Il la montait et la descendait huit fois par jour, en quelque saison que ce fût, et quand le temps était couvert ou que les nuages noirs annonçaient la pluie, on voyait son domestique, le vieux Lampe, qui le suivait d'un air vigilant et inquiet, le

---

France pendant tout le XIXe siècle. Renan pose en principe que le surnaturel n'existe pas ; pour Auguste Comte, il est tout à fait évident que la science n'a point pour objet ce qui dépasse les phénomènes ; enfin, selon Cousin, le christianisme est digne de tous les respects et il faut faire le catéchisme au peuple, mais la religion naturelle suffit aux philosophes. La nécessité d'admettre un *credo* serait une entrave à la liberté de la pensée.

parapluie sous le bras, véritable image de la Providence. » (Henri Heine, *de l'Allemagne*, tome I, pages 152, 153).

Vie de Kant. — Emmanuel Kant naquit à Kœnigsberg, en Prusse, le 22 avril 1724. Son père était un modeste sellier, d'origine écossaise. Il était pauvre, presque indigent, mais sa probité était grande, et il avait le mensonge en horreur. Il dut peiner beaucoup pour élever ses onze enfants, dont sept filles et quatre garçons. A l'âge de treize ans, Kant perdit sa mère. Elle appartenait à la secte des *piétistes*. (1) D'une sévérité inexorable envers elle-même, elle exigeait de ses enfants le respect absolu du devoir. Kant eut ainsi sous les yeux, dès son enfance, deux modèles dont il a pu dire : « Jamais je n'ai vu ni entendu dans la maison paternelle rien qui ne fût d'accord avec l'honnêteté, la décence, la véracité. » On n'en peut douter, cette double influence contribua grandement à développer, dans l'âme du futur philosophe, ce vif sentiment du devoir qui le porta à penser que les croyances fondamentales de l'homme : Dieu, la vie future, la liberté, sont suffisamment sauvegardées par leur étroite liaison avec la loi des mœurs. La preuve morale de ces dogmes essentiels a certainement une grande valeur, mais il n'y a pas lieu pour cela de sacrifier les autres preuves sérieuses qu'on en peut donner.

La tendance de Kant à tout ramener au devoir fut encore fortifiée par les enseignements du pasteur Schultz, professeur à l'Université de Kœnigsberg. En même temps que Kant écoutait ce théologien, Martin Knutzen lui enseignait la philosophie de Wolf, disciple de Leibniz. Il suivit aussi les leçons du physicien Teske. Avant d'être étudiant à l'Université, Kant avait fréquenté pendant trois ans les cours du *Collège Frédéric*,

(1) Le piétisme est une secte protestante fondée à Leipzig, en 1689, par Spener. Les piétistes affectent une grande piété et une morale austère. Ils s'attachent à la lettre de l'Evangile. Ils préfèrent les manifestations de la piété individuelle aux exercices religieux faits en public.

où il avait appris les langues anciennes, l'histoire, les mathématiques et la logique.

Ses études finies, à l'âge de vingt et un ans, il publia son premier écrit (1745). Il s'agissait de la mesure des forces vives. Cet ouvrage ne se vendit point. Kant le compare lui-même à « un fruit mûr, qui ne fut pas cueilli. » Il l'avait fait imprimer à ses frais, avec le secours de son oncle maternel, le cordonnier Richter. C'est à cet homme, d'ailleurs, que le jeune auteur était redevable de ses excellentes études.

Pour éviter de lui être à charge plus longtemps, Kant, après la mort de son père, accepta une place de précepteur à Judschen, non loin de Kœnigsberg. Il remplit cette fonction dans diverses familles pendant neuf années, et ses observations pédagogiques, publiées en 1803 par son disciple Rink, font voir qu'il connaissait bien les inconvénients d'une éducation privée. Tout en donnant ses soins à ses élèves, il n'avait point négligé de cultiver son esprit, et il s'était mis en mesure de conquérir le grade de maître ès arts, qui équivaut à la licence de philosophie. Il l'obtint en 1755, par deux dissertations latines, dont l'une avait pour objet la nature du feu, tandis que l'autre était un exposé sommaire de la métaphysique.

Reçu maître ès arts, Kant débuta à l'Université en qualité de *privat-docent*. Il enseigna d'abord les mathématiques, puis la physique, enfin la logique et la métaphysique. En Allemagne, les mathématiques et la physique sont des parties de la philosophie au même titre que la logique et la métaphysique. Dès son début dans l'enseignement public, Kant fut très goûté, et bientôt la salle habituelle des cours ne suffit plus à contenir ses auditeurs. Il dut multiplier ses leçons et ouvrir sa porte à ceux qui venaient lui demander des explications complémentaires, ce qui ne l'empêcha pas de publier une *Histoire naturelle du Ciel*, dédiée à Frédéric-le-Grand. Dans cet ouvrage, il affirmait l'existence de quelque corps céleste au delà de Saturne. Vingt-six ans plus tard, l'astronome Herschel confirma cette hypothèse par la découverte d'Uranus. (1)

Quinze années s'écoulèrent, remplies de travaux très variés, avant que Kant fût nommé professeur de philosophie à l'Université de Kœnigsberg ; il avait quarante-six ans quand il fut appelé à remplir cette fonction (1770). Dès cette époque, comme on le voit par sa thèse de début, il cessa de regarder l'espace et le temps comme des réalités. Pour lui, désormais, ces deux concepts ne furent plus que des lois de notre esprit, des *formes a priori de notre sensibilité.* (2) Nous ne pouvons, dit-il, connaître aucun évènement sans le placer dans le temps ; nous ne pouvons percevoir aucun corps sans le situer dans l'espace ; mais le temps et l'espace sont des conditions de notre connaissance et non des choses en soi.

La notion de temps nous fait apercevoir les faits comme successifs, tandis que, par celle d'espace, nous connaissons les corps comme juxtaposés. Le temps et l'espace n'ont qu'une existence idéale. Il suit de là que le monde sensible ne nous est pas connu tel qu'il est, mais seulement tel qu'il nous apparaît. Kant n'en dit pas encore autant du monde intelligible ; comme auparavant, il pense que les idées de notre raison, l'idée de Dieu, celle de l'âme, par exemple, correspondent à des réalités suprasensibles, à des choses en soi.

Ses principaux ouvrages. — De 1770 à 1781, sa pensée achève son évolution ; c'en est fait du dogmatisme qu'il avait d'abord adopté. Il publie la *Critique de la Raison pure* (1781). Dans cet ouvrage, il ne se borne plus à dire que le temps et l'espace sont des *formes a priori* de notre sensibilité ; il affirme que les principales notions de l'entendement, celles de substance et de cause, par exemple, n'ont elles-mêmes aucune valeur objec-

---

(1) En 1846, après d'immenses calculs sur les perturbations d'Uranus, Le Verrier signala Neptune, qui fut observée six mois après par Galle, à Berlin.

(2) La sensibilité, pour Kant, c'est le pouvoir de connaître les phénomènes du monde sensible et ceux de la conscience.

tive. Elles sont les *formes a priori* de l'entendement ou faculté de juger. Elles sont de simples modes de l'affirmation, ou *catégories*, à l'aide desquelles nous *subsumons* des intuitions sensibles pour former des jugements. Quand je dis : le feu est cause de la brûlure, je subsume, à l'aide de la catégorie de cause, les deux intuitions de feu et de brûlure. Et si la raison pure veut s'élever jusqu'à la région des *Idées*, si elle veut parler de Dieu, de l'âme, de la nature des corps, elle ressemble à une colombe qui s'aviserait de franchir les limites de l'atmosphère. Par la raison pure, nous ne pouvons que nous contredire quand nous parlons des choses suprasensibles. Dès que notre intelligence se place à un point de vue purement théorique pour aborder ces sujets, elle s'embarrasse dans des *antinomies* (1) qui la condamnent au silence.

Sans doute, il y a lieu d'affirmer la liberté, la vie future, Dieu, mais on ne peut démontrer leur existence. Il faut les admettre comme des réalités sans lesquelles il serait impossible d'expliquer ce fait indiscutable, à savoir que l'*impératif catégorique* ou le devoir s'impose à la volonté humaine. C'est ainsi que, dans la *Critique de la Raison pratique* (1788), Kant déclare que les principaux dogmes de la métaphysique sont des postulats du devoir.

La *Critique du jugement* (1790) renferme sa doctrine sur la finalité et ses idées sur le beau. Il n'est point question, dans ce livre, de la faculté de juger, que Kant appelle *Entendement*, mais seulement du jugement *téléologique*, ou application du principe de finalité. Parmi les applications que nous faisons de ce principe, il en est une qui mérite d'attirer l'attention : elle a pour objet le beau, que Kant appelle « une finalité sans fin. »

La finalité dont il parle ici est un accord de notre imagination et de notre raison en face de l'objet beau ;

---

(1) Une *antinomie*, pour Kant, est une opposition de thèses qu'il est difficile ou impossible de concilier. Exemple : la matière est divisible à l'infini ; la matière n'est pas divisible à l'infini.

« c'est une finalité sans fin, » parce que l'objet beau n'est pas nécessairement utile; s'il présente parfois ce caractère, cela n'ajoute rien à sa beauté.

Kant publia beaucoup d'autres écrits pendant plus d'un demi-siècle que dura son activité littéraire. Dans un si long espace de temps, le peu que chaque jour apportait finit par former un ensemble considérable. Le style de Kant est pénible; il paraît, au contraire, que sa parole était très agréable à entendre. Il s'énonçait avec facilité, et, bien que sa voix fût faible, il savait captiver l'attention.

Il parlait très simplement, mais son grand art était d'exciter ses élèves à penser par eux-mêmes. Il s'intéressait vivement à leurs travaux, et usait souvent, en leur faveur, de sa grande influence (1). Toujours il leur donna l'exemple d'une parfaite exactitude : jamais d'absence, jamais de retard. Il était très élégant de sa personne, si bien que ses contemporains l'avaient surnommé le beau professeur : « Der schœne Magister (2). »

Kant était très délicat de santé, mais il sut ménager ses forces, observa assez bien les lois de l'hygiène (3) et

(1) Voir à ce sujet le journal de Fichte, publié par son fils. Henri Heine en cite quelques fragments. (*De l'Allemagne*, tome I, pages 184 et sqq). Fichte ne paraît pas ravi de l'élocution de Kant : « Le 4 juillet, j'ai fait une visite à Kant, qui ne m'a pas accueilli avec une distinction particulière. J'ai assisté comme un étranger à son cours, et mon attente n'a pas été satisfaite : son débit est somnifère. » Sans doute, ce jour-là, Fichte était mal satisfait de sa première entrevue avec Kant, l'illustre philosophe ne l'ayant pas « accueilli avec une distinction particulière. » L'indice de réfraction morale a tant d'influence sur nos opinions!

(2) Le costume de Kant était ainsi composé : « Un petit chapeau à trois cornes, une perruque poudrée, un col noir, une chemise à jabots et manchettes, un habit de drap noir ou brun doublé de soie, des souliers à boucles, des bas blancs ou gris, une épée, qu'il remplaça plus tard par une canne. » (Merklen, *Philosophes illustres*).

(3) Le lecteur ne sera sans doute pas fâché de connaître la manière de vivre adoptée par Kant. Nous l'indiquons ici en peu de mots, d'après ce qu'en rapporte Cousin dans son ouvrage intitulé : *Kant, dans les dernières années de sa vie*.

Chaque matin, hiver ou été, à cinq heures précises, Kant s'asseyait à sa table de travail, prenait le thé et fumait une pipe, tout en repassant

eut une énergique volonté de vivre. Ces diverses influences lui permirent d'atteindre presque quatre-vingts ans. Il mourut le 12 février 1804, entouré des soins de deux disciples fidèles, Hasse et Wasianski. Ses dernières paroles furent insignifiantes : « Ia, ganz recht, » répondit-il à ses amis, qui lui disaient : « Vous entendez, maître, nous parlons de vous. » C'est que, depuis quelque temps, ses facultés s'étaient affaiblies, sa mé-

le plan de sa journée, déjà conçu depuis la veille. A sept heures, il sortait pour faire son cours, et, de retour au logis, il se remettait au travail jusqu'à une heure moins un quart. Il quittait alors son bureau, ajustait sa toilette, prenait un verre de vin de Hongrie ou du Rhin, et attendait la compagnie. Le dîner se prolongeait assez longtemps ; la conversation était gaie et variée, mais on ne parlait jamais de philosophie. Après le dîner venait la promenade, que Kant faisait seul, pour ne point fatiguer sa poitrine par une conversation suivie, et pour pouvoir méditer à son aise. Après la promenade, lecture des journaux savants et des feuilles politiques. A six heures, Kant se remettait au travail, notant sur de petites feuilles de papier les idées les plus remarquables qui lui venaient. Il terminait sa soirée par des lectures, ne soupait jamais, et se couchait à dix heures. Par les plus grands froids, il couchait dans une chambre sans feu, dont les fenêtres étaient toujours fermées, et où la lumière du soleil ne pénétrait jamais.

A l'heure présente, personne n'ignore qu'un appartement mal aéré et toujours obscur est malsain ; mais, au point de vue de l'hygiène, il y a quelque chose à imiter dans les habitudes que Kant s'était imposées, notamment sa régularité de vie, sa sobriété, l'égalité de son humeur, son amour du travail (le travail intellectuel modéré favorise la santé) et le soin qu'il avait de prendre toujours de l'exercice.

D'autres coutumes de Kant frisent peut-être un peu la bizarrerie : il ne buvait jamais de bière, et quand on lui annonçait la mort prématurée d'un homme, il répondait : « C'était sans doute un buveur de bière. » Il respirait toujours par le nez, et voulait que ses amis fissent de même, « afin que l'air eût le temps de s'adoucir un peu avant d'arriver aux poumons. » Il ne consultait jamais les médecins, et prétendait que tout remède est un poison : « *pharmacon venenum.* » Il ne se servait pas de jarretières, de peur de gêner la circulation du sang. Ses bas étaient retenus par des cordes à boyaux, à l'aide de ressorts élastiques, à un petit gousset pratiqué tout près de son gousset de montre. Dans son cabinet de travail, il fallait une chaleur constante de 14 degrés centigrades. S'il en manquait un seul, le grand philosophe était malheureux, et il faisait du feu jusqu'à ce que son thermomètre marquât 14 degrés.

On peut n'être pas du même avis que Kant sur ces divers moyens de prolonger la vie humaine, mais, si l'on veut vivre, ce qui est un bien,

moire notamment (1). Auparavant, il avait dit des choses d'une plus haute portée morale : « Je ne crains pas la mort ; je saurai mourir. Je vous assure, devant Dieu, que si je la sentais approcher cette nuit, je lèverais mes mains et je dirais : Dieu soit béni ! Ce serait tout autre chose si j'avais causé le malheur d'une de ses créatures. » (Wasianski, *Emmanuel Kant dans les dernières années de sa vie*, p. 52.)

Ces paroles révèlent tout un caractère : Kant était profondément bon. L'intérêt de la vérité pouvait seul lui donner le courage de faire de la peine à quelqu'un. Il ne gardait jamais rancune et faisait volontiers l'aumône (2). Il était doux, affable et gai sans grossièreté. Il aimait la vérité au point de détester l'éloquence comme un mensonge. Il s'entretenait volontiers avec les gens du peuple, estimant que l'on pouvait trouver à s'instruire dans la conversation du plus modeste des hommes. Il avait au plus haut point le sentiment de sa dignité. On a pu sourire de ses manies ; jamais on ne l'a méprisé. Il avait choisi comme devise ces deux vers bien connus de Juvénal :

Summum crede nefas vitam præferre pudori,
Et, propter vitam, vivendi perdere causas !

Il reste à regretter qu'un homme de cette valeur n'ait pas été plus franchement chrétien. « Je voudrais de tout mon cœur, écrit l'un de ses biographes, que Kant eût

---

puisque la vie est l'étoffe du devoir et qu'elle est elle-même un devoir, il faut, comme Kant, avoir une ferme résolution de résister à la mort : « *Valere aude.* » C'est l'épigraphe d'un bon livre du docteur Feuchtersleben. Il est intitulé : *Hygiène de l'âme*, et on y voit que pour bien se porter, il importe de le vouloir fermement.

(1) Presque jusqu'à la fin, Kant put parler avec une étonnante précision des choses de la science, tandis que, les derniers temps, il ne se souvenait plus des expressions de la vie usuelle.

(2) Kant n'aimait pas à donner aux mendiants, mais on a su après sa mort qu'il faisait parvenir annuellement 1123 florins à diverses familles indigentes. Cette somme est énorme, si on la compare aux modestes revenus du célèbre professeur. Le florin de Prusse, au temps de Kant, valait 2 fr. 40.

entièrement reconnu une religion positive, la religion chrétienne, non seulement comme un besoin de l'Etat et comme une institution établie en faveur de la faiblesse humaine, mais qu'il eût connu pleinement, dans le christianisme, ce qu'il renferme de propre à nous rendre meilleurs et plus heureux. Je voudrais que l'Ecriture sainte n'eût pas été simplement pour lui un moyen passable, et même bon, pour diriger l'instruction publique, mais quelque chose de divin, un livre cher et sacré. Je voudrais qu'il eût déclaré hautement et publiquement que Jésus n'est pas seulement l'idéal personnifié de la perfection, mais par-dessus tout le Fils unique de Dieu et le Sauveur de l'humanité. Je voudrais enfin de tout mon cœur qu'il eût récité les prières de l'Eglise avec la même émotion avec laquelle il les récitait dans sa jeunesse, comme il nous en a souvent parlé, et qu'il eût ainsi, comme l'ont fait tant d'hommes illustres, tels que Newton, Leibniz, Locke, Euler, donné un éclatant et salutaire exemple à tant de disciples qui avaient les yeux fixés sur lui. Malheureusement il n'en a pas été ainsi ! » (Borowski, *Darstellung des Lebens und Characters Kant's*, p. 127).

Caractères généraux de sa philosophie. — A l'époque où Kant commença à enseigner, l'empirisme et l'intellectualisme, les deux philosophies éternellement opposées, étaient représentées, l'une par David Hume, en Ecosse, et l'autre par Wolf, en Allemagne. L'empirisme de Hume s'appelait le scepticisme, et l'intellectualisme de Wolf portait le nom de dogmatisme. Hume, en effet, n'admet que les phénomènes; tout ce que les métaphysiciens appellent cause, substance, réalité suprasensible, n'est rien pour lui. Au contraire, Wolf, comme son maître Leibniz, affirme l'existence des choses en soi, notamment celle de l'âme et celle de Dieu.

Kant fut d'abord dogmatique, et cela dura longtemps. Vers 1762, il eut des préférences pour l'empirisme, sous l'influence de Hume. « La lecture de Hume, dit-il, me réveilla du sommeil dogmatique. » Enfin, en 1769, il conçut une philosophie originale, le *criticisme*, qui tient le milieu entre le dogmatisme et le scepticisme.

1º Kant cherche à déterminer les limites de la connaissance humaine. — « La raison humaine est soumise à cette condition singulière, qu'elle ne peut éviter certaines questions, et qu'elle en est comme accablée. Elles lui sont suggérées par sa nature même, mais elle ne saurait les résoudre parce qu'elles dépassent sa portée. » Faut-il pourtant s'en tenir à l'empirisme de Hume? — Non, car l'empirisme a pour conséquence rigoureuse le scepticisme. « Où l'expérience puiserait-elle sa certitude, si toutes les règles d'après lesquelles elle se dirige étaient empiriques et par conséquent contingentes? » Le scepticisme n'est pas plus dans le vrai que le dogmatisme. Au dire des dogmatiques, nos idées universelles ont une valeur absolue, tandis que, d'après les sceptiques, nous ne pouvons rien connaître en dehors de l'expérience. Ni les sceptiques ni les dogmatiques n'ont fait une analyse critique de l'entendement. Par conséquent, ils ne peuvent savoir ce que vaut la raison. La philosophie critique, telle est donc l'œuvre entreprise par Kant : cette philosophie ne se prononce point pour ou contre la raison par une décision arbitraire, mais elle examine les titres de la raison, assure ses légitimes prétentions et repousse toutes celles qui sont sans fondement, et cela « au nom des lois éternelles et immuables de la raison. La critique de la raison pure est la critique de la raison en général, considérée par rapport à toutes les connaissances auxquelles elle peut s'élever, indépendamment de toute expérience. »

2º Pour cela il analyse les conditions a priori de la connaissance. — Autrement dit, la critique de la raison pure cherche à déterminer la valeur de nos jugements absolument universels. Pour cela, quelle méthode employer? — « Le monde n'existe pour nous qu'autant que nous le pensons, c'est-à-dire qu'autant qu'il se soumet aux lois de la pensée. Si donc nous pouvions déterminer quelles sont les conditions sans lesquelles la pensée ne saurait s'exercer, nous saurions du même coup quelles sont les conditions *a priori* de l'existence des choses. On avait admis jusqu'ici que toutes nos connaissances devaient se régler sur les objets ; que l'on cherche donc une fois si nous ne serions pas plus heureux en supposant que les objets se règlent sur notre connaissance... Il en est ici comme de l'idée que conçut Copernic : voyant qu'il ne pouvait venir à bout d'expliquer les mouvements du ciel en admettant que toute la multitude des astres tournait autour du spectateur, il chercha s'il ne serait pas mieux de supposer que c'est le spectateur qui tourne et que les astres demeurent immobiles. » On le voit, la méthode propre à la philosophie critique est l'examen des conditions de notre pensée. Comme Locke et Hume, Kant cherche à déterminer les limites de la connaissance humaine, mais pour atteindre ce but, il n'entreprend pas de résoudre d'abord le problème de l'origine des idées. Selon lui, dans toute connaissance, il y a quelque chose d'inné, il y a des éléments *a priori*. Déterminer ces éléments, c'est le moyen de connaître les lois de la pensée et par là même celles du monde.

3º Il substitue en métaphysique la croyance à la science. — L'examen des lois de la pensée a conduit Kant aux conclusions suivantes :

1º Nous ne connaissons pas les choses telles qu'elles sont en elles-mêmes ; nous les connaissons seulement telles qu'elles nous apparaissent. En nous apparaissant, elles revêtent les formes de notre entendement, et ces formes sont les conditions de toute science.

2º Seule, l'idée de devoir nous fait connaître la vraie réalité. Par conséquent, la raison pratique, par laquelle nous connaissons le devoir et les réalités qu'il suppose, tient le premier rang parmi nos facultés. La volonté prime l'intelligence. La volonté, soumise à la loi du devoir, conduit à la croyance, et ceci nous aide à comprendre la formule par laquelle Kant résume lui-même son œuvre : « J'ai substitué en métaphysique la croyance à la science. »

Trois questions, pour Kant, résument toute la philosophie :
1º Que puis-je savoir?
2º Que dois-je faire?
3º Que puis-je espérer?

Exposons brièvement sa manière de résoudre ces trois grands problèmes.

§ I. — Que puis-je savoir? Théorie de la connaissance d'après Kant.

Une idée isolée, dit Kant, n'est pas une connaissance. Pour qu'il y ait connaissance, il faut un jugement. Kant entend parler de la connaissance scientifique. Sa théorie de la connaissance est, à vrai dire, une théorie de la science.

Jugements analytiques et jugements synthétiques. — Un jugement est analytique ou synthétique : analytique, quand l'un de ses termes est enveloppé dans l'autre; synthétique, quand l'un de ses termes est ajouté à l'autre. Ce jugement : *tout corps est étendu*, est un jugement analytique, tandis que cet autre : *la terre est ronde*, est un jugement synthétique. Les jugements synthétiques sont des connaissances scientifiques, parce qu'ils apprennent quelque chose à l'esprit, tandis qu'en énonçant des jugements analytiques, l'esprit ne fait que développer des idées qu'il possède déjà.

Encore faut-il remarquer que tout jugement synthétique n'appartient pas à la science. Ainsi les jugements : *il pleut, il fait chaud*, n'ont rien de scientifique, parce qu'ils sont contingents. La science a pour objet l'universel, ce qui est toujours et partout le même. Or, ce qui est toujours et partout le même, l'expérience ne saurait nous le faire connaître, parce que toutes ses données sont particulières et contingentes. Tout jugement universel est donc *a priori*, c'est-à-dire affirmé par l'esprit, indépendamment de toute expérience.

La connaissance scientifique. — Cela posé, il faut

définir la connaissance scientifique un jugement synthétique *a priori*. Que de tels jugements existent, on n'en peut douter, car la moindre connaissance des mathématiques en fournit la preuve. Des jugements tels que ceux-ci : *sept plus cinq égalent douze, la ligne droite est le plus court chemin d'un point à un autre*, sont des jugements synthétiques *a priori*. Il y a aussi des jugements de ce genre en morale. Exemple : *la vertu mérite une récompense.*

Deux sources de nos connaissances scientifiques.
— Deux facultés concourent à la formation des jugements synthétiques *a priori* : les sens et la raison. Nier la nécessité des sens pour faire la science, ce serait méconnaître ce fait que l'aveugle-né n'a aucune idée des couleurs. D'autre part, les sens les plus raffinés des idiots n'ont aucun pouvoir scientifique, ce qui prouve que la raison n'est pas moins nécessaire à la science que les sens.

Puisque nous avons deux facultés de connaître, il faut les examiner successivement. L'examen des données de nos sens, nous l'appellerons *esthétique transcendantale*. Ce qui lui vaut ce nom, c'est qu'il a pour objet la sensibilité ou faculté de sentir (αἰσθάνομαι, je sens), et qu'il aboutit à une solution également supérieure à l'empirisme et à l'intellectualisme (*transcendere*, s'élever au delà).

A) **De l'esthétique transcendantale ou critique de la sensibilité.** — La sensibilité comprend les sens et la conscience. Ses données s'appellent intuitions : *Ausschauung*. L'intuition est la matière même de la science; mais, avant de subir les formes *a priori* de la raison et de se transformer ainsi en connaissance scientifique, elle est déjà elle-même un composé de matière et de forme. Elle est l'étoffe de la science, et cependant, comme l'étoffe livrée au tailleur, elle n'est plus une matière première. Ainsi les aliments se transforment en chyle, mais auparavant, ils sont imprégnés des sucs de l'estomac. Ce qui transforme la donnée première de la connaissance en intuition, ce sont les formes de l'espace et du temps, qui sont les formes propres de la sensibilité, ses conditions *a priori*. Toute donnée des sens nous apparaît nécessairement dans l'espace et dans le temps, et toute donnée de la conscience nous apparaît nécessairement dans le temps. Le temps est comme la ligne droite sur laquelle se rangent tous les phénomènes de conscience, et l'espace est comme un cadre dans lequel nous plaçons toute intuition des sens. Ce qui prouve bien que l'espace et le temps sont des formes *a priori* de la sensibilité, ce sont les faits suivants :

1º Le petit enfant tend à s'éloigner ou à se rapprocher des objets selon qu'ils sont agréables ou désagréables ; donc la notion d'espace est innée en lui.

2º La pensée peut bien faire abstraction du contenu des notions d'espace et de temps, jamais de ces notions elles-mêmes. Nous pouvons supposer qu'il n'existe aucun évènement et aucun corps, mais nous ne pouvons anéantir dans notre esprit les notions d'espace et de temps.

3º Les sciences mathématiques sont bien évidemment formées de jugements universels et nécessaires, c'est-à-dire *a priori*. Pourtant, elles ont pour objet le nombre et l'étendue. Le nombre, nous ne pouvons le compter sans la succession des instants, et l'étendue, nous ne pouvons la mesurer sans l'espace. Le temps et l'espace sont les conditions de la science mathématique. Ces notions sont donc bien *a priori*, comme la science mathématique elle-même.

Les notions d'espace et de temps ne sont pas des idées générales formées par abstraction, car une idée générale ainsi formée contient toujours moins de réalité qu'une idée particulière, et nul n'oserait dire que l'espace et le temps infinis contiennent moins de réalité que l'espace et le temps finis. Ces mêmes notions d'espace et de temps ne sont pas non plus des objets, car elles sont universelles et nécessaires, tandis que les objets sont particuliers et contingents. Elles sont les conditions de l'intuition des objets, et comme les contenants des objets. Bref, elles sont les *formes a priori* de notre sensibilité, et par conséquent, en dehors de notre sensibilité, il n'y a ni espace, ni temps.

L'espace et le temps, *formes a priori* de la sensibilité, voilà, s'écrie Kant, le *Mane, Tekel, Pharès* du dogmatisme. « Telle est, dit Weber, l'immortelle découverte de Kant, et l'une des doctrines capitales de la philosophie critique. »

Appréciation. — Oui, l'innéité des idées d'espace et de temps est bien l'une des doctrines capitales de la philosophie critique, mais que ce soit l'immortelle découverte de Kant, on peut le contester. Ce n'est pas même une découverte. Jamais, dit M. Fouillée, nous ne pouvons concevoir un temps vide de tout évènement, ni un espace qui ne soit pas le contenant d'un ou de plusieurs corps au moins possibles.

Nous nous rendons pleinement compte de notre idée de temps en disant : le temps est la succession des évènements comparée à la permanence du moi; quant à l'espace c'est une étendue abstraite et illimitée, dont nous nous formons l'idée en prolongeant indéfiniment les dimensions de l'étendue concrète et en faisant abstraction de tout corps réel. L'étendue concrète n'est pas autre chose que les trois dimensions d'un corps quelconque. Cette analyse, en même temps qu'elle répond bien à nos idées de temps et d'espace, nous en fait voir l'origine. Il est par conséquent inutile de supposer l'innéité de ces idées. Elles sont universelles et nécessaires, dit Kant, voilà pourquoi elles sont *a priori*. Sans doute, elles sont universelles et nécessaires, mais leur universalité et leur nécessité ne sont pas absolues, elles supposent des évènements et des corps. Sans évènements au moins possibles, il n'y a pas de temps ; sans corps au moins possibles, il n'y a pas d'espace. Nous connaissons les évènements possibles et les corps possibles par voie d'abstraction, en partant des évènements réels et des corps réels.

Ces remarques donnent le moyen d'apercevoir la faiblesse des arguments par lesquels Kant essaie de montrer que les idées de temps et d'espace sont innées. Par là même, la conclusion que tire Kant de cette doctrine capitale n'est pas mieux fondée que la doctrine elle-même. Voici cette conclusion : Nous ne connaissons pas les choses telles qu'elles sont ; nous les connaissons seulement comme elles nous apparaissent à travers les idées de temps et d'espace. L'espace et le temps sont comme des verres de lunettes à travers lesquels nous voyons les choses. Ainsi nous ne connaissons point les noumènes, ou choses en soi, mais seulement les phénomènes ou apparences. Cette conclusion, qui est la conclusion même de la critique de la raison pure, Kant cherche à l'établir une seconde fois par l'*analytique transcendantale*.

B) **Analytique transcendantale.** — L'analytique transcendantale est l'examen de l'entendement. L'entendement est la faculté de juger. Juger, c'est unir deux ou plusieurs intuitions au moyen d'une catégorie. On appelle catégorie un mode de l'affirmation. Les catégories sont des idées générales, à l'aide desquelles nous groupons, nous subsumons, comme dit Kant, les données de la sensibilité. Quand, par exemple, nous disons : le feu est cause de la brûlure, nous subsumons les intuitions de feu et de brûlure sous la catégorie de cause. La catégorie de cause, au reste, est la principale de toutes. C'est la catégorie maîtresse.

Les catégories de Kant. — Aristote avait dressé une liste des catégories, mais cette liste est tout empirique. Aristote n'a indiqué aucun principe qui permette de juger qu'il a énuméré toutes les catégories. Kant chercha donc à faire le tableau complet des catégories, en montrant le lien étroit qui les relie. Le succès ne semble pas avoir couronné son entreprise. On en jugera par le tableau suivant :

La catégorie de cause renferme toutes les autres. Parmi celles-ci, quatre sont surtout à remarquer : la *quantité*, la *qualité*, la *relation* et la *modalité*.

I. La catégorie de quantité en renferme trois :

1° L'*universalité* : tous les hommes sont mortels.

2° La *pluralité* : quelques hommes sont philosophes.

3° L'*unité* : Pierre est mathématicien.

II. La catégorie de qualité en renferme trois :

1° L'*affirmation* : l'homme est mortel.

2° La *négation* : l'âme n'est pas mortelle.

3° La *limitation* : l'âme est immortelle. « La catégorie de limitation, dit Schopenhauer, est une fausse fenêtre, faite pour la symétrie. »

III. La catégorie de relation en renferme trois :

1° La *substance* : Dieu est juste.

2° La *cause* : Dieu étant juste, il punit les méchants.

3° La *dépendance mutuelle* : les Grecs imposèrent leur civilisation aux Romains, qui les avaient vaincus par les armes.

IV. La catégorie de modalité en renferme trois :

1° La *possibilité* : les planètes sont peut-être habitées.

2° La *réalité* : la terre est ronde.

3° La *nécessité* : Dieu étant l'Etre parfait, il faut qu'Il soit juste et bon.

Les catégories dérivent de la notion de cause : elles sont les causes de nos jugements. Or, Hume a très bien fait voir que la notion de cause ne vient pas de l'expérience. Elle est donc innée, et il en faut dire autant des catégories.

Appréciation. — Ceci est tout à fait contestable. Sans revenir sur ce que Hume a dit au sujet de l'origine de l'idée de cause, bornons-nous à faire remarquer que notre esprit sait faire le discernement des cas où il faut appliquer une catégorie plutôt qu'une autre. Il sait, par exemple, discerner la cause du simple antécédent qui n'est pas cause. Il voit clairement que le jour n'est pas cause de la nuit, tandis que le feu est cause de la brûlure. Si nous pouvons ainsi juger de l'emploi qu'il faut faire des catégories, c'est que nous pouvons apercevoir directement les relations des choses entre elles. Ces relations ne sont autres que les catégories elles-mêmes. Par conséquent, l'innéité des catégories est tout à fait inutile.

Les catégories, dit Kant, sont le patrimoine de l'intelligence. Elles sont l'élément pur, inné, de la connaissance scientifique. Elles sont les lois que l'intelligence impose aux choses. Il est donc deux fois vrai de dire que nous ne connaissons point les choses, mais seulement les phénomènes ou apparences des choses. Il y a plus : « Le phénomène est un produit de la raison; il n'a pas lieu hors de nous, mais en nous ; il n'existe pas en dehors des limites de la raison intuitive. » C'est la raison qui dicte ses lois à l'univers; c'est la raison qui fait le cosmos.

Il n'y a guère lieu, après cela, de s'étonner quand on entend dire que Kant est idéaliste. Si ce philosophe n'a pas nié l'existence des corps, ses successeurs immédiats ont été moins réservés. En développant les conséquences des principes posés par Kant, ils ont abouti au panthéisme idéaliste.

C) Dialectique transcendantale. — Au-dessus des catégories se trouvent les idées. Les idées sont des vues d'ensemble sur la nature des choses. Elles ne servent pas, comme les catégories, à subsumer deux ou plusieurs intuitions, elles servent à faire la synthèse des jugements, à faire définitivement la science. Les jugements synthétiques *a priori* sont des connaissances scientifiques. Ils ont besoin, pour former la science, d'être coordonnés en systèmes.

Il y a trois principaux points de vue des choses, trois idées par conséquent :

1º L'idée d'*âme*, point de vue d'ensemble sur les jugements relatifs aux phénomènes de conscience.

2º L'idée du *cosmos*, point de vue d'ensemble sur les jugements relatifs aux intuitions des sens ;

3º L'idée de *Dieu*, point de vue d'ensemble sur les jugements relatifs à l'univers entier.

Ces idées ne sont point des *formes a priori*, car elles ne modifient en rien les jugements auxquels on les applique. Elles existent dans l'esprit à l'état de *normes* suprêmes, de principes directeurs. Trois sciences leur correspondent : à l'idée d'âme correspond la *psychologie* ; à l'idée du cosmos correspond la *cosmologie* ; à l'idée de Dieu correspond la *théodicée*. La faculté des idées s'appelle la raison, prise au sens strict du mot (Vernunft), tandis que l'entendement (Verstand) est la faculté de juger en subsumant les intuitions par les catégories. L'examen des idées s'appelle *dialectique transcendantale*. Cet examen aura le même résultat que les précédents ; on en peut deviner la conclusion : l'homme qui prétend connaître ce qu'il regarde comme les objets des idées, ressemble à l'enfant qui veut atteindre le ciel au terme de l'horizon. A mesure qu'il avance, le terme de l'horizon recule. On peut encore comparer les hommes qui veulent atteindre les objets des idées, à la colombe qui fait de vains efforts pour s'élever au delà des limites de l'atmosphère. Ainsi a fait Platon, et Kant ne veut point imiter cet exemple.

Soit, mais on ne comprend pas ce que peut être une idée sans objet. Toute idée qui n'enveloppe pas une contradiction est au moins l'idée d'une chose possible. De deux choses l'une : ou les idées de Kant n'ont pas d'objet, et alors elles sont inconcevables, ou elles ont chacune pour objet une totalité de phénomènes, et alors elles font double emploi avec la catégorie de totalité, et sont une superfétation du système de Kant. Quoi qu'il en soit, résumons brièvement la dialectique transcendantale.

A) **Psychologie rationnelle** — Descartes et Leibniz ont affirmé l'existence de l'âme comme principe de la pensée, mais ils ont mal raisonné. « Je pense, donc je suis », disait Descartes, et il sous-entendait : je suis une substance. C'était conclure d'un sujet logique à un sujet métaphysique, de l'idée du moi, condition essentielle de nos jugements, à la réalité du moi. — Encore une fois, toute idée non contradictoire est l'idée d'une chose réelle ou possible, et nous savons fort bien distinguer les cas où nos idées correspondent à des êtres réels de ceux où elles correspondent seulement à des possibles. Par exemple, nous voyons clairement que l'idée générale d'homme représente un possible, tandis que l'idée de Pierre représente un individu réel.

B) **Cosmologie rationnelle.** — Quant à l'idée du *cosmos*, lorsqu'on veut en rechercher la valeur, on aboutit à quatre *antinomies* ou contradictions au moins apparentes, en tout cas insolubles :

1º *Antinomie de la quantité.* — Le monde est limité dans l'espace et dans le temps; — le monde n'est limité ni dans l'espace ni dans le temps.

a) *Le monde est limité.* — En effet, supposez-le illimité dans l'espace. Il est une totalité composée d'une infinité de parties. Dès lors, cette totalité suppose une addition exigeant une infinité de moments; par conséquent, le temps actuellement écoulé est infini, ce qui est contradictoire (1). — D'autre part, supposez le monde illimité dans le temps : il y a une infinité de moments qu'il dure ; or, une infinité de moments écoulés est une contradiction.

b) *Le monde est sans limite.* — En effet, supposons-le limité dans l'espace. Dès lors, il y a en dehors de lui un espace sans contenu. Les objets sont donc en rapport avec ce qui n'est pas objet. C'est chose inconcevable. — Supposons maintenant que le monde ait commencé. Avant lui, il y aurait eu un temps sans contenu, un néant. Donc le monde serait sorti du néant, ce qui ne se peut : « *ex nihilo nihil.* »

2º *Antinomie de la qualité.* — La matière n'est pas divisible à l'infini; — la matière est divisible à l'infini.

a) La matière est chose composée ; or, tout composé suppose des éléments simples ; donc la matière n'est pas divisible à l'infini.

b) Cependant la matière est étendue, et tout ce qui est

---

(1) Si, en effet, le temps actuellement écoulé est infini, il est composé d'un nombre infini d'instants. Or l'idée d'un nombre infini implique contradiction, puisque tout nombre, si considérable qu'il soit, a une limite précise.

étendu est divisible à l'infini ; donc la matière est divisible à l'infini.

3° *Antinomie de la relation.* — Il y a des causes libres ; — tout est déterminé dans la nature.

a) S'il n'y avait aucune cause libre, on serait condamné à remonter à l'infini la série des causes secondes ; jamais on ne trouverait une cause première. Par cause première on entend une cause qui agit d'elle-même, sans aucune impulsion venue du dehors ; elle est libre, par conséquent.

b) Mais supposez une cause libre ; elle préexiste alors en deux états différents : dans son premier état, elle ne produit pas ses effets ; dans son second état, elle les produit. Le passage du premier état au second demeure inexpliqué.

4° *Antinomie de la modalité.* — Il existe un être nécessaire ; — tout est contingent.

a) Il existe un être nécessaire, autrement il faudrait remonter à l'infini la série des êtres contingents.

b) Il n'existe aucun être nécessaire, ni dans l'univers ni en dehors de l'univers. Si l'être nécessaire existait dans l'univers, ou il se trouverait au commencement de l'univers, ou il coïnciderait avec la série totale des phénomènes de l'univers. Dans le premier cas, l'être nécessaire ne serait plus, ce qui est contradictoire ; dans le second cas, il ne pourrait exister, car aucun phénomène n'est nécessaire, et une série de contingents ne peut produire l'être nécessaire, pas plus qu'une infinité d'idiots ne peuvent valoir un homme intelligent. — Si l'être nécessaire existait en dehors de l'univers, il serait en dehors du temps. Mais, par hypothèse, il est le principe de l'existence des choses. Or, le commencement est un moment de la durée.

Telles sont les contradictions que Kant croit découvrir dans les idées de la raison sur le monde. Il ne paraît pas impossible de concilier des thèses en apparence si opposées.

1° Le monde est limité dans l'espace et dans le temps.

— Il le faut bien. Comment concevoir un monde infini dans l'espace? Toute étendue suppose nécessairement des limites. D'autre part, le monde n'est pas éternel. Les savants peuvent déterminer approximativement l'époque de son origine. Quant à la matière première dont il est formé, matière cosmique, nébuleuse primitive, comme on voudra l'appeler, si Dieu l'avait créée de toute éternité, elle eût traversé un nombre infini d'instants, ce qui est impossible. — Au delà du monde, c'est l'espace imaginaire, l'espace vide, le néant. On ne peut être en relation avec ce qui n'est pas. Ainsi s'évanouit la difficulté proposée par Kant contre l'affirmation d'un monde limité dans l'espace. Quant au néant, on ne l'a jamais regardé comme la cause de quoi que ce soit. Sans être la cause de l'être, il est cependant un antécédent de l'être, ce qui n'a rien de contradictoire.

2º La matière est à la fois étendue et force. Si on la considère comme simplement étendue, on conçoit une matière purement abstraite, celle dont s'occupent les géomètres. Ainsi conçue, la matière est divisible à l'infini, mais la matière réelle n'est pas divisible à l'infini. Au delà d'une certaine limite, elle échappe à la division, et cela parce qu'elle est force en même temps que matière. Donc, de ce chef, point d'antinomie réelle.

3º La cause première est libre, certainement, puisqu'elle est cause totale, et n'a pu subir aucune action étrangère. Le monde qu'elle a créé était éternellement présent à sa pensée. A un moment donné, elle a fait passer ce monde de la puissance à l'acte, par un effet de sa volonté créatrice. La fin qu'elle s'est proposée en cela est sa propre gloire et en même temps le bonheur de ses créatures. Pourquoi les a-t-elle produites à tel moment plutôt qu'à tel autre? Nous ne le savons pas, mais, par le fait même que le monde ne peut être éternel, il importe très peu qu'il ait commencé plus tôt ou plus tard. Il n'y avait pas de temps avant les choses. Le temps est une propriété des choses. Il est, dit fort bien Aristote, le nombre de leurs mouvements.

Dieu a créé le temps en même temps que les choses, et la création est de sa part la manifestation d'une activité transitive (1), qui ne perfectionne en rien son auteur, et tourne totalement au profit des êtres sur lesquels elle s'exerce.

4° Il y a un être nécessaire. — En ce point, Kant a raison. Cet être nécessaire était au commencement, ce qui ne l'empêche en rien d'être maintenant et toujours, puisqu'il est nécessaire. Il existe en dehors du temps, c'est vrai, mais non de la durée. L'idée d'éternité exclut celle de temps, parce qu'elle exclut celle de succession, mais l'éternité suppose la durée. Donc, à cet égard, aucune difficulté : l'être nécessaire était au commencement, il est maintenant, il sera toujours. Il n'est pas la pluralité des phénomènes.

La raison humaine n'est donc pas condamnée à d'éternelles contradictions, et on peut résoudre les fameuses antinomies de Kant. Sa critique de l'ancienne théodicée n'a pas plus de valeur.

C). **Théodicée.** — En considérant les principes rationnels sur lesquels reposent les preuves de l'existence de Dieu données avant lui, il les ramène à trois :

1° *La preuve ontologique.* — C'est celle de saint Anselme, de Descartes, de Leibniz. Elle a pour fondement le principe d'identité, et se résume ainsi : l'idée de Dieu implique l'existence de son objet. A cette preuve, Kant oppose l'argument suivant : « J'ai l'idée de cent thalers, donc ces cent thalers sont dans ma poche. » Gaunilon, moine de Marmoutiers, disait à peu près la même chose à saint Anselme. L'idée d'une chose contingente, d'un thaler par exemple, n'est pas l'idée de l'être absolument nécessaire. Un thaler peut être dans ma poche ou n'y être pas. L'être absolument nécessaire ne peut pas ne pas être.

2° *La preuve cosmologique, ou preuve a contingentia*

---

(1) On appelle activité transitive une activité dont l'effet sort de sa cause; exemple : la parole, l'écriture. Au contraire, l'activité immanente demeure tout entière dans sa cause ; exemple : la pensée non exprimée.

mundi. — Elle repose sur le principe de causalité. On peut la résumer ainsi : le contingent suppose le nécessaire. Or, il y a, dit Kant, un abîme entre l'Etre nécessaire et la première cause seconde. — Soit, mais l'Etre nécessaire est infini. Il a donc la puissance de combler cet abîme. Sa puissance n'a d'autre limite que l'impossible. — Rien ne prouve, dit Kant, que l'Etre nécessaire soit parfait. — L'Etre nécessaire est parfait ou bien il n'est pas nécessaire. Supposez-le imparfait ou fini. Dès lors, vous pouvez lui enlever quelque chose. Vous pouvez même peu à peu lui enlever tout son être. Par conséquent, il est contingent, ce qui est contradictoire. On peut prouver la même chose sans raisonner par l'absurde. L'Etre absolument nécessaire existe par lui-même. Il n'a donc pas un être d'emprunt, il est l'Etre par excellence; il est donc l'Etre parfait.

3º *La preuve téléologique, ou preuve fondée sur le principe de finalité.* — Rien n'a été fait en vain : « Οὐδεν μάτην. » Il y a des intentions, des fins dans la nature. Selon Kant, cette preuve conclut du sensible au suprasensible ; elle aboutit à un Dieu architecte, non à un Dieu créateur ; enfin elle part d'un principe contestable, l'existence de la finalité ; l'univers est peut-être une réalité éternelle.

Kant admet comme prouvé que nous ne pouvons passer des phénomènes aux noumènes, mais il ne l'a pas prouvé. Passer des phénomènes aux noumènes, du sensible au suprasensible, est un procédé familier à l'esprit, procédé qui repose sur ce principe évident : *Il y a toujours au moins autant de perfection dans la cause que dans son effet.* — La finalité existe, et on la reconnaît à des signes certains : nombre des coïncidences simultanées, répétition des coïncidences, accommodation. Si, en passant chaque jour au même endroit, je reçois chaque jour une grêle de projectiles, je ne tarderai pas à croire qu'on a l'intention de m'atteindre. L'accommodation des roues de la locomotive aux rails prouve que la locomotive est faite pour rouler sur des rails. — L'Univers n'est pas éternel. La raison et la science s'accordent à nous montrer toute créature comme soumise à la loi du temps ; Dieu seul est éternel, il est l'éternité. Il n'y a pas d'éternité en dehors de Dieu, car l'Eternité c'est la possession simultanée de toutes les perfections, c'est la perfection absolue.

On peut s'en rendre compte, la dialectique transcendantale de Kant est un vaste réquisitoire contre la raison humaine. Kant le conclut dignement : Il faut, dit-il, suspendre son jugement dès qu'il s'agit des noumènes. Nous n'en pouvons rien connaître. A consulter la raison pure, le monde des choses en soi est « le rêve d'un rêve. »

§ II. — QUE DOIS-JE FAIRE ? LES FORMULES DU DEVOIR.

Ce n'est pas là pourtant le dernier mot de Kant. Il aboutit au scepticisme par la critique de la raison pure, mais il n'est sceptique ni d'intention ni de fait. Il ne l'est pas d'intention, parce qu'il a toujours cherché les fondements de notre croyance aux réalités suprasensibles ; il ne l'est pas de fait, parce qu'il appuie ces croyances sur l'existence du devoir.

Le devoir, voilà, selon lui, le « *quid inconcussum*, » le roc inébranlable sur lequel repose la métaphysique. Pour Descartes, le « *Cogito, ergo sum* » est la première vérité manifestement inébranlable ; pour Emmanuel Kant, rien n'égale en certitude l'*impératif catégorique*. Aussi bien, cet impératif le ravit autant que la contemplation du ciel étoilé : « Deux choses, s'écrie-t-il, remplissent mon âme d'une admiration toujours nouvelle, le ciel étoilé au-dessus de ma tête et la loi morale au fond de mon cœur. »

Définition du devoir. — L'impératif catégorique est un impératif absolument désintéressé. Dès qu'un intérêt quelconque nous fait agir, nous n'obéissons pas au devoir, mais à un *impératif hypothétique*, c'est-à-dire à un commandement conditionnel. L'impératif catégorique prescrit sans condition : sois tempérant, sois probe, supporte la vie. Au contraire, l'impératif hypothétique commande sous condition : si tu veux te bien porter, observe la tempérance ; si tu veux conserver tes clients, évite toute fraude dans le commerce ; si tu veux obéir à la nature, conserve ta vie. Celui-là même qui agit d'après des motifs très relevés, comme le désir de plaire à Dieu, obéit à un impératif hypothétique. C'est l'espérance ou la crainte qui le pousse, peut-être toutes deux à la fois, ce n'est pas la simple intention d'accomplir le devoir. « *Le devoir est l'accomplissement de la loi par respect pour la loi.* »

Première formule du devoir. — La volonté qui se soumet au devoir, par le fait même qu'elle n'obéit à aucun intérêt, ne relève que d'elle-même. Elle a donc une valeur absolue. « Il n'y a qu'une chose dans le monde et même en dehors du monde qui ait une valeur absolue, » c'est la volonté libre et raisonnable, la volonté droite, la bonne volonté. La bonne volonté est fin en soi, et toutes les bonnes volontés sont égales. De là cette formule du devoir : « Agis de telle sorte que tu traites toujours la volonté raisonnable, c'est-à-dire l'humanité, en toi et en autrui, comme une fin, non comme un moyen. »

Deuxième formule. — Puisque toutes les volontés libres et raisonnables sont des fins, non des moyens, il y a une république des fins. Et dans cette république, chacun, ne relevant que de soi, est à la fois législateur et sujet. La volonté libre est autonome. Elle-même s'impose la loi qu'elle accomplit. De là cette autre formule du devoir : « Agis comme si tu étais législateur en même temps que sujet dans la république des volontés libres et raisonnables. »

Troisième formule. — Parce que la volonté droite est libre, elle est fin en soi et autonome, c'est-à-dire législatrice en même temps que sujet ; d'autre part, parce qu'elle est raisonnable, toutes les volontés droites sont d'accord. Voilà pourquoi, dans la pratique, on reconnaît le devoir à ce signe : il est universel. De là cette troisième formule : « Agis de telle sorte que la maxime de ton acte puisse être érigée en loi universelle. » La maxime de l'acte, c'est le motif qui l'a inspiré. S'approprier les dépôts confiés est une maxime qu'on ne peut ériger en loi universelle ; aussi, elle est contraire au devoir.

Quatrième formule. Définition du droit. — La loi morale règle tous nos actes. Le droit, au contraire, règle seulement nos actes extérieurs, ou plutôt nos relations avec nos semblables. D'ailleurs, comme la loi morale elle-même, il dérive de la volonté libre. La loi morale prescrit à l'homme de respecter en lui-même la volonté libre et raisonnable ; le droit lui prescrit de respecter en autrui cette même volonté libre et raisonnable. La formule du droit est la suivante : « Agis extérieurement de telle sorte que ta liberté puisse s'accorder avec la liberté de chacun, suivant une loi générale de liberté pour tous. »

Appréciation. — Les quatre formules que nous venons d'expliquer, résument toute la morale de Kant et font bien connaître la manière dont il entend le devoir. Seulement, on ne comprend pas que la volonté libre se prescrive à elle-même sa loi. Si chacun est son législateur, comment la loi du devoir peut-elle être universelle ? — C'est, répond Kant, parce que chacun se prescrit à lui-même ce qui est raisonnable. — Soit, mais qu'est-ce qui est raisonnable ? N'est-ce pas l'ordre ? Kant le reconnaît, puisqu'il dit : « La bonne volonté est fin en soi. Toutes les volontés libres et raisonnables sont égales. » Cela veut dire : la personne morale est au-dessus des choses, et toutes les personnes morales sont également au-dessus des choses. Dès lors, pourquoi ne pas ajouter : la personne morale est subordonnée à Dieu ? Ainsi on exprimerait complètement l'ordre moral.

La volonté libre doit réaliser l'ordre, et on s'explique

par là le caractère universel du devoir. Mais, par le fait même, la volonté libre n'est pas autonome, elle doit se soumettre à l'ordre que la raison lui indique, et l'ordre est quelque chose en dehors d'elle. Il lui est manifesté, mais elle ne le crée pas. Il est indépendant d'elle; il continuerait à exister quand même elle viendrait à disparaître.

Non seulement l'ordre moral est manifesté à la volonté libre, mais il lui est commandé. Autrement, il ne serait qu'un idéal. Or, il est une obligation, c'est-à-dire une nécessité morale, une nécessité qui s'impose à la volonté sans la contraindre. Il n'y a pas moyen de comprendre l'obligation sans une volonté supérieure qui l'impose. Cette volonté n'est pas arbitraire, elle est souverainement raisonnable. Elle veut la réalisation de l'ordre éternel. Donc, une fois de plus, la volonté libre n'est pas autonome. L'ordre s'impose à elle de par la volonté de Dieu. On ne peut faire la morale sans Dieu. La morale indépendante est une dangereuse chimère.

Ce qui n'est pas moins dangereux, c'est ce principe : la bonne volonté a par elle-même une valeur absolue. Cela ne signifie pas seulement que la bonne volonté est fin en soi, mais encore qu'elle mérite par cela même qu'elle est bonne. « La bonne volonté ne tire pas sa bonté de ses effets ou de ses résultats, ni de son aptitude à atteindre tel ou tel but proposé, mais seulement du bon vouloir, c'est-à-dire d'elle-même. » Il ne suffit pourtant pas d'avoir bonne intention pour bien faire. Il faut encore réfléchir, consulter, étudier, pour savoir ce qui est bien. Un homme bien intentionné, qui agit sans se rendre compte de la valeur morale de ses actes, n'est pas excusable. La bonne volonté ne confère pas le droit d'agir à l'aveugle. Elle doit réaliser l'ordre voulu par Dieu. Il faut donc qu'elle s'étudie à le bien connaître.

Ces réserves faites, Kant a raison de dire que la loi morale parle au fond de nos cœurs, et qu'elle s'impose à nous. On a contesté cette grande vérité, mais le scepticisme moral est aussi peu fondé que dangereux.

§ III. — Que puis-je espérer ? les postulats de la raison pratique ou la métaphysique de Kant

C'est de cette proposition incontestable : la loi morale oblige, que Kant fait sortir toute sa métaphysique. C'est par le devoir qu'il atteint les choses en soi.

Premier postulat du devoir : la liberté. — « Devoir implique pouvoir, » a dit un disciple de Kant, et ainsi il résumait le premier postulat de la raison pratique, à savoir : l'existence de la liberté. Le devoir s'impose à nous. Comment cela se pourrait-il, si nous n'étions pas libres de l'accomplir ? Il est vrai, tous les phénomènes sont déterminés les uns par les autres, mais, avant d'être soumis aux lois de l'espace et du temps, nous avons librement choisi telle série d'actes plutôt que telle autre. Nous avons librement choisi notre caractère, une âme bonne ou une âme méchante. Le rayon de lumière blanche traverse le prisme ou ne le traverse pas, mais s'il le traverse, il est nécessairement décomposé. Ainsi notre moi intemporel a pu choisir tel caractère ou tel autre, mais une fois son caractère choisi, il ne peut le changer. — Cette assertion, remarquons-le, est manifestement contraire à l'expérience. Tout homme peut modifier son caractère.

Deuxième postulat : l'immortalité. — Le devoir, en même temps qu'il s'impose à nous, perfectionne notre âme. Et notre âme peut se perfectionner indéfiniment. Elle le doit même. Elle est appelée à la sainteté. La sainteté, jamais elle ne l'atteint en ce monde ; donc il y a une autre vie. Tel est le second postulat de la raison pratique : la vie future, exigée par l'indéfinie perfectibilité de l'âme.

Troisième postulat : Dieu. — Enfin, le devoir accompli mérite le bonheur. C'est là un jugement synthétique *a priori*, dont l'évidence est incontestable. Le bonheur, c'est l'accord de la nature avec nos désirs. Jamais, tant que nous vivons sur la terre, la nature n'est d'accord avec nos désirs. L'immortalité n'est d'ailleurs pas la condition suffisante de cet accord. La nature ne dépend pas de nous. Dieu seul peut la rendre docile à nos volontés. Il faut donc, pour réaliser notre bonheur, un Dieu bon, qui veuille nous rendre heureux ; un Dieu puissant, qui nous rende heureux en effet ; un Dieu juste et sage, qui proportionne notre bonheur à nos mérites. L'existence de Dieu, tel est le troisième postulat de la raison pratique.

Appréciation. — 1° *Il ne faut pas donner la primauté à la raison pratique sur la raison pure.* Henri Heine ne prend pas au sérieux les postulats de la raison pratique. Faisant allusion à la métaphysique que Kant pensait avoir détruite comme science, il écrit : « Et le vieux Lampe, spectateur affligé de cette catastrophe, laisse tomber son parapluie ; une sueur d'angoisse et de grosses larmes coulent de son visage. Alors Emmanuel Kant s'attendrit et montre qu'il est, non seulement un grand philosophe, mais encore un brave homme ; il réfléchit et dit d'un air moitié débonnaire, moitié malin : Il faut que le vieux Lampe ait un Dieu, sans quoi point de bonheur pour le pauvre homme... Or l'homme doit être heureux en ce monde... c'est ce que dit la *raison pratique*. Je le veux bien, moi ; que la raison pratique garantisse donc l'existence de Dieu. En conséquence de ce raisonnement, Kant distingue *la raison théorique* et *la raison pratique*, et, à l'aide de celle-ci comme avec une baguette magique, il ressuscite le Dieu que la raison théorique avait tué. » (*De l'Allemagne*, tome I, pp. 170, 171). Il y a là tout à la fois une insinuation regrettable et une critique juste. Kant n'est pas un athée ; c'est en toute sincérité qu'il cherche à prouver l'existence de Dieu par le devoir ; mais il a tort de distinguer la *raison pratique* de la *raison pure*, au point de donner la primauté à la raison pratique sur la raison pure. Notre œil diffère-t-il donc de lui-même selon qu'il contemple les astres ou qu'il assure nos pas et nous épargne des chutes ? La

raison pure et la raison pratique sont une seule et même
faculté s'exerçant diversement : l'une a pour objet la
science désintéressée, et l'autre la conduite de la vie;
mais toutes deux, au même titre, peuvent nous donner
la certitude.

Henri Heine hésite tant à reconnaître la sincérité de
Kant, qu'il le soupçonne d'avoir affirmé Dieu, l'immortalité et la vie future, « non pas seulement par amitié
pour le vieux Lampe, mais par crainte de la police. »
(*De l'Allemagne*, tome I, p. 171). Il est bien vrai, l'enseignement de Kant attira un instant l'attention du roi
de Prusse. Quand il eut publié son livre sur la *Religion
dans les limites de la simple raison*, Frédéric-Guillaume II l'invita à reconnaître « qu'il avait manqué à
ses devoirs comme instituteur de la jeunesse. » Le gouvernement du roi s'alarmait à juste titre, parce que
Kant ne cachait pas ses sympathies pour la Révolution
française; parce qu'il abusait « de sa philosophie pour
abaisser et défigurer plusieurs points fondamentaux de
la Sainte Ecriture et du christianisme »; (1) enfin parce
que, désespérant d'arriver par la raison à la certitude
des dogmes métaphysiques, il favorisait les progrès du
scepticisme. Ces griefs sont fondés, mais la *Critique
de la raison pratique*, qui renferme l'exposé des
croyances métaphysiques de Kant, avait paru depuis
six ans lorsque ce philosophe fut mis en demeure, « sous
peine de disgrâce, de se justifier » aux yeux de Guillaume II. Il n'y a donc aucun motif de voir dans les
postulats de la raison pratique de simples déclarations
destinées à assurer la sécurité de leur auteur, et Henri
Heine paraît plus près de la vérité quand il ajoute, en
parlant de Kant : « A-t-il, en ruinant toutes les preuves
de l'existence de Dieu, voulu nous montrer combien il
est triste pour nous de ne rien savoir sur Dieu? Il fit à
peu près en cela comme un westphalien de mes amis,
qui brisa toutes les lanternes de la rue Grohnd à Goet-
tingue, et, dans l'obscurité, nous fit un long discours sur

(1) Rescrit de Frédéric-Guillaume II à Kant (1794).

la nécessité pratique des lanternes qu'il avait lapidées d'une manière théorique, pour nous montrer que, sans leur lumière bienfaisante, nous n'y pouvons rien voir! » (*De l'Allemagne*, tome I, page 171).

2° *Nous pouvons connaître quelque chose au delà des phénomènes*. Il n'est pas vrai que Kant ait ruiné les preuves de l'existence de Dieu : il en a fait la critique, mais elles demeurent. Il n'est pas vrai non plus que nous ne puissions rien savoir sur Dieu : nous pouvons connaître avec certitude que Dieu existe, et nous pouvons déterminer ses principaux attributs. Pour y arriver, nous nous servons du principe de causalité ainsi conçu : *le monde visible a une cause, et cette cause renferme au moins autant de perfection que ses effets*. Sans doute, l'homme demeure libre de croire en Dieu ou de n'y point croire, mais les hommes qui croient en Dieu peuvent parfaitement raisonner leur croyance, et lui donner ainsi le caractère d'une connaissance vraiment scientifique. C'est un gros malheur pour une foule de bons esprits de notre temps, de croire, après Kant, que notre connaissance est limitée aux phénomènes, et de regarder la métaphysique, non comme un système de fermes croyances, — ainsi l'entendait Kant, — mais comme un recueil d'hypothèses relatives aux plus hautes questions qui agitent l'humanité.

3° *Kant fait le procès de l'esprit par l'esprit*. Cela devait arriver. Heine le dit fort bien, la révolution philosophique accomplie par Kant n'est « autre chose que la dernière conséquence du protestantisme. » Cette révolution consiste à imposer aux choses les lois de l'esprit, au lieu de chercher à conformer les idées de l'esprit à la réalité des choses. Ce changement de point de vue parut à Kant un titre de gloire si assuré, qu'il ne craignait pas de se comparer à Copernic. Il était tout simplement un continuateur de Luther. Le célèbre moine saxon avait solennellement brisé le joug de l'autorité dogmatique confiée à l'Eglise, et il avait laissé à chaque croyant le soin d'interpréter l'Ecriture sainte d'après son inspiration personnelle. De là des variations sans nombre au sein du protestantisme. La divergence des symboles est un signe manifeste d'erreur. Une seule profession de foi peut être l'expression de la vérité.

Fatiguée d'errer à l'aventure, la raison humaine en vint à se demander jusqu'où elle pouvait aller ; elle songea à fixer ses propres limites. Pour cela, elle fit la critique d'elle-même. Ce fut l'œuvre de Kant.

Ce philosophe chercha donc quelles sont les lois de notre raison, et comment, dans la connaissance, ces lois s'imposent aux choses. Cette recherche aboutit à deux conclusions demeurées célèbres : nous ne connaissons point les choses en elles-mêmes ; seuls les phénomènes sont à notre portée. Dès que nous voulons aborder les choses en soi, notre raison s'embarrasse dans des contradictions qui la réduisent au silence.

Singulière ironie ! la *Critique de la raison pure* avait pour but d'écarter ces contradictions, et elle est elle-même une contradiction. Kant a fait le procès de l'esprit par l'esprit, car on ne peut dire ce que vaut la raison sans recourir à la raison elle-même.

Conclusion. — Ainsi donc, émancipée par Luther, la raison humaine finit par se renier elle-même avec Kant.

Ceci fait songer à une grave leçon donnée par saint Thomas : « La sagesse humaine mérite le nom de sagesse tant qu'elle demeure soumise à la sagesse divine ; dès qu'elle s'éloigne de Dieu, elle se change en folie. » (1)

Cette sagesse humaine devenue folie, notre siècle, héritier de Kant, en a vu tous les excès. Il a vu la philosophie se séparer plus que jamais de la Foi, et même la combattre ; il a vu, par un juste retour des choses, la science proclamer sa suprématie, et laisser dédaigneusement aux philosophes ce qu'elle appelle le domaine du rêve ; il a vu enfin la science se détruire elle-même en affirmant l'universelle relativité de nos connaissances.

---

(1) « Humana sapientia tamdiu est sapientia quamdiu est subjecta sapientiæ divinæ ; sed quando recedit a Deo, tunc vertitur in insipientiam. » *(Commentaria in primam Epistolam B. Pauli ad Corinthios).*

Quelle moisson d'erreurs ! Les semences jetées par Kant ont produit tous ces maux.

Et ce siècle, à son déclin, s'aperçoit que la critique est semblable à un vent qui dessèche et qui brûle. Il s'aperçoit qu'il n'a pas d'âme, et il en demande une. (1)

L'âme qu'il faut aux hommes de demain, c'est un ardent amour de la vérité. Qu'ils cherchent la vérité par la Foi, par la Raison et par la Science : « *Viribus unitis !* » Ce n'est pas trop, pour un tel but, de toutes leurs forces réunies.

---

(1) L'idéal est fidèle autant que l'Atlantique :
Il fuit pour revenir, et voici le reflux !
Qu'une grande jeunesse ardente et poétique
Se lève ! On eut l'esprit critique :
  Ayez quelque chose de plus !

Ayez une âme ; ayez de l'âme ; on en réclame !
De mornes jeunes gens aux grimaces de vieux
Se sont, après un temps de veulerie infâme,
Aperçus que n'avoir pas d'âme,
C'est horriblement ennuyeux.
  (Edmond Rostand aux élèves du Collège Stanislas,
    3 mars 1898).

CHAPITRE XXII.

VICTOR COUSIN ET SON ÉCOLE.

Au commencement du xixe siècle, les idées de Kant n'avaient pas encore pénétré en France. La philosophie française était alors représentée par les disciples de Condillac : Destutt de Tracy et La Romiguière. Ni l'un ni l'autre ne connaissait l'antiquité ; tous deux avaient perdu de vue Descartes et Malebranche ; à peine lisaient-ils Leibniz, et ils ne savaient rien de Spinoza. La philosophie de Berkeley, celle de Hume et celle de Reid leur étaient également inconnues, et leur ignorance n'était pas moins grande en ce qui concerne l'Allemagne.

De Gerando avait bien publié en 1804 un ouvrage très estimable malgré ses lacunes : l'*Histoire comparée des systèmes de philosophie*, mais la froideur du style, l'insuffisante préparation des lecteurs et les préjugés du temps furent causes que ce livre n'exerça aucune influence. D'après l'opinion universellement reçue alors, toute la philosophie antérieure à Condillac n'était qu'un tissu de rêveries.

On s'expliquerait difficilement une telle ignorance si l'on ne songeait que la Révolution française avait brisé toute tradition. En supprimant les établissements d'instruction publique sans les remplacer d'une manière suffisante, elle avait pour ainsi dire fait le vide dans les intelligences. Par là il advint que Victor Cousin entra à l'Ecole normale sans rien savoir en philosophie (1). Cousin cependant a exercé une influence considérable sur la

---

(1) Il n'y avait pas alors de classe de philosophie dans les lycées ; elle fut établie par le Règlement du 19 septembre 1809.

philosophie de ce siècle, et à ce titre il mérite d'arrêter un moment l'attention.

§ 1. — La vie et les écrits de Victor Cousin.

Victor Cousin naquit à Paris, le 28 novembre 1792, d'une famille d'ouvriers pauvres. Il fut, pour ainsi dire, abandonné à lui-même jusqu'à l'âge de dix ans. « Au commencement de l'année 1803, à quatre heures et demie du soir, les enfants sortaient tumultueusement du lycée Charlemagne, et poursuivaient à grands cris un de leurs camarades revêtu d'une houppelande qui, à leurs yeux du moins, le rendait fort ridicule. C'était Epagomène Viguier..., depuis professeur de grec et directeur des études à l'Ecole normale, le plus doux, le plus savant et le plus gauche des hommes. Il n'était alors que le plus doux et le plus gauche des écoliers. Au lieu de résister et de se défendre, il pleurait à chaudes larmes. Plus il pleurait, plus on le houspillait. Il était donc bousculé, poussé, frappé, quand un gamin de onze ans, qui jouait dans le ruisseau, se jeta au milieu de la mêlée et dispersa la bande des persécuteurs en administrant aux plus acharnés une volée de coups de poing. Madame Viguier fut informée le soir même de cet acte d'héroïsme. Elle apprit que le jeune vainqueur appartenait à une famille d'ouvriers ; que, par pur hasard, il savait lire et écrire, et qu'il vagabondait toute la journée en attendant le moment d'entrer en apprentissage. Elle déclara qu'elle se chargeait des frais de son instruction. Il entra au lycée Charlemagne, marcha à pas de géant, faisant deux classes chaque année et raflant tous les prix du concours général. Sans cette volée de coups de poing administrée à propos, nous en serions peut-être en France à l'amusante et spirituelle philosophie de La Romiguière. » (Jules Simon, *Victor Cousin*, pages 9 et 10).

L'Ecole normale. — En 1810, au moment où Cousin sortit du lycée, il entra à l'Ecole normale, qui s'ouvrait alors pour la première fois. Il fut le premier de la première promotion, non à la suite d'un concours, mais d'après un classement fait par les inspecteurs généraux au cours de leurs tournées. L'année suivante il entendit La Romiguière, ce qui donna à ses études une direction nouvelle. Il rappelle lui-même ce souvenir dans une page écrite en 1833 : « Il est resté et restera toujours dans ma mémoire, avec une émotion reconnaissante, le jour où, pour la première fois, en 1811, élève de l'Ecole normale, destiné à l'enseignement des lettres, j'entendis M. La Romiguière. Ce jour décida de toute ma vie : il m'enleva à mes premières études, qui me promettaient des succès paisibles, pour me jeter dans une carrière où les orages et les contrariétés ne m'ont pas manqué. Je ne suis pas Malebranche, mais j'éprouvai en entendant M. La Romiguière, ce qu'on dit que Malebranche éprouva en ouvrant par hasard un traité de Descartes. » (*Fragments*, préface, 1833).

Le professorat. — Le séjour à l'Ecole normale durait deux ans. En 1812, Cousin fut nommé suppléant de Villemain dans la chaire de littérature grecque. Il était âgé de vingt ans, et on avait songé à le nommer professeur de philosophie, ce qui montre bien où en était l'enseignement de la philosophie à cette époque : on improvisait les professeurs.

Royer-Collard, que devait remplacer Cousin en 1815, avait été improvisé au pied de la lettre, ce qui valut à la philosophie française d'alors une nouvelle source d'idées: *les Essais de Thomas Reid*. C'était beaucoup, si l'on songe à la pauvreté doctrinale des disciples de Condillac (1).

« Cousin professa le grec comme suppléant pendant l'année 1812..... En 1813 il fut chargé de conférences de

(1) Royer-Collard ne connut Reid que par une sorte de hasard : « M. Royer-Collard, ancien greffier de la commune de Paris, ancien membre du Conseil des Cinq-Cents, avocat, nullement philosophe, fut nommé professeur de philosophie en 1809. Or, il faut qu'un professeur de philosophie enseigne la philosophie ; pour l'enseigner, il faut la savoir. M.

philosophie. La fonction de maître de conférences consistait à suivre avec les élèves les leçons de la Faculté des lettres et à les discuter ensuite avec eux. Cousin eut pour auditeurs à l'École normale, en 1813, Bautain et Jouffroy; en 1814, Damiron. Bautain, Jouffroy, Damiron composèrent dès lors son petit cénacle. C'étaient des condisciples autant que des élèves. »

Jouffroy, élevé dans le catholicisme, avait alors perdu la foi de son enfance, et il désirait la remplacer par une religion purement naturelle. Il pensait que ses maîtres en philosophie l'aideraient à démontrer par la raison seule les dogmes les plus essentiels du christianisme. On ne lui parla que de l'origine des idées, et ce fut pour lui une amère déception : « M. de La Romiguière, dit-il, avait recueilli comme un héritage la philosophie du xviiie siècle rétrécie en un problème et ne l'avait pas étendue. Le vigoureux esprit de M. Royer-Collard, reconnaissant ce problème, s'y était enfoncé de tout son poids et n'avait pas eu le temps d'en sortir. M. Cousin, tombé au milieu de la mêlée, se battit d'abord, sauf à en chercher la solution plus tard. Toute la philosophie était dans un trou où l'on manquait d'air et où mon âme, récemment exilée du christianisme, étouffait; et cependant l'autorité des maîtres et la ferveur des disciples m'imposaient, et je n'osais montrer ni ma surprise ni mon désappointement. » (Jouffroy, *Nouveaux mélanges*, 2e édition, page 88).

Cousin, lui, était rempli d'enthousiasme. Son âme ardente ne demandait qu'à s'enflammer. D'ailleurs, le problème de l'origine des idées, abstrait et stérile en apparence, lui paraissait étroitement lié avec les questions les plus hautes et les plus vitales de la métaphy-

---

Royer-Collard, qui ne la savait pas, se promenait sur les quais à la recherche d'un maître. Il le trouva dans l'étalage d'un bouquiniste. Un volume dépareillé des *Essais de philosophie* de Reid fut pour lui ce qu'avait été Descartes pour Malebranche, ce qu'était, presque au même moment, La Romiguière pour Victor Cousin. » (Jules Simon, *Victor Cousin*, pages 12 et 13).

sique. Il lui semblait, par exemple, que le sensualisme devait logiquement aboutir au matérialisme, et que la doctrine des idées innées avait pour conséquence nécessaire le scepticisme (1).

Le 13 novembre 1815, Royer-Collard, abandonnant la philosophie pour la politique, choisit Cousin comme suppléant. « Ce dernier entrait ainsi dans l'enseignement public après une préparation bien insuffisante, puisqu'elle n'avait guère duré que deux ans. Je dirai sur-le-champ qu'outre La Romiguière et Royer-Collard, il eut pour maître un homme qui ne faisait pas métier d'enseigner la philosophie, mais qui, pour le talent de l'observation intérieure, la finesse et la profondeur du sens psychologique, n'avait pas d'égal en France ; c'était Maine de Biran, le seul de ses maîtres que je n'aie pas personnellement connu. Il apprit de La Romiguière à étudier la sensation, de Royer-Collard à étudier l'intelligence, et de Maine de Biran à étudier la volonté.

« Les leçons de la première année (1815-1816) roulèrent presque exclusivement sur la philosophie écossaise. M. Cousin était soutenu dans son enseignement par les trois maîtres que je viens de nommer ; mais sa pensée allait plus vite que la leur ; il les eut bien vite résumés, complétés et dépassés. L'Allemagne l'attirait, comme un pays nouveau et inconnu, dont on disait des merveilles (2). Il apprit l'allemand, qu'il ne sut jamais bien, et se mit à déchiffrer Kant, avec des peines infinies, non dans le texte, mais dans le latin barbare de Born. Il en

(1) Condillac était sensualiste ; il ne fut pas matérialiste. Si les idées ne sont pas innées, les premiers principes le sont, ce qui n'implique pas le scepticisme. L'innéisme des idées ne l'impliquerait pas davantage.

(2) Le livre *De l'Allemagne*, de Madame de Staël, imprimé pour la première fois en 1810, avait été l'objet de la censure impériale. Il reparut en 1814 et eut un grand succès. Cousin, d'ailleurs, fut reçu par Madame de Staël elle-même, dans l'hiver de 1817, quelques mois avant la mort de cette femme illustre. C'est elle, sans doute, qui lui suggéra l'idée d'aller en Allemagne. Il en avait alors « assez de la philosophie écossaise. » Il voulut voir Schelling et Hegel, qui allaient devenir les inspirateurs de sa philosophie.

était encore au déchiffrement, quand il mit la philosophie de Kant sur son affiche. Ce qu'il n'avait pas lu, il le devina. De même qu'à la fin de 1816 il avait laissé derrière lui Royer-Collard et Maine de Biran, il crut, à la fin de 1817, avoir dépassé la philosophie de Kant, et il voulut aller étudier sur les lieux la nouvelle philosophie allemande, la philosophie de la nature, que Schelling venait de fonder sur les ruines de l'école de Kant (1). Tout l'attirait vers ce nouveau maître ; il semble même

(1) D'après Kant, on s'en souvient, nous ne connaissons pas les choses telles qu'elles sont en elles-mêmes ; nous les connaissons seulement telles qu'elles nous apparaissent à travers les formes a priori de la sensibilité, les catégories de l'entendement et les idées de la raison. C'est le moi qui impose ses lois aux choses. Les choses existent, mais elles nous sont inconnues.
Qu'est-ce, dit Fichte, que cet inconnu que l'on appelle la matière ? C'est le non-moi, c'est-à-dire la limite du moi. Cette limite, le moi se l'impose à lui-même pour la franchir par un acte de liberté. Et quand il l'a franchie, il en pose une autre plus reculée pour la franchir encore. Ainsi, peu à peu, le moi atteint son plein développement et réalise l'idéal de son être ; il est alors le moi absolu. — Au dire de Schelling, le moi et le non-moi sont deux aspects différents d'une seule et même nature. Puisque le moi absolu est l'idéal, il ne peut y avoir qu'un seul moi : on ne conçoit pas deux absolus. Les individualités conscientes d'elles-mêmes sont donc simplement des aspects divers d'une réalité unique, qui est la volonté. L'absolu véritable est la liberté absolue du vouloir. Toute volonté individuelle doit renoncer à elle-même en faveur de la volonté universelle ; tel est l'idéal moral et religieux de l'homme.
Schelling est idéaliste comme Fichte : l'un et l'autre regardent l'idéal comme le principe de toute existence. Seulement, Fichte place l'idéal dans le moi absolu ; à cause de cela, les Allemands ont donné à sa doctrine le nom d'*idéalisme subjectif*. Pour Schelling, au contraire, l'idéal est totalement en dehors du moi. La philosophie de Schelling est un *idéalisme objectif*. C'est la philosophie de la nature substituée à la philosophie du moi ; l'une n'est que le développement de l'autre.
Pour Hegel, l'idéal n'est pas une réalité supérieure aux phénomènes, un être en soi, immobile derrière le voile mouvant des choses. Selon lui, l'absolu est intérieur aux choses, il n'est pas transcendant, il est immanent. Il est dans la réalité même. De plus, l'idéal n'est pas une volonté, c'est la raison qui porte en elle la nécessité de sa propre existence, et tend à se réaliser par le fait même qu'elle est la raison. Puisque l'idéal et le réel sont identiques, il faut dire que « tout ce qui est rationnel est réel », et que « tout ce qui est réel est rationnel. »

qu'avant de l'avoir étudié, il se sentait porté vers cette doctrine par le courant de ses idées. » (J. Simon, *Victor Cousin*, pages 13, 14, 15, 16).

Les voyages en Allemagne. — Cousin fit trois voyages en Allemagne. A Heidelberg, en 1817, il rencontra Hegel, se lia d'amitié avec lui, et à son retour en France il dit à ses amis : « Je viens de voir un homme de génie. » Hegel à cette époque n'était encore qu'un disciple distingué de Schelling. Il fit connaître à Cousin la doctrine de son maître, et dès lors, l'enseignement

---

D'autre part, la raison absolue n'est pas immuable ; elle est une pensée toujours en progrès. Il en est de même de la réalité, puisque la réalité ne fait qu'un avec la raison. L'absolu est donc un éternel progrès. Les choses ne procèdent pas de lui, mais il se manifeste progressivement dans les choses. Si on veut l'appeler Dieu, il faut dire : « Dieu n'est pas, il devient. » Une seule chose est absolue, c'est l'éternel devenir.

Il y a bien là une contradiction manifeste : Hegel identifie l'absolu et le relatif, mais cela ne le déconcerte pas. C'est justement dans la conciliation des contraires qu'il fait consister le mouvement, la vie et le progrès. L'absolu, pour lui, est une synthèse de plus en plus élevée des choses qui paraissent inconciliables. Il y a deux logiques : l'une superficielle, qui repose sur le principe de contradiction ; l'autre profonde, qui est la science même de l'être et qui ne fait qu'un avec la métaphysique. Son objet est l'identité des contraires. Sans doute, les idées abstraites de lumière pure et d'obscurité pure sont incompatibles, mais, en réalité, la lumière est toujours mêlée de ténèbres.

Appréciation. — La synthèse des contraires n'est pas l'identité des contraires. Il y a dans la nature des synthèses merveilleuses, et l'homme lui-même en est une, mais il demeure certain qu'une idée contradictoire est absolument irréalisable. Aucun progrès de l'absolu n'identifiera jamais la matière et la pensée, si admirablement unies dans le composé humain. La matière est étendue ; la pensée est inétendue ; on peut concilier des choses aussi diverses, mais il est impossible de les identifier.

L'identité des contraires proclamée comme la souveraine raison, c'est la négation même de la raison. La philosophie de Hegel a été appelée *l'idéalisme absolu*, parce qu'elle sépare l'idéal du moi et du non-moi ; on pourrait aussi lui donner le nom *d'erreur absolue*, parce qu'elle affirme comme absolu ce qui est la contradiction suprême.

Cette contradiction est d'ailleurs inhérente au panthéisme idéaliste, dont les doctrines de Fichte, de Schelling et de Hegel ne sont que des formes diverses. Seulement, Hegel a déclaré que l'identité des contraires est la loi essentielle de l'être.

du jeune suppléant fut tout pénétré de cette nouvelle philosophie dont il disait : « Elle est vraie ; elle est le vrai. »

L'année 1820 fut marquée par l'assassinat du duc de Berry. Il en résulta une réaction énergique de la part du pouvoir contre les idées libérales (1).

Cousin, bien que, au fond, très attaché au pouvoir, faisait volontiers parade de son libéralisme. Sa parole, parfois intempérante, passionnait la jeunesse libérale, et il était la plus brillante personnification de la jeune université. On supprima son cours, et la parole ne lui fut rendue qu'en 1828.

Il employa bien ces huit années de silence. Précepteur du fils du duc de Montebello, il fut chargé, en 1824, de faire voir l'Allemagne à son élève. La perspective de revoir Hegel le ravit, mais il dut passer six mois en prison. On l'accusait de prêcher le carbonarisme (2) et on le soupçonnait d'être venu en Allemagne pour diriger un complot contre le gouvernement. On lui fit son procès en règle, mais Hegel intervint, et c'est peut-être à lui que Cousin dut sa délivrance. Il avait profité de son séjour en prison pour se familiariser davantage avec

(1) Les *idées libérales* tendent à restreindre l'autorité du pouvoir civil, et à accorder aux citoyens les plus amples libertés possibles. Les libéraux, par exemple, réclament la liberté civile, la liberté politique, la liberté religieuse. — Il y a libéralisme et libéralisme. La liberté du bien seule est la vraie liberté. La réclamer ardemment, c'est faire preuve d'un libéralisme bien entendu. Au contraire, le libéralisme absolu est mauvais, parce qu'il ne distingue pas le bien du mal. Accorder la même liberté au bien et au mal, à la vérité et à l'erreur, c'est mal comprendre la liberté. Nul n'est libre d'agir à son gré ; la liberté implique une loi ; elle est un pouvoir de choisir en vue du bien. D'après cela il faut dire, par exemple, que la liberté absolue de la presse est un mal, car on abuse de la presse pour anéantir l'influence de la religion, pour favoriser le progrès des mauvaises mœurs, pour décrier le pouvoir, voire même pour organiser l'anarchie.

(2) Les *carbonari* étaient primitivement des conspirateurs italiens du parti guelfe. Pour échapper à la surveillance des gibelins, ils se réunissaient dans des cabanes de charbonniers. Au commencement du dix-neuvième siècle, le carbonarisme reparut sous la forme d'une société secrète fort dangereuse, à laquelle on attribue diverses insurrections.

l'allemand et lire les ouvrages de Kant, de Fichte, de Jacobi (1) et de Hegel. Une seule chose le préoccupait dans sa prison : « La traduction de Platon n'était pas finie. » Du moins il en avait publié les premiers volumes. Il considérait cette traduction comme son œuvre principale. Il avait aussi publié une bonne édition de Descartes et une édition de Proclus (2).

La vie publique. — En 1828, Cousin reprit son enseignement, qui fut définitivement arrêté par la révolution de 1830. Sous le gouvernement de Juillet, il fut comblé d'honneurs : on le nomma professeur titulaire à la Sorbonne, membre du conseil royal de l'instruction publique et conseiller d'Etat en service extraordinaire. Au conseil royal de l'instruction publique, il avait cette supériorité sur ses collègues, qu'il était le chef de l'Ecole normale. Ce titre lui assura pendant vingt années une influence énorme sur l'enseignement secondaire en France, en particulier sur l'enseignement de la philosophie. L'Académie française lui avait déjà ouvert ses portes quand, en 1832, il fut désigné comme devant faire partie de l'Académie des sciences morales et politiques, qui venait d'être fondée. Créé pair de France la même année, il fut ministre de l'instruction publique en 1840.

Après la révolution de 1848, le conseil royal dissous, Cousin ne tenait plus à l'Université que par son titre de professeur à la Sorbonne. Depuis 1830, d'ailleurs, sa chaire était occupée par des suppléants.

Les écrits de Cousin. — En 1852, une ordonnance ministérielle le plaça au rang des professeurs honoraires. A partir de ce moment jusqu'à sa mort, il con-

---

(1) Jacobi est, à certains égards, un disciple de Kant. C'est surtout un mystique. Il rejette toute philosophie spéculative et fonde la connaissance sur le sens moral et sur le sens religieux.

(2) Proclus était un philosophe de l'école d'Alexandrie. Il vécut au ve siècle et enseigna à Athènes (Voir page 161 du présent livre). Ce qui nous de reste lui fut publié par Cousin sous le titre de *Procli philosophi platonici opera*. 6 vol., texte et traduction latine.

sacra tous ses loisirs à revoir ses écrits et à composer de nouveaux ouvrages.

Ses livres sont nombreux. Ils attestent une prédilection marquée pour les recherches historiques, comme aussi pour les travaux d'art et de littérature. Nous avons déjà mentionné l'édition de Descartes, celle de Proclus et la traduction des dialogues de Platon. Il faut citer encore les *Pensées de Pascal*, restitution très intéressante du texte primitif jusque-là si profondément altéré; l'ouvrage intitulé : *Du Vrai, du Beau et du Bien*, qui est un résumé très épuré du *cours de philosophie* professé à la Sorbonne en 1818; de nombreux *Fragments philosophiques*; toute une série d'*Etudes sur les femmes et la société du* xviie *siècle*; une *Histoire générale de la philosophie depuis les temps les plus reculés jusqu'au* xviiie *siècle ;* simple remaniement du *Cours d'histoire de la philosophie* fait à la Sorbonne ; enfin, un grand nombre de travaux d'érudition. Avant même de prendre sa retraite, Cousin avait donné une première édition générale de ses œuvres. Elle comprenait 22 volumes in-18. L'auteur de tant de travaux a été vivement discuté comme philosophe, mais on ne peut méconnaître la beauté de son style. En philosophie, c'est l'un des premiers écrivains de notre temps et peut-être de notre langue.

Sa mort. — Cousin mourut à Cannes, le 13 janvier 1867. « Jusqu'à la dernière heure, il conserva la plénitude, la force, l'entrain de son esprit. Il est mort en s'endormant ; aucune lutte, aucun effort, aucune souffrance n'a signalé ses derniers moments, et la mort même n'a pas altéré la fière et forte beauté de ses traits. Il ne put avoir avec personne aucune communication, aucune conversation ; personne n'a recueilli ses dernières pensées, personne n'a eu le dernier secret de cet homme qui a eu un si grand rôle dans l'histoire philosophique de notre âge. » (Paul Janet, *Revue des deux mondes*, 1er février 1867).

Une mort chrétienne eût été bien préférable à cette

mort « sans douleur et sans conscience », et surtout bien plus digne de ce « grand traducteur du Phédon », de cet admirateur de Descartes, (1) de cet homme enfin qui, en 1853, adressait ces paroles à la jeunesse en lui dédiant un de ses plus beaux livres : « N'écoutez pas ces esprits superficiels qui se donnent comme de profonds penseurs parce qu'après Voltaire ils ont découvert des difficultés dans le christianisme : vous, mesurez vos progrès en philosophie par ceux de la tendre vénération que vous ressentirez pour la religion de l'Evangile. » (*Du Vrai, du Beau et du Bien*, avant-propos).

§ II. — CARACTÈRES GÉNÉRAUX DE LA PHILOSOPHIE DE COUSIN. SES PRINCIPALES DOCTRINES.

Cousin affirme qu'il eut trois maîtres : La Romiguière, Royer-Collard et Maine de Biran. A chacun d'eux, il emprunta quelque chose; tous trois contribuèrent à lui apprendre la science de l'homme, et à lui faire connaître l'importance de la psychologie.

1° Cousin fonde la philosophie sur l'observation psychologique. — « Ne nous lassons pas de l'expérience, dit-il. Attachons-nous fidèlement à la méthode psychologique; elle a ses longueurs, elle nous condamne à plus d'une redite, mais elle nous place d'abord et nous retient longtemps à la source de toute vérité et de toute lumière. » (*Du Vrai, du Beau et du Bien*, 11ᵉ leçon).

Il s'en faut bien, toutefois, que Cousin soit un observateur patient comme Jouffroy. Ce dernier est un psychologue de premier ordre. Il a pénétré très avant dans les profondeurs de l'âme humaine. Ce que Cousin veut qu'on observe, ce qu'il appelle la nature de l'homme, ce sont les croyances permanentes du genre humain. « La première maxime de la méthode psychologique est celle-ci : la vraie philosophie n'invente pas, elle constate et décrit ce qui est. Or ici, ce qui est, c'est la croyance

---

(1) Descartes mourut en faisant profession publique de sa foi.

naturelle et permanente de l'être que nous étudions, à savoir, l'homme... Pour nous, en effet, le genre humain ne va pas d'un côté et la philosophie de l'autre. La philosophie est l'interprète du genre humain. Ce que le genre humain croit et pense, souvent à son insu, la philosophie le recueille, l'explique, l'établit. Elle est l'expression fidèle et complète de la nature humaine, et la nature humaine est tout entière dans chacun de nous et dans tout autre homme. Chez nous, on l'atteint par la conscience; chez les autres hommes, elle se manifeste par leurs discours et par leurs actions. Interrogeons donc et ceux-ci et celles-là; interrogeons surtout notre propre conscience; reconnaissons bien ce que pense le genre humain; nous verrons ensuite quel doit être l'office de la philosophie. » (*Du Vrai, du Beau et du Bien*, 11ᵉ leçon).

Ces croyances universelles sont-elles vraiment naturelles à l'homme? Peut-être s'expliquent-elles par l'éducation. Il serait bien d'observer aussi ce que croient les sauvages. — Non, dit Cousin. « Nous nions absolument qu'il faille étudier la nature humaine dans le fameux sauvage de l'Aveyron, ou dans ses pareils des îles de l'Océan ou du continent américain. L'état sauvage nous offre l'humanité au maillot, pour ainsi dire, le germe de l'humanité, mais non pas l'humanité tout entière. L'homme vrai, c'est l'homme parfait dans son genre; la vraie nature humaine, c'est la nature humaine arrivée à son développement, comme la vraie société, c'est aussi la société perfectionnée. » (*Ibidem*).

On reconnaît ici manifestement l'influence de la philosophie écossaise : Cousin veut, comme Reid, qu'on observe les faits de l'âme et que la philosophie n'aille pas à l'encontre du sens commun.

Mais il ne s'en tient pas là. L'école écossaise n'a pas de métaphysique. Cousin s'en crée une, et pour cela il va écouter les plus célèbres professeurs de l'Allemagne.

2° Cousin crée une métaphysique; il est panthéiste. — Tous à cette époque étaient passionnés pour un problème unique : Comment passer du moi au non-moi? Cousin, à leur exemple, se passionna pour ce problème. De retour en France, il l'introduisit dans son enseignement et s'appliqua à en trouver la solution. Selon lui, c'est par la raison, qui est impersonnelle, que nous pouvons passer du moi au non-moi. « La raison n'est pas autre chose que l'action des deux grandes lois de la causalité et de la substance. » Ces deux lois sont bien des catégories de notre esprit, comme l'a dit Kant, mais Kant a parlé en psychologue plutôt qu'en métaphysicien. Il faut dépasser son point de vue. Il a oublié que nous percevons spontanément les vérités absolues avant de les connaître par la réflexion. La perception spontanée de l'absolu est au début de toute vie humaine; pour un bon nombre d'hommes elle n'est jamais diminuée, jamais empêchée par la réflexion; le philosophe lui-même la retrouve par intervalles; elle est pour lui comme l'éclair qui, de temps à autre, traverse l'obscurité. Les lois de la raison dirigent notre esprit; il les connaît par la réflexion, mais en même temps il les voit d'une vue directe et spontanée, d'autant plus nette qu'il se replie moins sur lui-même. Grâce à cette vue directe du non-moi, ce dernier cesse de nous apparaître comme une hypothèse; il devient une réalité.

Cette réalité directement aperçue par la conscience, c'est Dieu, que Cousin ne distingue pas de la nature et de l'humanité. « Le Dieu de la conscience, dit-il, n'est pas un Dieu abstrait, un roi solitaire, relégué par delà la création sur le trône d'une éternité silencieuse et d'une existence absolue qui ressemble au néant même de l'existence. C'est un Dieu à la fois vrai et réel, à la fois substance et cause, toujours substance et toujours cause, n'étant substance qu'en tant que cause, et cause qu'en tant que substance, c'est-à-dire étant cause absolue; un et plusieurs, éternité et temps, espace et nombre, essence et vie, individualité et totalité; principe, fin et milieu; au sommet de l'être et à son plus humble degré ; infini et fini tout ensemble ; triple enfin, c'est-à-dire à la fois Dieu, nature et humanité. » Cette page est restée célèbre, et il est difficile, en la lisant, de ne pas donner raison à ceux qui ont accusé Cousin de panthéisme.

Cousin se récria vivement contre ce reproche, mais il s'en défendit mal. On est panthéiste, dit-il, quand on identifie Dieu et le monde ; ce n'est pas l'être que de proclamer l'unité de substance. — La métaphysique de Cousin est défectueuse, mais il a une métaphysique ; le XVIIIe siècle n'en eut pas.

Il n'eut pas de morale non plus, si ce n'est celle du plaisir. Cousin enseigna à ses contemporains la morale du devoir, empruntée à Kant. Ce fut une grande nouveauté.

3° **Cousin est un éclectique en philosophie.** — Parti d'une question de psychologie que Jouffroy appelait un trou, Cousin a traversé la philosophie écossaise, la philosophie de Kant, celle de Schelling, celle de Hegel, et il a fini par emprunter à Plotin son dogme principal : l'unité absolue aperçue par la pensée pure. Ainsi en possession d'une philosophie qu'il croit la vraie, il entreprend l'examen des plus célèbres doctrines du XVIIIe siècle : Locke et Condillac, Thomas Reid et Dugald Steward, Kant et Fichte sont tour à tour l'objet de ses leçons publiques, et c'est en s'appuyant sur l'analyse psychologique qu'il fait la part du vrai et du faux dans chaque doctrine.

Dès la première leçon du cours de 1818, il avait posé le principe de l'*éclectisme*. « Non certes que je conseille ce syncrétisme aveugle qui perdit l'école d'Alexandrie, et tentait de rapprocher forcément des systèmes contraires ; ce que je recommande, c'est un éclectisme éclairé qui, jugeant avec équité et même avec bienveillance toutes les écoles, leur emprunte ce qu'elles ont de vrai et néglige ce qu'elles ont de faux. Puisque l'esprit de parti nous a si mal réussi jusqu'à présent, essayons de l'esprit de conciliation. La pensée humaine est immense. Chaque école ne l'a considérée qu'à son point de vue. Ce point de vue n'est pas faux, mais il est incomplet, et, de plus, il est exclusif. Il n'exprime qu'un côté de la vérité et rejette tous les autres. Il ne s'agit pas aujourd'hui de recommencer l'ouvrage de nos devanciers, mais de le perfectionner, en réunissant et en fortifiant par cette réunion toutes les vérités éparses dans les différents systèmes que nous a transmis le XVIII° siècle. » (*Du Vrai, du Beau et du Bien*, discours d'ouverture).

Comme la métaphysique et la morale de Cousin, son éclectisme fut une grande nouveauté. Il semble évident maintenant que la philosophie doit puiser à toutes les sources, et prendre son bien où elle le trouve, mais cela n'a pas toujours paru si manifeste. « Jusqu'à notre siècle, dit Paul Janet, la philosophie française a toujours pratiqué la méthode révolutionnaire. Descartes avait rejeté les anciens sans aucune réserve; Condillac et Voltaire avaient rejeté Descartes avec les anciens. Pour Descartes, la philosophie d'Aristote était comme l'astrologie à l'égard de l'astronomie; pour Condillac, la philosophie de Descartes était comme l'alchimie à l'égard de la chimie. L'idée d'une tradition en philosophie était absolument ignorée; l'idée d'un rapprochement et d'un concordat entre les deux écoles ne l'était pas moins. »

Paul Janet ajoute que cette grande nouveauté était une nouveauté vraie. L'éclectisme, dit-il, « plaidait pour la raison humaine, qui ne serait autre chose qu'une immense folie, si elle n'était capable que d'enfanter des conceptions contradictoires se détruisant sans cesse l'une l'autre et entassant ruines sur ruines. » (Paul Janet, *Victor Cousin et son œuvre*, page 65).

On ne peut mieux dire, et l'éclectisme ainsi compris est une excellente manière de philosopher. La réflexion personnelle ne suffit pas; il faut aussi « entrer profondément dans la pensée des autres, et reconnaître l'harmonie des pensées diverses dans la pensée éternelle. »

(Fouillée, *Histoire de la philosophie.* Introduction). Leibniz l'a très bien dit : il faut « prendre le meilleur des doctrines », seulement il a eu soin d'ajouter qu'on doit ensuite « aller plus loin. » Il ne pensait pas qu'on dût se borner à faire un choix des vérités déjà exposées par d'autres. L'éclectisme ne consiste pas simplement à choisir ; il consiste surtout à progresser. Il faut développer et perfectionner les choses anciennes par les nouvelles : « *Vetera novis augere et perficere.* » (Léon XIII).

§ III. — L'influence de Victor Cousin.

Ce n'est pas ainsi que Cousin comprenait l'éclectisme ; il prétendait que tout a été dit en philosophie, et qu'il n'y a plus qu'à recueillir les vérités éparses dans les divers systèmes. Cela devait l'amener à exagérer l'importance de l'histoire de la philosophie, et à l'identifier avec la philosophie elle-même. C'est un tort, assurément.

1º Cousin a renouvelé l'histoire de la philosophie.
— Du moins, Cousin a eu le mérite incontestable de contribuer par ses propres travaux et par son influence, à faire connaître avec exactitude les principales doctrines des philosophes. Parmi les ouvrages qu'il a provoqués, il faut citer notamment la traduction de Thomas Reid et de plusieurs ouvrages de Dugald Stewart par Jouffroy; celle d'Aristote par Barthélemy Saint-Hilaire; les traductions de Bacon et de Plotin par Bouillet; celle de Spinoza par Emile Saisset; celle de Kant par Tissot et Barni; l'*Histoire du cartésianisme* par Francisque Bouiller; celle de l'*Ecole d'Alexandrie* par Jules Simon et Vacherot ; les études de M. Paul Janet sur la *Dialectique de Platon*; l'*Histoire de la logique* par Adolphe Franck, etc., sans parler de nombreux et savants articles introduits dans le *Dictionnaire des sciences philosophiques*, publié sous la direction d'Adolphe Franck. (Voyez Ravaisson, *La philosophie en France au* XIXe *siècle*, pages 19 et 20).

2º Il a exercé une action considérable sur la philo-

sophie française en général. — Voici en quels termes Jules Simon parle de l'action exercée par Cousin sur les professeurs de philosophie qui « formaient son régiment ». « Une fois placés dans des collèges hors de Paris, il ne les perdait pas de vue. Il correspondait avec tous ceux qui promettaient d'être quelque chose. Il indiquait des sujets d'étude, des thèses pour le doctorat. Il envoyait des listes de livres. S'il voyait ou s'il devinait qu'on faisait fausse route, vite il vous redressait. Il n'aimait peut-être pas beaucoup les soldats de son régiment, car, au fond, il n'était pas tendre ; mais il aimait passionnément le talent et la philosophie. Personne n'avait plus d'action que lui pour éveiller, entretenir, développer l'amour du travail. Jouffroy n'avait pas, à beaucoup près, la même vertu de propagande. Son action ne s'exerçait que sur un petit nombre d'amis et de disciples, qu'il ne cherchait pas à accroître. Il était l'homme de l'intimité, comme Cousin était l'homme des foules. Jouffroy, quand on allait le chercher, était bon, tendre, secourable ; Cousin n'était ni bon ni tendre, mais il allait vous chercher lui-même, il vous secouait, il vous forçait au travail. En un mot, c'était un maître ; et quel maître ! Je trouve à présent que nous n'étions pas reconnaissants autant que nous l'aurions dû. Les petits côtés nous cachaient les grands. » (J. Simon, *Victor Cousin*, page 91).

3° Il a remis en honneur la doctrine spiritualiste en France. — Cousin ne s'est pas borné à exciter au travail les hommes de son régiment ; il leur a imposé une doctrine, et il a pris soin de condenser sa pensée philosophique dans un livre assez court, afin qu'elle fût à la portée d'un grand nombre de lecteurs. « Depuis quelque temps, dit-il, on nous demande de divers côtés de rassembler en un corps de doctrine les théories dispersées dans nos différents ouvrages, et de résumer en de justes proportions ce qu'on veut bien appeler notre philosophie. » (*Du Vrai, du Beau et du Bien*, avant-propos).

Cette philosophie, il la présenta au public au mois de

juin 1853, en dix-huit leçons, « sévèrement corrigées », et il voulut qu'on l'appelât *spiritualisme.* C'est là son vrai nom, dit-il ; l'éclectisme n'est qu'une méthode ; le spiritualisme est une doctrine. « On s'obstine à représenter l'éclectisme comme la doctrine à laquelle on daigne attacher notre nom. Nous le déclarons : l'éclectisme nous est bien cher, sans doute, car il est à nos yeux la lumière de l'histoire de la philosophie, mais le foyer de cette lumière est ailleurs.

Notre vraie doctrine, notre vrai drapeau est le spiritualisme, cette philosophie aussi solide que généreuse, qui commence avec Socrate et Platon, que l'Evangile a répandue dans le monde, que Descartes a mise sous les formes sévères du génie moderne, qui a été au xviie siècle une des gloires et des forces de la patrie, qui a péri avec la grandeur nationale au xviiie, et qu'au commencement de celui-ci, M. Royer-Collard est venu réhabiliter dans l'enseignement public, pendant que M. de Chateaubriand, Madame de Staël, M. Quatremère de Quincy (1) la transportaient dans la littérature et dans les arts. On lui donne à bon droit le nom de spiritualisme, parce que son caractère est de subordonner les sens à l'esprit, et de tendre, par tous les moyens que la raison avoue, à élever et à agrandir l'homme. Elle enseigne la spiritualité de l'âme, la liberté et la responsabilité des actions humaines, l'obligation morale, la vertu désintéressée, la dignité de la justice, la beauté de la charité ; et par delà les limites de ce monde, elle montre un Dieu auteur et type de l'humanité, qui, après l'avoir faite évidemment pour une fin excellente, ne l'abandonnera pas dans le développement mystérieux de sa destinée. » (*Du Vrai, du Beau et du Bien,* avant-propos).

Appréciation. — Le spiritualisme de Cousin a certainement rendu service. Il a été, à son heure, une réaction très opportune contre « cette triste philosophie », qui « prêche le matérialisme et l'athéisme comme des

(1) Savant archéologue et critique d'art, né à Paris en 1755, mort en 1849.

doctrines nouvelles destinées à régénérer le monde ; elles tuent, il est vrai, mais elles ne régénèrent point. » (*Du Vrai, du Beau et du Bien*, avant-propos).

Autant la philosophie éclectique est aujourd'hui démodée, autant elle parut sérieuse à des esprits qui n'étaient pas médiocres. Jouffroy, Damiron, Garnier, Saisset, Jules Simon, Caro, tels furent les principaux représentants de l'école de Cousin, sans parler de Paul Janet, qui vit encore.

Personne, sans doute, après lui, ne relèvera le drapeau de cette école. Pourquoi ? — lui-même nous en donne les raisons dans un livre récent, qu'il appelle son « testament philosophique » (1) : « Ce grand mouvement critique auquel nous assistons, dit-il, ne prouve certainement pas que le spiritualisme ait tort; mais il prouve, à n'en pas douter, que nos moyens de démonstration sont insuffisants, qu'il y a des lacunes dans nos doctrines, qu'elles ne sont pas complètement appropriées aux lumières de notre temps, qu'elles laissent en dehors d'elles un trop grand nombre de faits inexpliqués, qu'elles se sont montrées trop indifférentes à l'égard des sciences physiques et naturelles, qu'elles ont trop abandonné la nature aux savants, enfin qu'elles ont trop préféré en général l'analyse à la synthèse. Il y a deux sortes de problèmes en philosophie : le problème de la distinction et le problème de l'union. Ce n'est pas tout de séparer, il faut réunir. Ce n'est pas tout de dire : l'âme n'est pas le corps ; Dieu n'est pas le monde ; il faut encore rattacher l'âme au corps et Dieu au monde. » (*Les Principes de métaphysique et de psychologie*, tome II, pages 551, 552).

A ce réquisitoire, il n'est que juste d'ajouter un autre grief. Cousin est rationaliste : il a philosophé en dehors de la foi chrétienne. Sans doute, il a toujours fait profession d'un grand respect pour la religion catholique ; il a même voulu faire alliance avec elle pour lutter contre

(1) *Les Principes de métaphysique et de psychologie*, 2 vol. in-8°. Paris, Delagrave.

la philosophie matérialiste et athée, mais il a été libre-penseur, ce qui n'est pas nécessaire pour penser librement. On dit bien qu'à la fin de sa carrière, sa conviction intime était qu'il faut être spiritualiste jusqu'au surnaturel inclusivement, mais rien dans ses écrits ne révèle cet état d'âme, et si l'on s'en rapporte à ses ouvrages, on doit dire qu'il a méconnu les rapports de la foi et de la raison.

Conclusion. — A tous égards, la philosophie de Cousin est une « philosophie séparée. » Elle est séparée de la foi, ce qui la rend suspecte aux âmes religieuses ; elle est séparée de la science, ce qui déplaît aux esprits scientifiques. Elle est aussi trop oratoire, ce qui n'est pas du goût des hommes sérieux. Ils préfèrent « le grain des choses » à « la paille des mots. » Bref, cette philosophie ne répond plus aux besoins de notre temps. M. Ravaisson semble donc dans le vrai en concluant ainsi son exposé des doctrines de Cousin : « L'éclectisme avait annoncé, avait promis beaucoup, et le prestige de l'éloquence de son auteur avait contribué à en faire beaucoup attendre. De plus en plus on devait reconnaître, dans le philosophe qui avait fait naître tant d'espérances, un orateur auquel, comme aux orateurs en général, s'il faut en croire Aristote, le vraisemblable, à défaut du vrai, suffisait. Là où l'on s'était cru convaincu, on avait cédé le plus souvent à la séduction, plus puissante, peut-être, à l'époque où l'éclectisme s'était produit, de la parole ou du style. D'autres temps étaient venus ; on eût préféré, sous des formes moins brillantes, s'il le fallait, un fond plus riche, moins de littérature, peut-être, et plus de doctrine. » *(La philosophie en France, pages 33, 34).*

CHAPITRE XXIII.

AUGUSTE COMTE ET LE POSITIVISME.

L'enseignement officiel de la philosophie en France fut longtemps celui de Cousin. Mais, tandis que « le régiment marchait droit » sous un chef tout puissant, une philosophie nouvelle grandissait, avec des allures très scientifiques ; elle s'appelait la philosophie positive, et son fondateur était Auguste Comte. Au fond, le positivisme n'est peut-être pas très nouveau. Si l'on en croyait le professeur Laas, de Strasbourg, le fondateur de cette doctrine serait Protagoras, et Auguste Comte n'aurait fait que donner un nom nouveau à une manière de philosopher qui est antérieure à Platon. — Sans aucun doute, avant Platon déjà, plus d'un homme avait nié l'invisible, et réduit toute la philosophie à une simple systématisation de l'expérience sensible. L'empirisme est aussi ancien que la métaphysique, dont il est la négation.

Mais, de nos jours, cette vieille doctrine a pris un nouvel essor. Des personnalités célèbres, telles que Comte, Littré, Stuart Mill, Spencer, Taine, Ribot, lui ont donné une impulsion puissante. A les entendre, elle est la seule philosophie vraiment scientifique, la philosophie de l'avenir, celle qui représente le plein épanouissement de l'esprit humain.

§ I. — Le positivisme en général.

En quoi consiste donc cette philosophie définitive, héritière de toutes les autres ? — Trois doctrines la constituent : *la loi des trois états, la hiérarchie des sciences, la relativité de nos connaissances.* Sur ce dernier point, en particulier, tous les positivistes sont d'accord.

1° **La loi des trois états.** — « Il y a trois modes de penser : le mode théologique, le mode métaphysique et le mode positif. » On peut, par exemple, répondre de trois manières à cette question : *pourquoi le soleil se lève-t-il et se couche-t-il tous les jours?* Au dire des théologiens, c'est parce qu'une divinité quelconque le meut et le dirige ; d'après les métaphysiciens, ce phénomène s'explique par la vertu motrice du soleil ; enfin la réponse positive à la question, c'est que le soleil se lève et se couche tous les jours ; nous ne savons rien d'autre. Nous constatons les faits et leurs successions invariables ; nous ne pouvons aller au delà. « La nature est comme un habile prestidigitateur, qui fait sans cesse des prodiges sur une scène immense. Les spectateurs émerveillés s'interrogent les uns les autres : comment tout cela se fait-il donc ? Il y a un compère caché, disent les uns ; ce sont les théologiens. Allons donc ! disent d'autres, ne comprenez-vous pas que tout cela se meut et agit par certains ressorts secrets ? C'est l'explication des métaphysiciens. Sur ce, les positivistes arrivent et disent : Bonnes gens, vous n'y entendez rien. Il n'y a ni compère ni ressorts. — Qu'y a-t-il donc ? — Il y a ce qu'il y a, voilà tout. » (de Bonniot. *Les principes du positivisme* ; Etudes religieuses des PP. Jésuites, avril 1870).

Les trois modes de penser ne sont pas contemporains dans l'espèce humaine. C'est le mode théologique qui est le premier, et lui-même obéit à une loi de progrès. Le *fétichisme*, le *polythéisme* et le *monothéisme* représentent les phases principales de l'époque théologique. Le monothéisme a préparé les esprits à concevoir une explication de l'univers par les forces occultes. Il semblait difficile, dit Stuart Mill, de concilier la succession constante des phénomènes avec les caprices d'une volonté souveraine, cause de tout ce qui arrive. On aima mieux attribuer tous les phénomènes semblables à une force spéciale. Avec cette hypothèse commença la période métaphysique, qui devait à son tour prendre fin aussitôt que les hommes auraient compris que les forces occultes ne sont que des abstractions réalisées, des entités verbales, des êtres de raison. L'époque métaphysique a donc succédé à l'époque théologique, et la métaphysique elle-même a disparu devant le positivisme. Telle est la grande loi d'évolution de l'esprit humain ; telle est aussi la grande découverte qui, dans la pensée des disciples d'Auguste Comte, doit placer ce philosophe à côté de Kepler et de Newton.

2° **La hiérarchie des sciences.** — Comte a peut-être un titre de gloire plus sérieux, c'est sa classification des sciences. Bien qu'elle ne soit pas à l'abri de toute critique, c'est une heureuse idée que celle de chercher à grouper les sciences en les reliant étroitement l'une à l'autre. Spencer a cru devoir simplifier la classification d'Auguste Comte, mais il en a maintenu le principe. Auguste Comte classe les sciences *par ordre d'abstraction décroissante et de complexité croissante*. D'après ce principe, il énumère les sciences dans l'ordre suivant, en commençant par les plus abstraites : les *mathématiques*, l'*astronomie*, la *physique*, la *chimie*, la *biologie* et la *sociologie*. Cet ordre lui paraît être l'ordre historique du développement des sciences, en même temps que l'ordre rationnel de leur enchaînement. Spencer objecte que toutes les sciences sont contemporaines. — Il est clair que les premiers mathématiciens n'ont pas dû ignorer l'astronomie et demeurer étrangers à toute recherche expérimentale, mais si, dans l'histoire de toute science, on veut bien distinguer une période empirique (1) et une période d'organisation, on reconnaîtra aisément que, en fait, les sciences se sont organisées l'une après l'autre dans l'ordre indiqué par A. Comte.

(1) Pendant la période empirique d'une science, on accumule les matériaux qui doivent constituer cette science ; pendant sa période d'organisation, on les met en ordre.

3° **La relativité de nos connaissances.** — Le plus grave tort de ce philosophe, en classant les sciences, est de n'avoir fait aucune place à la science de l'absolu, à la métaphysique. Cette omission ne doit pas surprendre, puisque Auguste Comte posait en principe que *nous ne pouvons connaître que des phénomènes.* A l'entendre, l'absolu nous échappe : « Il n'y a qu'une vérité absolue, dit-il, c'est que nous ne connaissons rien d'absolu. » — Littré parle de même : « Le caractère essentiel de la seule philosophie qui puisse succéder aux anciennes philosophies est de *se tenir dans le relatif* et *d'abandonner l'absolu*, qui, depuis deux mille ans, défraie inutilement la pensée philosophique. » (Littré, *Auguste Comte et la philosophie positive*, p. 78).

Les *agnostiques* d'Angleterre ont beau combattre le positivisme avec éclat, leur doctrine, en ce qui concerne l'absolu, est au fond la même que celle d'Auguste Comte. « Nous avons en Angleterre, dit Littré, une doctrine que j'appellerai, qu'on me passe l'expression, notre cousine germaine. Elle n'est pas plus accommodante que nous pour le surnaturel et l'absolu, et elle se tient comme nous dans le domaine relatif et expérimental. Mais, au lieu de donner pour base à sa philosophie l'ensemble hiérarchique des sciences positives, ainsi que nous faisons, elle lui donne pour base la psychologie. » (Cf. la revue intitulée : *La philosophie positive*, XIX, p. 5).

Cette différence que Littré signale entre le positivisme d'Angleterre et celui d'Auguste Comte, est réelle ; mais Littré a raison de ne pas reconnaître comme une différence essentielle entre les deux doctrines, celle que Spencer indique en disant que « l'agnosticisme de Comte est négatif, tandis que le sien est positif. » Affirmer avec Spencer l'existence de l'absolu, et ajouter que l'absolu est inconnaissable, ou bien dire avec A. Comte que la science a uniquement pour objet les phénomènes, cela revient parfaitement au même. Huxley apercevait très bien cette identité de point de vue quand il écrivait : « L'agnosticisme consiste avant tout dans la méthode des sciences exactes. Seuls, le démontré et le démontrable peuvent être l'objet de la philosophie agnostique. » Et comme, dans la pensée de tout positiviste consciencieux, rien n'est démontré ni démontrable en théologie, il n'y a pas lieu de s'étonner de cette appréciation de Huxley au sujet d'ouvrages que peut-être il n'a jamais ouverts : « Les questions traitées dans les ouvrages de théologie sont des questions de politique lunaire...; elles ne méritent pas l'attention d'hommes qui ont quelque chose à faire ici-bas. » Hume, l'un des plus remarquables devanciers de Comte, disait déjà : « Au feu tous ces livres ! Ils ne peuvent contenir que sophisme et tromperie. »

En dépit d'un précurseur aussi zélé, c'est bien à Auguste Comte que revient la gloire, très peu enviable d'ailleurs, d'avoir éliminé « l'absolu de toutes nos conceptions », et d'avoir ainsi « posé le principe de ce qu'on nomme aujourd'hui en Angleterre agnosticisme. » (Littré). Auguste Comte est le véritable fondateur du positivisme. Il est l'auteur principal de ce grand mouvement de la pensée contemporaine qui entraîne presque tous les esprits, et les porte à ne tenir aucun compte de Dieu, pour ne s'attacher qu'à ce qui est directement observable.

Depuis que l'homme existe, il est porté à s'en tenir aux faits et à leurs relations. Cette tendance naturelle, particulièrement développée chez certains peuples, comme ceux de la race anglo-saxonne, Auguste Comte l'a élevée à la hauteur d'une philosophie, et il a proclamé que l'observation exacte des faits d'ordre sensible était la seule méthode rigoureusement scientifique. On s'explique ainsi l'influence de cet homme, à une époque où l'apologétique chrétienne en était encore au *Génie du Christianisme*, où la grande philosophie du moyen âge n'était pas tirée de l'oubli, et où la philosophie officielle, en France, ne tenait pas assez compte des légitimes exigences de l'esprit scientifique.

La loi des trois états, la hiérarchie des sciences, la

relativité de la connaissance humaine ne résument pas toutes les idées d'Auguste Comte, il s'en faut bien ; ce philosophe ne se proposait rien moins que de renouveler le monde. Comme sa vie et sa doctrine sont étroitement unies, il ne semble pas opportun de les séparer.

§ II. — La vie, les écrits et la doctrine d'Auguste Comte.

Auguste Comte naquit à Montpellier, le 19 janvier 1798. Son père, Auguste-Louis Comte, était caissier à la recette générale. Il était catholique et très attaché à la monarchie. Sa mère, Rosalie Boyer, était une femme d'un grand courage et d'une piété profonde.

Le lycée de Montpellier. — A l'âge de neuf ans, Auguste Comte entra au lycée de Montpellier. A douze ans ses études littéraires étaient terminées, et il s'appliqua aux mathématiques. Trois ans plus tard, il subit avec un grand éclat l'examen d'admission à l'Ecole polytechnique; mais, comme il n'avait pas l'âge requis pour entrer dans cette école, il dut attendre une année encore. Son professeur de mathématiques, Encontre, était alors malade. Il pria Comte de faire le cours à sa place, et le jeune suppléant s'acquitta à merveille de cette fonction.

L'influence d'Encontre sur Auguste Comte fut considérable; le philosophe parle longuement de ce professeur dans ses écrits, et il lui garda jusqu'à la mort un souvenir reconnaissant. Cette influence fut-elle heureuse ? Il est difficile de le dire. Ce qui est sûr, c'est que, dès l'âge de quatorze ans, Comte avait perdu la foi, renoncé aux traditions monarchiques de sa famille, et contracté de regrettables habitudes d'insubordination.

L'Ecole polytechnique. — En 1814, Auguste Comte entra à l'Ecole polytechnique. Il y fit des progrès considérables dans l'étude des mathématiques, ce qui ne l'empêcha pas de lire les principaux écrivains du xviiie siècle. Le commerce de ces auteurs lui inspira le goût des sciences sociales, et l'idée lui vint de les soumettre à la méthode rigoureuse des sciences d'observation. La pensée d'une grande réforme des choses humaines commençait dès lors à se former dans son esprit, mais, en même temps, son caractère indiscipliné s'accentuait chaque jour davantage. Un répétiteur de l'école ayant vivement mécontenté les élèves de première année, ceux de seconde année prirent fait et cause pour eux, et Comte se mit à leur tête. L'Ecole fut fermée provisoirement, et le chef de cette révolte fut remis à ses parents par la police. Il ne put rester auprès des siens : au double point de vue des croyances religieuses et des opinions politiques, un abîme le séparait d'eux.

Il revint à Paris malgré leur défense, et ils refusèrent de lui venir en aide. Il se vit ainsi forcé de se créer péniblement quelques ressources. D'abord il donna des leçons de mathématiques, puis il accepta les fonctions de secrétaire du banquier Casimir Périer, qui fut plus tard ministre de Louis-Philippe. Trois semaines après, il était brouillé avec ce banquier et se liait avec Saint-Simon. (1)

(1) Henri Saint-Simon, neveu du duc de Saint-Simon, le célèbre auteur des *Mémoires*, était né le 17 octobre 1760. Il se livra d'abord à des spéculations financières qui réussirent assez bien ; puis, à partir de 1797, il s'adonna à l'étude des sciences ; il voyagea aussi beaucoup Tout cela, dans sa pensée, devait le préparer à remplir la mission qu'il croyait avoir reçue de réformer la société. Ses productions littéraires, souvent bizarres, demeurèrent longtemps sans résultat. A force d'écrire, et après s'être ruiné en publiant des livres, il attira un peu l'attention et eut quelques disciples, dont il fit ses collaborateurs.

A cause de ce travail en commun, il n'est pas aisé de dire au juste quelles étaient les idées propres à ce réformateur. Il n'était point révolutionnaire, en tout cas. Il rêvait d'établir la paix sociale par l'industrie. A la fin, il transforma son système en une sorte de religion, le *Nouveau Christianisme*, fondé sur la fraternité universelle. Moïse avait annoncé cette religion aux hommes ; Jésus l'avait préparée ; Saint-Simon devait la réaliser. Il mourut en 1825. Ses principaux disciples : Enfantin, Bazard et Olinde Rodrigues transformèrent tellement sa doctrine, qu'elle parut avec raison tout à fait subversive Ils attaquaient à la fois la religion, la patrie et la famille. La théorie de la réhabilitation de la chair, notamment, amena Enfantin devant les tribunaux ; il y fut condamné et le saint-simonisme disparut.

Auguste Comte et Saint-Simon. — Cette liaison fut très intime et dura sept ans. Elle exerça une influence incontestable sur Auguste Comte, mais il n'est pas juste de faire de ce dernier un saint-simonien, ni de Saint-Simon un précurseur d'Auguste Comte. Ils ont des idées communes, ce qui n'est pas surprenant, car les éléments du positivisme étaient prêts depuis Bacon et Descartes ; mais ils diffèrent profondément l'un de l'autre. Aux yeux d'Auguste Comte, c'est la science qui prime tout, et c'est au nom de la science qu'il veut entreprendre la réforme sociale, tandis que Saint-Simon considère tout d'abord la capacité industrielle. Comte lui reproche à ce sujet de mettre la charrue devant les bœufs. Dans la dernière période de sa vie, Comte se souvint sans doute que Saint-Simon avait entrepris de créer une religion nouvelle, la religion universelle, fondée sur la fraternité humaine ; mais, tant que durèrent ses relations avec Saint-Simon, et longtemps encore après, il écarta absolument toute idée religieuse ou métaphysique. Ces divergences d'idées et aussi la situation précaire que Saint-Simon faisait à ses disciples, amenèrent une rupture, qui avait éclaté depuis deux ans déjà lorsque Saint-Simon mourut, et lorsque Comte, pour son malheur, épousa Caroline Massin, fille illégitime d'une actrice. Depuis longtemps, celle qui devait être « l'indigne épouse » de Comte était livrée au vice par une mère oublieuse de tous ses devoirs. Le mariage eut lieu le 19 février 1825, « sans autre consécration que l'enregistrement municipal. » Il jeta une ombre sur la vie entière de Comte, et « les terribles conséquences » de cette faute « le poursuivirent jusqu'au delà du tombeau. » (Robinet, *Notice sur l'œuvre et sur la vie d'Auguste Comte*. Paris, 1864). (1)

---

(1) Littré, dans son livre intitulé : *Auguste Comte et la philosophie positive* (Paris, 1863), prend en toute circonstance le parti de Madame Comte, et cache tout un aspect de la vérité. On la connaît maintenant tout entière, par suite des révélations de plusieurs autres disciples d'Auguste Comte.

Le cours de philosophie positive. — Auguste Comte avait déjà beaucoup écrit avant son mariage. Il s'était même fait un nom dans le monde savant. Celui de ses écrits qui avait été le plus remarqué datait de 1822, et portait comme titre : *Plan des travaux scientifiques nécessaires pour réorganiser la Société.* Par égard pour le mérite de l'auteur, des hommes de grande valeur répondirent avec empressement à l'appel qu'il leur adressa en les priant de venir assister à son *Cours de philosophie positive.* Il ouvrit ce cours le 2 avril 1826, dans son propre appartement. Le local était exigu, mais l'auditoire était fort bien choisi. Malheureusement, lorsque les auditeurs se présentèrent pour assister à la quatrième leçon, on leur apprit que le jeune professeur était malade. Une excessive tension d'esprit jointe à de graves chagrins domestiques avait amené la folie. Confié d'abord au docteur Esquirol, qui dirigeait une maison d'aliénés, Comte fut ensuite ramené chez lui, à la demande de sa vieille mère. Sa femme, en cette circonstance, fit preuve d'un vrai dévouement. Au reste, dès le mois d'août 1828, le philosophe put reprendre la plume, et le 4 janvier 1829, il recommença son cours de philosophie positive. Il avait retrouvé un auditoire d'élite. Cela dura jusqu'au 9 décembre 1829 ; puis, le cours de philosophie positive fut exposé devant le grand public dans des conférences faites à l'Athénée royal ; enfin, il fut imprimé en six volumes, qui parurent de 1830 à 1842. Les années qui s'écoulèrent pendant cette période ne furent point heureuses pour Auguste Comte : il n'était pas assuré du pain de chaque jour ; pour mettre fin à ce souci, sa femme le poussait sans cesse à des démarches pénibles, qui demeuraient souvent sans résultat ; enfin il n'était pas en bons termes avec ses collègues, les examinateurs de l'Ecole polytechnique. Cela tenait à son caractère difficile, à ses idées en philosophie, aux critiques amères qu'il se permettait au sujet de l'enseignement des mathématiques donné en ce temps-là, et à sa manière d'examiner les candidats.

Comme il les jugeait d'après leur degré d'intelligence plutôt que d'après leurs connaissances techniques, ses appréciations différaient souvent de celles des autres examinateurs. Comte avait même réussi à se brouiller avec le pouvoir. En 1830, on le mit en prison, pour avoir refusé de s'enrôler dans la garde nationale. Au bout de trois jours on le relâcha, et le gouvernement laissa tomber l'affaire.

Toutes ces difficultés ne favorisaient guère le travail. Aussi la rédaction du *Cours de philosophie positive* demanda beaucoup de temps. L'impression elle-même n'alla pas vite, parce que la révolution de 1830 avait ruiné le premier éditeur d'Auguste Comte.

La politique positive. — Dans le monde savant, l'ouvrage fut très vanté ; il passait pour le chef-d'œuvre d'Auguste Comte. Ce dernier, cependant, préférait de beaucoup son *Système de politique positive*, qui parut de 1851 à 1854. On y trouve certaines idées chères à l'auteur, et en particulier tout ce qui regarde la *Religion de l'Humanité*, dont Auguste Comte fut le fondateur et le premier Grand Prêtre. Pierre Laffite lui succéda, mais d'autres disciples de Comte n'acceptèrent point cette partie de sa doctrine. Littré, par exemple, estime qu'il ne faut pas prendre au sérieux l'œuvre religieuse de Comte, et Stuart Mill est d'avis qu'il faut la passer sous silence, « de peur de jeter le discrédit sur les brillantes spéculations de la première période. » (Mill, *Comte and positivism*).

Ces brillantes spéculations sont surtout la loi des trois états, la hiérarchie des sciences et la relativité des connaissances humaines. Elles sont subordonnées à un but : l'auteur du *Cours de philosophie positive* se propose de mettre un terme à l'anarchie intellectuelle et de pacifier les esprits par la science.

Le caractère mystique des derniers écrits d'Auguste Comte n'autorise pas à insinuer que ce philosophe eut à souffrir, depuis 1845, d'une nouvelle atteinte de maladie mentale. Littré s'est donné le tort de soutenir cette thèse devant les tribunaux. C'était dans le but de venir en aide à Madame Comte, qui voulait faire casser le testament de son mari. Auparavant, Stuart Mill avait déploré « la chute lamentable d'un si grand esprit. » (Mill, *Comte and positivism*). D'autres critiques, plus impartiaux peut-être, sont d'un tout autre avis. « On peut, dit Lewes, rejeter la *Politique positive* d'Auguste Comte, mais y voir la preuve d'un cerveau troublé par la maladie, c'est une erreur bien autrement grossière que toutes celles qui se rencontrent dans cet ouvrage. » (*Geschichte der Philosophie*, t. II. p. 724). On ne peut même pas dire, avec Littré et Stuart Mill, que la seconde partie de l'œuvre d'Auguste Comte est le contre-pied de la première. La *Politique positive* et le *Cours de philosophie positive* sont, au même titre, l'œuvre d'un homme dont la pensée est puissante et les synthèses grandioses, quoique contestables. Seulement, dans la *Politique positive*, l'idée religieuse est au premier plan. De même, dit Comte, que le *Cours de philosophie positive* a changé la science en philosophie, ainsi le *Système de politique positive* a changé la philosophie en religion.

Cette prépondérance accordée à la religion n'est pas inconciliable avec l'horreur souvent manifestée par Auguste Comte pour « toute construction religieuse », et l'athéisme de sa philosophie. Sans rappeler que la *Politique positive* est bien ultérieure au *Cours de philosophie positive*, bornons-nous à faire remarquer que la religion de Comte n'est, à aucun titre, le culte du vrai Dieu. Elle a pour but, comme tout le reste de sa doctrine, d'amener les hommes à se passer de Dieu. Elle a pour objet l'Humanité, et, au fond, elle n'est qu'une sorte d'harmonie de toutes les parties de l'âme humaine.

A parler vrai, puisque Comte est matérialiste, sa religion n'est qu'un équilibre cérébral. C'est un équilibre entre l'amour et la science. Par l'amour, l'homme introduit l'ordre au dedans de lui-même; par la science, il se met en harmonie avec l'ordre du monde. Dans cette union de l'amour et de la science, c'est l'amour qui doit dominer. Et l'amour a pour objet l'Humanité, qui désormais doit remplacer Dieu. « A ce seul véritable *Grand Etre*, dont nous sommes sciemment les membres nécessaires, se rapporteront désormais tous les aspects de notre existence, individuelle ou collective, nos contemplations pour le connaître, nos affections pour l'aimer et nos actions pour le servir... Ce culte continu de l'humanité exaltera et épurera tous nos sentiments ; il anoblira et consolidera tous nos actes... Nul système ne doit altérer l'évidence spontanée qui caractérise le nouvel Etre suprême. » (*Politique positive*, I, 329).

Le culte positiviste. — Comte pense pouvoir ainsi remplacer à bref délai l'Eglise catholique ; en attendant, il en admire l'organisation puissante, et il veut se l'approprier. Toujours il a rêvé d'établir un pouvoir spirituel qu'il juge indispensable pour l'éducation positive des masses. Sous l'influence de cette pensée, il essaie d'entrer en relations avec le général des Jésuites, qu'il regarde « comme étant depuis trois cents ans le seul véritable chef de l'Eglise catholique. » Rebuté de ce côté, il continue à organiser la religion nouvelle sur le modèle de l'ancienne : il crée une liturgie ; il institue des sacrements ; il compose un calendrier ; il indique les fêtes à célébrer et les pèlerinages à faire. Le tombeau de Clotilde de Vaux (1) devient l'objet d'un culte pieux, et les grands

---

(1) Après 17 années d'une union très malheureuse, Comte se sépara de sa femme le 2 août 1842. Tant qu'il vécut, une pension annuelle fut servie en son nom à Madame Comte. Après sa mort, ce secours devait être continué, sous la condition que Madame Comte accepterait le testament du philosophe. Jusqu'en 1851, il entretint une correspondance suivie et assez amicale avec sa femme ; à partir de 1851, il refusa toute lettre d'elle.

En 1845, il avait fait la rencontre d'une jeune femme dont le mari venait d'être condamné à la déportation. Elle s'appelait Clotilde de Vaux. Cédant à une étrange inclination, Comte n'eut bientôt plus de pensée que pour Clotilde. Il ne pouvait vivre sans elle. Il la voyait deux fois par semaine, et, en moins d'un an, il reçut d'elle cent quatre-vingt une lettres. Bientôt cette femme mourut (5 avril 1846.) A partir de ce moment, l'a-

hommes sont les saints de la religion positive.

Le grand Fétiche. — Qu'est-ce, au fond, que tout cela? — Une forme nouvelle du panthéisme, et ce panthéisme, Comte, sur la fin de sa carrière, essaya de le combiner avec le fétichisme; il compléta la partie dogmatique de son œuvre religieuse en instituant le *Grand Fétiche* à côté du Grand Etre. Le Grand Fétiche, c'est la terre, avec notre système solaire. Au delà du grand Fétiche, il y a le *Grand Milieu*, qui est l'espace. Ainsi se constitue ce que Comte appelle « la trinité positive, » ou le « triumvirat religieux. » Panthéistique pour le fond, cette œuvre bizarre est, à d'autres égards, une caricature de l'Eglise catholique, avec Dieu en moins, ainsi que son Verbe fait chair, son Esprit-Saint et la véritable Vierge-Mère (1). Il y manque quelque chose encore et heureusement : la promesse de l'immortalité.

Comment Auguste Comte a-t-il pu se laisser aller à de telles extravagances? — La perte de la vraie foi, des théories matérialistes sur la nature de l'âme, l'isolement, diverses fonctions successivement supprimées, qui pouvaient arracher le philosophe à ses pensées, une confiance absolue en lui-même et en sa mission de réformateur, sa séparation d'avec sa femme et son amour étrange, quoique platonique, pour Clotilde de Vaux, toutes ces causes réunies peuvent suffire à expliquer l'état mental d'Auguste Comte depuis la publication du *Cours de philosophie positive* jusqu'à sa mort.

Les dernières années. — D'ailleurs, l'existence paisible et retirée du philosophe pendant cette dernière période de sa vie montre clairement que sa folie de 1826 ne le reprit jamais. Robinet, disciple enthousiaste,

---

mour de Comte pour Clotilde de Vaux devint un véritable culte. Il lui adressait ses prières comme à la plus haute personnification de l'Humanité, et il composa toute une liturgie en son honneur.

(1) D'après l'une des plus étranges théories d'Auguste Comte, l'idéal à atteindre dans l'organisation positiviste du mariage est l'union de la virginité et de la maternité. Comte institua même une fête de la *Vierge-Mère*. Il ne réussit par là qu'à se rendre ridicule.

caractérise ainsi les dernières années du maître : « Travail et prière, création et dévouement continus, civisme et sainteté, tel fut de plus en plus le résumé d'une vie dégagée de toute infirmité morale, entièrement consacrée au service de l'Humanité. » (Robinet, *notice*, page 289).

Cette existence singulière ne devait pas se prolonger longtemps. Comte souhaitait d'atteindre la longévité de Fontenelle; il en avait besoin pour achever son œuvre. Mais sa santé était ébranlée, et la fièvre le saisit à la suite d'un refroidissement contracté aux funérailles du sénateur Vieillard. La fièvre passée, les forces ne revinrent pas; une hémorragie acheva de les épuiser, et des symptômes d'hydropisie se manifestèrent. Un mois plus tard, tandis que Comte adressait une dernière prière à Clotilde de Vaux, devant l'autel consacré à ce culte (1), il fut pris d'un vomissement de sang et tomba sans mouvement. Sa vie ne se prolongea point au delà de cette journée; il expira le samedi soir 5 septembre 1857.

Conclusion. — Treize ans plus tard, Madame Comte, aidée et soutenue par Littré, voulut entrer en possession de l'héritage littéraire de son mari. Pour cela, elle engagea un procès avec les exécuteurs testamentaires de Comte. Ce procès fit grand bruit, mais le testament ne fut point cassé, et l'accusation de folie fut écartée par le tribunal de la Seine (11 février 1870).

Il est un autre tribunal auquel Auguste Comte en appelait sans cesse : c'est celui du « sens commun. » A coup sûr, si ce tribunal était consulté, il relèverait dans la vie d'Auguste Comte de graves erreurs de conduite provenant d'une philosophie toute négative et purement

---

(1) Le siège rouge sur lequel Clotilde de Vaux avait coutume de s'asseoir quand elle venait rendre visite à Auguste Comte devint, après la mort de Clotilde, l'autel devant lequel le grand prêtre de l'Humanité adressait ses prières à la « vierge positiviste », sa « patronne », la « prêtresse de l'Humanité », la « médiatrice entre le Grand Etre et son grand prêtre. »

scientifique. Comte a trop oublié que la science n'est pas tout, et que la croyance est aussi quelque chose. Telle est la cause principale des bizarreries qui déparent son existence. Que le fondateur du positivisme ait été conséquent avec lui-même; que la seconde partie de sa vie ne contredise point la première, c'est possible; mais la postérité ne consentira jamais à proclamer avec les panégyristes d'Auguste Comte, qu'il fut le grand philosophe, le merveilleux réformateur qui « unissait en lui Moïse, saint Paul et Aristote, » le « modèle accompli de l'existence normale de l'homme, le type idéal de l'histoire de l'humanité tout entière. »

L'un de ces panégyristes outrés s'écriait un jour : « Aussi n'est-il pas téméraire d'espérer que la vieille fête de Noël, devenue sans objet, sera conservée par la postérité et consacrée par elle à l'éternelle glorification de son véritable rédempteur. » (*Revue occidentale*; mai 1888, page 396). Il est difficile de concevoir une espérance moins fondée que celle-là. La vieille fête de Noël réjouira le peuple chrétien jusqu'à la fin des temps, et le souvenir d'Auguste Comte ne se mêlera jamais à la joie pure de cette grande solennité. Il faut avoir perdu entièrement le sens de la réalité pour croire que le culte de Jésus va disparaître, et pour s'aviser un seul instant de comparer Auguste Comte au Fils de Dieu fait homme pour racheter l'humanité.

§ III. — Le positivisme après Auguste Comte.

Comte était mort sans désigner son successeur. Par son testament, il ne manifestait qu'une volonté à cet égard, c'est que l'héritage philosophique du positivisme n'échût point à Littré. Depuis 1852, le maître avait rompu avec ce disciple « éminent, » dont l'adhésion au positivisme lui avait paru autrefois si précieuse pour la propagation de sa doctrine.

En fait, cependant, ce que Comte avait voulu éviter arriva. De même que, en dépit de ses dispositions testamentaires, son « indigne épouse » recueillit et fit vendre à l'encan les objets mobiliers qu'il laissait, de même le positivisme passa aux mains de Littré, malgré la volonté formelle de son fondateur.

Doctrine de Littré. — Littré était un disciple dissident. Il rejetait entièrement *la Politique positive*, reprochant à Auguste Comte d'avoir abandonné la méthode du positivisme,(1) et de s'être mis en contradiction avec lui-même en instituant la religion de l'Humanité. Cette religion est une métaphysique complétée par une morale ; or Littré rejette toute métaphysique, et il substi-

(1) Littré n'a pas été plus fidèle que Comte à la méthode que tous deux préconisent. Aucun positiviste n'y est fidèle. Auguste Comte n'admettait ni psychologie ni logique. Pourtant ces deux sciences sont des sciences de faits, tout aussi bien que la physique et la chimie. La psychologie a pour objet les faits intérieurs, tels que les pensées, les volitions, les sentiments ; la logique étudie les conditions du raisonnement juste. C'est une science d'idéal, sans doute, mais les raisonnements justes sont aussi des faits. — Comte est nettement matérialiste. Pour lui, l'âme est une sorte d'harmonie des diverses parties de l'organisme. Cette assertion ne vient certainement pas d'une heureuse application de la méthode positiviste; car le matérialisme est une doctrine reconnue insuffisante, et actuellement abandonnée par tout homme qui se pique de philosophie. — La loi des trois états, proclamée par Comte, est une hypothèse tout à fait contestable. Littré a voulu lui substituer une théorie des quatre âges, tout aussi peu fondée. Selon Littré, l'humanité aurait traversé quatre grandes périodes : âge de la nécessité, âge de la religion, âge de l'art, âge de la science. Tout cela est aussi peu positif que possible. — Il en faut dire autant de cette solennelle déclaration de Taine : « Nous considérons la substance, la force et tous les êtres métaphysiques modernes comme un reste des entités scolastiques. Nous pensons qu'il n'y a rien au monde que des faits et des lois. » Paulhan a eu bien raison de dire que « la philosophie positive manque quelquefois d'esprit positif. » Il faut ajouter avec le même écrivain qu' « elle paraît manquer quelquefois aussi de philosophie. » Elle manque même absolument de philosophie, puisqu'elle nie la métaphysique, ou philosophie première, qui est la principale des sciences philosophiques. Seulement, il ne suffit pas de nier la métaphysique pour la supprimer, et Claude Bernard a fort bien vu qu'il est impossible de supprimer la métaphysique. La croyance est tout aussi légitime que la science, et elle est beaucoup plus nécessaire à l'homme.

tue la morale du plaisir à la morale altruiste d'Auguste
Comte (1). A son avis, « les moniteurs constants de la
moralité sont le plaisir et la douleur. » (*Philosophie positive*, VI, 40). Il abandonna aussi la « théorie cérébrale »
de son maître, et presque toutes les autres doctrines
particulières au fondateur du positivisme. Pour Littré,
ce qui caractérise nettement le positivisme, c'est la
« méthode positive », qui consiste à s'en tenir aux faits
et à ne raisonner que d'après les faits. « Quiconque,
dit-il, applique cette méthode à la philosophie est positiviste, et, qu'il le dise ou non, disciple de M. Comte;
quiconque en applique une autre est métaphysicien.
Voilà le caractère certain auquel un esprit attentif dis-

(1) La morale d'Auguste Comte se résume dans cette maxime :
« Vivre pour autrui. » Elle consiste dans la prédominance des instincts
sociaux ou « altruistes » sur les instincts personnels ou égoïstes, dans le
« sentiment de l'humanité », et elle repose sur la « théorie cérébrale » de
Gall.

Ce naturaliste vivait à la fin du siècle dernier et au commencement
de ce siècle. Il a essayé de localiser les facultés, les inclinations, les
instincts et les aptitudes dans les protubérances cérébrales marquées,
selon lui, par les bosses du crâne. Sa méthode était peu scientifique, et
les applications de sa théorie n'ont aucune valeur. Cependant, l'idée de
déterminer l'organe cérébral qui correspond à chaque pouvoir de l'âme
n'est pas abandonnée, et certaines expériences donnent à penser qu'il y
a lieu d'en tenir compte. Broca, par exemple, a cru pouvoir localiser la
faculté du langage dans la troisième circonvolution frontale de l'hémisphère gauche.

Quoi qu'il en soit, aux yeux d'Auguste Comte, la phrénologie de Gall,
corrigée par lui, renfermait « tout ce qu'il y a de vraiment démontré
maintenant dans la théorie positive de la nature humaine. » Il tirait de
là cette conséquence, que la prédominance du cœur sur l'esprit est définitivement prouvée. Dans le cerveau, selon lui, il y a treize organes qui
servent aux fonctions affectives, tandis que cinq organes seulement sont
réservés aux fonctions intellectuelles. Et ces derniers organes sont beaucoup moins volumineux que les premiers.

La prédominance du cœur sur l'esprit constitue l'ordre moral, qui
doit toujours aller de pair avec le progrès des sciences. De là cette
autre maxime de Comte : « Ordre et progrès. » De là encore cette
formule du culte positiviste : « L'amour pour principe, l'ordre pour base,
le progrès pour but. » Les partisans de la religion de Comte la prononcent
en portant la main à l'occiput, au front et à la poitrine. C'est une imitation bizarre du signe de la croix.

cernera qui appartient à la philosophie positive et qui lui est étranger. » (*Principes de philosophie positive*, préface.)

Son rôle et son influence. — La « méthode positive » n'est pas d'Auguste Comte; lui-même en fait l'aveu. « Tous les bons esprits, dit-il, répètent depuis Bacon qu'il n'y a de connaissances réelles que celles qui reposent sur des faits observés. » (*Cours de philosophie positive*, I, 8). D'après cela, Littré ne pouvait à aucun titre se dire le « continuateur de Comte. » Il n'est pas davantage le « chef d'une école, » car il n'a aucune doctrine à lui. Dire que la pensée est une propriété du système nerveux, rejeter le surnaturel, fonder une « morale laïque, » ce n'est pas se révéler comme chef d'école.

Littré est un philologue et non un philosophe. Son œuvre principale, le grand travail de sa vie est le « *Dictionnaire de la langue française.* » Il reste vrai, pourtant, que ce disciple infidèle a joui d'une immense renommée comme philosophe, et a été considéré jusqu'à sa mort comme le véritable successeur d'Auguste Comte. Cela tient à l'esprit moderne, d'abord, qui est très hostile à la métaphysique et très favorable à la méthode positive (1). Cela tient aussi à la valeur personnelle de

---

On le voit, l'altruisme que prêche Comte n'est pas fondé, il s'en faut bien, sur la croyance en Dieu, Père de tous les hommes, et en Jésus-Christ leur Rédempteur. Tout au contraire, Comte rêvait la « réorganisation de la société sans Dieu et sans roi, par le culte systématique de l'Humanité. » Sa morale est une morale indépendante. Elle fait suite à la sociologie et la complète. Elle complète aussi la religion de l'Humanité.

La société positiviste fondée par Comte pour la propagation de sa religion et de sa morale n'était pas une société secrète, loin de là. « Vivre au grand jour », telle était la troisième maxime que Comte avait donnée à ses disciples. Il ne suffit malheureusement pas de formuler de belles maximes pour mettre un frein à l'égoïsme. L'homme ne peut se décider à vivre pour les autres que s'il est bien convaincu de plaire ainsi à Dieu et de mériter une belle récompense.

(1) A l'heure présente, on tend à réagir; il y a, comme dit M. Brunetière, une « renaissance de l'idéalisme. »

Littré, qui fut un homme très savant, très modeste, très laborieux, très tolérant et très charitable (1); enfin Littré fut appuyé par la franc-maçonnerie, force immense, dont l'action funeste est trop peu connue (2).

Sa mort. — Littré mourut le 2 juin 1881, à l'âge de quatre-vingts ans. Avec lui disparut la forme particulière du positivisme qu'il représentait. Deux ans après sa mort, la *Philosophie positive*, revue fondée par lui, prit congé du public, faute d'un nombre suffisant de lecteurs. Cette revue avait été un puissant instrument de guerre contre l'Eglise, mais sa force lui venait surtout de la grande réputation de son fondateur.

Le positivisme orthodoxe. Pierre Laffite. — Moins bruyant que celui de Littré, mais beaucoup plus durable, le positivisme orthodoxe continue l'œuvre d'Auguste Comte. Pierre Laffite, élu en 1857 par les principaux disciples de Comte comme second Grand Prêtre de l'Humanité, travailla vingt années avant d'acquérir

---

(1) Madame de Pierreclos, nièce de Lamartine, disait de lui : c'est « un saint qui ne croit pas en Dieu. »

(2) Littré fut admis dans la franc-maçonnerie le 8 juillet 1875. La loge la *Clémente amitié* le reçut avec une solennité extraordinaire. Plus de trois mille francs-maçons étaient là. On n'avait pas eu le spectacle d'une telle fête maçonnique depuis la réception de Voltaire, qui fut choisi comme patron de Littré. L'affinité profonde de la franc-maçonnerie et du positivisme explique la joie des francs-maçons en voyant Littré ouvrir enfin les yeux à « la lumière maçonnique. » Cette joie fut de courte durée.

Les nombreuses bonnes œuvres de Littré, les prières de sa femme et de sa fille, ses relations fréquentes et intimes avec des ecclésiastiques, notamment avec le P. Millériot, jésuite, et avec l'abbé Huvelin, vicaire à St-Augustin, amenèrent ce savant à voir clairement le but de la vie humaine. Il reçut le baptême en pleine connaissance de cause et en toute liberté. L'abbé Huvelin affirma qu'il avait été bien préparé. Les funérailles de Littré furent chrétiennes, bien que troublées par les francs-maçons. Comme il fallait s'y attendre, une conversion de cette importance a été contestée par les libres penseurs. On peut voir la discussion de leurs arguments dans l'ouvrage du P. Gruber intitulé : *Le Positivisme depuis Auguste Comte jusqu'à nos jours*. Le P. Gruber a écrit un autre ouvrage du même genre : *Auguste Comte, sa vie et sa doctrine*. Ces deux livres ont été pour nous une abondante source de renseignements.

une certaine notoriété. La presse n'a presque point parlé de lui, mais ses cours publics sont très suivis. Professeur au Collège de France, très érudit et doué d'un merveilleux talent d'exposition, il fait connaître, il interprète savamment la pensée d'Auguste Comte devant un auditoire d'élite, composé d'hommes de tous pays. De plus, il a fondé en 1878 *la Revue occidentale*, « organe officiel du sacerdoce positiviste. »

Le schisme de 1877. — Tous ces efforts, cependant, aboutissent à peu de chose. Il faut en dire autant de ceux que font, en divers pays, les positivistes orthodoxes les plus distingués. Quelques-uns d'entre eux se sont séparés de Laffite en 1877. Ils le trouvaient trop indépendant dans l'interprétation des idées d'Auguste Comte, trop peu fidèle aussi à certains préceptes du maître, et enfin trop peu soucieux de ses fonctions sacerdotales. « Sa robe de pontife l'embarrasse, dit l'un d'eux, et l'on peut croire qu'il serait bien aise de jeter le froc aux orties. » (1)

Conclusion. — La Religion de l'Humanité, on le pense bien, n'a pas gagné beaucoup à cette rupture, et il s'en faut que le jour de son triomphe soit proche. « Auguste Comte croyait vivre assez pour consacrer en personne, en sa qualité de Grand Prêtre de l'Humanité, le Panthéon, qu'il réclamait pour le culte positiviste. Cette espérance ne s'est pas réalisée. A son tour, Pierre Laffite annonçait qu'un jour viendrait où, dans Notre-Dame, il exercerait solennellement ses fonctions sacerdotales en présence de ses fidèles. Aujourd'hui, cette prophétie ne saurait être prise au sérieux par aucun des positivistes. Ils continuent cependant à se bercer de l'espoir certain que bientôt leur doctrine dominera le monde, tout en admettant que, pour cette conversion universelle, il faudra autant de siècles que leur maître demandait de dizaines d'années.....

« Un juge impartial doit avouer que l'insuccès de la Religion de l'Humanité, fondée par Auguste Comte, est

(1) Miguel Lemos, chef du groupe positiviste de Rio-Janeiro.

complet et définitif. Malgré tous les efforts tentés pour
donner une importance factice à « l'Eglise universelle
positiviste », cette Eglise tient une place bien secondaire parmi les autres théories et systèmes dont l'esprit moderne se préoccupe aujourd'hui. Elle n'a de valeur
qu'en tant que curiosité historique ; c'est la démonstration, par les faits, des illusions auxquelles Auguste
Comte s'est laissé entraîner ; c'est la preuve que ses
vues sont irréalisables ; et, sous ce rapport, elle ne
manque point d'intérêt. Rapprochée du pompeux tableau
que le Maître fait dans ses écrits de sa religion finale
et des progrès victorieux qui doivent lui soumettre le
monde, la réalité ne peut sembler qu'une parodie...

« L'Eglise de l'Humanité a pourtant mis en lumière une importante vérité, à savoir l'impossibilité
de fonder sur des principes purement humains une puissance doctrinale qui, du reste, est d'une grande importance pour l'existence et le bien-être de la société. Ni
Auguste Comte, ni P. Laffite, son successeur, ne sont
parvenus, en tant que représentants de cette puissance,
à la faire prévaloir, même pour la durée d'une génération, au milieu du petit groupe de leurs adeptes.

« L'Ecole positiviste en général, et celle de Comte en
particulier, ont encore rendu un autre service : elles ont
redressé certains jugements injustement portés sur le
passé du catholicisme et surtout sur le moyen âge. »
(Gruber, *Le positivisme depuis A. Comte jusqu'à nos
jours*, pp. 222, 223, 224).

CHAPITRE XXIV.

LA PHILOSOPHIE NÉO-SCOLASTIQUE.

Si les positivistes orthodoxes ne peuvent espérer avec fondement que leur religion deviendra un jour la religion universelle, il est certain, d'autre part, que le positivisme n'est pas près de disparaître. Il subsiste toujours comme méthode, et même, jusqu'à un certain point, comme doctrine.

Les positivistes indépendants. — Il y a, en France, en Angleterre et dans d'autres pays encore, des positivistes indépendants. Ils n'admettent point la religion de Comte ; ils estiment avec raison que son matérialisme est suranné ; ils ne partagent point son dédain pour l'observation intérieure ; ils reconnaissent que la psychologie et la logique sont de véritables sciences ; mais, à l'exemple de Comte, ils ne veulent connaître que des phénomènes et des successions constantes de phénomènes ; des faits et des lois, voilà, à leur avis, tout l'objet du savoir humain. Il suit de là que, pour eux, tout ce qui dépasse l'expérience des sens ou celle de la conscience est *inconnaissable*. Ils ne nient pas l'absolu ; ils affirment même son existence, mais ils estiment que nous n'en pouvons rien savoir. Et pour cette raison, ils prennent le nom d'*agnostiques*. (1)

---

(1) Spencer distingua le *connaissable* et l'*inconnaissable* : « knowable and unknowable. » Seuls, les phénomènes sont connaissables, et ils servent à manifester l'inconnaissable. — Il suit de là que l'inconnaissable est connu en quelque manière. C'est par cette contradiction évidente que Spencer prétend faire la synthèse de toutes les religions en une religion plus haute, celle de l'inconnaissable. En attendant, il proclame que

Pourquoi le positivisme persiste. — Cette persistance du positivisme n'a rien qui doive surprendre. Dans quelques années peut-être, l'*agnosticisme* ne sera plus qu'un souvenir, mais toujours il y aura des hommes pour dire à leurs semblables : ne cherchez pas à connaître ce que l'expérience ne peut atteindre ; tenez-vous en aux faits ; l'au delà ne nous est point accessible. Comte fait remonter à Bacon l'origine de la méthode positiviste. Il se trompe, cette méthode est très ancienne ; l'empirisme de tous les temps n'a pas été autre chose que le positivisme avant la lettre. Depuis que le monde existe, une foule d'hommes ont fait de regrettables efforts pour s'en tenir aux données de l'expérience. A ce compte, le positivisme est plus ancien que la métaphysique. En un sens, il est même plus ancien que l'homme ; car on peut affirmer à bon droit, avec le professeur Tiberghien, de l'Université de Bruxelles, que « les quadrupèdes naissent, vivent et meurent positivistes, puisqu'ils observent rigoureusement le grand précepte de ne pas s'élever au dessus de la réalité sensible. »

Cette remarque peut suffire à montrer que le positivisme est une philosophie plus que médiocre. Malgré cela, et en dépit des efforts de ceux qui réagissent actuellement contre elle, cette philosophie exerce encore une influence considérable sur les intelligences. Il faut reconnaître que ses partisans sont très habiles : ils ont su la revêtir des livrées de la science ; ils affectent même de l'identifier

---

toutes les religions sont également bonnes, puisque toutes professent le culte de l'inconnaissable.

Stuart-Mill était agnostique, comme Spencer. Pour lui, le monde extérieur est la cause inconnue de nos sensations, et le moi, un récipient inconnu de sensations. Quant à Dieu, il est l'inconnaissable par excellence. — Dieu n'est pas l'inconnaissable. Il peut être connu par ses œuvres. De même, l'âme est connue par les phénomènes dont elle est le principe, et la matière est connue par ses propriétés.

Taine et Ribot bannissent absolument la métaphysique de leurs recherches. Elle n'est à leurs yeux qu'une forêt d'entités verbales. Ils n'admettent même pas l'absolu comme inconnaissable.

avec la science. De même, disent-ils, que l'antique superstition a fait place à la philosophie ; de même, grâce à Auguste Comte, désormais la philosophie est remplacée par la science. Il n'y a plus d'autre philosophie que la hiérarchie des sciences fondée sur l'ordre de complexité croissante des phénomènes, et il est impossible à l'homme de dépasser les phénomènes. L'absolu n'est pas à notre portée ; toute connaissance humaine est relative.

Voilà bien le plus clair de l'héritage d'Auguste Comte ; une méthode : l'observation des faits ; un dogme : la loi des trois états ; une direction : toute recherche de l'absolu est stérile. Et cette philosophie très simple, les positivistes essaient de la faire passer pour le résultat le plus assuré des sciences humaines.

La renaissance de la philosophie scolastique. — Heureusement, il leur sera difficile de faire triompher cette manière de voir. En ces dernières années, on s'est aperçu que les sciences d'observation s'allient très bien avec une philosophie directement opposée à celle des positivistes. Elle s'appelle philosophie scolastique, et elle compte plus de vingt siècles d'existence. Elle fut jadis très florissante.

Socrate a jeté les premières semences de cette philosophie ; Platon l'a ébauchée ; Aristote l'a organisée. Il a créé à son usage une langue spéciale, barbare au premier abord, mais d'une remarquable netteté. Bien que très profonde, cette philosophie s'accorde le plus souvent avec les croyances universelles. Elle se concilie aussi avec la foi catholique, comme saint Thomas l'a fait voir ; enfin elle « répond particulièrement aux préoccupations scientifiques de notre époque. » (Boutroux, *Grande Encyclopédie*, article *Aristote*).

Il s'en faut bien qu'on l'ait toujours appréciée à sa valeur. Pendant trois siècles au moins elle a été méconnue, décriée, méprisée. Martin Luther ne trouvait pas assez d'injures contre Aristote et saint Thomas. Il voyait avec raison dans leur philosophie un puissant obstacle à sa réforme. Descartes, ayant adopté pour la philosophie le principe du libre examen, posé par Luther, contribua beaucoup à discréditer la philosophie scolastique : elle lui paraissait reposer uniquement sur l'autorité des anciens ; il la croyait nourrie d'abstractions vides et hérissée de termes barbares.

Leibniz, à la fin de sa vie, combattit cette manière de voir ; néanmoins elle prévalut, et jusque vers le milieu de ce siècle, on persista à mépriser les anciennes doctrines, et à insulter « Platon, Aristote, le divin Thomas, comme s'ils n'étaient que des enfants. » (Leibniz, *Système théologique*).

On faisait grand bruit des erreurs de physique que ces grands hommes ont commises ; cela donnait occasion de rejeter leur métaphysique en même temps que leur physique. Pourtant, leur physique elle-même, si on la considère dans ses grandes lignes, est parfaitement en harmonie avec la science contemporaine. Les plus savants physiciens de l'Italie l'avaient fait voir dès avant l'année 1860 (1). On n'en doute plus maintenant, en France, grâce aux travaux d'un très grand nombre d'écrivains, qui, suivant l'impulsion donnée par Léon XIII en 1879, ont remis en honneur la doctrine de saint Thomas au point qu'elle s'impose au respect de tous. Sans y penser, Cousin a contribué pour une bonne part à ce résultat ; car, c'est lui qui, en 1832, a demandé à Barthélemy Saint-Hilaire une traduction d'Aristote.

Faire revivre Aristote, c'était faire songer à saint Thomas et préparer la renaissance du thomisme. D'ailleurs, Barthélemy Saint-Hilaire ne s'est pas borné au rôle de traducteur, que lui facilitaient les travaux accomplis en Allemagne en vue de reconstituer le texte d'Aristote ; il a sincèrement admiré l'œuvre du grand phi-

(1) A cette époque, une académie s'est fondée à Bologne, dans le but de traiter les questions scientifiques qui se rapportent à l'enseignement de saint Thomas. C'est l'*Academia philosophico-medica*.

A Bologne aussi on a créé dans le même but et en même temps une revue intitulée la *Scienza italiana*.

losophe grec, et il n'a pas craint d'applaudir à l'encyclique du 4 août 1879, touchant l'étude de saint Thomas. « Le Saint-Père actuel, écrivait-il, a été admirablement inspiré quand, au début de son règne, il a recommandé, avec toute l'autorité qui lui appartient, la philosophie du Docteur angélique; c'est un service éminent qu'il a rendu à l'Eglise, et l'on doit ajouter, à l'esprit humain. » (Lettre à M. l'abbé Farges, 9 octobre 1886).

Cette philosophie peut seule tenir tête au positivisme. — Le XIXe siècle a vu naître bien des doctrines. Plus qu'aucun autre, il a été un siècle de luttes philosophiques. Parmi les maîtres du jour, la raison aux abois ne savait à qui entendre. On a écouté Cousin avec enthousiasme ; mais le spiritualisme de Cousin a été vite emporté par le courant positiviste. Taine surtout a contribué à le faire disparaître. Le clergé, d'ailleurs, ne l'avait jamais favorablement accueilli; les chefs de l'école *traditionaliste* : Lamennais, de Bonald, Ventura, Gratry avaient toutes ses sympathies (1). En même temps, la philosophie extravagante de Hegel, toujours puissante en Allemagne, continuait à séduire quelques esprits en France, et donnait naissance au *Nouveau spiritualisme* de Vacherot (2). De tout cela, que reste-t-il ? — Fort peu de chose. Les progrès de la science ont été tels, en ce siècle, l'enthousiasme qu'ils ont causé a été si grand,

---

(1) Les traditionalistes pensaient que la tradition chrétienne est la source de toute philosophie sérieuse. Ils niaient la possibilité pour l'homme d'arriver à la vérité par les seules forces de sa raison. — Cette doctrine est contraire aux faits, et elle a été rejetée par le concile du Vatican en 1870. La foi suppose l'exercice préalable de la raison. Avant de croire ce que Dieu a dit, il faut avoir prouvé qu'il existe et qu'il a parlé aux hommes.

(2) Dans son ouvrage intitulé le *Nouveau spiritualisme*, M. Vacherot n'accorde pas à Dieu une existence personnelle ; il fait de l'Etre parfait un simple idéal de la raison. Dans le même sens, Renan définit Dieu « la catégorie de l'idéal. » — C'est une très grave erreur, renouvelée de Hegel. L'idée de Dieu implique l'existence de Dieu, car la « perfection est une raison d'être. » Comment concevoir un être parfait qui ne serait pas, puisque toute perfection est quelque chose de l'être ?

que toute philosophie qui ne tient pas compte des données de la science doit nécessairement disparaître.

Tel ne peut être le sort de la philosophie scolastique. Son union féconde avec la science est pour elle le principe d'une vie nouvelle et très puissante. Seule elle demeure debout pour tenir tête au positivisme. Il n'est donc pas possible de la passer ici sous silence. Toutefois, c'est assez pour notre but d'exposer en peu de mots ses enseignements principaux. Trois doctrines surtout la caractérisent : la théorie de la *constitution des corps*, celle du *composé humain* et celle de la *connaissance intellectuelle*.

§ I. — La constitution des corps.

Tout corps peut se résoudre en éléments très petits, et les éléments irréductibles d'un même corps se distinguent nettement de ceux d'un corps de nature différente.

Caractères propres des molécules. — Tout d'abord, chaque molécule d'un corps donné possède une forme géométrique qui lui est propre, comme le prouve le phénomène de la cristallisation (1). De plus, chaque corps a sa couleur; cela tient à ce que ses molécules exercent une action spéciale sur les rayons lumineux qui viennent le frapper avant d'atteindre la rétine. D'autre part, la cohésion des molécules varie d'un corps à l'autre : à une même température donnée, tel corps est solide; tel autre est à l'état liquide; tel autre à l'état gazeux. Enfin, les affinités qui s'exercent de molécule à molécule entre des corps de natures différentes obéissent à des lois déterminées et constantes.

(1) Lorsqu'un corps passe lentement de l'état liquide à l'état solide et que rien ne vient troubler la juxtaposition de ses molécules, elles forment des *cristaux*, qui affectent toujours des formes géométriques déterminées. Ces formes géométriques diffèrent d'un corps à un autre; elles sont généralement les mêmes pour un même corps. Il est évident que la forme géométrique des cristaux tient à la configuration des molécules qui en déterminent la structure.

L'oxygène, par exemple, ne se combine pas avec n'importe quel autre corps, et toute combinaison a lieu suivant des proportions définies.

La forme substantielle des corps. — De tous ces faits se dégage une conclusion bien nette : si toute molécule d'un corps est déterminée par nature à être ceci ou cela, il faut bien qu'elle ait en elle un principe déterminant, quelque chose qui la fait être ce qu'elle est. Ce principe déterminant, les scolastiques l'appelaient *forme substantielle*. Par le fait qu'il impose une détermination, on a cru bon de l'appeler *forme ;* d'autre part, comme la détermination qu'il impose fait de toute molécule une chose en soi, une substance, il convenait de dire que le principe déterminant de chaque corps est une forme substantielle, pour le distinguer avec soin de la forme extérieure, qui est purement *accidentelle*. Qu'un morceau de cire soit de forme cubique ou sphérique, c'est là un pur accident, qui ne change rien à la nature de la cire ; tandis que, sous la même forme accidentelle, une sphère de cuivre et une sphère de plomb diffèrent totalement de nature ; la forme substantielle de l'une n'est pas celle de l'autre.

La matière première des corps. — Toute molécule ayant un principe déterminant, il faut bien qu'elle ait aussi un principe déterminé, car le principe déterminant doit déterminer quelque chose. Ce quelque chose s'appelle *matière première*. Voyez l'être vivant qui assimile des aliments ; il s'empare d'une certaine portion de matière et lui impose une détermination ; la plante attire les sucs de la terre et ils forment la sève dont elle se nourrit ; à son tour, l'herbe des champs devient la chair de certains animaux ; ceux-ci enfin sont transformés par l'homme en son propre sang. Il y a évidemment dans la nature des changements de substance, et ces changements ne sont point des créations proprement dites. Un corps peut bien changer de nature ; il peut subir l'action d'un principe déterminant plus puissant que le sien, mais il ne disparaît pas entièrement ; quelque chose subsiste de lui, à savoir la *matière* dont il était formé. Sous l'action de l'étincelle électrique, l'oxygène et l'hydrogène se combinent pour former de l'eau ; il n'y a plus, à proprement parler, ni oxygène ni hydrogène dans l'eau ainsi formée ; et cependant le poids de l'eau est égal à la somme des poids de ses composants. Cela prouve bien que la matière première qui entrait dans la constitution de l'oxygène et de l'hydrogène est aussi entrée dans la constitution de l'eau. Quant aux formes substantielles de l'oxygène et de l'hydrogène, elles ont fait place à un nouveau principe déterminant, celui de l'eau. Elles n'ont point disparu absolument, mais elles ont passé à l'état de simples virtualités ; elles sont dans l'eau comme le germe qui doit produire l'épi est dans le grain de blé. Avant la synthèse déterminée par l'étincelle, elles étaient en acte ; la synthèse une fois faite, elles ont passé de l'acte à la puissance. Pour faire voir qu'elles n'ont pas entièrement disparu, il suffit de recourir à l'analyse de l'eau par la pile. Sous l'influence du courant électrique, l'eau se décompose en ses deux éléments, qui reparaissent à l'état libre.

Objection tirée d'une hypothèse des chimistes contemporains. — Mais, dira-t-on, cette réapparition de l'oxygène et de l'hydrogène à l'état libre n'a rien qui doive surprendre : les atomes d'oxygène et d'hydrogène n'ont point été détruits par la synthèse de l'eau. Dans tout composé, les composants subsistent à l'état actuel et non à l'état virtuel ; aucun changement profond ne s'est accompli dans leur être ; ils sont simplement groupés de façon à former un agrégat dont les propriétés sont tout autres que celles de ses éléments.

Réponse. — A ce compte, il faudrait dire qu'il ne se produit dans la nature aucun changement substantiel, et que tout corps composé n'est autre chose qu'un mélange. L'oxyde de mercure, par exemple, ne serait point une substance d'une nature à part, formée d'oxygène et de mercure, il serait simplement un mélange plus intime de ces deux éléments. Jusqu'à présent aucune expérience décisive n'a établi que les composants d'un corps mixte ont dans ce corps une existence actuelle et non virtuelle ; les chimistes admettent généralement cette hypothèse, mais rien n'en démontre la vérité. Fût-il un jour établi que les atomes des corps simples conservent dans les corps composés toute l'intégrité de leur nature, cela prouverait simplement que l'exemple tiré de la synthèse et de l'analyse des corps composés n'a pas été convenablement interprété par les scolastiques ; cela n'établirait en aucune façon la fausseté de leur doctrine sur la constitution des corps. Si, par exemple, il était vrai que, comme le dit Ampère, dans la molécule d'acide sulfurique, trois atomes d'oxygène gravitent autour d'un atome de soufre, il faudrait bien cependant indiquer pour quelle cause trois atomes d'oxygène plutôt que quatre sont nécessaires à la formation d'une molécule d'acide sulfurique ; il faudrait dire aussi comment il se fait que, dans cette même molécule, les trois atomes d'oxygène gravitent constamment autour de l'atome de soufre ; il faudrait enfin expliquer pourquoi quatre atomes ainsi réunis forment une molécule douée de propriétés toutes spéciales, bien différentes de celles des autres composés de l'oxygène et du soufre.

Résumé de la théorie : tout corps est composé de matière et de forme. — Que les atomes des corps simples gardent ou non l'intégrité de leur nature dans les corps composés, il reste certain que tout corps est composé de matière et de forme. La matière est une réalité indéterminée, que l'esprit conçoit comme bien distincte de la forme substantielle, mais qui, en fait, n'est jamais séparée d'une forme substantielle qui la détermine. Elle peut être successivement déterminée par des formes substantielles diverses, mais elle est toujours actuellement déterminée par une forme substantielle (1). De même, la forme substantielle des corps

(1) Saint Augustin caractérise ainsi la matière première des corps : « Elle n'est ni corps ni esprit, et on peut dire d'elle qu'elle est et qu'elle n'est pas. Elle n'est pas, puisqu'elle n'existe point *en acte*. Elle est,

n'existe jamais à l'état libre ; elle est toujours unie à une matière qu'elle détermine.

Fondements de cette doctrine. — 1° *Sans être opposée aux données des sciences expérimentales, elle est conforme aux résultats de l'analyse rationnelle.* — Cette théorie ne renferme rien que les sciences expérimentales puissent contredire. La physique, d'abord, est hors de cause, car elle a pour objet les propriétés générales des corps, et non leur constitution. D'autre part, en chimie, la limite extrême de l'analyse est l'atome. Or, si l'atome échappe à toute analyse réelle, l'analyse rationnelle y découvre fort bien deux éléments : l'un *quantitatif* et l'autre *qualitatif*. Le premier est passif, le second est actif. A cause du premier, l'atome est étendu et pondérable ; grâce au second, il a des propriétés spécifiques, qui le distinguent de tout atome d'une autre nature.

En biologie, la limite extrême de l'analyse réelle est la cellule vivante. Or, dans toute cellule vivante, l'analyse rationnelle découvre un principe de vie et une matière vivifiée par ce principe. En cette question de la composition des corps, la métaphysique et les sciences expérimentales se rencontrent, mais elles ne sauraient se combattre. Leurs points de vue ne sont pas les mêmes : au point de vue expérimental, la cellule et l'atome sont des limites ; au point de vue métaphysique, ils sont des points de départ.

2° *Il n'y a que trois explications de la nature des corps, et deux d'entre elles sont visiblement défectueuses.* N'est-ce pas d'ailleurs une assertion tout à fait conforme à l'expérience, que la force ne va pas sans la matière, et que la matière est inséparable de la force? Büchner établit bien ces propositions dans son livre intitulé *Force et matière*; (1) mais il se donne le tort de penser que, du

---

parce qu'elle se distingue du néant, et qu'on peut la nommer une véritable entité réelle. » (Voyez les *Confessions*, livre XII, c. 3 et 7).

(1) Büchner est un naturaliste allemand, né en 1824, à Darmstatt. En 1855 il publia, à Francfort, un livre intitulé *Kraft und Stoff*, qui fit grand

même coup, ses conclusions matérialistes sont incontestables. Il n'en est rien ; ce qui est vrai seulement, c'est que, d'une part, on ne peut concevoir l'étendue sans la force, et que, d'autre part, l'étendue n'est pas simplement un système de forces. Les atomistes oublient que l'étendue suppose nécessairement une cohésion de parties ; quant aux dynamistes, ils semblent ne pas comprendre que des points inétendus ne peuvent rendre compte de l'étendue (1). Cependant, en dehors de l'atomisme, qui fait de tout corps un groupement de corpuscules insécables, et du dynamisme, qui ne voit dans l'univers que des agrégats de forces simples, la raison ne peut concevoir autre chose que l'union de la matière et de la force.

---

bruit, fut traduit en diverses langues et eut huit éditions en neuf années. Dans ce livre, Büchner enseignait, entre autres choses, que la matière est éternelle, que la force est impérissable, que la lumière et la vie coexistent partout et toujours ; enfin, que l'être revêt une infinité de formes dans le temps et dans l'espace. — Ces doctrines firent perdre à leur auteur sa fonction de professeur à Tubingue. Il revint dans sa ville natale et y exerça la médecine.

(1) L'atomisme remonte à Démocrite et à Leucippe. Il a été adopté par Épicure et mis en très beaux vers par Lucrèce. Cette ancienne hypothèse fut reprise, dans les temps modernes, par Descartes, Gassendi et Newton. Comme on le pense bien, chacun de ces savants entend l'atomisme à sa manière ; seulement ils s'accordent à voir, dans tout corps, un agrégat de particules insécables, mais réellement étendues, auxquelles ils donnent le nom d'*atomes*.

Le dynamisme est tout le contraire de l'atomisme. Leibniz en est l'auteur ; il l'exposa dans sa *Monadologie*. Selon lui, les corps sont composés de *monades* ou forces simples, en nombre infini, douées de perception et d'appétition. Ces monades n'ont aucune influence physique l'une sur l'autre. (Voyez pages 301, 302, 303).

Boscowich, jésuite polonais, modifia le système de Leibniz. Il n'admit pas que les monades fussent douées de perception et d'appétition, ni que leur nombre fût infini. De plus, il supposa qu'elles sont toutes séparées par un intervalle. Kant suivit à peu près les traces de Boscowich. Selon lui, les corps ne sont autre chose que des forces motrices disséminées dans l'espace.

Ainsi entendu, le dynamisme est accepté par le plus grand nombre des métaphysiciens modernes, de ceux du moins qui demeurent étrangers à la philosophie scolastique.

3° *La théorie scolastique donne une juste idée des plantes, des animaux et surtout de l'homme.* — Cette union, d'ailleurs, est tout à fait manifeste dans les êtres vivants. La matière, dans la plante, est pénétrée et vivifiée par une force appelée *âme*, et si l'âme de la plante vient à disparaître, la matière subsiste, mais elle change de nature et se désagrège. Les animaux vivent comme les plantes, mais en eux l'âme est plus apparente encore : elle communique à la matière le pouvoir de sentir, de désirer, de se transporter d'un lieu à un autre. Dans l'homme enfin, l'âme ne se borne pas à vivifier la matière comme dans la plante, à la rendre capable de sensations, de passions et de mouvements de translation comme dans l'animal, elle la fait servir à la pensée et à la volition, au point que le cerveau apparaît comme une condition indispensable de la vie intellectuelle.

Les matérialistes ont bien remarqué ce dernier fait, mais ils l'ont mal interprété, ils ont confondu condition et cause. De ce que, dans l'homme, le cerveau est la condition de la pensée, ils ont conclu qu'il en est la cause proprement dite.

Il y a lieu, au reste, d'expliquer plus amplement la théorie du *composé humain*, qui tient une si large place dans la philosophie scolastique.

§ II. — Le composé humain.

Platon semble dire qu'il y a trois âmes dans l'homme. D'autres, après lui, l'ont dit formellement, Galien et Averrhoès par exemple (1). Il n'en est rien : l'homme

---

(1) Galien est le plus grand médecin de l'antiquité après Hippocrate. Il naquit à Pergame, en Asie mineure, vers l'an 131. et y mourut en 201. Il a écrit un très grand nombre d'ouvrages Ceux qui nous restent forment vingt volumes in-8. Il ramena les médecins de son temps à la doctrine d'Hippocrate, et ses principes firent autorité pendant treize siècles. — Averrhoès naquit à Cordoue, au xiie siècle. Il fut à la fois philosophe et médecin. Il a traduit en arabe et commenté les œuvres d'Aristote On l'appelait le *commentateur*, et ses commentaires jouissaient d'une autorité presque égale à celle du maître. Il enseignait qu'il existe une intelligence

possède trois vies distinctes, mais c'est la même âme qui préside à ces trois vies.

Unité de l'être humain. — De même, dit Aristote, que le nombre 7 renferme éminemment le nombre 4, ainsi l'âme humaine, principe de pensée, est en même temps un principe de sensation et un principe de vie organique. L'homme connaît l'universel ; il voit et il entend ; il digère, et tout cela se fait en vertu d'un seul principe de vie.

Saint Thomas pense absolument comme Aristote, et il donne trois raisons de sa manière de voir :

1° *Le témoignage de la conscience.* Le corps humain n'est pas pour l'homme un simple instrument comparable au ciseau du sculpteur. Le sculpteur peut bien dire : je taille le marbre, mais non pas : je suis d'acier, je suis tranchant, je suis poli. Au contraire, l'homme peut dire tout aussi bien : je marche, je prends un siège, je remue la main, et : je mange, je digère, je suis composé d'os et de chair. La composition de son corps fait partie de son être au même titre que les mouvements qu'il imprime à son corps.

2° *La dépendance mutuelle des opérations de l'homme.* Il y a, du reste, des faits qui semblent prouver directement l'unité du principe de vie dans l'homme. Quand nous sommes plongés dans une méditation profonde, nous n'entendons pas le bruit qui se fait autour de nous. D'autre part, la vie de nutrition absorbe souvent à son profit toutes les énergies de notre être, et alors les opérations de l'esprit deviennent impossibles. L'homme profondément endormi ne pense à rien ; après le repas, il est difficile de s'appliquer au travail de l'esprit ; cela nuirait d'ailleurs à la santé.

L'exemple tiré des passions n'est pas moins probant : la joie et la tristesse peuvent modifier l'organisme au

---

universelle, à laquelle tous les hommes participent. Cette théorie, connue sous le nom d'*unité de l'intellect*, fut vivement combattue par saint Thomas.

point de causer la mort. Le sentiment de la justice engendre souvent l'indignation, et cette noble passion devient parfois le principe de la plus haute éloquence. Par contre, il arrive que la colère trouble la raison, et toute passion violente enchaîne la liberté.

3° *L'unité de la vie sensitive et de la vie intellectuelle.* Ces faits seraient inexplicables si, dans l'homme, l'intelligence, la sensation et la vie organique ne provenaient pas d'un seul et même principe, qui est l'âme. Nul ne conteste que c'est le même homme qui comprend et qui sent : « *Idem homo est qui percipit se intelligere et sentire;* » pourquoi voudrait-on supposer que ce n'est pas le même homme qui sent et qui digère? On n'a pas besoin de deux principes pour expliquer la coexistence de la vie végétative et de la vie sensitive dans les animaux; l'unité de l'organisme, la dépendance mutuelle des deux vies font assez voir que toutes les opérations de l'animal procèdent d'une même cause. Il est de même inutile de supposer dans l'homme un principe spécial pour la vie organique et un principe spécial pour la vie intellectuelle. En métaphysique, la méthode d'économie exige qu'on ne multiplie pas les causes sans nécessité. Nous dirons donc qu'il n'y a dans l'homme qu'un seul principe de vie. Cette doctrine a été soutenue dans ce siècle par le célèbre médecin Ernest Stahl, et elle porte le nom d'*animisme* (1).

L'union de l'âme et du corps dans l'homme. — Les faits qui servent à l'établir font voir en même temps que l'âme et le corps, dans l'homme, ne sont point unis comme le pilote à son navire, ou comme le cavalier à son cheval. Platon s'est trompé en ce point. Descartes n'a pas mieux vu : l'âme n'est pas dans le corps comme

(1) Il y a trois conceptions principales sur le principe de la vie : l'*animisme*, le *vitalisme* et l'*organicisme*. D'après les *vitalistes*, il y a dans l'homme deux principes de vie, l'un pour la vie intellectuelle et l'autre pour la vie physiologique. Les organicistes estiment que la vie n'est qu'une résultante de l'organisme. Cette manière de voir n'est qu'une forme du matérialisme.

une araignée au centre de sa toile. Leibniz a tort, lui aussi, quand il compare l'âme et le corps à deux pendules fabriquées « avec tant d'art et de justesse, qu'on se puisse assurer de leur accord dans la suite. » Selon Malebranche, les mouvements du corps sont toujours en harmonie avec ceux de l'âme, par suite d'une assistance continuelle du Créateur. — L'union de l'âme et du corps n'est pas une simple union accidentelle; c'est une *union substantielle*. Cela veut dire que l'âme et le corps forment une seule et même substance, « un tout naturel, » comme disait Bossuet, et que « l'âme est la forme du corps, » selon le mot d'Aristote. De même que les deux éléments qui entrent dans la composition de l'eau ne forment qu'une seule et même substance, de même, dans l'homme, l'âme et le corps ne sont point deux substances formellement distinctes; leur union produit une substance nouvelle et d'un ordre à part (1). Il n'est pas seulement question ici d'une compénétration intime de toutes les parties du corps par l'âme; il s'agit d'une véritable union substantielle, en vertu de laquelle le corps et l'âme forment une substance composée, mais d'une parfaite unité de nature. La lumière du soleil pénètre toutes les molécules de l'air ou d'un corps transparent quelconque, mais elle ne forme pas un seul et même être avec le milieu qu'elle traverse. Dieu est intimement présent à tout ce qui existe; mais il serait faux de dire qu'Il ne fait qu'un avec l'univers. La compénétration d'un être par un autre peut bien servir à expliquer l'unité de leur action quand ils agissent ensemble, mais l'unité d'action est autre chose que l'unité de nature. La présence de deux êtres ne fait pas leur union substantielle.

Si parfaite que soit l'union de l'âme et du corps, on ne peut cependant l'assimiler entièrement à une combinaison chimique. Tout d'abord, l'âme n'est pas un corps.

(1) Non enim corpus et anima sunt duæ substantiæ actu existentes, sed ex eis duobus fit una substantia actu existens. (Saint Thomas. *Contra Gentiles* II. 69).

De plus, l'âme est la forme du corps, tandis que dans un corps composé, aucun des composants n'est la forme d'un autre composant. Dans l'eau, par exemple, l'oxygène et l'hydrogène ont dépouillé leur nature propre; ils ont cédé leur matière à une forme nouvelle, celle du composé. Au contraire, dans le composé humain, l'âme conserve tout son être; de plus, c'est elle qui donne au corps l'être et la vie. Elle lui donne l'être en lui donnant la vie, car, pour le corps, vivre c'est être, et cesser de vivre, c'est du même coup cesser d'être un corps humain. La mort transforme entièrement le corps de l'homme; ou plutôt, elle est le résultat d'une transformation totale de l'organisme. Après la mort, le corps existe indépendamment de l'âme; mais, durant son union avec l'âme, il n'avait pas d'existence propre. La matière dont il était formé tenait de l'âme sa réalité substantielle; c'est par l'âme qu'elle était une substance. A vrai dire, c'est l'âme qui contient le corps; et, quand l'âme a disparu, le corps, déjà transformé, ne tarde pas à se désagréger.

Les lois de l'union : il y a trois vies dans l'homme. — 1° *L'âme se manifeste diversement selon les organes qu'elle anime.* — Puisque l'âme donne au corps d'être ce qu'il est, il est clair qu'elle pénètre, contient et vivifie le corps tout entier. Cependant, la présence de l'âme dans le corps se manifeste diversement, selon les organes qu'elle anime. Ainsi on distingue trois vies dans l'homme : *la vie végétative*, qui est surtout caractérisée par le phénomène de la *nutrition*, et appartient aux plantes aussi bien qu'à l'homme; la vie *sensitive*, qui se révèle principalement par la *sensation* et le *mouvement de translation;* elle est commune aux animaux et à l'homme; la *vie intellectuelle*, qui met l'homme, par la pensée, en relation avec le monde suprasensible, et lui permet de faire la science et de créer des œuvres d'art du plus haut prix. Dans la vie de nutrition, c'est le corps qui a la plus grande part : tout corps vivant se nourrit, par le fait même qu'il est vivant. On n'a jamais songé à attribuer à l'âme les phénomènes physiologiques tels que la digestion, la circulation du sang et la respiration, bien que l'âme soit, au fond, la cause première de ces faits, puisqu'elle est le principe même de la vie. Quant aux phénomènes de la vie sensitive, quelques philosophes, Platon et Descartes, par exemple, les ont volontiers attribués à l'âme seule. C'est une erreur. L'âme et le corps ont ici une part égale : par elle-même, l'âme ne peut ni voir, ni entendre, ni désirer avec passion ; de même, sans l'action de l'âme, l'œil ne voit pas, l'oreille n'entend rien, et aucune passion ne trouble les sens. C'est l'œil vivant qui voit, s'il est en bon état ; c'est l'oreille vivante qui entend, si elle est saine ; c'est le composé d'âme et de corps qui éprouve des passions : « *Passiones sunt compositi.* » Pour ce qui est de la pensée proprement dite et du désir purement rationnel, ce sont des faits qui relèvent de l'âme toute seule ; c'est l'âme qui connaît la vérité ; c'est elle qui veut le bien et l'accomplit.

2° *Bien que l'âme pense sans organe, la pensée dépend de l'état du cerveau.* Cependant, l'exercice de l'intelligence et celui de la volonté sont soumis à certaines conditions organiques. Chacun sait, par exemple, que si l'activité cérébrale est suspendue, entravée ou désordonnée, la pensée subit les mêmes variations. Dans le sommeil profond, l'homme ne pense point ; une lésion cérébrale peut entraîner la perte de certains souvenirs ; la fièvre cause parfois le délire.

3° *L'homme ne pense pas sans image ; la volonté ne se détermine pas sans quelque degré de passion.* Sans doute, la pensée, par elle-même, est inorganique : « C'est sans organe qu'on pense, » a dit Aristote ; mais, dans l'homme, en raison de l'union de l'âme et du corps, la pensée est liée à des conditions organiques, et, à cause de cela, elle est toujours comme incorporée dans un élément sensible. « L'âme ne pense point sans image, » disait encore Aristote. De même, les idées qui déterminent la volonté de l'homme à faire ou à omettre quelque chose, sont toujours colorées de passion.

L'acte premier et l'acte second; définition de l'âme.
— Les trois vies qui sont en l'homme ne se manifestent pas toujours simultanément ; il y a des interruptions. Dans le sommeil profond, la pensée ne s'exerce point, les sens sont comme engourdis et les fonctions végétatives s'accomplissent lentement. Il arrive même parfois que la vie de nutrition semble totalement suspendue ; tel est le cas de ces hommes qu'on retire de l'eau à demi-morts. Il y a donc lieu de distinguer dans l'homme l'être et l'action, ou, comme disait Aristote, l'*acte premier* et l'*acte second*. L'homme vivant qui n'agit point, est en acte premier; et il est en puissance par rapport aux actions diverses qu'il peut produire. Au contraire, l'homme dont la vie se manifeste de quelque façon, est en acte second sous ce rapport. Parler, écrire, marcher, sont des actes seconds; vivre simplement, d'une vie aussi restreinte que possible, comme est celle de beaucoup d'arbres, d'arbustes et de plantes pendant l'hiver, ou celle d'un animal engourdi par le froid, c'est être en acte premier ; c'est simplement avoir une âme, sans la manifester d'aucune manière. « L'âme, disait Aristote, c'est l'*acte premier* d'un corps naturel, organisé, ayant la vie en puissance. »

Les facultés de l'âme. — L'âme est l'acte premier d'un corps vivant, car c'est elle qui donne à ce corps d'être vivant ; mais elle est en même temps la cause première des actes seconds qui s'accomplissent dans ce corps vivant, ou qu'elle produit elle-même, à l'aide des organes de ce corps. Comment l'être vivant passe-t-il de l'acte premier aux actes seconds, de la puissance à l'acte ? Pourquoi ne demeure-t-il pas toujours engourdi ? Les excitations du dehors expliquent-elles assez bien que la vie reprenne son cours quand elle a été suspendue ? La douce chaleur du printemps, l'humidité du sol, l'abondance des sucs nourriciers qu'il renferme, sont-elles les conditions suffisantes du renouvellement de vie qui se manifeste dans les plantes au sortir de l'hiver ?

— Cela n'est guère admissible. Qui s'aviserait, en tout cas, de soutenir qu'il suffit au professeur d'exposer une leçon pour que l'élève la comprenne, ou que c'est assez au prêtre d'exhorter les fidèles à éviter le mal pour que tous suivent à l'envi le chemin de la vertu? Si l'élève comprend un théorème, c'est parce qu'il possède la faculté de comprendre, qui est l'intelligence; si le fidèle accomplit son devoir, c'est parce qu'il a une volonté, c'est-à-dire un pouvoir de désirer ce que son intelligence lui fait connaître comme un bien, et de le réaliser s'il est possible. Il faut donc tout au moins reconnaître dans l'homme une faculté de comprendre et une faculté de vouloir. Il y a plus : une faculté étant un pouvoir spécial d'agir, il faut dire que, dans l'homme et dans tout être vivant, il y a autant de facultés que l'on peut y découvrir de modes d'action spécifiquement distincts. Nulle influence générale, en effet, ne peut rendre compte d'actions diverses et totalement distinctes. L'âme est le principe de la vie, elle n'est pas la cause spéciale de chaque manifestation de la vie. Les influences du dehors peuvent provoquer le renouvellement de la vie, mais elles ne font pas comprendre comment la plante se nourrit, atteint son entier développement et produit le germe d'une autre plante semblable à elle-même.

Tout être vivant possède donc des facultés, et puisque l'homme a trois vies, on trouve en lui trois groupes de facultés, dont les plus remarquables sont celles de la vie intellectuelle : l'intelligence et la volonté.

§ III. — La connaissance intellectuelle.

L'intelligence se manifeste dans l'homme par un mode de connaissance qui le distingue absolument des autres animaux. Tout animal est doué de connaissance, car il peut acquérir et conserver une représentation sensible et concrète des objets qui l'entourent, mais l'homme ne s'en tient pas là ; son intelligence lui permet de dépasser complètement la sphère des choses corporelles, il peut connaître l'invisible. Il possède à la fois la connaissance sensible et la connaissance intellectuelle.

Deux sortes de connaissances. — Ces deux formes de la connaissance diffèrent profondément l'une de l'autre.

1° Tout d'abord, elles n'ont pas le même objet. La connaissance qui se fait par les sens s'arrête à ce qui est singulier, tandis que la connaissance intellectuelle atteint l'universel. « *Sensus est singularium ; intellectus vero universalium.* » Le singulier, c'est ce qui est ceci, ici et maintenant ; c'est tel homme, tel arbre, telle maison ; l'universel, c'est ce qui est partout et toujours le même ; c'est l'homme en général, l'arbre en général, la maison en général. C'est aussi telle loi de l'âme humaine, telle loi de physique, telle proposition de géométrie. Ce qui est vrai partout et toujours, voilà l'objet propre de l'intelligence ; ce qui est individuel, ce qui passe, ce qui n'est vrai que pour un temps et un lieu déterminé, voilà l'objet propre des sens.

2° En second lieu, la connaissance par les sens n'est jamais *réflexive ;* au contraire, l'intelligence peut se replier sur elle-même pour examiner ses données et se rendre compte de ses opérations. L'œil ne se voit pas lui-même ; l'oreille ne s'entend pas ; aucun sens ne peut analyser son acte. Il est vrai, tout animal sait qu'il voit et qu'il entend ; il a conscience de ses sensations, mais c'est par un sens nouveau, le sens intime, dont l'organe est le cerveau. Et il en est du sens intime comme des autres sens : il ne se connaît pas lui-même.

3° L'impossibilité où se trouvent les sens de réfléchir sur leurs données et sur leurs actes vient de ce que tout sens est organique, car nul organe ne peut se pénétrer lui-même. Il en est tout autrement de l'intelligence : elle est inorganique. Plus un objet est clair et intelligible, plus il contente l'entendement ; au contraire, tout ce qui impressionne trop fortement nos sens les blesse et peut les détruire : « Les yeux trop fixement arrêtés sur le soleil, c'est-à-dire sur le plus visible de tous les objets et par qui les autres se voient, y souffrent beaucoup, et à la fin s'y aveugleraient. » (Bossuet, *Connaissance de Dieu et de soi-même*, I, xvii).

Origine de la connaissance intellectuelle. — Puisque la connaissance intellectuelle diffère si profondément de la connaissance sensible, il ne se peut que ces deux formes de la connaissance aient la même origine.

La connaissance sensible se fait par les sens, et elle est conservée dans le cerveau sous la forme d'images qui se groupent d'après des lois empiriques, qui sont : la *contiguïté dans le temps*, la *contiguïté dans l'espace*, la *ressemblance* et le *contraste*. Corneille fait penser à Racine ; Notre-Dame rappelle l'Hôtel de Ville ; le printemps est l'image de la jeunesse ; le sentiment des maux présents porte l'âme à espérer un meilleur avenir. Aristote a fort bien décrit comment se forme l'image, qui est comme une copie de la sensation et qui en tient lieu. (Voyez le chapitre vi du présent livre, page 81).

Ce même philosophe a fait voir aussi comment l'intelligence passe du particulier à l'universel à l'aide de l'abstraction. (Voyez page 81, 3º.)

1º *Formation de l'idée par l'abstraction*. Cette opération, qu'Aristote appelle induction, consiste à mettre à part tous les caractères particuliers d'un objet pour faire uniquement attention aux propriétés essentielles de cet objet, par lesquelles il ressemble à tous ceux de son espèce. Après que nous avons vu un certain nombre d'hommes, nous finissons par ne plus tenir compte de certaines particularités des individus, telles que la couleur, la taille, la régularité des traits, et nous formons en nous cette idée générale, que l'homme est un animal doué de raison.

2º *La généralisation, ou reconnaissance du caractère universel de l'idée*. Il ne suffit pas que l'intelligence forme des idées générales par l'abstraction ; il faut encore qu'elle se rende compte de l'universalité de ces idées. Ce serait peu de savoir que le triangle est un polygone formé par trois lignes qui se coupent deux à deux, si on ne remarquait pas que cette définition est une vérité absolue, indépendante des temps et des pays. Il faut généraliser, sans cela, il n'y a pas de science possible, et la connaissance intellectuelle demeure stérile. L'intelligence, don magnifique du Créateur, serait alors pour nous comme un instrument précieux entre les mains d'un homme qui en ignore l'usage.

3° *La cause première de nos idées.* Ce n'est pas tout encore. Pourquoi les hommes ont-ils tous les mêmes idées générales ? Pourquoi, par exemple, s'accordent-ils à merveille au sujet des définitions géométriques ? — Platon, Aristote, saint Augustin, attribuent ce phénomène à une influence divine. Saint Thomas est du même avis. Il n'en conclut point, cependant, comme fit Malebranche plus tard, que nous voyons tout en Dieu. De même, dit-il, que nous voyons les objets corporels à l'aide de la lumière du soleil, sans regarder le soleil lui-même; de même, c'est par une sorte de participation de l'intelligence divine que nous formons tous les mêmes concepts généraux des choses, mais nous ne pouvons dès ici-bas contempler les idées divines elles-mêmes. Le soleil qui éclaire nos yeux est en dehors de nous, tandis que la lumière divine qui nous fait connaître la nature des choses est en nous. Faut-il conclure de là que Dieu éclaire directement notre intelligence ? — Non, dit saint Thomas. La lumière divine, à l'aide de laquelle nous formons tous les mêmes concepts généraux élémentaires, est notre intelligence elle-même. La raison de l'homme est une participation de l'Intelligence incréée. Il n'y a pas de raison impersonnelle : chacun de nous a sa raison propre, sujette à l'erreur; cependant la raison individuelle est comme une participation de l'éternelle Lumière, qui est la Vérité même.

Les lois de la connaissance intellectuelle. — Il faut rappeler toutefois que la raison humaine n'est pas indépendante de l'organisme. L'homme n'est pas un esprit pur. Il est double, et sa pensée participe de sa double nature. Bien qu'inorganique par elle-même, elle est soumise à certaines conditions organiques. Les preuves de ce fait sont évidentes. Le sommeil est le repos du système nerveux. Dans le sommeil profond, l'activité cérébrale est suspendue; il en est de même de la pensée. La folie, le délire, l'exaltation produite par l'ivresse sont occasionnés par des troubles cérébraux. L'anémie cérébrale empêche toute réflexion profonde et suivie, toute activité sérieuse de l'esprit. Bref, pour que la pensée soit puissante et féconde, il faut que le cerveau soit en bon état et convenablement nourri par un sang généreux et pur. Les matérialistes savent si bien cela que, à les entendre, le cerveau est l'organe de la pensée. Cette interprétation des faits est arbitraire. La vérité est simplement que la pensée humaine est soumise à des conditions organiques. De là, certaines lois qui lui sont imposées :

1° Toute connaissance humaine a sa première origine dans l'exercice des sens. « *Omnis cognitio humana incipit a sensu.* »

2° L'homme ne pense point sans image.

3° Il n'y a aucune idée innée ; l'homme acquiert lui-même ses idées par voie d'abstraction, en se servant de l'image composite comme matière première.

4° L'homme groupe ses idées par l'analyse et la synthèse, pour former des jugements.

5° L'homme relie ses jugements les uns aux autres par le raisonnement. L'intelligence humaine est *discursive*. Son procédé ordinaire est d'aller d'une vérité à une autre par des détours. Il doit en être tout autrement d'un esprit pur, non assujetti à se servir d'organes pour penser.

Triple objet de la connaissance intellectuelle. — Ces lois de la pensée humaine sont des conditions d'exercice et non des entraves. Elle peut s'appliquer à des objets fort divers.

1° Tout d'abord elle connaît les objets concrets, les corps. Cela est tout naturel, puisque toute connaissance humaine débute par l'exercice des sens. La connaissance des corps est l'objet direct de la raison humaine.

2° Par réflexion, ensuite, l'âme peut se connaître elle-même. Sans doute, elle est toujours présente à elle-même, mais elle ne se connaît point directement elle-même ; il faut qu'elle réfléchisse sur les phénomènes dont elle prend conscience.

3° Par raisonnement, enfin, et surtout en prenant pour point de départ le monde des corps, l'âme peut s'élever jusqu'à Dieu, cause première de toutes choses. Dieu n'est pas pour elle l'inconnaissable, bien qu'elle ne puisse le connaître parfaitement. Elle le connaît en pensant qu'il faut bien une cause des choses, en écartant de la notion de Dieu toutes les imperfections qu'il est aisé de remarquer dans les choses, et en élevant à l'infini toutes les perfections que l'on découvre dans l'univers.

La connaissance intellectuelle, principe d'immortalité. — Une âme capable de s'élever si haut, dépasse certainement l'organisme auquel elle est unie. Les sens ne peuvent atteindre que ce qui est visible et palpable ; l'âme connaît l'invisible. Un organe ne se replie jamais sur lui-même pour analyser son opération ; l'âme a le pouvoir de réfléchir. Ce que les sens atteignent est toujours particulier, concret, matériel ; ce que l'intelligence perçoit est universel, abstrait, dégagé de la matière et de toute condition de temps et de lieu. La pensée est donc vraiment inorganique. Par conséquent rien n'indique qu'elle soit interrompue par la mort. Que l'âme séparée du corps pense d'après d'autres lois que celles de la pensée humaine, cela est possible et même certain, mais qu'elle cesse de penser, nul vrai philosophe ne le croira jamais.

L'âme, du reste, a un grand désir d'immortalité. Elle est tourmentée aussi par la soif de l'infini. Comme le poète, elle peut dire :

Je ne puis, malgré moi l'infini me tourmente !

Et seule parmi tous les désirs qui l'agitent, son aspiration vers l'infini demeurerait sans objet !

L'animal qui a faim et soif trouve de quoi manger et

boire, et l'homme, « infini dans ses vœux », ne rencontrerait pas l'infini au terme de sa course? — Cela ne se peut. « *Naturale desiderium non potest esse inane* », dit saint Thomas. Un désir naturel ne peut être éternellement sans objet; autrement l'œuvre de Dieu serait mal faite.

Enfin l'homme est libre parce qu'il est doué de raison. S'il use bien de sa liberté, il mérite une récompense; s'il en use mal, il s'expose à un châtiment. Trop souvent les bons ont beaucoup à souffrir sur la terre, tandis que les méchants paraissent heureux. Cet ordre de choses en appelle un autre plus équitable, plus digne du Dieu juste et bon, qui supporte les méchants pour leur donner le temps de changer de vie, pour exercer la vertu des justes et parce qu'Il a l'éternité pour lui : « *Patiens quia æternus.* » (Saint Augustin).

Conclusion. — Voilà à grands traits les principaux enseignements de la philosophie scolastique. On peut dire de cette philosophie, mais avec beaucoup plus de justesse, ce que Cousin, au retour de son premier voyage en Allemagne, disait de celle de Schlegel : « Elle est vraie; elle est le vrai. » C'est donc à cette philosophie qu'il faut revenir. Le retour à la vérité n'est jamais un recul; revenir à la philosophie scolastique, ce n'est pas rétrograder de six siècles. D'ailleurs, le passé ne recommence point. « Ce qui est mort est mort. Mais quand le passé est beau, grand, fort, il contient des germes d'immortalité; et les temps nouveaux vont chercher ces germes féconds, et la vie qui y est latente se réveille au contact de l'intelligence vivante, et de superbes choses se font, inspirées par le passé, parce que le présent lui demande, non pas une forme morte, mais l'esprit qui l'animait... Saint Thomas en son temps résume le passé : en lui revivent Platon, Aristote, saint Augustin, l'antiquité païenne, l'antiquité chrétienne..... Ses disciples du xixe siècle apprendront, en faisant comme lui, à faire autre chose que lui. Ils ne le reproduiront pas purement et simplement. Ils ne conserveront pas tout entières des théories que lui-même abandonnerait ou modifierait, et là même où il est excellent, ils ne se contenteront pas de le répéter. Ils lui prendront surtout son esprit ; et l'esprit est activité et vie. » (Ollé-Laprune) (1).

Indépendamment de son harmonie avec les croyances communes, avec les sciences positives, avec la foi catholique, la philosophie de saint Thomas en vaut bien une autre, comme gymnastique intellectuelle. C'est le juste hommage que lui a rendu H. Taine, peu avant de mourir. « Fortement liée..., juste et ferme expression d'idées solides..., large et compréhensive en même temps que ferme, amie naturelle de la réflexion profonde et de la recherche expérimentale, elle n'exerce pas sur les esprits qui savent la comprendre une dictature, elle a une influence modératrice et féconde. » (Ollé-Laprune) (2).

Enfin cette philosophie est la vraie sagesse, que les anciens ont tant cherchée. Ceux qui la cultivent ont le droit de penser qu'ils s'approchent ainsi de plus en plus de Dieu, Sagesse incréée, et participent à son amitié, car ils se rendent recommandables à ses yeux et aux yeux des hommes par les dons qui proviennent de la science. « *Infinitus est thesaurus hominibus; quo qui usi sunt participes facti sunt amicitiæ Dei, propter disciplinæ dona commendati.* » (Sap. VII, 14).

---

(1) Extrait d'une allocution prononcée devant les membres de la Société de Saint-Thomas d'Aquin, le 20 juin 1888.
(2) Extrait de l'allocution citée plus haut.

TABLE ANALYTIQUE

DES

MATIÈRES

	Pages
CHAPITRE PREMIER. — Histoire de la philosophie en général	1

Définition de l'histoire de la philosophie.

§ I. — Utilité de l'histoire de la philosophie..... 1

Deux opinions contraires au sujet de son utilité. — Examen de ces deux opinions. — L'histoire de la philosophie n'est pas la philosophie. — Il est bon d'étudier ce qu'ont dit les philosophes antérieurs.

§ II. — De la méthode à employer pour l'examen des doctrines.................................. 4

Objection : il est bien difficile de démêler la vérité de l'erreur en philosophie. — Réponse. — Instance : le sens commun n'a pas de valeur en philosophie. — Réponse. — Le sens commun et l'opinion commune. — Le sens commun, ainsi distingué de l'opinion commune, est un guide précieux, mais il n'a rien de scientifique. — De l'usage des premiers principes. — La critique philosophique ; ses règles. — Le sens commun, considéré comme application des premiers principes, a une valeur absolue. — Conclusion. La vérité existe. — Elle n'est pas inaccessible. — Il faut admettre que l'esprit humain est un instrument de vérité.

§ III. — Principal enseignement qui se dégage de l'histoire de la philosophie : il y a une philosophie éternelle et progressive........ 10

Le progrès de la pensée humaine : Anaxagore. — Socrate, Platon, Aristote. — Épicuriens et stoïciens. — Le

	Pages
christianisme. — Les grands philosophes chrétiens. — La Renaissance. — Descartes et Leibniz.	

CHAPITRE II. — **Les doctrines philosophiques**... 15

Difficulté tirée de la diversité des opinions. — Comment résoudre cette difficulté ?

§ I. — Classification des systèmes d'après Cousin ... 16

Les quatre systèmes d'après Cousin : 1° le sensualisme ; 2° l'idéalisme ; 3° le scepticisme ; 4° le mysticisme. — De l'éclectisme. — Examen de la classification des systèmes par Cousin. — Deux philosophies seules en présence : l'empirisme et l'intellectualisme.

§ II. — Les principales doctrines............... 21

Empiristes et intellectualistes. — L'intellectualisme ; ses diverses formes. — La philosophie traditionnelle ou spiritualisme. — L'idéalisme. — Le panthéisme. — Différentes formes de l'empirisme. L'empirisme matérialiste. — Le phénoménisme. — Le positivisme. — Le positivisme et la métaphysique.

§ III. — La philosophie et les systèmes 25

Le spiritualisme traditionnel. — Ses caractères principaux : 1° la permanence ; 2° l'ampleur ; 3° l'harmonie. — Les systèmes, leurs caractères : 1° ils ne persistent pas ; 2° ils sont exclusifs ; 3° ils sont incompatibles.

CHAPITRE III. — **Division de l'histoire de la philosophie**................................ 31

§ I. — La philosophie ancienne. Ses caractères. 32

1er caractère : libre recherche ; — 2e caractère : tendance à l'unité ; — 3e caractère : confusion de la philosophie et des sciences.

§ II. — La philosophie du moyen âge.......... 34

1er caractère : elle était scientifique ; — 2e caractère : elle était respectueuse de l'autorité ; — 3e caractère : elle était soumise à l'autorité religieuse.

§ III. — La philosophie moderne.............. 36

1er caractère : la libre-pensée ; — 2e caractère : le criticisme ; — 3e caractère : la séparation de la philosophie et de la science.

CHAPITRE IV. — **Socrate**.................. 41

TABLE DES MATIÈRES. 503

Pages

Vie de Socrate. — Caractères de sa philosophie : 1° le
« Γνῶθι σεαυτόν ; » 2° la lutte contre les sophistes ;
3° la définition des concepts. — Rôle de Socrate en philosophie.

§ I. — La philosophie grecque avant Socrate... 43

Les écoles antésocratiques. — La réforme socratique.
— Socrate et Anaxagore. — La loi du progrès.

§ II. — Socrate et les sophistes............... 45

Caractères des sophistes : 1° ils n'enseignaient pas
gratuitement ; 2° ils voulaient avant tout réussir ;
3° ils étaient sceptiques. — Socrate et les sophistes. —
Principaux sophistes : Protagoras, Gorgias. — Services
rendus par les sophistes.

§ III. — La philosophie de Socrate............ 48

Socrate, fondateur de la métaphysique. — La finalité,
doctrine particulière à Socrate. — La philosophie, pour
Socrate, est la science du bien. — La méthode de Socrate.
Ses procédés principaux. — Examen de la méthode
socratique. — Doctrine de Socrate : *a*) Dieu; *b*) l'âme ;
c) le vrai ; *d*) le bien ; *e*) la vertu ; *f*) la liberté. — Conclusion.

CHAPITRE V. — Platon.................... 55

Vie de Platon. — Les ouvrages de Platon. — La philosophie
de Platon ; ses caractères généraux : 1° recherche
de la science universelle ; 2° recherche de
l'absolu ; 3° poésie mêlée à la science.

§ I. — Dialectique ou théorie de la connaissance. 58

Science et opinion (*). — Les degrés de la dialectique :
1° la conjecture ; 2° la croyance ; 3° la pensée discursive ;
4° l'intuition. — *Les idées de Platon.* — La réminiscence.
— La science. — Appréciation. — Conclusion.

§ II. — Dieu, l'âme et la matière d'après Platon . 62

Le Dieu de Platon. — Preuves de l'existence de Dieu,
d'après Platon. — La Providence et l'optimisme. — La
bonté, cause des choses. — *L'âme d'après Platon.* — Les
facultés de l'âme, d'après Platon. — L'âme et le corps,
d'après Platon. — *L'immortalité de l'âme, d'après Platon.*
— Arguments sans valeur. — Arguments probables. —
Preuves par la spiritualité de l'âme et la sanction. —
Appréciation. — *La matière d'après Platon.* — La physiologie
de Platon.

(*) Les questions indiquées en lettres italiques doivent particulièrement
attirer l'attention des candidats au baccalauréat.

§ III. — La morale et la politique de Platon.... 68

La cité d'après Platon. — Trois classes de citoyens. — La propriété et la famille. — L'éducation des enfants. — *La vertu d'après Platon.* — Les quatre vertus morales. — Conclusion.

CHAPITRE VI. — **Aristote**................ 73

Vie d'Aristote — Les ouvrages d'Aristote : *a*) classification des ouvrages d'Aristote ; *b*) leur histoire ; *c*) leur authenticité ; *d*) principaux ouvrages d'Aristote : la logique, les ouvrages qui traitent de la nature, la philosophie première, les traités de morale, la rhétorique et la poétique. — Caractères de la philosophie d'Aristote : 1° il voit concret ; 2° l'universel est pour lui une essence réalisée ; 3° c'est un savant.

§ I. — Théorie de la connaissance d'après Aristote 79

Pas de réminiscence. — Les idées, choses en soi, n'existent pas. — *Trois degrés de la connaissance :* 1° *la sensation ;* 2° *l'expérience ;* 3° *l'induction*. — De la connaissance scientifique. — Résumé.

§ II. — La matière, l'âme et Dieu d'après Aristote 83

Analyse du mouvement ; ses quatre causes. — La matière et la forme, éléments essentiels de l'être. — L'idée d'évolution dans Aristote. — *Le mouvement suppose un moteur.* — L'acte prime la puissance. — *L'existence de Dieu prouvée par le mouvement.* — Définition de Dieu. — Action de Dieu sur le monde. — L'âme d'après Aristote.

§ III. — Morale et politique d'Aristote........ 88

Théorie de la vertu. — *Théorie du bonheur.* — *Morale sociale :* a) *définition de la justice ;* b) *justice et équité ;* c) *justice et amitié.* — *Politique d'Aristote.* — Résumé.

CHAPITRE VII. — **Epicuriens, stoïciens et sceptiques**................ 94

Décadence de la philosophie après Aristote. — Ses causes : 1° la médiocrité des successeurs de Platon et d'Aristote ; 2° la décadence de la vie sociale en Grèce ; 3° la prédominance des passions ; 4° la décadence des mœurs et la superstition.

§ I. — Epicure................ 97

Ses ouvrages. — Caractères généraux de sa philosophie : 1° haine de la superstition ; 2° renoncement à toute explication de l'origine des choses ; 3° recherche du plaisir négatif. — Les doctrines d'Épicure — *Théorie de la connaissance.* — *Physique d'Épicure.* — La physique d'Épicure lui parut une délivrance. — Les dieux d'après Épicure. — Enthousiasme causé par ces doctrines — *Morale d'Épicure.* — *Théorie du plaisir.* — *Théorie des désirs.* — Appréciation.

§ II. — Les stoïciens.................................... 105

Origine du stoïcisme. — *La connaissance d'après les stoïciens.* — *La physique des stoïciens.* — *Le Dieu des stoïciens :* a) *Dieu est un feu raisonnable et artiste ;* b) *Dieu est le destin auquel tout est soumis ;* c) *Dieu est l'âme du monde.* — *L'âme, d'après les stoïciens.* — *La morale des stoïciens.* — *Appréciation.* — *Épicuriens et stoïciens.*

§ III. — Les sceptiques.............................. 112

Notice sur Pyrrhon. — Scepticisme de Pyrrhon. — Ses caractères : 1° c'est une réaction contre le stoïcisme ; 2° c'est un empirisme sensualiste ; 3° c'est une recherche de l'indifférence absolue, prise pour le bonheur. — Les dix tropes des sceptiques : a) arguments sceptiques relatifs au sujet de la connaissance ; b) arguments sceptiques relatifs à l'objet de la connaissance ; c) arguments sceptiques tirés de la relation du sujet et de l'objet de la connaissance. — Appréciation. — Autres sceptiques grecs : Arcésilas et Carnéade. — Ænésidème. — Agrippa. — Sextus. — Appréciation : le scepticisme abdique la raison. — Conclusion du chapitre.

CHAPITRE VIII. — La philosophie à Rome.. 122

§ I. — Origines et caractères généraux de la philosophie romaine...................... 122

L'épicurisme à Rome. — L'éclectisme à Rome. — Caractères de la philosophie romaine : 1° elle manque d'originalité ; 2° elle est toute pratique ; 3° elle exclut le scepticisme.

§ II. — Principaux philosophes romains : Lucrèce, Cicéron, Sénèque................ 125

Notice sur Lucrèce. — Caractères de son œuvre : 1° l'athéisme ; 2° le pessimisme ; 3° l'enthousiasme. — Doctrine de Lucrèce.
Cicéron. — Notice sur Cicéron. — Œuvres philosophiques de Cicéron. — Caractères de la philosophie de Cicéron : 1° l'éclectisme ; 2° le probabilisme ; 3° l'amour-propre national. — Principales doctrines de Cicéron : a) la connaissance ; b) le monde, Dieu et l'âme ; c) la morale. — Conclusion.

Sénèque. — Vie de Sénèque. — Les ouvrages de Sénèque. — Les caractères de la philosophie de Sénèque : 1º sa métaphysique est incertaine ; 2º c'est un moraliste ; 3º il a des convictions ardentes. — Pensées remarquables de Sénèque. — Conclusion.

§ III. — Les derniers stoïciens : Epictète et Marc-Aurèle.. 139

Vie d'Epictète. — Caractères de sa philosophie : 1º inspiration chrétienne probable ; 2º revendication de la liberté morale ; 3º austérité exagérée. — Principales maximes d'Epictète : *a*) devoirs envers soi-même ; *b*) devoirs envers autrui ; *c*) devoirs envers Dieu. — Résumé et conclusion. — Marc-Aurèle. — Sa tendresse d'âme. — Le sentiment de son impuissance. — Ses doutes. — Son désespoir. — Conclusion du chapitre.

CHAPITRE IX. — **L'école d'Alexandrie**..... 151

§ I. — L'école chrétienne d'Alexandrie.......... 151

§ II. — La réaction en faveur du paganisme.... 152

Apollonius de Tyane. — Plutarque. — Les derniers défenseurs du paganisme avant Plotin.

§ III. — Plotin 155

Ammonius Saccas. — Plotin. — Vie de Plotin. — Caractères de sa philosophie : 1º c'est un éclectisme ; 2º c'est une philosophie mystique ; 3º c'est un panthéisme. — Conclusion.

CHAPITRE X. — **La philosophie des Pères**.. 161

§ I. — Les origines de la philosophie chrétienne. 161

Caractères généraux de la philosophie chrétienne : 1º la création *ex nihilo* ; 2º la révélation ; 3º l'unité.

§ II. — Les Pères de l'Eglise.................. 165

Ce qu'on appelle Pères de l'Eglise. — Les Pères apostoliques. — Les Pères alexandrins. — Les Pères du quatrième et du cinquième siècle. — Saint Augustin. — Esprit de conciliation qui le caractérise.

§ III. — Caractères particuliers de la philosophie des Pères.................................. 171

1º La croyance au Verbe intérieur ; 2º la tendance au renouvellement moral ; 3º Dieu, regardé comme l'universelle harmonie. — Conclusion.

CHAPITRE XI. — **La philosophie scolastique. Saint Thomas**.................................. 175

TABLE DES MATIÈRES.

	Pages
§ I. — La philosophie scolastique............	175

Accusations injustes contre cette philosophie : 1o le manque d'originalité; 2o la stérilité; 3o l'abus du syllogisme. — Trois périodes de la scolastique.

§ II. — Saint Thomas d'Aquin............... 179

Sa famille. — Sa vocation. — Opposition de sa famille. — Ses études. — Son enseignement. — Son doctorat. — Ses prédications. — Sa mort.

§ III. — L'œuvre de saint Thomas............ 184

Ouvrages philosophiques de saint Thomas. — Prologue de la *Somme théologique*. — Méthode d'exposition propre à saint Thomas. — Le génie de saint Thomas : 1o esprit de synthèse; 2o génie représentatif et créateur; 3o ferme bon sens. — Conclusion.

CHAPITRE XII. — La philosophie de la Renaissance 192

§ I. — La lutte des doctrines après saint Thomas. 192

Saint Bonaventure. — Roger Bacon. — Raymond Lulle. — Ockam.

§ II. — La confusion des idées au seizième siècle. 195

Réaction contre la scolastique. — La confusion des idées. — Ses causes : 1o la diffusion des ouvrages grecs et latins; 2o le retour offensif de l'esprit païen; 3o la révolte de Luther; 4o la raison séparée de la foi; 5o le goût excessif de l'érudition; 6o le développement prodigieux des sciences d'observation.

§ III. — L'esprit moderne au seizième siècle.... 199

1o L'indépendance de la pensée; 2o la politique antichrétienne; 3o l'explication des faits par les faits.

CHAPITRE XIII. — Bacon.................... 207

Sa vie. — Ses principaux ouvrages. — Caractères généraux de sa philosophie : 1o préoccupation utilitaire; 2o recherche d'une méthode; 3o tendance matérialiste; 4o philanthropie.

§ I. — La sagesse des anciens d'après Bacon... 213

La sagesse des anciens d'après Bacon. — Les philosophes qui ont précédé Socrate. — Les sophistes : Socrate, Platon, Aristote. — La scolastique. — Examen des idées de Bacon sur la sagesse des anciens.

§ II. — La méthode de Bacon................ 219

Définition de la science. — *Eloge de la science.* — *Classification des sciences :* 1º *les sciences de mémoire ;* 2º *les sciences d'imagination ;* 3º *les sciences de raison.* — *Les erreurs :* 1º *idola tribus ;* 2º *idola specus ;* 3º *idola fori ;* 4º *idola theatri.* — *La méthode.* — *Méthode d'expérimentation : les trois tables :* 1º *la table de présence ;* 2º *la table d'absence ;* 3º *la table de degrés.* — *Les faits privilégiés :* 1º *les faits ostensifs ;* 2º *les faits clandestins ;* 3º *les faits de migration ;* 4º *les faits limitrophes ;* 5º *les faits irréguliers ;* 6º *les faits aberrants ;* 7º *les faits de conformité ;* 8º *les faits de marche ;* 9º *les faits cruciaux.* — *Les procédés d'expérimentation :* 1º *il faut varier l'expérience ;* 2º *il faut prolonger l'expérience ;* 3º *il faut transférer l'expérience ;* 4º *il faut renverser l'expérience ;* 5º *il faut compulser l'expérience ;* 6º *il faut appliquer l'expérience ;* 7º *il faut renforcer l'expérience ;* 8º *il faut se livrer aux hasards de l'expérience.* — *Appréciation.*

§ III. — Le rôle de Bacon.................... 226

1º Bacon n'a pas inventé une méthode nouvelle ; 2º le *Novum Organum* n'a pas de valeur comme exposé de la méthode inductive ; 3º Bacon n'est pas un savant ; 4º Bacon n'est pas un philosophe : *a)* preuve de l'existence de Dieu d'après Bacon ; *b)* l'âme humaine d'après Bacon ; *c)* la philosophie première d'après Bacon ; 5º Bacon est un moraliste. — Sa méthode est celle de l'intérêt général. — Appréciation de cette morale : *a)* elle est antichrétienne ; *b)* elle méconnaît la dignité humaine ; *c)* elle ne tient pas compte du droit individuel ; *d)* c'est une morale athée. — Conclusion.

CHAPITRE XIV. — **Descartes**............ 234

Sa vie. — Ses ouvrages. — Caractères généraux de sa philosophie : 1º elle est toute personnelle ; 2º Descartes est mathématicien en philosophie ; 3º il prend la pensée comme point de départ et sépare trop l'âme du corps.

§ I. — La méthode de Descartes................ 236

Règles de la méthode. — *Résumé de la méthode.* — *Le doute méthodique.* — *La morale provisoire.* — *La morale provisoire n'est pas une morale proprement dite.*

§ II. — L'âme, Dieu et le monde d'après Descartes.................................... 238

Caractères du doute méthodique : 1º *il est provisoire ;* 2º *c'est un procédé de méthode ;* 3º *il est universel.* — *Le* Cogito ergo sum. — *La règle de l'évidence.* — *L'existence de Dieu.* — *Les attributs de Dieu :* 1º *sa toute-puissance ou liberté absolue ;* 2º *son immutabilité ;* 3º *sa véracité.* — *L'existence des corps. — La matière est la chose étendue. — Principes de la physique cartésienne.*

§ III. — Examen de la philosophie cartésienne.. 242

Le doute méthodique est universel. — La distinction de l'âme et du corps n'est pas bien prouvée. — Objection. — Réponse. — La règle de l'évidence. — Objection tirée des illusions de nos sens. — Réponse. — Objection de Gassendi. — Réponse. — Autre objection : le cercle vicieux. — Réponse. — Instance. — Réponse. — Exagération de Descartes au sujet de l'évidence : 1° il ne tient pas compte des philosophes qui l'ont précédé ; 2° il méconnaît l'évidence de l'histoire ; 3° il néglige l'évidence des sens. — Conclusion.

CHAPITRE XV. — Malebranche............ 249

Caractères généraux de sa philosophie : 1° c'est une philosophie religieuse ; 2° Malebranche exagère Descartes ; 3° Malebranche ne sépare pas la foi de la raison.

§ I. — La vie et les écrits de Malebranche...... 251

Vie de Malebranche. — Ses ouvrages.

§ II. — Physionomie morale de Malebranche... 254

1° C'était un méditatif ; 2° il aimait peu les livres, l'histoire et les langues ; 3° il avait horreur de la dispute ; 4° il était très désintéressé ; 5° il fut un excellent prêtre.

§ III. — La philosophie de Malebranche....... 257

L'erreur ; ses causes et ses remèdes ; *a*) pas de vrai bonheur si l'on ne sait éviter l'erreur ; *b*) la cause principale de l'erreur ; *c*) les causes occasionnelles de l'erreur ; *d*) quelques règles pour l'éviter. — La métaphysique de Malebranche. — L'âme humaine est unie immédiatement à Dieu. — Si Dieu est pensé, il est. — L'idée de l'Infini, c'est l'Infini lui-même. — L'âme humaine voit en Dieu les idées des corps. — Ce que sont les corps ; ils n'agissent pas. — Les âmes n'ont pas plus de pouvoir que les corps. — La volonté n'est que cause occasionnelle des mouvements du corps. — Existence du monde extérieur. — Optimisme. — Conclusion.

CHAPITRE XVI. — Spinoza................ 268

Sa vie. — Ses ouvrages. — Caractères généraux de sa philosophie : 1° c'est une philosophie du bonheur ; 2° c'est une philosophie toute géométrique ; 3° c'est un panthéisme idéaliste.

§ I. — La substance d'après Spinoza.......... 276

Définitions. — Axiomes. — *Théorie de la substance :* a) *la substance est cause de soi* ; b) *la substance existe nécessairement* ; c) *la substance est la même chose que l'attribut* ; d) *il n'y a pas deux substances de même attribut* ; e) *toute substance est infinie en son genre* ; f) *toute substance est infinie absolument* ; g) *il n'existe qu'une seule substance* ; h) *la substance unique a une infinité d'attributs*.

§ II. — Le Dieu de Spinoza.................... 280

L'existence de Dieu. — Attributs de Dieu. — La liberté en Dieu. — Il n'y a pas de causes finales.

§ III. — L'âme humaine d'après Spinoza....... 283

Nous sommes des modes de Dieu. — Définition de l'âme. — L'intelligence et la volonté. — Les passions. — La vraie liberté. — L'immortalité. — La morale.
Conclusion.

CHAPITRE XVII. — Leibniz............... 291

Vie de Leibniz. — Ses principaux ouvrages. — Caractères généraux de sa philosophie : 1º elle repose sur le principe d'identité et le principe de raison suffisante ; 2º c'est un éclectisme ; 3º c'est une explication du monde par la monade ou force simple.

§ I. — Théorie de la substance................ 298

Critique de la théorie cartésienne. — La substance est une force active. — De l'étendue et de la nature des corps.

§ II. — Théorie de la monade................. 301

La monade en général. — Comment les monades constituent le monde. — L'harmonie préétablie. — L'union de l'âme et du corps.

§ III. — Dieu................................ 304

L'optimisme. — Le problème du mal. — Résumé et appréciation. — Examen de la théorie de la substance d'après Leibniz. — Examen de sa théorie de la connaissance : 1º l'indépendance des monades ; 2º l'innéité des idées ; 3º l'inconscient. — Examen de sa théorie de la liberté. — Conclusion.

CHAPITRE XVIII. — Locke............... 310

Sa vie. — Ses principaux ouvrages. — Caractères généraux de sa philosophie : 1º empirisme idéaliste ; 2º une grande timidité dogmatique ; 3º l'utilitarisme.

§ I. — La connaissance d'après Locke.......... 325

Pas d'idées innées. — La critique de Locke par Leibniz. — Les principes sont innés, mais non pas les idées. — Origine de nos idées d'après Locke. — La valeur de nos idées d'après Locke : 1º les idées de modes se ramènent à des mots ; 2º l'idée de substance désigne un être réel mais inconnu pour nous; 3º l'idée de cause est l'idée d'une connexion constante de phénomènes; 4º l'idée d'Infini se ramène à celle d'indéfini. — Limite de nos connaissances.

§ II. — La politique de Locke.................... 335

L'idée du droit d'après Locke. — Le droit de propriété d'après Locke. — Origine du pouvoir d'après Locke. — L'Eglise et l'Etat d'après Locke. — Appréciation.

§ III. — Pensées de Locke sur l'éducation 346

La pédagogie de Locke est une réaction : 1º contre l'emploi des coups ; 2º contre le pédantisme ; 3º contre la trop grande contrainte. — Locke est partisan de l'éducation privée. — La formation de l'enfant d'après Locke. — Conclusion.

CHAPITRE XIX. — **Berkeley, Hume et Reid** 354

§ I. — Berkeley................................ 354

Vie et écrits de Berkeley. — Caractères généraux de sa philosophie : 1º le nominalisme; 2º l'idéalisme; 3º le symbolisme. — Les conséquences de l'idéalisme selon Berkeley. — Conclusion.

§ II. — Hume.................................. 359

Vie et écrits de Hume. — Caractères généraux de sa philosophie : 1º c'est un criticisme ; 2º c'est un empirisme étroit ; 3º c'est l'idéalisme absolu ou le phénoménisme. — *La critique de l'idée de cause.* — Appréciation. — Conclusion.

§ III. — Thomas Reid.......................... 368

Vie et principaux écrits de Reid. — Caractères généraux de sa philosophie : 1º elle est le résumé d'un enseignement public; 2º c'est une philosophie de réaction au nom du sens commun ; 3º c'est une philosophie toute psychologique. — Appréciation. — Conclusion.

CHAPITRE XX. — **Condillac**................ 378

§ I. — La vie et les écrits de Condillac.......... 379

§ II. — Caractères généraux de la philosophie de Condillac 386

1º L'empirisme absolu ; 2º le sensualisme ; 3º le phénoménisme. — Le phénoménisme de Condillac n'exclut pas le spiritualisme.

§ III. — **Comment toutes les connaissances et toutes les facultés de l'âme viennent de la sensation**............................... 390

Exposé du système de la sensation transformée. — Appréciation. — Conclusion.

CHAPITRE XXI. — Kant.................. 398

Vie de Kant. — Ses principaux ouvrages. — Caractères généraux de sa philosophie : 1° Kant cherche à déterminer les limites de la connaissance humaine ; 2° pour cela il analyse les conditions *a priori* de la connaissance ; 3° il substitue en métaphysique la croyance à la science.

§ I. — **Que puis-je savoir ?**................... 410

Théorie de la connaissance d'après Kant. — Jugements analytiques et jugements synthétiques. — La connaissance scientifique. — Deux sources de nos connaissances scientifiques.

A) *Esthétique transcendantale ou critique de la sensibilité. — Appréciation ;*

B) *Analytique transcendantale. — Les catégories de Kant :*

  a) *la* quantité : *universalité, pluralité, unité ;*
  b) *la* qualité : *affirmation, négation, limitation ;*
  c) *la* relation : *substance, cause, dépendance mutuelle ;*
  d) *la* modalité : *possibilité, réalité, nécessité. — Appréciation.*

C) *Dialectique transcendantale :* 1° *Idée de l'âme ;* 2° *Idée du Cosmos ;* 3° *Idée de Dieu.*

  a) *psychologie rationnelle ;*
  b) *cosmologie rationnelle. — Les antinomies de Kant :*
    1° *Antinomie de la quantité ;*
    2° *Antinomie de la qualité ;*
    3° *Antinomie de la relation ;*
    4° *Antinomie de la modalité.*
  c) *théodicée :* 1° *La preuve ontologique ;*
    2° *La preuve cosmologique, ou preuve a contingentia mundi ;*
    3° *La preuve téléologique ou preuve fondée sur le principe de finalité.*

§ II. — **Que dois-je faire ? — Les formules du devoir**.................................... 423

Définition du devoir. — Première formule du devoir. — Deuxième formule. — Troisième formule. — Quatrième formule. — Définition du droit. — Appréciation.

TABLE DES MATIÈRES. 513

Pages

§ III. — Que puis-je espérer ? — Les postulats de la raison pratique ou la métaphysique de Kant 427

Premier postulat du devoir : la liberté. — Deuxième postulat : l'immortalité. — Troisième postulat : Dieu. — Appréciation. — Conclusion.

CHAPITRE XXII. — Victor Cousin et son école... 433

§ I. — La vie et les écrits de Victor Cousin... 434

L'Ecole normale. — Le professorat. — Les voyages en Allemagne. — La vie publique. — Les écrits de Cousin. — Sa mort.

§ II. — Caractères généraux de la philosophie de Cousin. Ses principales doctrines 443

1º Cousin fonde la philosophie sur l'observation psychologique ; 2º Cousin crée une métaphysique ; il est panthéiste ; 3º Cousin est un éclectique en philosophie.

§ III. — L'influence de Victor Cousin....... 448

Cousin a renouvelé l'histoire de la philosophie. — Il a exercé une action considérable sur la philosophie française en général. — Il a remis en honneur la doctrine spiritualiste en France. — Appréciation. — Conclusion.

CHAPITRE XXIII. — Auguste Comte et le positivisme................................... 453

§ I. — Le positivisme en général 453

La loi des trois états. — La hiérarchie des sciences. — La relativité de nos connaissances.

§ II. — La vie, les écrits et la doctrine d'Auguste Comte.. 458

Le lycée de Montpellier. — L'Ecole polytechnique. — Auguste Comte et Saint-Simon. — Le cours de philosophie positive. — La politique positive. — Le culte positiviste. — Le grand Fétiche. — Les dernières années. — Conclusion.

§ III. — Le positivisme après Auguste Comte.. 467

Doctrine de Littré. — Son rôle et son influence. — Sa mort. — Le positivisme orthodoxe. Pierre Laffitte. — Le schisme de 1877. — Conclusion.

CHAPITRE XXIV. — **La philosophie néo-scolastique**.................. 474

Les positivistes indépendants. — Pourquoi le positivisme persiste. — La renaissance de la philosophie scolastique. — Cette philosophie peut seule tenir tête au positivisme.

§ I. — La constitution des corps........... 479

Caractères propres des molécules. — La forme substantielle des corps. — La matière première des corps. — Objection tirée d'une hypothèse des chimistes contemporains. — Réponse. — Résumé de la théorie : tout corps est composé de matière et de forme. — Fondements de cette doctrine : 1º sans être opposée aux données des sciences expérimentales, elle est conforme aux résultats de l'analyse rationnelle ; 2º il n'y a que trois explications de la nature des corps, et deux d'entre elles sont défectueuses ; 3º la théorie scolastique donne une juste idée des plantes, des animaux et surtout de l'homme.

§ II. — Le composé humain............. 485

Unité de l'être humain : 1º le témoignage de la conscience ; 2º la dépendance mutuelle des opérations de l'homme ; 3º l'unité de la vie sensitive et de la vie intellectuelle. — L'union de l'âme et du corps dans l'homme. — Les lois de l'union ; il y a trois vies dans l'homme : 1º l'âme se manifeste diversement selon les organes qu'elle anime ; 2º bien que l'âme pense sans organe, la pensée dépend de l'état du cerveau ; 3º l'homme ne pense pas sans image ; la volonté ne se détermine pas sans quelque degré de passion. — L'acte premier et l'acte second ; définition de l'âme. — Les facultés de l'âme.

§ III. — La connaissance intellectuelle........ 492

Deux sortes de connaissances. — Origine de la connaissance intellectuelle : 1º formation de l'idée par abstraction ; 2º la généralisation, ou reconnaissance du caractère universel de l'idée ; 3º la cause première de nos idées. — Les lois de la connaissance intellectuelle. — Triple objet de la connaissance intellectuelle. — La connaissance intellectuelle, fondement de l'immortalité de l'âme. — Conclusion : la philosophie scolastique est conforme à la foi, à la science et au sens commun ; elle est la vraie sagesse.

BESANÇON. — IMPRIMERIE HENRI BOSSANNE